駿台 2021

高校受験公開テスト問題集

難関高校に入ろう!

解答用紙

駿台中学生テストセンター

〈自己採点集計表〉

回数／科目	第3回		第4回		第5回	
英　語	／100	学習日 ／	／100	学習日 ／	／100	学習日 ／
数　学	／100	学習日 ／	／100	学習日 ／	／100	学習日 ／
国　語	／100	学習日 ／	／100	学習日 ／	／100	学習日 ／
3教科合　計	／300点		／300点		／300点	
理　科	／100	学習日 ／	／100	学習日 ／	／100	学習日 ／
社　会	／100	学習日 ／	／100	学習日 ／	／100	学習日 ／
5教科合　計	／500点		／500点		／500点	

駿台中学生テストセンター主催　2019年度　9月23日（祝）実施

第3回　駿台高校受験公開テスト　**中3　英　語**　解答用紙

【1】

問1		問2		問3		問4		問5	

問6	

問7					5					10					15			
				20					25					30				35

問8			問9		問10		問11		問12	12a	12b	

問13	A		B		問14		問15		問16		問17	

問18		

【2】

問1	

問2		問3	

問4	the opposite			
	what I thought I was playing			

問5		問6		問7		問8		問9	

問10	a		b		c		問11		問12		問13		

【3】

①		②		③		④		⑤	
⑥		⑦		⑧		⑨		⑩	

【4】

1		2		3		4		5		6	

【5】

1	
2	

学　年	受験番号						
中3							

氏名	フリガナ		
	漢字		

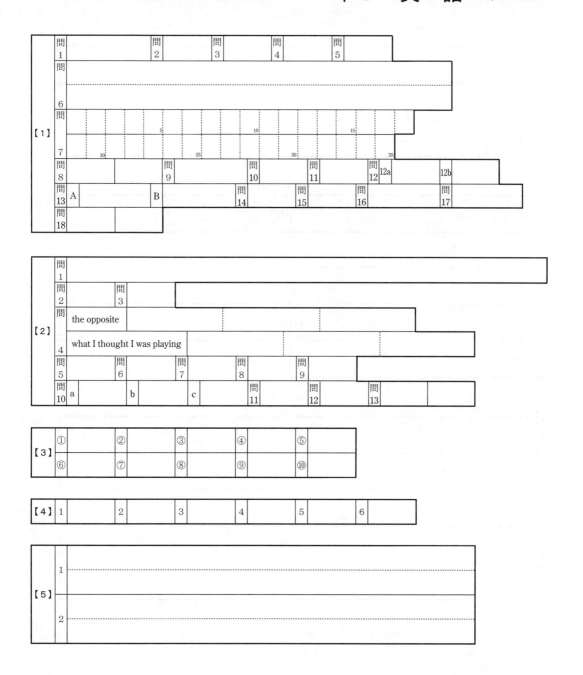

駿台中学生テストセンター主催　2019年度　9月23日（祝）実施

第3回　駿台高校受験公開テスト　**中3　数　学**　解答用紙

【1】	(1)		(2)	
	(3)		(4)	
	(5)	$a=$　　　, $b=$	(6)	

【2】	(1)		(2)	

【3】	(1)		(,)		
	(2)	(i)	(,)	(ii)	
	(3)		(,)		

【4】	(1)	度	(2)	
	(3)		(4)	

【5】	(1)		:	(2)	
	(3)	(i)		(ii)	

学　年	受験番号
中3	

氏名	フリガナ	
	漢字	

駿台中学生テストセンター主催　2019年度　9月23日（祝）実施

第3回　駿台高校受験公開テスト　中3　理　科　解答用紙

【1】

(1)	Ω	(2)		(3)								
(4)		(5)		(6)								
(7)	a	c	e	(8)		(9)	a	c	e			
(10)		(11)		(12)		(13)						

【2】

(1)		(2)	Mg : O = 　:	(3)	g	(4)	(i)	mL	(ii)	X =
(5)	（ア）	（イ）	（ウ）	（エ）	(6)					
(7)		(8)	(i)	S : C = 　:	(ii)	%				
(9)	M : O = 　:	(10)	x = 　, y =							

【3】

(1)					動物	(2)						
(3)		(4)		(5)	A	C	(6)		(7)			
(8)		(9)	(i)		(ii)		(10)	(i)		(ii)		

【4】

(1)		(2)									
(3)	前線	(4)		(5)	(a)		(b)				
(6)		(7)	hPa	(8)	(a)		(b)				
(9)	(a)					(b)		(10)			

学　年	受験番号					
中3						

氏名	フリガナ		
	漢字		

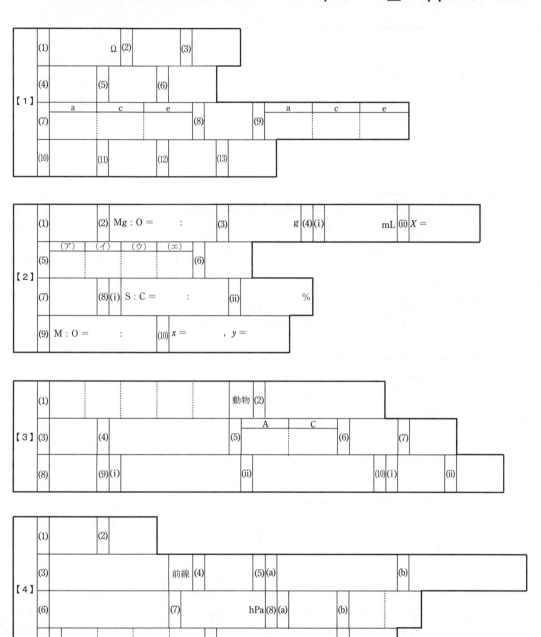

駿台中学生テストセンター主催　2019年度　9月23日（祝）実施

第3回　駿台高校受験公開テスト　中3　社　会　解答用紙

【1】										
(1)		(2)		(3)		(4)		(5)		
(6)		(7)	1		経済	2				

【2】							
(1)		(2)		(3)		(4)	
(5)	1		2		(6)		

【3】							
(1)	誤りの記号	正しく訂正した語句	(2)				
(3)		(4)		(5)			
(6)		(7)		(8)		(9)	
(10)		(11)		(12)		(13)	

【4】					
(1)		(2)		(3)	
(4)		(5)			
(6)		(7)			

【5】								
(1)	1		2					
(2)	1		2		3			
(3)	1		2		3		(4)	新聞 / インターネット
(5)		(6)		(7)				
(8)	1		2					

学　年	受験番号
中3	

氏名	フリガナ	
	漢字	

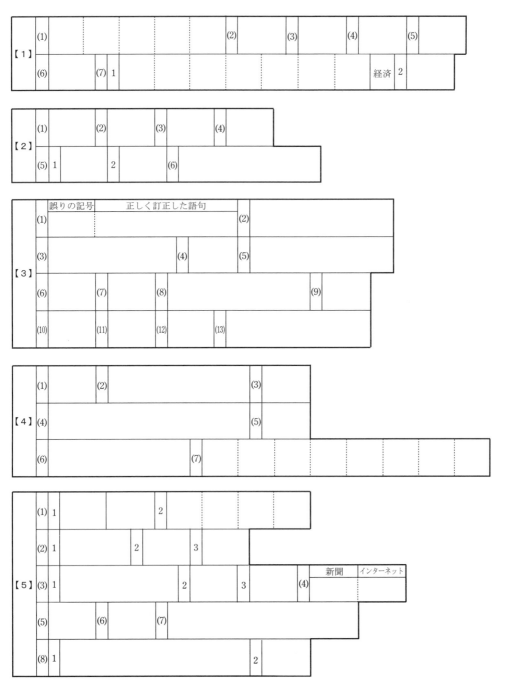

駿台中学生テストセンター主催　2019年度　9月23日（祝）実施

第3回　駿台高校受験公開テスト　**中3　国　語**　解答用紙

【一】

(1)	(4)	(7)

(2)	(5)	(8)
える	す	

(3)	(6)
	べる

【二】

問一	問二	問三	問四	問五	問六	問七	問八

【三】

問一			問二	問三	問四		問五	問六		問七	問八
Ⅰ	Ⅱ	Ⅲ			はじめ	終わり		はじめ	終わり		

【四】

問一	問二	問三	問四	問五	問六	問七	問八	問九

学　年	受験番号
中3	

氏名	
フリガナ	
漢字	

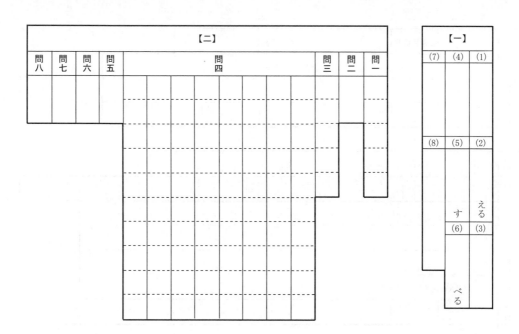

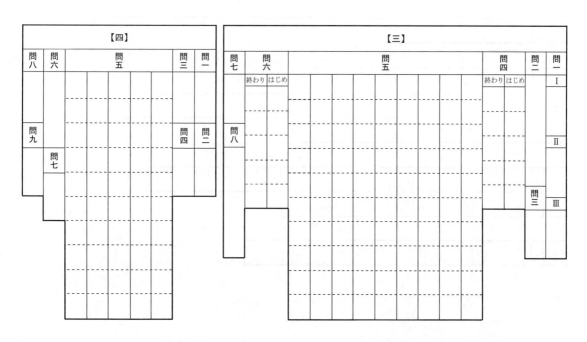

駿台中学生テストセンター主催　2019年度　10月27日（日）実施

第4回　駿台高校受験公開テスト　**中３　英　語**　解答用紙

【1】	問1		問2	２番目の語		６番目の語					
	問3										
	問4		問5		問6		問7		問8		問9

【2】	問1	(1)	A		B		(4)	A		B		問2				
	問3	(3)		(8)		問4	①		②		③		④		⑤	
	問5	(5)														
		(7)														
	問6		問7													
	問8	5 10 15 20														
		25 30 35 40 45	から。													
	問9															

【3】	問1	1		2		問2	A		B				
	問3		問4		問5		問6		→		→		
	問7	8a		8b		問8		問9					

【4】	1	A		B		2	A		B		3	A		B			
	4	A		B		5	A		B								

【5】	1		2		3		4		5	

学　年	受験番号					
中３						

氏名	フリガナ		
	漢字		

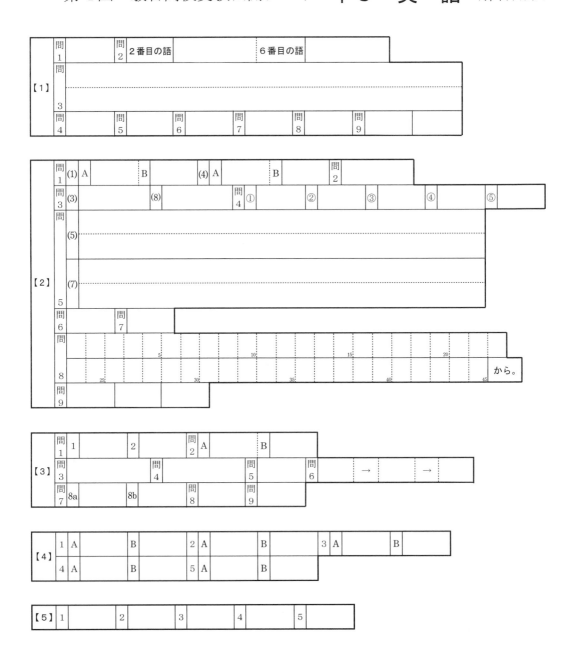

駿台中学生テストセンター主催　2019年度　10月27日（日）実施

第4回　駿台高校受験公開テスト　中３　数　学　解答用紙

【1】	(1)		(2)	$x=$
	(3)		(4)	

【2】	(1)		(2)	$x=$
	(3)		(4)	度

【3】	(1)		(2)	
	(3)	（　　　　，　　　　）		

【4】	(1)		(2)	
	(3)			

【5】	(1)		(2)	通り
	(3)	通り		

【6】	(1)	ア	イ	(2)	
	(3)				

学　年	受験番号					
中3						

氏名	フリガナ		
	漢字		

駿台中学生テストセンター主催　2019年度　10月27日（日）実施

第4回　駿台高校受験公開テスト　中3　理　科　解答用紙

【1】

(1)		(2)											
(3)		(4)	糸A	N	糸B	N							
(5)		(6)		(7)		(8)		(9)		(10)		(11)	

【2】

(1)	イオン	(2)		(3)	個		
(4)		(5)	V	(6)	金属	電圧 V	
(7)	①	②	③	④			
(8)		(9)		(10)	① イオン	② イオン	
(11)	g	(12)	:				

【3】

(1)		(2)								
(3)	(i)		(ii)	花粉管		胚珠		(iii)		
(4)		(5)								
(6)		(7)	(i)	%	(ii)	%	(8)		(9)	

【4】

(1)	②		③		(2)	(i)		(ii)	東京	アデレード
									(3)	
(4)	(i)		(ii)		(5)	(i)	度	(ii)		
(6)	(i)		(ii)		(iii)					

学　年	受験番号
中3	

氏名	フリガナ	
	漢字	

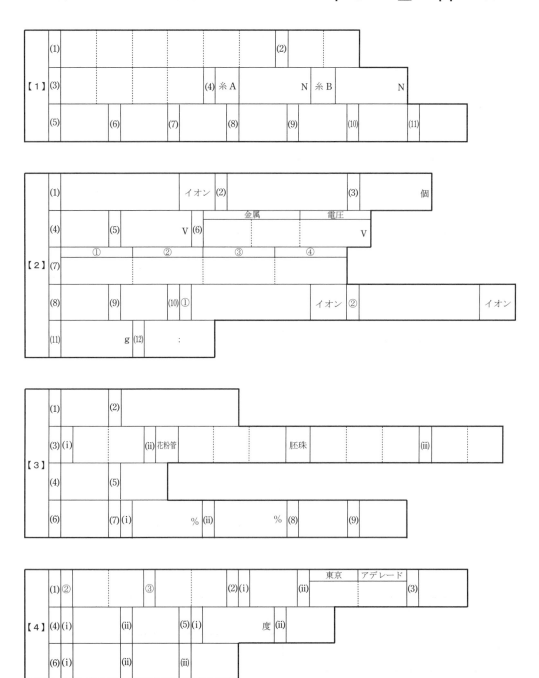

駿台中学生テストセンター主催　2019年度　10月27日（日）実施
第4回　駿台高校受験公開テスト　中３　社　会　解答用紙

【1】	(1)		(2)		(3)		(4)		(5)		(6)	

【2】										
(1)		(2)		(3)		栽培	(4) 1		台地	2 X / Y
(5)		(6)	X / Y	(7)						

【3】													
(1)		(2)		(3)		(4)		官					
(5)		(6)		(7)		(8)		(9)		(10)		(11)	
(12)													
	が介入して起こった。												
(13)													

【4】							
(1)		(2)		(3)			
(4)		(5)		(6)		(7)	

【5】										
(1)		(2) 1		2		(3) ア		価格	イ	
(4)		(5) 1		2		(6)		(7)		
(8)										
(9)		(10)		(11)		(12)	円			

学　年	受験番号
中３	

氏名	フリガナ	
	漢字	

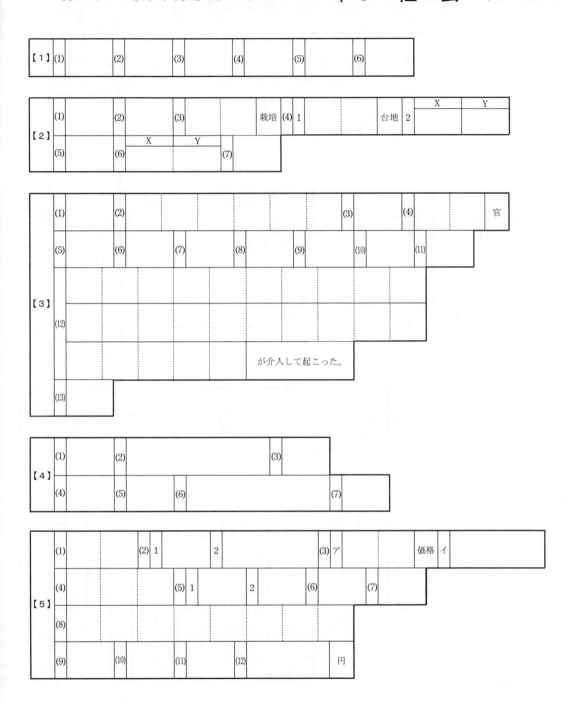

駿台中学生テストセンター主催　2019年度　10月27日（日）実施

第4回　駿台高校受験公開テスト　中３　国　語　解答用紙

【一】

- 問一　a　b　c　d
- 問二　はじめ　終わり
- 問三
- 問四
- 問五
- 問六
- 問七
- 問八　Ⅰ　Ⅱ　Ⅲ

【二】

- 問一　a　b　c　う　d　り
- 問二　↓　↓　↓
- 問三
- 問四
- 問五
- 問六
- 問七
- 問八　はじめ　終わり
- 問九

【三】

- 問一　はじめ　終わり
- 問二　A　B
- 問三
- 問四
- 問五
- 問六　（こと。）
- 問七
- 問八

学　年	受験番号
中３	

氏名	
フリガナ	
漢字	

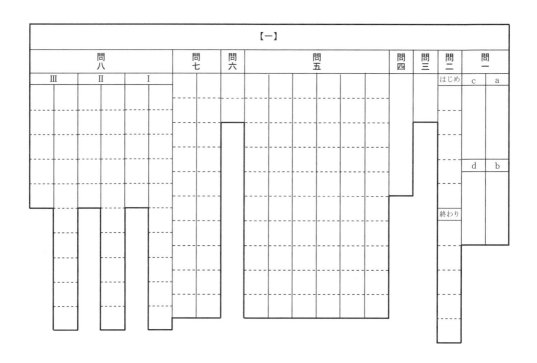

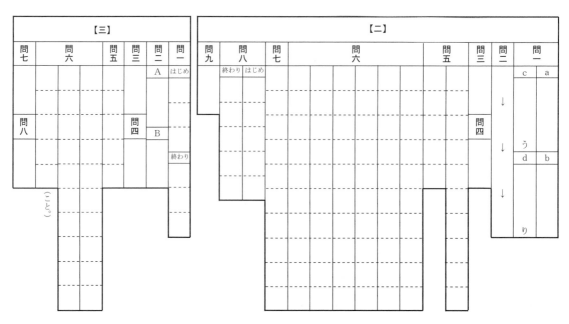

駿台中学生テストセンター主催　2019 年度　11 月 23 日（祝）実施

第 5 回　駿台高校受験公開テスト　**中 3　英　語**　解答用紙

【1】																	
【1】	問1	A		B		C		D		E		F		G		H	
	問2																

【2】												
【2】	問1											
	問2	(1)										
		(6)										
	問3	(2)		(3)		問4	(4)		(5)		問5	

【3】										
【3】	問1		問2		問3		問4		問5	
	問6		問7		問8		問9			

【4】																
【4】	1		2		3		4		5		6		7		8	

【5】														
【5】	1		2		3		4		5		6		7	

【6】	
【6】	

学　年	受験番号					
中 3						

氏名	フリガナ		
	漢字		

駿台中学生テストセンター主催　2019年度　11月23日（祝）実施

第5回　駿台高校受験公開テスト　中3　数　学　解答用紙

【1】	(1)		(2)	
	(3) (i)		(ii)	$x=$ 　　　　，$y=$

【2】	(1)	，　　　，	(2)	$x:y=$ 　　　：
	(3)		(4)	

【3】	(1)		(2)	

【4】	(1)		(2)	$p=$
	(3) (i)	：	(ii)	$p=$

【5】	(1)		(2)	
	(3)			

【6】	(1)	cm^3	(2)	cm^2
	(3)	cm		

学　年	受験番号					
中3						

氏名	フリガナ		
	漢字		

駿台中学生テストセンター主催　2019年度　11月23日（祝）実施

第5回　駿台高校受験公開テスト　中3　理　科　解答用紙

【1】	(1)(i)　　N	(ii)　　J	(2)(i)　　N	(ii)　　cm	(iii)　　W
	(3)(i)　　J	(ii)　　J	(4)(i)　　J	(ii)	(iii)　　:
	(5)(i)　　N	(ii)　　エネルギー	(6)　　J		

【2】	(1)	(2)	(3)①	②		
	(4)	(5)	(6)			
	(7)(i)	(ii)　　mg	(8)	(9)　　mL	(10)　　℃	

【3】	(1)	(2)	(3)　　動物			
	(4)(i)　　種類	(ii)　　種類	(iii)	(5)	(6)	
	(7)　　kg	(8)(i)　　g	(ii)　　本	(9)(i)　　m^2	(ii)　　kg	

【4】	(1)①	②	(2)	(3)　　時間	
	(4) A	F	(5)	(6)　　万km	
	(7)(i)　　度	(ii)　　度	(iii)　　日	(8)　　日	

学　年	受験番号					
中3						

氏名	フリガナ		
	漢字		

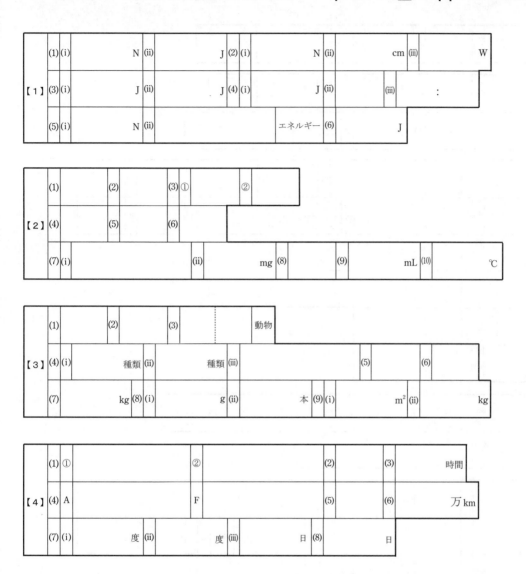

駿台中学生テストセンター主催　2019年度　11月23日（祝）実施

第5回　駿台高校受験公開テスト　**中3　社　会**　解答用紙

【1】	(1)		(2)		(3)		(4)		(5)	

【2】	(1)		(2)		貿易	(3)		(4)			
	(5)				(6)	1		2		(7)	

【3】	(1)		(2)		(3)		(4)		(5)		
	(6)		(7)		(8)		(9)		(10)		
	(11)										
	(12)		(13)								

【4】	(1)		(2)		(3)			
	(4)		(5)		(6)		(7)	

【5】	(1)	1		2		(2)	1		2		(3)			
	(4)	1		2		人	(5)		権	(6)	1		2	
	(7)		(8)	1		2		(9)						

学　年	受験番号
中3	

氏名	フリガナ	
	漢字	

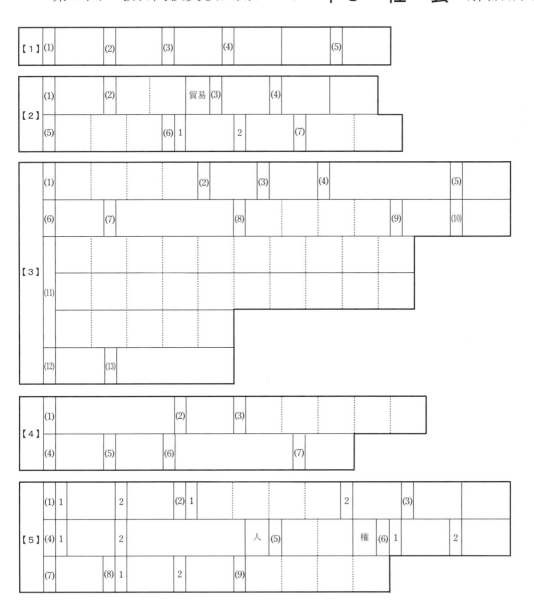

駿台中学生テストセンター主催　2019年度　11月23日（祝）実施

第5回　駿台高校受験公開テストト　**中3　国　語**　解答用紙

【一】

問一

a

b　えて

c

d

問二

問三

問四

(1)　↓　↓

(2)

問五

問六

問七

Ⅰ

Ⅱ

【二】

問一

a

b

c　やかな

d　つた

問二　詞

問三

問四

問五

問六

問七

問八

【三】

問一

問二

問三

問四

問五

問六

問七

問八

問九　物語

学　年	受験番号					
中3						

氏名	フリガナ		
	漢字		

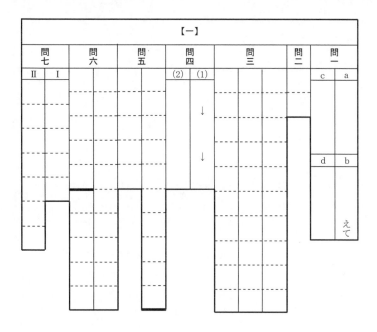

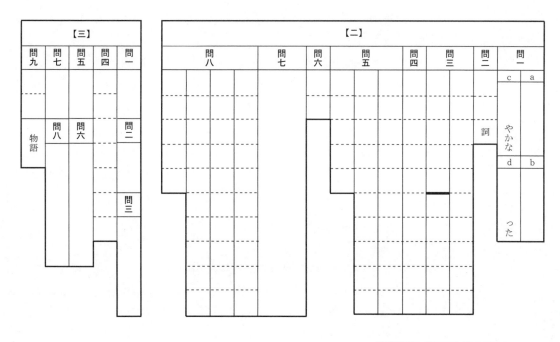

年	組	氏名

① 20200530

駿台 2021

高校受験公開テスト問題集

難関高校に入ろう！

問題編

目　次

駿台中学生テストセンター

は じ め に

『高校受験公開テスト問題集　難関高校に入ろう！』は，駿台予備学校の関連教育機関である「駿台中学生テストセンター」が主催する「駿台高校受験公開テスト」の3回分を収録した問題集です。

従来の高校受験生を対象とした実力判定テスト・模試が，都道府県単位での合格可能性の判定に留まっているのに対し，「駿台高校受験公開テスト」は，全国主要高校の合格可能性を判定できる国内唯一の公開テストです。1970(昭和45)年に「高校受験公開模試」の名称で始まり，札幌・仙台・東京・名古屋・京都・大阪・福岡等，全国規模で実施されている信頼の厚い公開テストとして長年評価されております。

本問題集は，その公開テストの中から，2019年9月～11月に実施した3回分の試験問題および解答・解説を収録しています。

信頼のおける実戦的な問題を，本番同様の緊張感をもって解き，詳細な解説で繰り返し学習することにより，確実に力はついていきます。

実施時における「教科別得点・偏差値・席次表」も掲載していますので，解答作成後には必ず自己採点を行い，現在の実力を客観的に確認してみてください。

なお，駿台中学生テストセンターのホームページからアクセスできる，「もしプラス」の機能を利用すれば，前年の実施時における志望校判定のシミュレーションを行うこともできます。

本問題集を充分に活用して，現時点での実力と今後の学習課題を知り，苦手教科の弱点補強を行うことで，志望校合格を一層確かなものにできると確信しています。

また，本問題集での学習後には，実際に最新の合格可能性を判定できる「駿台高校受験公開テスト」に是非参加してみてください。

みなさんの志望校合格へ向けての健闘を祈ります。

駿台中学生テストセンター

本書の構成と利用法

この問題集は，駿台中学生テストセンターが2019年度に中学3年生を対象に実施した，第3回（9月実施），第4回（10月実施），第5回（11月実施）の「駿台高校受験公開テスト」の試験問題および解答・解説をまとめたものです。

◆ 構成 ◆

⑴ **問題編**　各回とも英語・数学・理科・社会・国語の順番に掲載しています。

⑵ **解答用紙**　各回の解答用紙を別冊としてまとめていますので，取り外して利用できます。

⑶ **解答・解説・資料編**　「解答」「配点」「出題領域と配点」「解説」を掲載しています。別解もできるだけ取り上げ，問題のねらい，着眼点，問題を解くにあたっての留意点など，詳細に記述しました。

　また，巻末には，実施時における「教科別の得点・偏差値・席次表」および「主要国・私立高校偏差値一覧表（男女）」も掲載しています。国立および私立高校の志望校選定の際の参考にしてください。

◆ 利用法 ◆

試験時間・配点・範囲（各回・各教科共通）

試験時間	配点	範囲
60分	100点満点	全範囲（高校入試に準ずる）

＊解答用紙を外します。

＊各問題の表紙に示されている注意事項にしたがって，ていねいに答えを書くようにしましょう。

＊実際の入試時間の使い方は非常に大切です。解答する際，いきなり最初から取りかからず，全体をざっと見て比較的解きやすい問題から手をつけるようにし，全体の時間配分に留意する習慣をつけましょう。

＊できた答案は，模範解答と配点を照らし合わせ，自己採点をします。できなかったところや，知識があやふやな箇所は解説を読んで充分復習してください。

＊自分で採点した得点を「得点・偏差値・席次表」にあてはめ，昨年の受験者の中での教科ごとの位置づけを確認してください。

＊「主要国・私立高校偏差値一覧表（男女）」および「もしプラス」（〈もしプラス利用法〉参照）を利用することで，志望高校の合否判定シミュレーションを行うことができます。

◆ もしプラス利用法 ◆

◎「もしプラス」とは…

駿台中学生テストセンターが主催する中学生対象の公開テストの成績・志望校判定を，ホームページ上でシミュレーションできるシステムです。 ⇒ 駿台テスト で検索！

〈駿台中学生テストのホームページ（画面右下「もしプラス」）からお入りください。〉

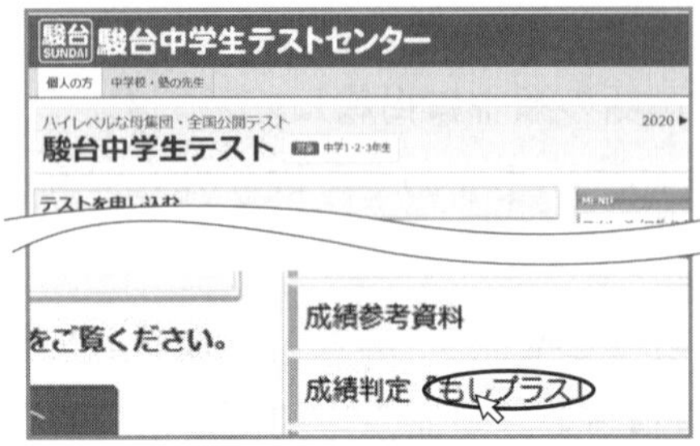

1. 模試名・性別を選択し，得点を入力します。

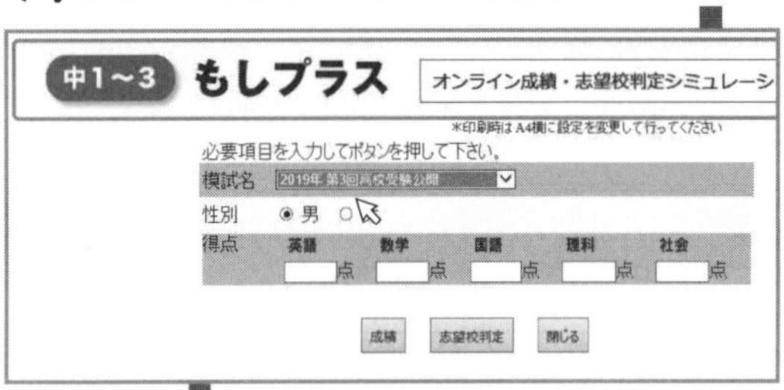

【成績】をシミュレーション

2. 成績 をクリック！

3. 模試と得点に対応した，偏差値・席次・教科別コメント(指針)が表示されます。

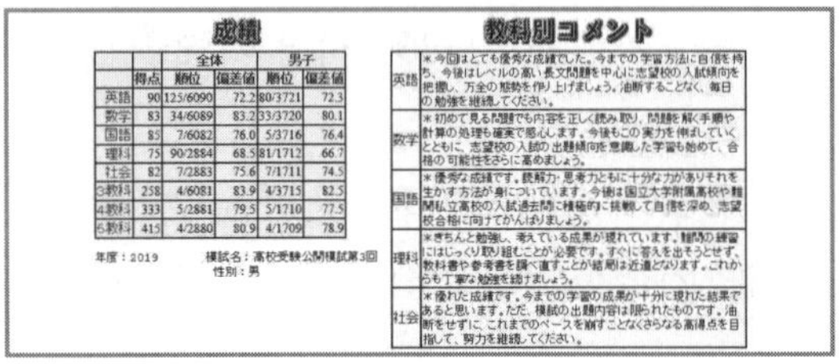

【志望校判定】をシミュレーション

2. 志望校判定 をクリック！

3. 志望校エリア(都道府県)を選択し，表示 をクリック！

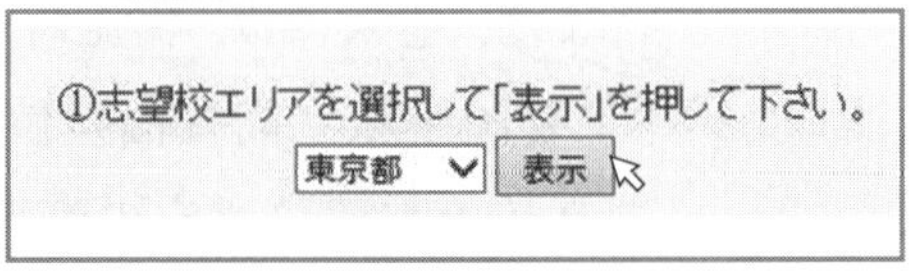

4. 志望校を１校だけ選択し，判定 をクリック！

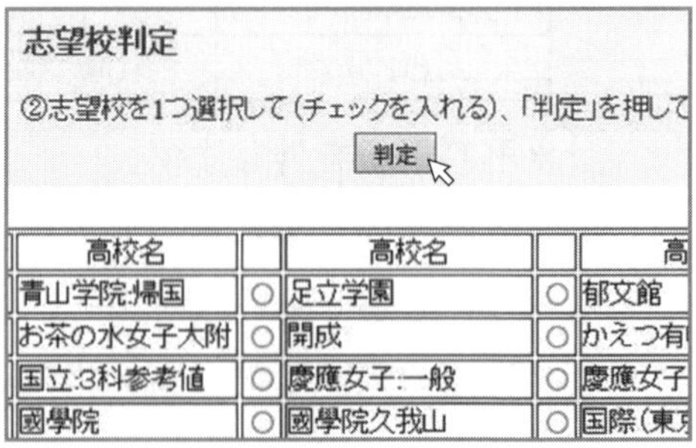

5. 得点・志望校に対応した合格可能性(%)が表示されます。

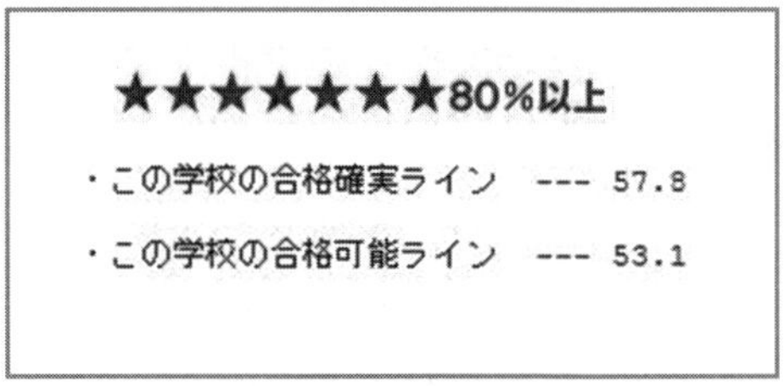

※詳細は駿台中学生テストセンター ホームページをご覧ください。⇒ 駿台テスト で検索！

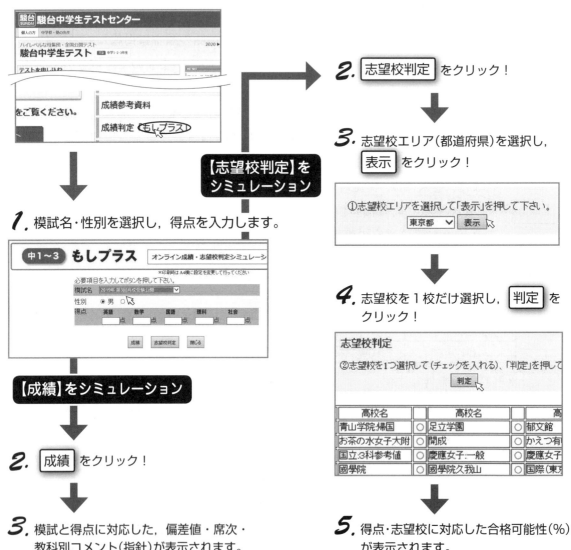

2019年度　第3回

3年　駿台高校受験公開テスト

英　語

9月23日（祝）実施

〔注　意〕

1　まず初めに，この問題冊子が，あなたが受験する「学年」「教科」であることを必ず確認すること。

2　解答は必ず解答用紙の指定された箇所に記入すること。解答に際して指定されない記号・符号を記入した答案は無効とする。

3　試験開始の合図があるまで，問題を開かないこと。合図があったら，問題に着手する前に必ず解答用紙に受験番号，氏名を忘れずに記入すること。

4　試験時間は60分。

5　いったん書いた解答を訂正する場合は，前のものをしっかり消して書き直すこと。

6　問題冊子は持ち帰り，「解答・解説」をよく読んで，復習に努めること。

第3回　英語

【１】 次の英文を読んで，後の問いに答えよ。（* のついた語には注がある。）

In January, a *puppy walked toward the house of Mr. Brown and his wife, and their daughter, Janet. It was very cold —— the houses were all covered (1-a) snow and ice. The puppy was *trembling (1-b) cold.

(2)Janet, [1 closed　2 because　3 the snow　4 school　5 of　6 whose　7 was], was clearing the snow from the road. When she saw the puppy, she put down the shovel. “Hey! Come on!” she called. The puppy stopped in the road. It was *wagging its tail. Janet walked up to the dog and picked it up. “Come on, Puppy.”

Janet took the puppy into the house and put it down in the kitchen. Mrs. Brown asked, “Where did that come from?” Mr. Brown was at the table, reading a newspaper. The snow was keeping him home from his job at the factory. “I don’t know where it came from,” he said, “but I know for sure where it’s going.” Janet hugged the puppy hard. Mrs. Brown said nothing.

Because the roads would be too bad for travel for the next few days, Mr. Brown couldn’t get out to take the puppy to the *pound in the city at once. He agreed to let it sleep in the *basement, while Mrs. Brown *unwillingly let Janet feed it table scraps.

From the looks of it, Janet thought the puppy was about six months old, and on its (3) to being a big dog. Four days passed and the puppy did not complain. It never cried or barked at night. It often went up the steps but (4)it never entered the kitchen unless it was invited. It was a good dog. Several times when Janet opened the door in the kitchen that led to the basement, she found the puppy on the top step. She thought, “(5)The puppy has wanted our company. It has been lying against the door, listening to the talk in the kitchen, and smelling the food.” It always wagged its tail when she found it there.

Even after a week had gone by, Janet didn’t name the dog. She knew her parents wouldn’t let her keep it, and (6)her father made so little money that keeping any pet was out of the question. She also knew that the puppy would surely go to the pound when the weather cleared. Still, at dinner one night, she tried talking to them about the dog. “She’s a good dog, isn’t she?” Janet said, hoping one of them would agree with her. Her parents looked at each other and went on eating. “She’s not much trouble,” Janet added. “I like her.” She smiled at them, but they continued to *ignore her. “I think she’s real smart,”

Janet said to her mother. “I could teach her things.” Mrs. Brown just shook her head and *stuffed a forkful of sweet potato in her mouth. Janet fell silent. (7)She was praying the weather would never clear.

But on Saturday, nine days after the dog had arrived, the sun was shining and the roads were cleared. Janet was sitting alone in the living room. She was hugging a pillow. (8)She was trying to cry but she was strong enough. Her face was wet and red and her eyes were full of sadness. Mrs. Brown looked into the room from the doorway.

“Mama,” Janet said in a small voice. “Please.” Mrs. Brown shook her head. “You know we can’t *afford a dog, Janet. (9)Try to act more grown-up about this.” Janet pressed her face into the pillow. Outside, she heard the trunk of her father’s car slam shut. The engine started up. “Daddy,” she cried. “Please.”

She heard the car travel down the road, and, though it was early afternoon, she could do (10-a) go to her bed. She cried (10-b) sleep, and her dreams were (10-c) searching and searching for things lost. It was nearly at night when she finally woke up. While she was lying there, (10-d), she stared at the wall for a while.

But she started feeling hungry, and she knew she would have to make herself get out of bed and eat some dinner. (11)She didn’t want to go past the door leading to the basement. She didn’t want to face her parents. But she rose up heavily.

Her parents were sitting at the table. Dinner was over, and they were drinking coffee. They looked at her when she came in, but (12-a)she kept her head down. No one spoke. Janet drank a glass of milk. Then she picked up a cold biscuit and started out of the room.

“(13)You’d better feed that dog before it starves,” Mr. Brown said. Janet turned around. “What?” “I said, you’d better feed your dog. I think it’s looking for you.” (12-b)Janet put her hand to her mouth. “You didn’t take her?” she asked.

“[　14-a　],” her father answered. “[　14-b　]. Ten dogs to a cage. The smell was enough to knock you down. [　14-c　]. Then they kill it with some kind of a *shot.” Janet looked at her father. “[　14-d　],” he said. “So I brought the dog back.”

Mrs. Brown was smiling at him and (15)shaking her head as if she never understood him. Mr. Brown drank a little bit of his coffee. “Well,” he said, “are you going to (16 f-　) it or not?”

（注）　puppy：子犬　tremble：震える　wag：（しっぽを）振る
pound：動物収容所（迷い犬・捨て猫などを収容しておく所）　basement：地下　unwillingly：渋々
ignore：無視する　stuff ...：…を詰め込む　afford ...：…を持つ余裕がある　shot：注射

問１　（ 1-a ），（ 1-b ）に共通して入る前置詞を答えよ。

問２　下線部(2)が意味の通る英文になるように，[　　] 内の語(句)を並べ替えるとき，下の（ A ），（ B ）に入る番号の組み合わせが正しいものを次のア～エから選び，記号で答えよ。

Janet, [1 closed　2 because　3 the snow　4 school　5 of　6 whose　7 was], was clearing the snow from the road.

Janet,（ A ）（　　）（　　）（　　）（　　）（ B ）（　　）, was clearing ...

ア．A：２　B：６　　イ．A：２　B：７

ウ．A：６　B：３　　エ．A：６　B：５

問３　（　３　）に最もよく当てはまる語を次のア～エから選び，記号で答えよ。

ア．age　　イ．way　　ウ．place　　エ．time

問４　下線部(4)とほぼ同じ意味の英文を下の形で表すとき，（　　）に最もよく当てはまる語句を次のア～エから選び，記号で答えよ。

it never entered the kitchen unless it was invited

＝ it entered the kitchen (　　　) it was invited

ア．even though　　イ．as soon as　　ウ．only when　　エ．just before

問５　下線部(5)とほぼ同じ意味を表す英文として最も適当なものを次のア～エから選び，記号で答えよ。

ア．The puppy has wanted to be with us.

イ．The puppy has wanted to see our business.

ウ．The puppy has wanted us to feed it.

エ．The puppy has wanted to be set free.

問6　下線部(6)を日本語に直せ。

問7　下線部(7)に関して，Janet がこのようにしていたのはなぜか。本文の記述に即して，30 字前後の日本語で答えよ。

問8　下線部(8)は２つの箇所に not が欠落しているため，意味の上で不適当な英文になっている。適当な英文にするためにはどの箇所に not を補えばよいか。下のア～オから２つ選び，記号で答えよ。

She was (ア) trying (イ) to (ウ) cry but she was (エ) strong (オ) enough.

問9　下線部(9)と同じ内容を次の英文で表すとき，(　　　)に最もよく当てはまる語を答えよ。

You should know (　　　) than to ask us to keep the dog.

問10　(10-a)～(10-d)に最もよく当てはまる語句を次の①～④からそれぞれ１つずつ選ぶとき，その 組み合わせが正しいものを後のア～エから選び，記号で答えよ。

①　herself to　　②　like a stone　　③　nothing but　　④　full of

ア．10-a. ①　10-b. ③　10-c. ④　10-d. ②　　イ．10-a. ①　10-b. ④　10-c. ②　10-d. ③

ウ．10-a. ③　10-b. ①　10-c. ④　10-d. ②　　エ．10-a. ③　10-b. ②　10-c. ④　10-d. ①

問11　下線部(11)の理由を表す英文として，最も適当なものを次のア～エから選び，記号で答えよ。

ア．The door was shut too tight for her to open.

イ．The door would probably remind her of the dog.

ウ．She was afraid of falling down the steps to the basement.

エ．She didn't understand that the kitchen had the door leading to the basement.

問 12　下線部(12-a)と(12-b)における Janet の心情を表す語句として，最も適当なものを次のア～オからそれぞれ１つずつ選び，記号で答えよ。

ア．slightly worried　　イ．deeply sad　　ウ．physically tired

エ．pleasantly surprised　　オ．secretly proud

問 13　下線部(13)とほぼ同じ意味の英文を下の形で表すとき，(　A　)，(　B　)に最もよく当てはまる語をそれぞれ答えよ。

You'd better feed that dog before it starves

= Give some (　A　) to that dog at once, (　B　) it will die from hunger

問 14　[　14-a　]～[　14-d　]に最もよく当てはまる文を次の①～④からそれぞれ１つずつ選ぶとき，その組み合わせが正しいものを後のア～エから選び，記号で答えよ。

① And they give an animal six days to live　② Oh, I took her, of course

③ I wouldn't leave an ant in that place　④ It was the worst place I've ever seen

ア．14-a. ②　14-b. ③　14-c. ④　14-d. ①　　イ．14-a. ②　14-b. ④　14-c. ①　14-d. ③

ウ．14-a. ④　14-b. ①　14-c. ②　14-d. ③　　エ．14-a. ④　14-b. ③　14-c. ①　14-d. ②

問 15　下線部(15)における Mrs. Brown の気持ちを表す文として最も適当なものを次のア～エから選び，記号で答えよ。

ア．夫の予想外の振舞いに呆《あき》れている。

イ．夫の傍若無人な行為に腹を立てている。

ウ．夫の軽率な挙動に不賛成の意を表している。

エ．夫の思慮の浅い提案を拒絶しようとしている。

問 16　(　16　)に最もよく当てはまる，与えられた文字で始まる語を答えよ。

問17　本文第３段落(Janet took the puppy ... Mrs. Brown said nothing.)の内容に関して，次の質問に対する答えの文の(　　　)に最もよく当てはまる語を本文中から抜き出して答えよ。

質問：Mr. Brown said, "I know for sure where it's going." Where did he think the puppy was going?

答え：He thought it was going to the (　　　).

問18　本文の内容と一致する文を次のア～キから２つ選び，記号で答えよ。

ア．On the day a puppy appeared, it was snowing so heavily that Mr. Brown had to return home from the factory early.

イ．Mrs. Brown was unwilling to keep the dog Janet had just brought, but she let Janet give the puppy wonderful food that evening.

ウ．The dog stayed in the basement all day and never climbed up the steps.

エ．Mr. and Mrs. Brown had a negative attitude toward keeping the dog until the day he brought the dog back home.

オ．When the car carrying the dog was going to leave, Janet called the dog's name and cried.

カ．After the dog was taken to the pound, Janet was too depressed to feel like eating.

キ．Mr. Brown was kind-hearted enough not to leave the dog at the pound with a terrible environment.

【２】 次の英文を読んで，後の問いに答えよ。(* のついた語(句)には注がある。)

The Stradivarius violin gets its name from a highly skilled worker Antonio Stradivari. When he died in 1737, his secrets died with him. (1)No one has ever been able to reproduce the sound of the violins or violas he made. Today his instruments sell for millions of dollars at auctions; *Sotheby's will soon auction off a viola that it expects to sell for $45 million.

But how much of the Stradivarius' appeal is about the sound of the instrument, and (2)how much is about the brand —— about our brains telling us the sound is beautiful because it's a Stradivarius?

In 2010, a group of researchers decided to find out. They set a blind test with a Stradivarius. They took a group of musicians into a hotel room and asked them to play a mix of new and old violins, *including two made by Stradivari. They asked the musicians to play with *welding goggles on, so that (3)the players [1 were 2 had 3 which 4 they 5 instrument 6 no 7 holding 8 idea].

One of the violinists who took part in the experiment, John Soloninka, was sure he could pick out the Stradivarius violins from the new ones. He was wrong. "(4)I was playing the opposite of what I thought I was playing," he says.

When the researchers totaled up the results, there was no *evidence the players could pick Stradivariuses from the new ones. And when players were asked to pick their favorite instrument, (5)the winner was a modern, freshly made violin.

The results of this test (6)were very controversial. According to the New York Times, violinist Earl Carlyss said the test was as foolish as trying to compare a *Ford and a *Ferrari in a city parking lot.

So the researchers decided to repeat the experiment with more violins, better players and a better place: Musicians were asked to play the violins in a concert hall (7) a hotel room.

The results, however, were basically (8). Again, there was no evidence the players could tell Stradivariuses from new.

In a way, the tests (9)were liberating. They suggested you didn't have to spend millions of dollars to get a violin with top-quality sound. But Joseph Curtain, the researcher who ran the experiment, says he was also a little sad. He is a violin maker, too.

“(10)I am (a) because the idea I believed to be (b) now seems (c) value,” he says. “(11)I've [1 trying 2 most 3 imitate 4 my adult life 5 spent 6 to 7 of] these old instruments. And the question is, well, ‘What am I going to do then?’”

Sometimes when you *debunk a myth, you realize that part of you (12) the myth.

(注)　Sotheby's：サザビーズ(ロンドンにあるオークション会社)　including ...：…を含む
welding goggle：溶接用ゴーグル(ゴーグルとは目をすっぽりと覆い，保護する眼鏡のこと)
evidence：証拠　Ford：フォード(アメリカの大衆車)　Ferrari：フェラーリ(イタリアの高級車)
debunk a myth：神話の正体を暴露する

問1　下線部(1)を日本語に直せ。

問2　下線部(2)の内容を簡潔にまとめた日本文として最も適当なものを次のア～エから選び，記号で答えよ。

ア．数あるストラディバリウスのバイオリンの中で，一般人の頭脳でも美しい音色を感知できるものは果たして何割くらいあるのだろうか。

イ．ストラディバリウスが真に美しい音色を出すと主張する人は，ストラディバリウスが奏でる音を聴いた人の中でどのくらいの部分を占めるのだろうか。

ウ．ストラディバリウスの魅力のうち，ストラディバリウスであるがゆえに美しい音色を出すという思い込みから生み出されるものはどのくらいあるのだろうか。

エ．ストラディバリウスの美しい音色が私たちの心を揺さぶるのは，ひとえにストラディバリウスが名器だからであり，そのブランド力に依るところはいくらもないのではないか。

問３　下線部(3)が「演奏者たちは，自分がどの楽器を抱えているのかわからなかった」という意味の英文になるように，[　　　　]内の語を並べ替えるとき，下の（　A　），（　B　）に入る番号の組み合わせが正しいものを次のア～エから選び，記号で答えよ。

the players [1 were　2 had　3 which　4 they　5 instrument　6 no　7 holding　8 idea]

the players（　　　）（　　　）（　A　）（　　　）（　　　）（　　　）（　B　）（　　　）

ア．A：３　B：６　　イ．A：３　B：７

ウ．A：８　B：１　　エ．A：８　B：４

問４　下線部(4)のI was playing the opposite of what I thought I was playingにおけるthe oppositeとwhat I thought I was playingは具体的に何を指しているか。本文中の下線部(4)と同じ段落からそれぞれ連続する３語で抜き出して答えよ(共に複数形で答えてよい)。

問５　下線部(5)の内容を表す語句として最も適当なものを次のア～エから選び，記号で答えよ。

ア．the violin chosen by the largest number of players

イ．the player that chose the best modern, freshly made violin

ウ．the violinist who beat rivals in the experiment

エ．the researcher who carried out the test most successfully

問６　下線部(6)の内容を表す文として最も適当なものを次のア～エから選び，記号で答えよ。

ア．were uninteresting and boring to professional musicians

イ．brought a lot of public discussion and disagreement

ウ．disappointed the expectations of many people in the world

エ．did not receive much attention from mass media in the United States

問７　（　７　）に最もよく当てはまる語(句)を次のア～エから選び，記号で答えよ。

ア．with　　イ．without　　ウ．next to　　エ．instead of

問8　(　8　)に最もよく当てはまる語(句)を次のア～エから選び，記号で答えよ。

ア．surprising　　イ．different　　ウ．the same　　エ．the worst

問9　下線部(9)はどういう意味か。最も適当なものを次のア～エから選び，記号で答えよ。

ア．無駄に終わった　　イ．固定観念を解いた

ウ．多くの批判を浴びた　　エ．予想どおりだった

問10　下線部(10)の(　a　)～(　c　)に最もよく当てはまる語を次のア～カからそれぞれ1つずつ選び，記号で答えよ。

ア．true　イ．glad　ウ．difficult　エ．unhappy　オ．without　カ．of

問11　下線部(11)が「私はこれらの古い楽器を模倣しようとすることに，大人になってからの人生の大半を費やしてきた」という意味の英文になるように[　　]内の語(句)を並べ替えるとき，下の(　A　)，(　B　)に入る番号の組み合わせが正しいものを次のア～エから選び，記号で答えよ。

I've [1 trying　2 most　3 imitate　4 my adult life　5 spent　6 to　7 of] these old instruments.

I've (　　)(　　)(　A　)(　　)(　B　)(　　)(　　) these old instruments.

ア．A：1　B：3　　イ．A：4　B：6

ウ．A：6　B：4　　エ．A：7　B：1

問12　(　12　)に最もよく当てはまる語を次のア～エから選び，記号で答えよ。

ア．knew　イ．liked　ウ．read　エ．forgot

問 13　本文の内容と一致する文を次のア～オから２つ選び，記号で答えよ。

ア．The Stradivarius violin is named after Antonio Stradivari, who was the greatest violinist of the time.

イ．Antonio Stradivari died in 1737 without telling anyone the way of making his violins or violas.

ウ．In the experiment in 2010, researchers compared a Ford and a Ferrari in a city parking lot.

エ．The players couldn't tell the Stradivarius violins from the new ones by sight because their eyes were covered with welding goggles.

オ．Joseph Curtain was satisfied with the results of the experiments, which couldn't prove the superiority of Stradivariuses.

【3】 次の１～５で，それぞれの日本語が表す英文を作るとき，（　①　）～（　⑩　）に最もよく当てはまる語を後のア～コから１つずつ選び，記号で答えよ。

１．君が何を言いたいのかだんだんわかってきたよ。

Now I'm (　①　) to understand what you (　②　).

２．ほんの数秒しか持続しない記憶もある。

Some memories (　③　) for (　④　) a few seconds.

３．気晴らしに散歩するのはいかがですか。

What do you (　⑤　) to (　⑥　) for a walk for a change?

４．パスワードは他に存在しないものでなければならない。また，文字と数字を含む少なくとも６個からなる記号にしなければならない。

Your password should be (　⑦　). And it should be at (　⑧　) 6 characters with both letters and numbers.

５．彼がその仕事に適していないことに私たちは気づくべきだったが，それは結果論というものだ。

We should (　⑨　) realized he was not the right person for the job, but it's easy to be (　⑩　) after the event.

ア．only	イ．unique	ウ．least	エ．wise	オ．last
カ．mean	キ．going	ク．beginning	ケ．say	コ．have

【４】 次の１～６で，各組の英文の意味がほぼ同じになるように，（　　　）に最もよく当てはまる語を後のア～カから１つずつ選び，記号で答えよ。

１．Her heart sank at the news of his failure in the exam.

　＝ She was（　　　）to hear he had failed in the exam.

２．This type of cat has no tail.

　＝ The tail is（　　　）in this type of cat.

３．This is a difficult problem but worth trying to solve.

　＝ This is a（　　　）problem.

４．I think I know you. Have we met somewhere before?

　＝ You seem（　　　）to me. Have we met somewhere before?

５．She had second thoughts about buying the computer.

　＝ She began to be（　　　）about her decision to buy the computer.

６．I'd like to ask for your advice. When will you be free?

　＝ I'd like to ask for your advice. When is it（　　　）to you?

ア．doubtful	イ．disappointed	ウ．challenging
エ．convenient	オ．familiar	カ．absent

【５】 次の１，２の日本語を英語に直せ。

１．絵本はたいてい幼い子供たちのために書かれたものだが，中学生にとって役に立ち得る絵本というのもある。

２．彼には面倒を見てくれる人がいなかったので，彼は自分が必要とする物を手に入れるために働かなければならなかった。

2019年度　第3回

3年　駿台高校受験公開テスト

数　学

9月23日（祝）実施

〔注　意〕

1　まず初めに，この問題冊子が，あなたが受験する「学年」「教科」であることを必ず確認すること。

2　解答は必ず解答用紙の指定された箇所に記入すること。解答に際して指定されない記号・符号を記入した答案は無効とする。

3　試験開始の合図があるまで，問題を開かないこと。合図があったら，問題に着手する前に必ず解答用紙に受験番号，氏名を忘れずに記入すること。

4　試験時間は60分。

5　分数は既約分数（最も簡単な分数）で答えること。

6　円周率はπを用いること。

7　根号（$\sqrt{\ }$）の中は最も簡単な整数で答えること。また，指示がない限り，分母の有理化をすること。

8　図は必ずしも正確ではない。

9　読みにくい字は不正解とする場合があるので注意すること。

10　いったん書いた解答を訂正する場合は，前のものをしっかり消して書き直すこと。

11　問題冊子は持ち帰り，「解答・解説」をよく読んで，復習に努めること。

第３回　数学

【１】 次の各問いに答えよ。

(1)　$\left(-2x^2y\right)^3 \times 5xy^2 \div \left(-6x^3y^2\right)^2$ を計算せよ。

(2)　$\dfrac{\left\{\left(\sqrt{3}\right)^6-1\right\}\left\{\left(\sqrt{5}\right)^6-1\right\}}{\left(\sqrt{15}\right)^3-\left(\sqrt{3}\right)^3-\left(\sqrt{5}\right)^3+1}$ を計算せよ。

(3)　$a=\dfrac{\sqrt{3}+1}{2}$，$b=\dfrac{\sqrt{3}-1}{2}$ のとき，$a^2-3ab+b^2$ の値を求めよ。

(4)　a を定数とする。x についての 2 次方程式 $x^2-2ax-3a^2=0$ の 2 つの解の和が 4 であるとき，2 つの解の積を求めよ。

(5)　a，b を $a>0$，$b<0$ を満たす定数とする。関数 $y=ax^2$ と関数 $y=bx+6$ において，x の変域が $-3 \leqq x \leqq 2$ のとき，x の変域と y の変域が等しくなる。このとき，a，b の値をそれぞれ求めよ。

(6)　分母はどれも 2020 で，分子は 1 から 2019 までの整数である 2019 個の分数 $\dfrac{1}{2020}$，$\dfrac{2}{2020}$，$\dfrac{3}{2020}$，……，$\dfrac{2019}{2020}$ がある。

この中で約分すると分子を 1 にすることができる分数すべての和を求めよ。ただし，$\dfrac{1}{2020}$ を含むものとする。

【2】 1から6までの目が出る大中小1個ずつの3個のさいころを同時に1回投げ，出た目の数を長さとする3本の線分をつくる。この線分を3辺とする三角形を考える。例えば，出た目の数により次のようになる。

出た目が2，3，4のときは，$2+3>4$ より三角形はできる。

出た目が2，3，5のときは，$2+3=5$ より三角形はできない。

出た目が2，3，6のときは，$2+3<6$ より三角形はできない。

このとき，次の各問いに答えよ。ただし，大中小3個のさいころはいずれも，1から6までのどの目が出ることも同様に確からしいものとする。

(1)　正三角形ができる確率を求めよ。

(2)　二等辺三角形ができる確率を求めよ。ただし，正三角形は含まないものとする。

【３】 下図のように，関数 $y = \frac{1}{2}x^2$ のグラフと傾きが１の直線 l が，２点 A，B で交わっており，点 A の x 座標は－２である。また，点 C は $y = \frac{1}{2}x^2$ のグラフ上にあり x 座標は２である。線分 AB 上に x 座標が－１である点 P をとるとき，次の各問いに答えよ。

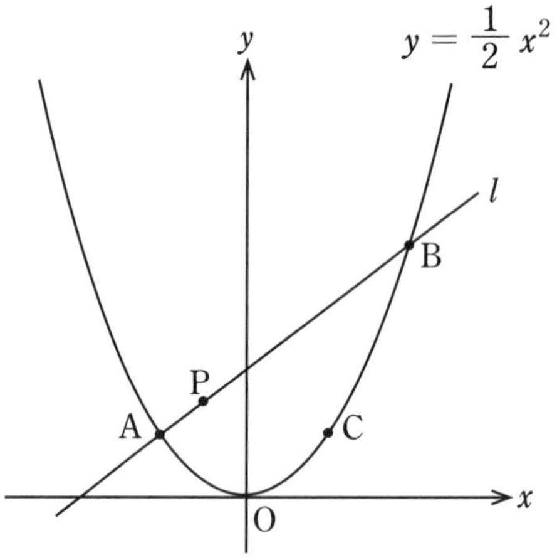

(1)　点 B の座標を求めよ。

(2)　直線 CP 上に，直線 l について点 C と反対側に点 Q をとる。∠QAP＝∠BCP となるとき，次の各問いに答えよ。

(i)　点 Q の座標を求めよ。

(ii)　四角形 QACB の面積を求めよ。

(3)　線分 PB 上に∠PCR＝45°となる点 R をとる。このとき，点 R の座標を求めよ。

【4】 1辺の長さが2である正六角形ABCDEFがある。下図のように，$\angle AFG = \angle BAH = \angle CBI = \angle DCJ = \angle EDK = \angle FEL = 15^\circ$ となるように，正六角形の辺上に点G，H，I，J，K，Lをとる。線分AHと線分FGとの交点をMとするとき，次の各問いに答えよ。

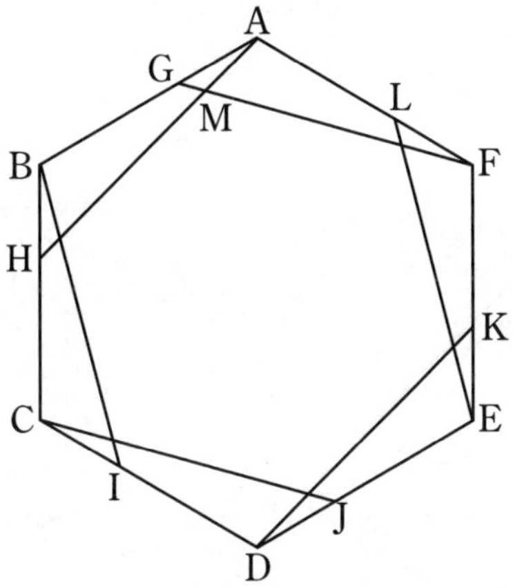

(1)　∠AGFの大きさは何度か，求めよ。

(2)　線分AGの長さを求めよ。

(3)　△AGMの面積を求めよ。

(4)　線分AH，BI，CJ，DK，EL，FGによって囲まれた図形の面積を求めよ。

【5】 AB = 3，AD = 4，BD = 5 である長方形 ABCD がある。対角線 BD を折り目として△ABD を折り曲げて，頂点 A から△BCD を含む平面にひいた垂線を AH とする([図 1])。また，対角線 BD を折り目として△ABD を 180° 折り曲げて，折り曲げる前と後の点 A をそれぞれ点 A_1，A_2 とする。線分 A_1A_2 と対角線 BD，辺 BC との交点をそれぞれ E，F とする([図 2])とき，次の各問いに答えよ。

[図 1]

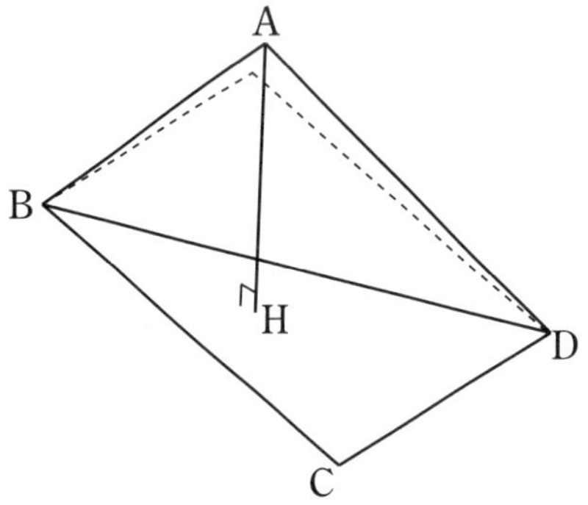

[図 2]

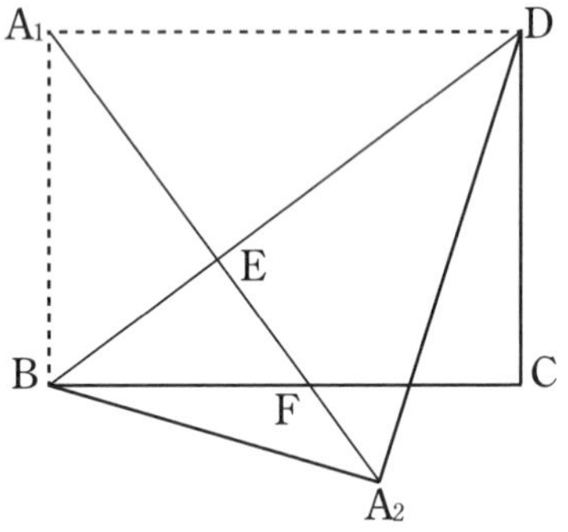

(1)　点 H が対角線 BD 上にあるとき，線分 HB と線分 HD の長さの比を求め，最も簡単な整数の比で表せ。

(2)　点 H が[図 2]の線分 A_1E の中点にあるとき，線分 AH の長さを求めよ。

(3)　点 H が辺 BC 上にあるとき，次の各問いに答えよ。

(i)　線分 BH の長さを求めよ。

(ii)　4 点 A，B，C，D を頂点とする三角錐 A－BCD を考える。この三角錐 A－BCD の体積を求めよ。

2019年度　第3回

3年　駿台高校受験公開テスト

理　科

9月23日（祝）実施

〔注　意〕

1　まず初めに，この問題冊子が，あなたが受験する「学年」「教科」であることを必ず確認すること。

2　解答は必ず解答用紙の指定された箇所に記入すること。解答に際して指定されない記号・符号を記入した答案は無効とする。

3　試験開始の合図があるまで，問題を開かないこと。合図があったら，問題に着手する前に必ず解答用紙に受験番号，氏名を忘れずに記入すること。

4　試験時間は60分。

5　いったん書いた解答を訂正する場合は，前のものをしっかり消して書き直すこと。

6　記述で答える問題は，ふりがなと漢字を一緒に書かないこと。

7　問題冊子は持ち帰り，「解答・解説」をよく読んで，復習に努めること。

第3回　理科

〔注　意〕
※　解答は指定された形式で答えること。
※　「すべて選べ」という問題では，１つだけ選ぶ場合もふくまれる。
※　数値を答える問題では，特に断りのない場合，指定された位までの四捨五入した値を答えること。
※　図は必ずしも正確ではない。

【１】 ＜実験Ⅰ＞～＜実験Ⅳ＞を読んで，あとの問いに答えよ。ただし，磁針の向きとは，方位磁針のＮ極が指している方角のこととする。

＜実験Ⅰ＞

電流が磁界から受ける力について調べるために実験をおこなった。**図１**のように，コイルとＵ字磁石を用いてブランコ状の装置をつくり，Ｕ字磁石はＮ極を上，Ｓ極を下にして，コイルの中にＮ極が入るように置いた。また，この装置と電源装置，スイッチ，抵抗Ｒ，電圧計，電流計をつないで回路をつくった。

電源装置の電圧を一定にしてスイッチを閉じ，電流計と電圧計の値を測定し，コイルの動きを観察した。電源装置の電圧を変化させてから，同様に電流を測定したところ，**表１**のようになった。

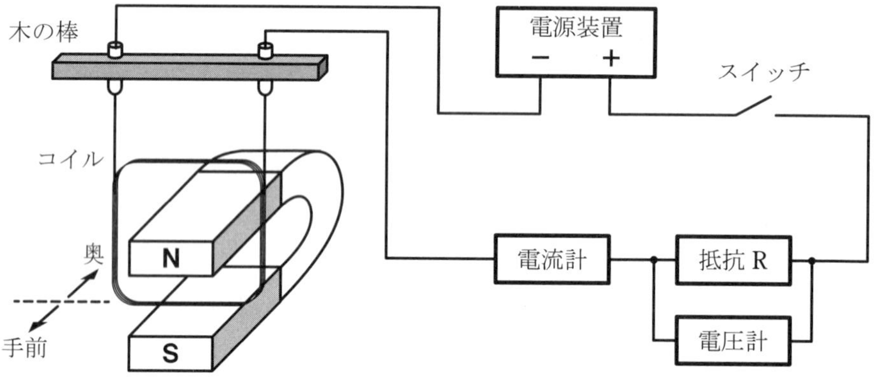

図１

電圧［V］	0.0	1.0	2.0	3.0	4.0	5.0
電流［mA］	0	25	50	75	100	125

表１

(1)　抵抗Ｒの抵抗の大きさは何Ωか。整数で答えよ。

(2)　電圧が 5.0 V のとき，コイルの動きはどうなるか。次の**ア**～**エ**から 1 つ選び，記号で答えよ。

ア　手前に動く　　　　　　　　**イ**　奥へ動く

ウ　はじめ手前に動くが，すぐに元の位置に戻る

エ　はじめ奥へ動くが，すぐに元の位置に戻る

(3)　抵抗 R を 2 個並列にして回路につないだ。電圧が 5.0 V のとき，コイルの動きは(2)と比べてどうなるか。次の**ア**～**エ**から 1 つ選び，記号で答えよ。

ア　同じ向きで大きくなる　　　**イ**　逆向きで大きくなる

ウ　同じ向きで小さくなる　　　**エ**　逆向きで小さくなる

＜実験Ⅱ＞

電流がつくる磁界について調べるために実験をおこなった。**図2**のように，水平に固定した厚紙に導線を垂直に通し，点 a，b，c，d にそれぞれ方位磁針を置いた。点 a，b，c，d は導線からそれぞれ北，西，南，東の方向へ 10 cm ずつ離れた点である。導線に一定の大きさの電流を流し方位磁針の動きを観察したところ，点 a に置いた磁針の向きは北西であった。

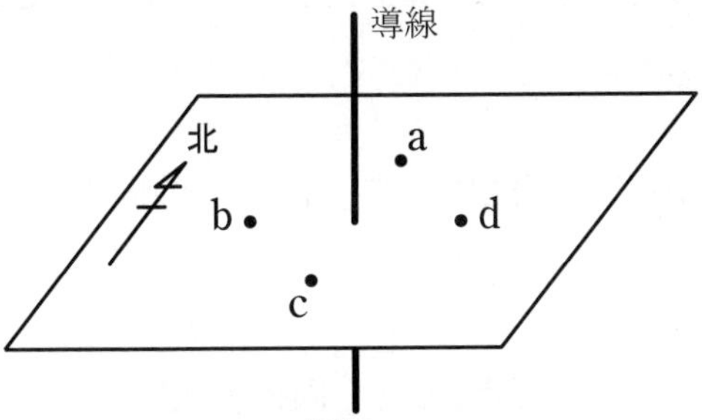

図2

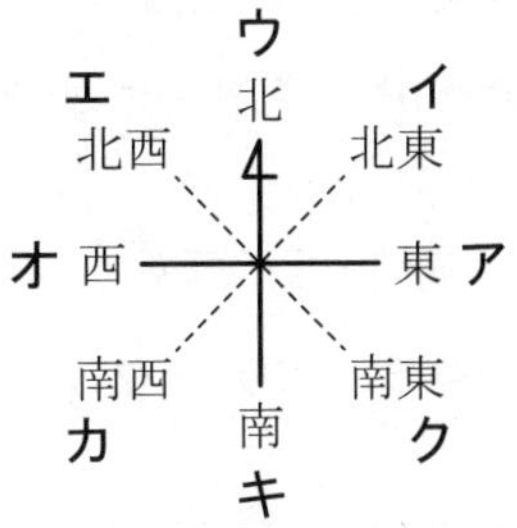

図3

(4)　点 c に置いた磁針の向きはどの方角か。**図3**内の**ア**～**ク**から 1 つ選び，記号で答えよ。

(5)　導線に電流はどのように流れているか。次の**ア**，**イ**から 1 つ選び，記号で答えよ。

ア　上向きに流れている　　　　　**イ**　下向きに流れている

(6)　導線に流れている電流の向きを逆にしたとき，点 b に置いた磁針の向きはどの方角か。**図3**内の**ア**～**ク**から 1 つ選び，記号で答えよ。

＜実験Ⅲ＞

＜実験Ⅱ＞に引きつづき，電流がつくる磁界について調べるために実験をおこなった。**図4**のように，水平に固定した厚紙の東西方向の一直線上に点 a，b，c，d，e を 10 cm ずつ等間隔にとり，点 b に導線 1，点 d に導線 2 を厚紙に垂直に通し，点 a，c，e の位置にそれぞれ方位磁針を置いた。導線 1 と導線 2 にともに＜実験Ⅱ＞と同じ大きさの電流を上向きに流し，方位磁針の動きを観察した。

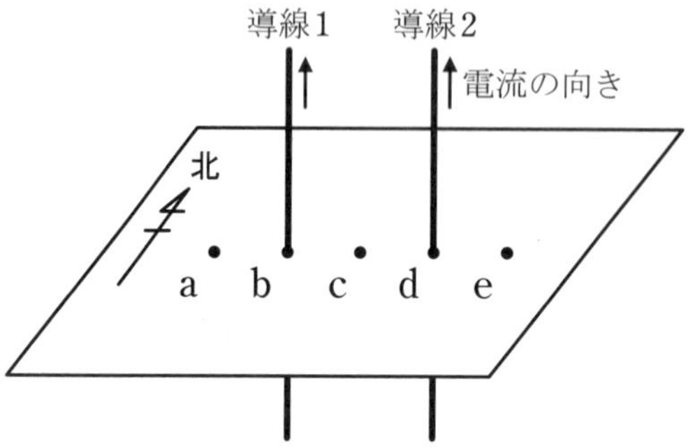

図4

図5

(7)　点 a，c，e に置いた磁針の向きはどの方角か。**図5**内の**ア〜ク**からそれぞれ 1 つずつ選び，記号で答えよ。

(8)　導線 1 が，導線 2 に流れる電流がつくる磁界から受ける力の向きはどの方角か。**図5**内の**ア〜ク**から 1 つ選び，記号で答えよ。

(9)　導線 1 の電流の向きだけを逆にして，＜実験Ⅲ＞と同様の実験をおこなった。点 a，c，e に置いた磁針の向きは(7)と同じになるか。磁針の向きが(7)と同じになる場合は○，同じにならない場合は×で，それぞれ答えよ。

＜実験Ⅳ＞

電磁誘導について調べるために実験をおこなった。**図6**のように，2組の同じコイルP，QとU字磁石を用いて＜実験Ⅰ＞と同様のブランコ状の装置をつくり，磁石はいずれもN極を上，S極を下にして，N極がコイルの中に入るように置いた。また，端子AとD，端子BとCをそれぞれ導線でつないだ。2つのコイルP，Qが静止した状態から，コイルPを手前に動かした。このとき，端子AとDの間に流れる電流の向きを検流計で調べ，コイルQの動きを観察した。

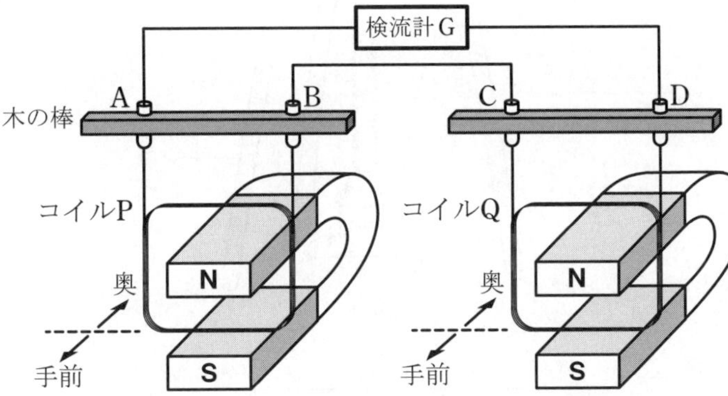

図6

(10)　コイルPを手前に動かしている間に，検流計に流れる電流はどうなるか。次の**ア**～**ウ**から1つ選び，記号で答えよ。

ア　AからDの向きへ流れる　　**イ**　DからAの向きへ流れる　　**ウ**　流れない

(11)　コイルPを手前に動かしている間に，コイルQの動きはどうなるか。次の**ア**～**ウ**から1つ選び，記号で答えよ。

ア　手前に動く　　**イ**　奥へ動く　　**ウ**　動かない

(12)　コイルQを動かないように固定した状態で，コイルPを手前に動かした。この間，検流計に流れる電流は(10)と比べてどうなるか。次の**ア**～**キ**から1つ選び，記号で答えよ。

ア　同じ向きで大きくなる　　**イ**　逆向きで大きくなる

ウ　同じ向きで同じ大きさ　　**エ**　逆向きで同じ大きさ

オ　同じ向きで小さくなる　　**カ**　逆向きで小さくなる　　**キ**　流れなくなる

(13)　検流計とAD間の導線を外して，2つのコイルP，Qが静止した状態から，コイルPを手前に動かした。このとき，コイルPを動かすのに必要な力は，導線を外す前と比べてどうなるか。次の**ア**～**ウ**から1つ選び，記号で答えよ。

ア　大きくなる　　**イ**　小さくなる　　**ウ**　変わらない

【2】［Ⅰ］〜［Ⅲ］を読んで，あとの問いに答えよ。

［Ⅰ］ **図1**のように，マグネシウムの粉末を空気中で燃焼させ，燃焼前と燃焼後の質量を比較する実験をおこなった。実験1〜3ではマグネシウムが完全に酸化し酸化マグネシウムとなったが，実験4，5では一部が反応せず，残ったままであった。

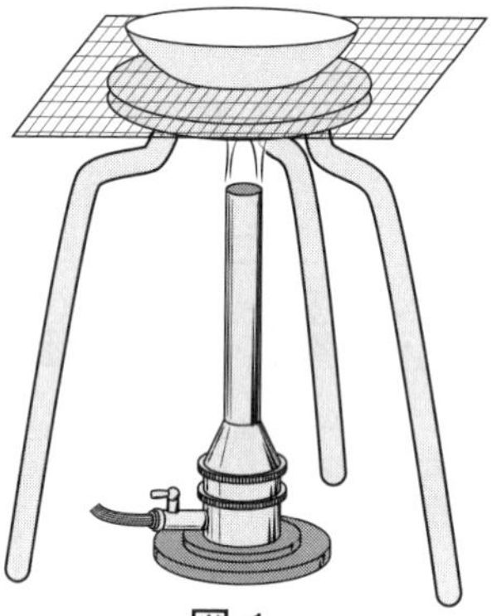

図1

	実験1	実験2	実験3	実験4	実験5
燃焼前の質量［g］	0.60	1.20	1.50	2.00	2.50
燃焼後の質量［g］	1.00	2.00	2.50	3.18	X

表1　マグネシウムの燃焼による質量変化

(1)　この実験について述べている文として，**誤りをふくむ**ものはどれか。次の**ア〜オ**から1つ選び，記号で答えよ。

ア　マグネシウムは白い光を出しながら激しく燃焼する。

イ　生成される酸化マグネシウムの色は黒色である。

ウ　鉄ではなくステンレスの燃焼皿を使うのは，皿自体が酸化するのを防ぐためである。

エ　燃えているマグネシウムには絶対に水をかけてはいけない。

オ　生成される酸化マグネシウムは電気を通さない。

(2)　マグネシウム原子(Mg)1個と酸素原子(O)1個の質量比は何対何か。実験1〜3の結果を参考にして，もっとも簡単な整数比で答えよ。

(3)　実験4において，反応後の混合物のうち，反応しなかったマグネシウムの質量は何gか。小数第2位まで答えよ。

(4)　マグネシウム0.10gに塩酸を加え，完全に反応させると100mLの水素が発生する。

実験5で生成された混合物Xgを，十分に冷ましてから均等に5等分し，$\frac{X}{5}$gを5つつくった。それぞれをフラスコにいれ，同じ濃度の塩酸を，体積を変えて加え，発生する水素の体積を測定すると，**表2**のようになった。ただし，気体の体積は，同じ温度・圧力において測定したものとし，また，酸化マグネシウムは塩酸と反応しないものとする。このとき，以下の各問いに答えよ。

加えた塩酸［mL］	5.0	10.0	15.0	20.0	25.0
発生した水素［mL］	30	60	90	110	110

表2　実験5の生成物に加えた塩酸の量と発生した水素の体積

(i)　$\frac{X}{5}$gの混合物とちょうど反応する塩酸の体積は何mLか。小数第1位まで答えよ。

(ii)　Xの値はいくつか。小数第2位まで答えよ。

［Ⅱ］　二硫化炭素は化学式CS_2で表される液体である。二硫化炭素を燃焼させると，下の化学反応式のように二酸化硫黄(SO_2)と二酸化炭素を発生する。ただし，(ア)～(エ)には係数があてはまる。

(ア) CS_2 ＋ (イ) O_2 → (ウ) SO_2 ＋ (エ) CO_2

(5)　化学反応式の(ア)～(エ)にあてはまる係数はいくつか。それぞれ整数で答えよ。ただし，係数が1の場合は1と答えよ。

(6)　酸素を発生させる方法を述べている文として，正しいものはどれか。次の**ア**～**オ**から1つ選び，記号で答えよ。

ア　石灰石にうすい塩酸を加える。

イ　硫化鉄にうすい塩酸を加える。

ウ　炭酸水素ナトリウムにうすい塩酸を加える。

エ　二酸化マンガンにうすい過酸化水素水を加える。

オ　亜鉛にうすい硫酸を加える。

(7)　二酸化硫黄と二酸化炭素はどちらも常温常圧で気体である。これら2つの気体に共通する性質**ではない**ものはどれか。次の**ア**～**オ**から1つ選び，記号で答えよ。

ア　無色，刺激臭の気体である。

イ　空気より密度が大きい気体である。

ウ　水に溶けて酸性を示す。

エ　酸化物である。

オ　化合物である。

(8)　二酸化硫黄分子1個と二酸化炭素分子1個の質量比は$SO_2 : CO_2 = 16 : 11$である。また，炭素原子1個と酸素原子1個の質量比は$C : O = 3 : 4$である。

(i)　S原子1個とC原子1個の質量比は何対何か。もっとも簡単な整数比で答えよ。

(ii)　酸素と二酸化炭素の混合気体Aがある。同じ温度・圧力において，ある体積の酸素の質量に比べ，同じ体積の気体Aの質量の方が大きく，1.15倍であった。気体Aの全分子の個数に対する，酸素分子の個数の割合は何%か。整数で答えよ。ただし，「気体は，温度・圧力が一定であれば，同じ体積中に同じ数の分子をふくむ」という性質を利用すること。

［Ⅲ］　ある金属Mは数種類の酸化物をもつ。この金属酸化物の一種にM_2O_3がある。この物質は分子をつくらないが，構成する原子の個数比がM：O＝2：3であるので，化学式はM_2O_3と表される。M_2O_3中のM原子とO原子の質量比は，M：O＝13：6である。

(9)　M原子1個とO原子1個の質量比は何対何か。もっとも簡単な整数比で答えよ。

(10)　別の金属酸化物M_xO_y（xとyは整数）中のM原子とO原子の質量比は，M：O＝13：8であった。x，yはいくつか。それぞれ整数で答えよ。ただし，xやyが1の場合は1と答えよ。また，x：yはもっとも簡単な整数比となっている。

【3】 ［Ⅰ］，［Ⅱ］を読んで，あとの問いに答えよ。

［Ⅰ］ 5つの動物 クジラ，サケ，サンショウウオ，ペンギン，ヘビについて，ある特徴をもつかどうかで分類した。**表1**はそれをまとめたもので，動物Ⅰ～Ⅴは下のa～eの動物のいずれかがあてはまり，特徴A～Dには下の**ア**～**ク**の特徴のいずれかがあてはまる。また，表内の「○」はその特徴をもち，「×」はその特徴をもたないことを示している。

		動物				
		Ⅰ	Ⅱ	Ⅲ	Ⅳ	Ⅴ
特徴	X 動物である	○	○	○	○	○
	A	○	○	×	×	×
	B	○	○	○	○	×
	C	×	○	○	×	○
	D	×	○	×	×	○

表1

動物Ⅰ～Ⅴ

a　クジラ　　b　サケ　　c　サンショウウオ　　d　ペンギン　　e　ヘビ

特徴A～D

ア　恒温動物である

イ　変温動物である

ウ　一生あるいは一生のうちのある時期に肺呼吸をおこなう

エ　一生エラ呼吸をおこなう

オ　陸上に卵を産む

カ　卵を産まず，陸上または水中で子を産む

キ　体の表面がうろこでおおわれている

ク　体の表面が羽毛でおおわれている

(1)　**表1**の X にあてはまる語は何か。カタカナ5文字以内で答えよ。

(2)　動物a～eのうち，ハチュウ類に属するものはどれか。**a～e**から**すべて**選び，記号で答えよ。

(3)　特徴Bにあてはまる特徴はどれか。**ア～ク**から1つ選び，記号で答えよ。なお，動物a～eのうち4つがその特徴をもつことに着目するとよい。

(4)　動物bがもつ特徴はどれか。**ア～ク**から**すべて**選び，記号で答えよ。

(5)　特徴Aと特徴Cにあてはまる特徴はどれか。**ア～ク**から1つずつ選び，それぞれ記号で答えよ。

(6)　動物Ⅰ～Ⅴにあてはまる動物はどれか。正しい組み合わせを次の**ア～オ**から1つ選び，記号で答えよ。

ア	Ⅰ：a	Ⅱ：c	Ⅲ：d	Ⅳ：b	Ⅴ：e
イ	Ⅰ：e	Ⅱ：c	Ⅲ：a	Ⅳ：d	Ⅴ：b
ウ	Ⅰ：d	Ⅱ：e	Ⅲ：c	Ⅳ：a	Ⅴ：b
エ	Ⅰ：d	Ⅱ：a	Ⅲ：e	Ⅳ：b	Ⅴ：c
オ	Ⅰ：a	Ⅱ：b	Ⅲ：e	Ⅳ：c	Ⅴ：d

(7)　動物a～e以外に，カメの特徴を分類すると動物Ⅰ～Ⅴのいずれかと同じになった。カメは**表1**のどの動物と同じになるか。次の**ア～オ**から1つ選び，記号で答えよ。

ア　動物Ⅰ　　**イ**　動物Ⅱ　　**ウ**　動物Ⅲ　　**エ**　動物Ⅳ　　**オ**　動物Ⅴ

［Ⅱ］ カイコガは生糸の原料となる繭《まゆ》をつくることで知られるが，その行動も注目され研究対象となってきた(a)昆虫類の一種である。カイコガのオスとメスを用いて以下のような実験をおこなった。

＜実験１＞　**図１**のように，オスの近くにメスを置いた。オスは，はばたきはするものの飛ぶことはなく，①～④の順に(b)体を左右交互にふるようにしながら歩き，メスに近づいた。

＜実験２＞　オスの近くに透明なガラス容器に入れたメスを置いた。オスは反応しなかった。

＜実験３＞　＜実験２＞のガラス容器からメスを出し，オスの近くに置いた。オスはメスに近づいた。

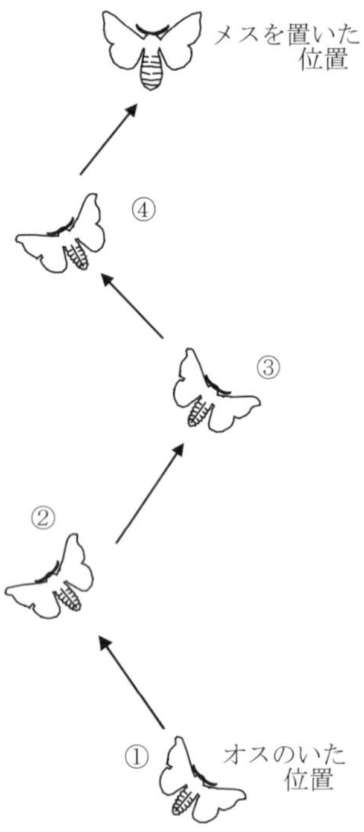

図１

(8)　下線部(a)に関して，昆虫類をふくむ動物のなかまとして節足動物とよばれる種類がある。昆虫類と他の節足動物（クモ類，甲殻類，ムカデ類・ヤスデ類など）の違いについて述べている文として，**誤りをふくむ**ものはどれか。次の**ア～オ**から１つ選び，記号で答えよ。

ア　昆虫類は外骨格をもつが，ムカデ類・ヤスデ類は外骨格をもたない。

イ　昆虫類は体が３つの部分に分かれるが，甲殻類は体が２つの部分に分かれる。

ウ　昆虫類はあしが３対あるが，クモ類はあしが４対ある。

エ　昆虫類は触角をもつが，クモ類は触角をもたない。

オ　昆虫類は触角を１対もつが，甲殻類は触角を２対もつ。

(9)　カイコガのオスは，どのような感覚に対する刺激をもとにして，メスに近づくかを考察したい。(i)，(ii)それぞれの場合について，可能性のあるものを下の**ア～エ**から**すべて**選び，記号で答えよ。

(i)　＜実験１＞の結果のみから考察した場合

(ii)　＜実験２＞，＜実験３＞の結果のみから考察した場合

ア　視覚　　**イ**　聴覚　　**ウ**　嗅覚　　**エ**　触覚

(10)　＜実験1＞～＜実験3＞とは異なる研究によって，カイコガのオスには音を感じるしくみはなく，メスから発信された刺激を触角で受け止めていることが知られている。下線部(b)のようにオスがメスに近づく理由を，次のように考察した。このとき，以下の各問いに答えよ。

＜考察＞

図1の①の状態のように，オスの体がメスに対し右に傾いている場合，[A]の触角がメスに向いているので，[B]の触角よりも強い刺激を受けるようになる。オスはその刺激の方向へと動き，メスに対し[C]の方向へ進む。②のように[C]へ進みすぎると，今度は[D]の触角の方が[E]の触角よりも強い刺激を受けるようになり，[D]へ進むことになる。こうした動きを繰り返すことで，オスは下線部(b)のような動きをする。

(i)　＜考察＞の[A]～[E]には，「右」か「左」のどちらかの語があてはまる。これらにあてはまる語の正しい組み合わせはどれか。次の**ア**～**オ**から1つ選び，記号で答えよ。

ア	A：右	B：左	C：右	D：左	E：左
イ	A：右	B：左	C：右	D：左	E：右
ウ	A：右	B：左	C：左	D：左	E：右
エ	A：左	B：右	C：右	D：右	E：左
オ	A：左	B：右	C：左	D：右	E：左

(ii)　＜考察＞のように，カイコガのオスは強い刺激を受けた側の触角の方向へと進み続けることがわかっている。オスの左の触角にある薬品をぬってはたらかなくなるようにした。このときのオスの動きについて述べた文として，もっとも適切なものはどれか。次の**ア**～**オ**から1つ選び，記号で答えよ。

ア　触角に何もぬっていないときと同じように，体を左右交互にふるようにしてメスに近づく。

イ　左回りに回転するように動き，メスにはたどり着けない。

ウ　右回りに回転するように動き，メスにはたどり着けない。

エ　メスの方向より左寄りにどんどん進み，メスにはたどり着けない。

オ　メスの方向より右寄りにどんどん進み，メスにはたどり着けない。

【4】［Ⅰ］〜［Ⅳ］を読んで，あとの問いに答えよ。

［Ⅰ］ 2019年5月もしくは6月のある日，新聞の天気予報欄が**図1**のようになっていた。また，この日の各都市の天気および最高・最低気温は，**図1**のとおりになったものとする。

きょう	6時 9 12 15 18 21 24						降水確率	予想気温	
								最高	最低
札　幌	☀	☀	☀	☀	☆	☆	10	23	12
仙　台	☀	☀	☀	☀	☆	☆	0	28	13
東　京	☀	☀	☀	☀	☆	☆	0	31	16
長　野	☀	☀	☀	☀	☆	☆	0	28	11
新　潟	☀	☀	☀	☀	☆	☆	0	25	15
金　沢	☀	☀	☀	☀	☆	☆	0	27	15
名古屋	☀	☀	☀	☀	☆	☆	0	32	16
大　阪	☀	☀	☀	☀	☆	☆	0	30	18
広　島	☀	☀	☀	☀	☆	☆	0	29	16
高　松	☀	☀	☀	☀	☆	☆	0	32	17
福　岡	☀	☀	☀	☀	☆	☆	0	31	18
鹿児島	☀	☀	☀	☀	☆	☆	0	30	16
那　覇	☀	☀	☀	☀	☆	☆	0	29	20

図1

(1)　**図1**の日の天気図はどれか。もっとも適切なものを次の**ア**～**エ**から1つ選び，記号で答えよ。

ア

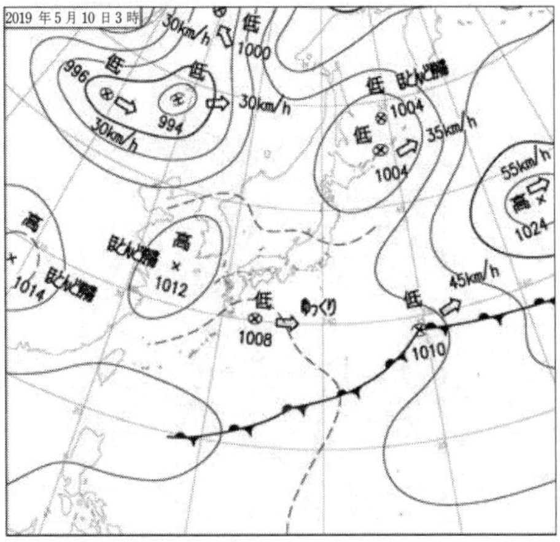

イ

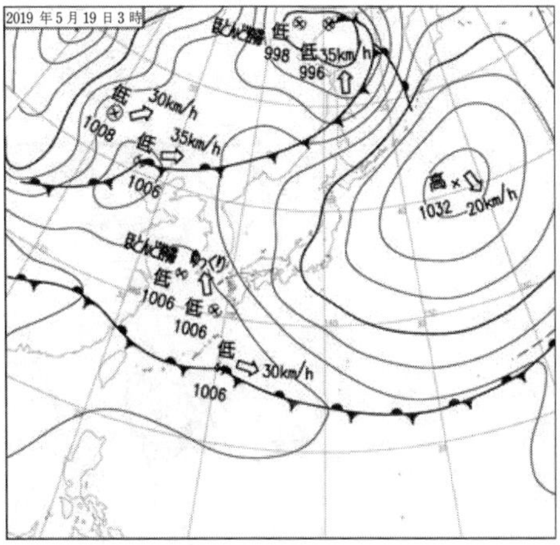

ウ

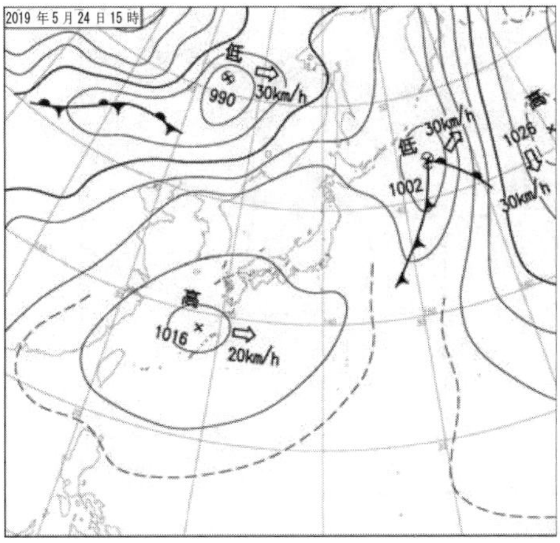

エ

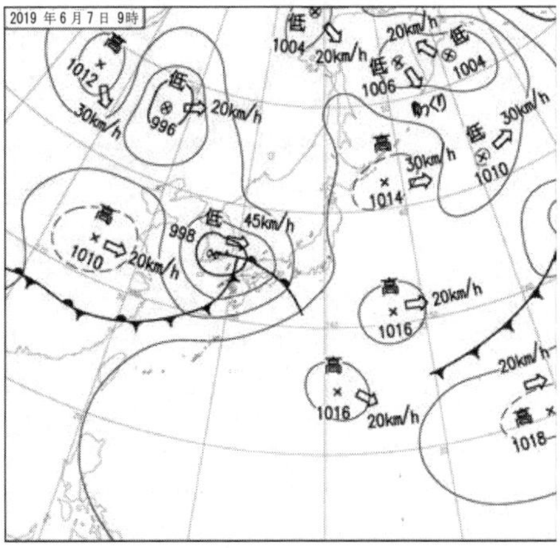

（気象庁ウェブサイト『過去の天気図』より作成）

(2)　**図1**の日の天気について述べている文として，もっとも適切なものはどれか。次の**ア**～**エ**から1つ選び，記号で答えよ。

ア　全国的に高気圧におおわれ，管区気象台と地方気象台のあるすべての都市で一日中晴れであった。

イ　天気予報欄にあるすべての都市で夏日となった。

ウ　天気予報欄にある都市のうち，6つの都市で真夏日となった。

エ　天気予報欄にある都市のうち，那覇だけが熱帯夜となった。

［Ⅱ］ **図２**は，ある年の６月の天気図である。**図２**を横切る停滞前線はこの時期に見られる特徴的な停滞前線である。この前線が見られる時期が明けた後，日本の南東に中心をもつ（　a　）高気圧が成長し，安定して南東の（　b　）風が吹くことが多くなる。

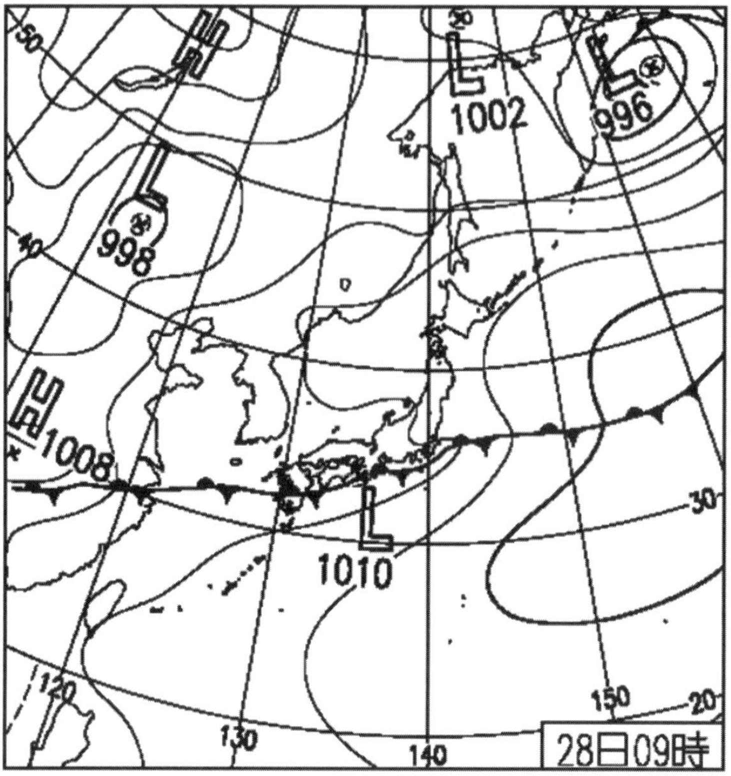

図２

（気象庁ウェブサイト『過去の天気図』より作成）

(3)　**図２**中の停滞前線には「停滞前線」以外の名称がつけられている。その名称とは何か。「前線」へと続く形で，漢字で答えよ。

(4)　(3)の前線について述べている文として，**誤りをふくむ**ものはどれか。次の**ア**～**エ**から１つ選び，記号で答えよ。

ア　この前線の北側には湿った冷たい空気がある。

イ　この前線が見られる時期は毎年７月に明ける。

ウ　この前線の南側には湿った暖かい空気がある。

エ　この前線によって，集中豪雨がもたらされることもある。

(5)　文中の（　a　），（　b　）にあてはまる単語は何か。それぞれ答えよ。

［Ⅲ］ **図３**は，ある年の９月の天気図であり，九州の南部に中心がある台風が見られる。この台風の東側にある前線には，(　a　)側から湿った風が強く吹きつけることにより，集中豪雨がもたらされることがある。また，台風が通過する際に，特にその東側では，台風が海水を吸い上げることなどによっておこる(　b　)に警戒する必要がある。

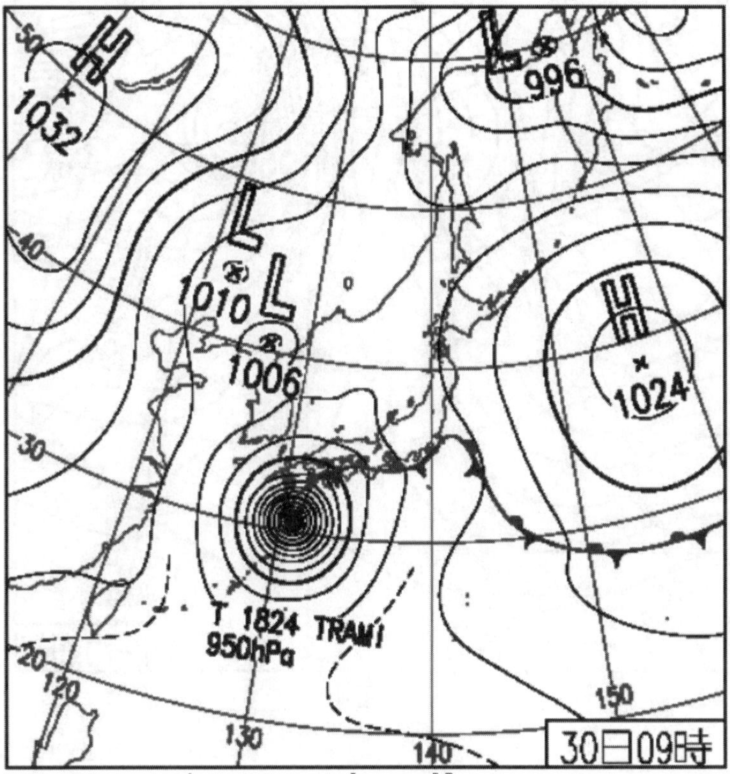

図３

（気象庁ウェブサイト『過去の天気図』より作成）

(6)　「台風」となる条件として必要なものはどれか。次の**ア**～**エ**から**すべて**選び，記号で答えよ。

ア　熱帯低気圧である。　　**イ**　最大風速が 17.2 m/s 以上である。

ウ　7 月から 10 月の間に発生する。　　**エ**　北西太平洋か南シナ海に存在する。

(7)　**図３**の北緯 40 度・東経 120 度における気圧は何 hPa か。整数で答えよ。

(8)　文中の(　a　)，(　b　)にあてはまる単語は何か。ただし，(　a　)は東西南北の 4 方位のうちの 1 つで，(　b　)は漢字 2 文字で，それぞれ答えよ。

［Ⅳ］　**図４**は，ある年の 12 月の天気図である。この日は(　a　)の冬型の気圧配置となっており，日本海には(　b　)高気圧から吹きつける冷たい風に，(　c　)によって水蒸気がもたらされ，日本列島の日本海側では大雪となった。

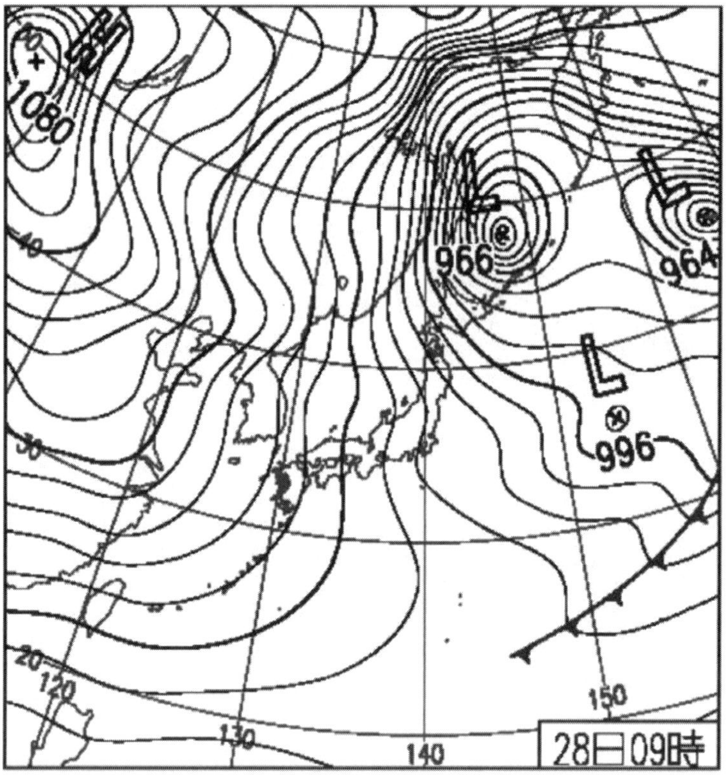

図４

（気象庁ウェブサイト『過去の天気図』より作成）

(9)　(　a　)，(　b　)にあてはまる単語は何か。(　a　)は漢字 4 文字で答えよ。

(10)　(　c　)にあてはまる語句はどれか。もっとも適切なものを次の**ア**～**エ**から 1 つ選び，記号で答えよ。

ア　南から北に流れる暖かい対馬海流　　**イ**　北から南に流れる冷たい対馬海流

ウ　南から北に流れる暖かい親潮　　**エ**　北から南に流れる冷たい親潮

2019年度　第3回

3年　駿台高校受験公開テスト

社　会

9月23日（祝）実施

〔注　　意〕

1　まず初めに，この問題冊子が，あなたが受験する「学年」「教科」であることを必ず確認すること。

2　解答は必ず解答用紙の指定された箇所に記入すること。解答に際して指定されない記号・符号を記入した答案は無効とする。

3　試験開始の合図があるまで，問題を開かないこと。合図があったら，問題に着手する前に必ず解答用紙に受験番号，氏名を忘れずに記入すること。

4　試験時間は60分。

5　いったん書いた解答を訂正する場合は，前のものをしっかり消して書き直すこと。

6　問題冊子は持ち帰り，「解答・解説」をよく読んで，復習に努めること。

第３回　社会

【１】 次の文を読み，後の問いに答えよ。

北アメリカ州は北アメリカ大陸のうち，①アメリカ合衆国とカナダを含む広大な地域を指す。西部にはロッキー山脈が南北に走り，東部にはアパラチア山脈がある。また，②北アメリカ州の気候は，西経100度を境にして東西で大きく異なり，五大湖周辺，メキシコ湾岸，グレートプレーンズでは大きな自然災害がたびたび発生する。

③アメリカ合衆国では，自然環境に適した農作物を栽培する適地適作が行われており，中央平原からプレーリーにかけては，コーンベルトと呼ばれる地帯が広がる。また，農産物の流通，農業機械の製造など農業に関するさまざまな事業を展開している企業がある。

かつて，アメリカ合衆国にアフリカから連れてこられた人々の中には，④南部のプランテーションなどで働く人が多くいた。また，現在でも南西部には，仕事を求めて多くの人々が流入してきている。

⑤南アメリカ州には鉱産資源に恵まれた国が多く，⑥輸出用産品として国家の経済を支えてきた。植民地時代の南アメリカ州諸国は，⑦鉱産資源や農産物の輸出に依存した経済が続いてきたが，近年は工業化が進められてきている。

南アメリカ州を代表する工業国であるブラジルは，コーヒーなどの一次産品の輸出に依存する形態から自動車や航空機などの製造業や食品加工業が重要な輸出産業に変化してきた。しかし，急速な工業化により経済的な格差が生じ，これらをなくしていくための取り組みが大きな課題となっている。

(1)　下線部①について，関税を撤廃し，自由貿易を目指すことなどを目的として，アメリカ合衆国，カナダ，メキシコの３国間で締結されている協定の名称を，アルファベットの大文字５字で答えよ。

(2)　下線部②について，次のＸ～Ｚの気象データはそれぞれ，＜地図Ⅰ＞に表されたニューオリンズ，サンディエゴ，シアトルの３つの都市のいずれかのものである。都市と気象データとの正しい組み合わせを，気象データの下の**ア～カ**から１つ選び，記号で答えよ。

＜地図Ⅰ＞

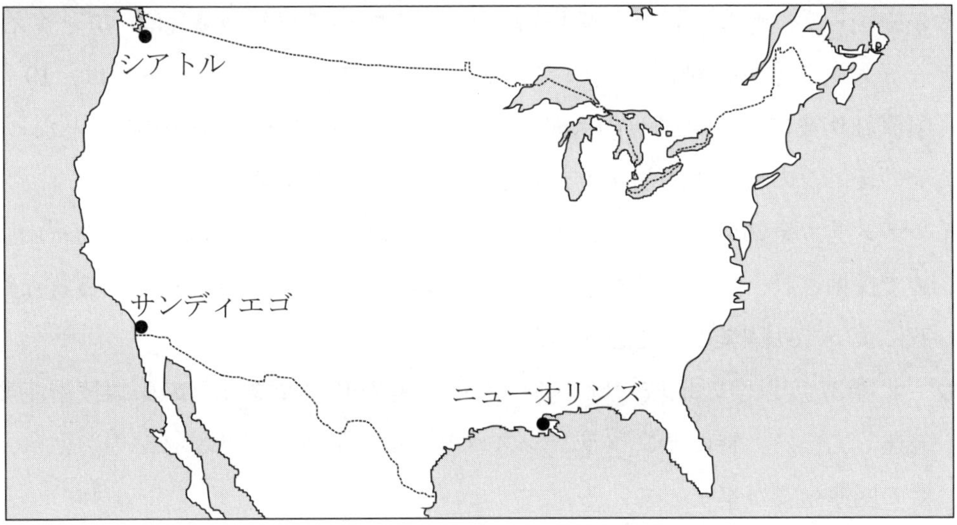

X

月	1	2	3	4	5	6	7	8	9	10	11	12
気温(℃)	5.6	6.3	8.0	10.2	13.4	16.1	18.7	18.9	16.3	11.7	7.6	4.9
降水量(mm)	150.5	84.2	97.2	73.9	52.0	36.9	16.7	23.3	34.5	86.0	169.2	142.2

Y

月	1	2	3	4	5	6	7	8	9	10	11	12
気温(℃)	14.3	14.6	15.5	16.9	18.1	19.4	21.4	22.3	21.7	19.6	16.6	13.9
降水量(mm)	50.0	58.6	41.6	21.3	3.9	1.9	1.0	0.5	4.1	15.0	24.3	39.6

Z

月	1	2	3	4	5	6	7	8	9	10	11	12
気温(℃)	11.6	13.5	16.7	20.3	24.6	27.2	28.2	28.2	26.2	21.6	16.7	13.0
降水量(mm)	139.3	122.0	118.0	116.0	119.4	201.1	149.0	155.6	133.7	92.1	117.2	134.7

（気象庁ウェブサイト『世界の天候データツール』より作成）

ア　X＝ニューオリンズ　Y＝サンディエゴ　Z＝シアトル
イ　X＝ニューオリンズ　Y＝シアトル　Z＝サンディエゴ
ウ　X＝サンディエゴ　Y＝ニューオリンズ　Z＝シアトル
エ　X＝サンディエゴ　Y＝シアトル　Z＝ニューオリンズ
オ　X＝シアトル　Y＝ニューオリンズ　Z＝サンディエゴ
カ　X＝シアトル　Y＝サンディエゴ　Z＝ニューオリンズ

(3)　下線部③について，アメリカ合衆国の工業に関する説明として正しいものを，次の中から1つ選び，記号で答えよ。ただし，すべて誤りの場合は，**エ**と答えよ。

ア　五大湖で最も面積が大きいミシガン湖沿岸にあるデトロイトでは，19世紀頃流れ作業による自動車の大量生産を実現し，自動車製造の中心地となった。その後，この自動車の生産方式のしくみは，世界に影響を及ぼした。

イ　アメリカ東部のアパラチア山脈付近にあるピッツバーグは，ロッキー山脈周辺で採掘され，大陸横断鉄道などで運ばれた石炭と，メサビ鉄山の良質な鉄鉱石によって鉄鋼業の中心となった。

ウ　北緯37度以南の地域では，航空宇宙産業やICT産業などの先端技術産業が発達している。特にサンフランシスコの南東に位置するサンノゼ周辺には，多くの関連企業が集まっている。

(4)　下線部④について，次のグラフはある4つの農産物の生産量について表したものである。この地域で主に栽培されてきた農産物を表しているものを，**ア**～**エ**から1つ選び，記号で答えよ。

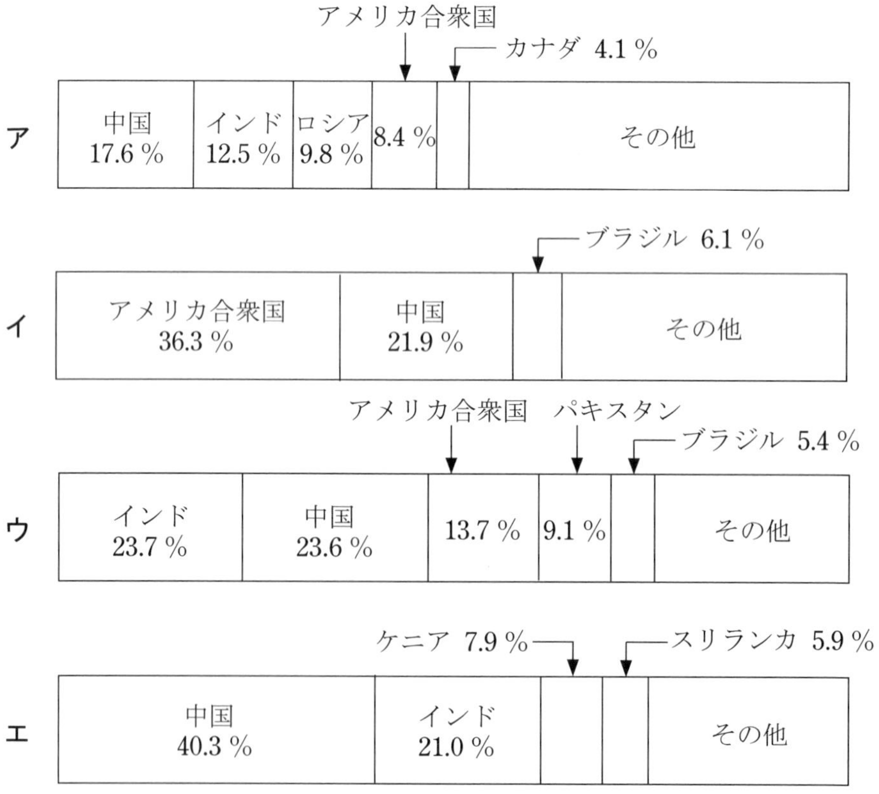

（ア，イ，エは2016年。ウは2014年。『世界国勢図会 2018/19』より作成）

(5)　下線部⑤について，南アメリカ州に関する説明として最も適するものを，次の中から1つ選び，記号で答えよ。

ア　アルゼンチンを流れるラプラタ川流域に広がるセルバと呼ばれる草原では，牧畜や小麦の栽培が行われている。

イ　南アメリカ州の先住民とヨーロッパ系移民との混血であるムラートの割合が7割以上を占める国は，パラグアイ，エクアドル，チリである。

ウ　チリを主産国とするキャッサバは，南アメリカ州が原産地でマニオクとも呼ばれるイモである。食用にもされるほか，織物の糊《のり》の原料にもなる。

エ　20世紀後半になるとアマゾン川流域では，森林を切り開き，カラジャス鉱山の良質な鉄鉱石を運ぶ鉄道建設など経済発展のための大規模な地域開発が進められるようになった。その一方で，環境問題も深刻化している。

(6)　下線部⑥について，次の**ア**～**エ**のグラフは南アメリカ州各国の輸出品目を表したものである。このうち，ベネズエラの輸出品目を表すグラフを1つ選び，記号で答えよ。

ア

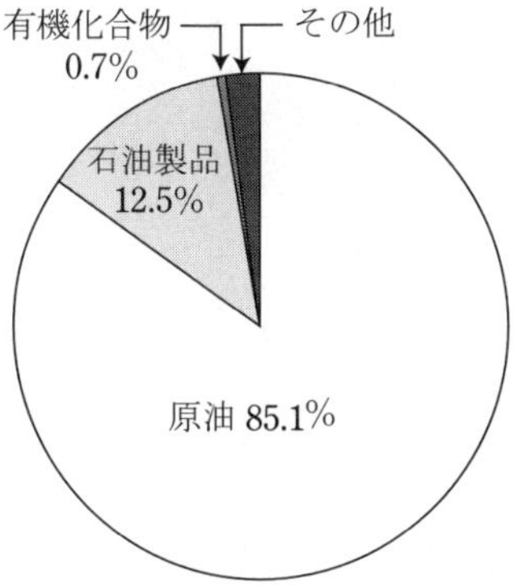

イ

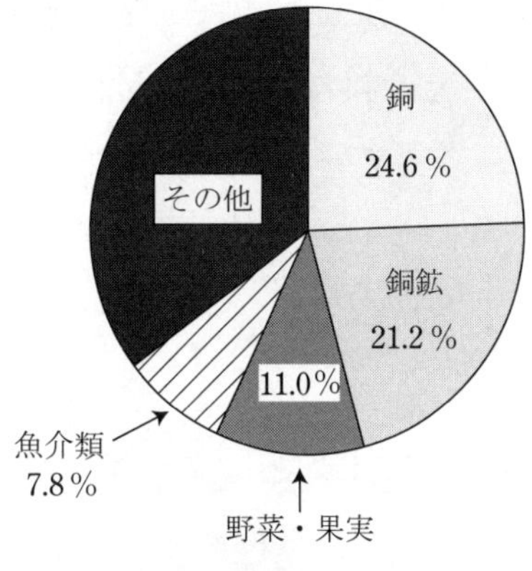

ウ

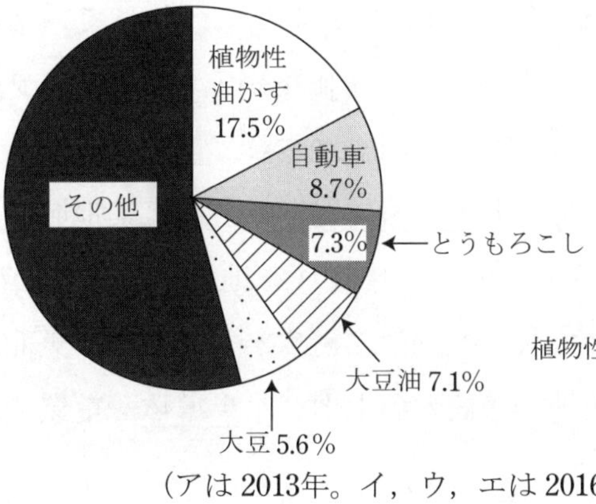

エ

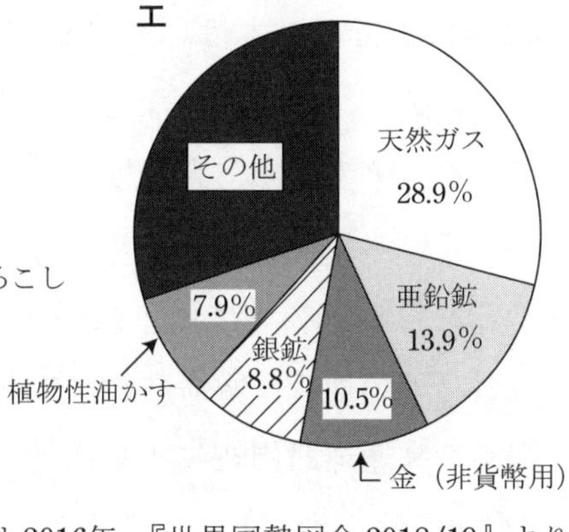

（アは2013年。イ，ウ，エは2016年。『世界国勢図会 2018/19』より作成）

(7)　下線部⑦について，次の問いに答えよ。

1. このように1つの国の経済が，特定の鉱産資源や農産物の生産や輸出に依存する経済体制を，解答欄に合うように，カタカナ7字で答えよ。

2. 南アメリカ州の国々では，近年，1の経済体制に対する新しい取り組みが行われている。次のXとYの文は，この取り組みに関する説明である。それぞれの正誤を判断し，その組み合わせとして正しいものを，下の**ア**～**エ**から1つ選び，記号で答えよ。

X　エクアドルは地下資源には恵まれないものの，この国の輸出額の上位2品目を占めている魚介類や野菜・果実などに関しては，メジャーと呼ばれる巨大な資本を持つ国際的な企業の参入が進んでいる。 Y　ブラジルは，コーヒー豆以外にもさとうきびなどの栽培を盛んに行い，さとうきびからつくられるバイオエタノールの流通促進に力を入れている。

ア　X，Yともに正しい文である。
イ　Xは正しい文で，Yは誤りの文である。
ウ　Xは誤りの文で，Yは正しい文である。
エ　X，Yともに誤りの文である。

【2】　次の＜文Ⅰ＞と＜文Ⅱ＞を読み，後の問いに答えよ。

＜文Ⅰ＞

1960年代までの日本は，石炭や銅などの採掘が盛んに行われていたものの，その後は，資源・エネルギーなど工業原料の多くを価格が安い海外からの①輸入にたよっている。そのため，大規模工場は臨海部に立地され，関東地方から九州地方北部にかけては，②京浜・中京・阪神・北九州工業地帯などの工業地域が形成されており，これらの工業地域は，太平洋ベルトと呼ばれる地域にある。1970年代以降になると，工業地域は臨海部だけでなく内陸部にも広がりを見せ，東北地方などでは，空港や高速道路周辺に工業団地の建設が行われ，③半導体や電気機械，さらには④自動車工場が進出している。

(1)　下線部①について，次の表は，日本の貿易品目に関するものである。表中のA～Cにあてはまる貿易品目の正しい組み合わせを，下の**ア～カ**から1つ選び，記号で答えよ。

輸出品目（%）		輸入品目（%）	
A	35.0	A	24.8
B	21.8	原油	8.4
C	5.1	液化天然ガス	5.0
鉄鋼	4.1	衣類	4.6
プラスチック	3.2	医薬品	4.2
有機化合物	2.4	C	3.6
船舶	2.0	B	3.4
その他	26.4	その他	46.0

（2016年。『世界国勢図会 2018/19』より作成）

ア　A＝精密機械　B＝自動車　C＝機械類
イ　A＝精密機械　B＝機械類　C＝自動車
ウ　A＝自動車　B＝精密機械　C＝機械類
エ　A＝自動車　B＝機械類　C＝精密機械
オ　A＝機械類　B＝自動車　C＝精密機械
カ　A＝機械類　B＝精密機械　C＝自動車

(2)　下線部②について，京浜・中京・阪神・北九州工業地帯に関する説明として最も不適なものを，次の中から1つ選び，記号で答えよ。

ア　鉄鋼産業で発展した北九州工業地帯であるが，近年では集積回路や自動車などの機械工業が盛んで，北九州工業地帯の製造出荷額等の構成における機械工業の割合は，約40%を上回っている。

イ　阪神工業地帯では，大気汚染や地下水の過剰なくみ上げによる地盤沈下などの公害が多いため，大阪湾は埋め立てが行われ，港湾整備や工場の埋め立て地への移転が進められた。

ウ　愛知県の内陸部に位置する豊田市を中心に自動車工業が盛んな中京工業地帯は，伊勢湾沿いの愛知県東海市にある製鉄所や，三重県鈴鹿市の石油化学コンビナートなどと一体化して自動車生産を支えている。

エ　東京都と神奈川県にまたがる臨海部を中心に発展した京浜工業地帯は，多くの人口を抱えているため，機械工業のほか印刷業や食品工業も盛んである。

(3)　下線部③について，次の表は，世界の半導体市場の推移を表したものである。表中の**ア**～**エ**は，南北アメリカ，ヨーロッパ，アジア・太平洋地域，日本のいずれかの地域があてはまる。このうち，日本にあてはまるものを１つ選び，記号で答えよ。

（単位　百万ドル）

	1990年	2000年	2010年	2015年	2017年	2018年
ア	19563	46749	46561	31102	36595	39961
イ	14445	64071	53675	68738	88494	102997
ウ	9599	42309	38054	34258	38311	42957
エ	6912	51264	160025	201070	248821	282863

（『日本国勢図会 2019/20』より作成）

(4)　下線部④について，日本の自動車に関する説明として正しいものを，次の中から１つ選び，記号で答えよ。

ア　日本における自動車の生産台数は時代とともに変化してきたが，現在の生産台数が多い順に並べると，海外での生産台数，国内での生産台数，海外への輸出台数の順になる。

イ　日本の自動車工場は輸出に有利な臨海部に集中しているが，大企業が生産を自社で一括して行っているため，ほかの業種と比べて大工場の占める割合が特に高くなっている。

ウ　自動車の外板などに使用されている鉄鋼は，一般に鉄鉱石・石炭・石灰石が主な原料であるが，日本はこれらをいずれも海外からの輸入に大きく依存している。

エ　自動車は車種によって形状が大きく異なるが，日本では部品などの再利用はほとんど進んでいないため，日本で使用しなくなった自動車は海外に輸出され，現地で数多く使用されている。

＜文Ⅱ＞

人口増加と経済発展により，資源・⑤エネルギーの消費量は急速に増加しているが，埋蔵量には限りがあり，枯渇が懸念されている。特に新興国の工業化により消費が急速に拡大し，資源・エネルギーの国際価格は，人々の生活に大きな影響を与えている。消費国では，資源・エネルギーの獲得をめぐりさまざまな競争が生じている。生産国では，⑥自国の資源に対する主権を明確にした上で，その生産や管理を通して国家が自国の経済発展を進めようとする考え方が拡大している。さらに，化石燃料の大量消費が地球温暖化を促進することへの危機感が強まり，資源・エネルギーをめぐる状況がますます不確実なものとなっている。

(5)　下線部⑤について、次の問いに答えよ。

1．次のグラフは日本の発電エネルギー源別割合を表したものである。このグラフで最も割合が高い発電方法に使用されているエネルギー源の輸入先割合を表すグラフを，下の**ア**～**エ**から1つ選び，記号で答えよ。

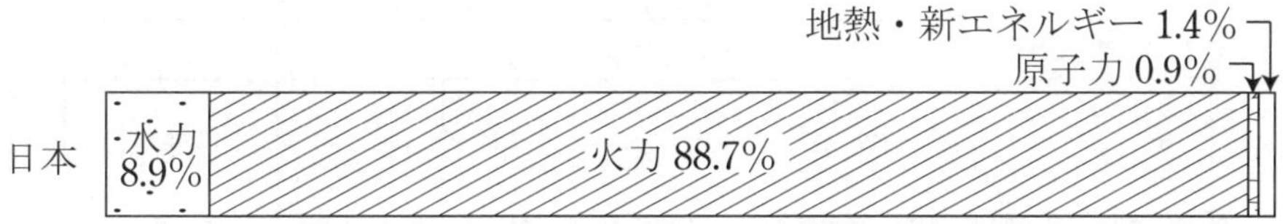

(2015年。『世界国勢図会 2018/19』より作成)

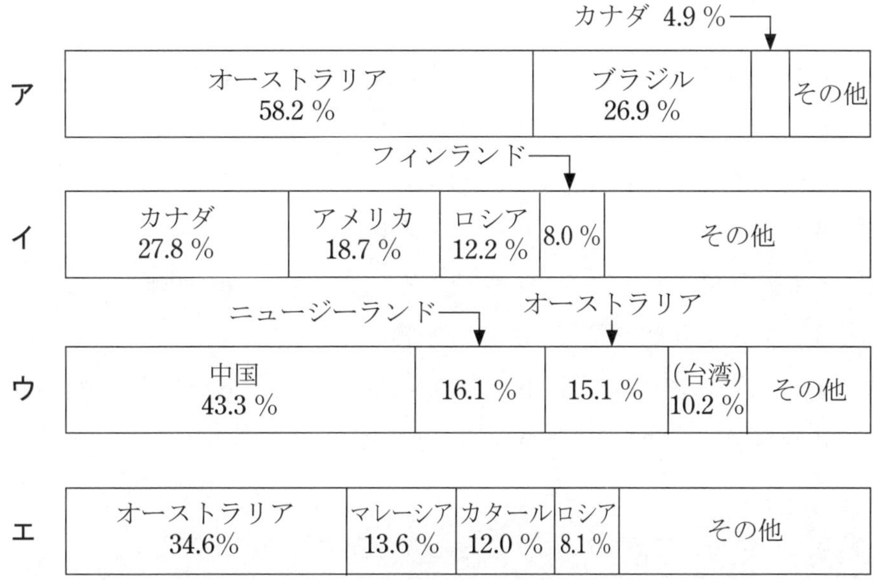

(2018年。『日本国勢図会 2019/20』より作成)

2. 次のグラフは世界各国の発電エネルギー源別割合を表したものである。グラフと国名の組み合わせとして正しいものを，下の**ア**～**エ**から1つ選び，記号で答えよ。

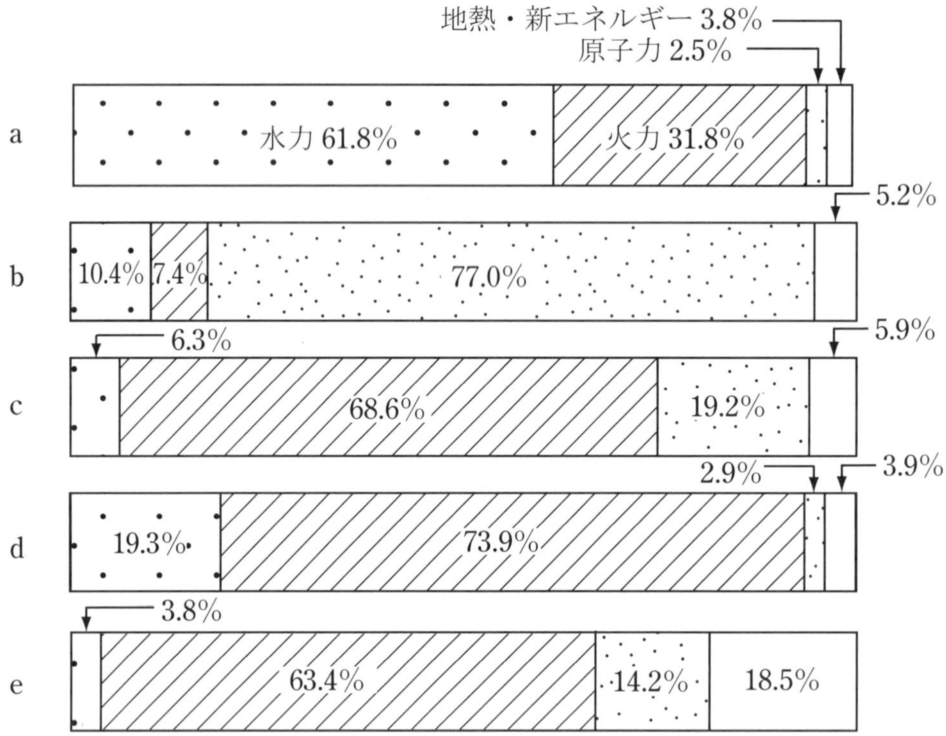

(2015年。『世界国勢図会 2018/19』より作成)

ア　a＝中国　　b＝アメリカ合衆国　　c＝ブラジル
　　d＝ドイツ　　e＝フランス

イ　a＝アメリカ合衆国　　b＝中国　　c＝ドイツ
　　d＝フランス　　e＝ブラジル

ウ　a＝フランス　　b＝ドイツ　　c＝中国
　　d＝アメリカ合衆国　　e＝ブラジル

エ　a＝ブラジル　　b＝フランス　　c＝アメリカ合衆国
　　d＝中国　　e＝ドイツ

(6)　下線部⑥について，このような考え方を表す語句を，答えよ。

【3】 次の＜文Ⅰ＞～＜文Ⅴ＞を読み，後の問いに答えよ。

＜文Ⅰ＞

1560年に駿河・遠江《とおとうみ》・三河3国の大軍を率いて侵攻してきた今川義元をア桶狭間の戦いで破った織田信長は，東方からの憂《うれ》いが去ると美濃の攻略に着手し，1567年に美濃のイ斎藤氏を滅ぼして，本拠を美濃の岐阜城に移した。その後，頼って来た（　①　）を擁して京都に兵を進めた信長は，三好氏・松永氏らを抑えて，畿内に進出した。しかし，（　①　）と対立するようになり，1573年には（　①　）を京都から追放して室町幕府を滅ぼした。当時の反信長勢力の中で最大の敵は，石山本願寺を中心とする諸国の一向一揆であったが，信長は1574年に伊勢長島の一向一揆，1575年には越前の一向一揆を平定し，1580年には石山本願寺を下して退去させた。さらに1582年には甲斐のウ武田氏を滅ぼしたが，同年，エ応天門の変で敗死した。

(1)　文中の下線部の**ア**～**エ**の中には誤りが1つ含まれている。その誤りの記号と，正しく訂正した語句を答えよ。

(2)　文中の空欄（　①　）にあてはまる人物の名を，漢字で答えよ。

＜文Ⅱ＞

山崎の戦いで明智光秀を滅ぼし，信長の仇を討った羽柴秀吉は，1583年の賤《しず》ケ《が》岳《たけ》の戦いで柴田勝家を滅ぼして，信長の後継者争いを制すると，大阪城を本拠に信長の統一事業を継承し，1585年に朝廷から（　②　）に任命され，1586年には太政大臣に就任するとともに豊臣の姓を賜った。秀吉は，1590年に小田原の北条氏を滅ぼし，東北地方を平定して国内統一事業を完成させた。その後，秀吉は中国の明朝の征服を思い立ち，朝鮮王朝にその道案内役を求めたが，朝鮮王朝が拒絶したため，2度にわたり朝鮮に出兵し，2度目の出兵の最中に没した。

(3)　文中の空欄（　②　）にあてはまる官職名を，漢字で答えよ。

(4)　豊臣秀吉に関する事績の説明として正しいものを，次の中から１つ選び，記号で答えよ。

ア　信長の経済政策を継承し，商工業者たちに座を結ばせ，座を統制することを通じて，国内経済を支配しようとした。

イ　九州地方平定の後，キリスト教を危険視し，バテレン追放令を定めてキリシタン大名たちを強制的に国外に退去させた。

ウ　検地を行い，統一されたますやものさしを使って，全国の田畑の面積や土地のよしあしを調べ，収穫量を貫高で表した。

エ　1588年に農民の一揆を防止するため，農民や寺社が刀・槍・鉄砲などの武器を持つことを禁止する刀狩令を出した。

＜文Ⅲ＞

豊臣秀吉が没すると，五大老の１人だった徳川家康と五奉行の１人だった(　③　)の対立が先鋭化した。(　③　)は加藤清正ら武人派の七将に襲われたことをきっかけに，居城の佐和山城に隠遁《いんとん》したが，挙兵を決意し，徳川家康の会津遠征中に毛利輝元を総大将に擁して諸大名を糾合《きゅうごう》して挙兵した。こうして1600年に徳川家康らの東軍と(　③　)らの西軍との間で関ヶ原の戦いが起こったが，徳川家康が勝利し，家康は1603年に征夷大将軍に任命されて江戸に幕府を開いた。豊臣氏は政権を失った後も大阪を拠点とする大名として残ったが，幕府と対立するようになったことで④大阪の陣が起こり，幕府により滅ぼされた。豊臣氏が滅びた後，幕府は最初の⑤武家諸法度を定めるなど，諸大名の統制を強化していった。

(5)　文中の空欄(　③　)にあてはまる人物の名を，漢字で答えよ。

(6)　下線部④について，次のXとYの文は，大阪の陣に関して説明したものである。それぞれの正誤を判断し，その組み合わせとして正しいものを，次の**ア**～**エ**から１つ選び，記号で答えよ。

X　1614年の大阪冬の陣と1615年の大阪夏の陣があり，冬の陣の後に和睦が成立したが，夏の陣で豊臣氏が滅ぼされた。

Y　大阪の陣ではキリスト教徒が豊臣方に加担する動きが見られたことから，幕府は大阪の陣で豊臣氏が滅びた翌年に最初の禁教令を出した。

ア　X，Yともに正しい文である。

イ　Xは正しい文で，Yは誤りの文である。

ウ　Xは誤りの文で，Yは正しい文である。

エ　X，Yともに誤りの文である。

(7)　下線部⑤について，武家諸法度に関する説明として正しいものを，次の中から1つ選び，記号で答えよ。

ア　室町時代までの旧律令の系譜を引く諸法令に対して，武家が制定した最初の武家法であった。

イ　領国内の城は居城の一城に止め，残りの城は破却を命ずるという一国一城の原則が定められていた。

ウ　第2代将軍徳川秀忠の名で定められた元《げん》和《な》令を最初とし，以後，将軍の代替わりごとに定められた。

エ　第5代将軍徳川綱吉の代に定められた武家諸法度の中には，生類を憐れむという条項が盛り込まれていた。

＜文Ⅳ＞

江戸幕府の下では，禄高1万石以上の武士が大名とされた。大名は徳川氏の一族である親藩，関ヶ原の戦い以前から徳川氏に臣従していた(　⑥　)，関ヶ原の戦い以降に徳川氏に臣従した外様大名に分類された。また，禄高1万石未満の武士のうち，将軍に御目見えできる者は旗本，御目見えできない者は御家人に区分された。武士の下には農民・手工業者・商人などの身分が置かれており，この士農工商という厳格な身分制のもと⑦<u>農民は村に居住</u>して農業を営んだ。そして，手工業者と商人は主に都市に居住し，その居住区である⑧<u>町人地</u>は町方と呼ばれた。

(8)　文中の空欄(　⑥　)にあてはまる語句を，漢字で答えよ。

(9)　下線部⑦について，江戸時代の農民や村に関する説明として誤っているものを，次の中から１つ選び，記号で答えよ。

ア　農民は，土地を持つ本百姓と自分の土地を持たず小作をする水呑《みずのみ》百姓とに大きく区分されていた。

イ　本百姓のうち有力な者は庄屋(名主)・組頭・百姓代などの村役人(村方三役)に任じられた。

ウ　村は自治権を奪われるとともに幕府や藩の置いた代官の厳しい統制の下に置かれ，租税として租・庸・調が徴収された。

エ　村には寺院や神社がつくられ，僧侶や神職などが居住したほか，手工業者や商人が住んでいる場合が多かった。

(10)　下線部⑧について，次のＸとＹの文は，町人地やその住民に関する説明である。それぞれの正誤を判断し，その組み合わせとして正しいものを，下の**ア**～**エ**から１つ選び，記号で答えよ。

Ｘ　町人地には町と呼ばれる共同体が多数あり，名主・町年寄・月行事などを中心に町掟によって運営されていた。

Ｙ　手工業者や商人は家屋敷の所有の有無にかかわらず町政に参加できたが，町人地では家持の住民が多数を占めていた。

ア　Ｘ，Ｙともに正しい文である。

イ　Ｘは正しい文で，Ｙは誤りの文である。

ウ　Ｘは誤りの文で，Ｙは正しい文である。

エ　Ｘ，Ｙともに誤りの文である。

＜文Ⅴ＞

第3代将軍徳川家光の代になると⑨幕府の官制を整備し，さらに武家諸法度の改訂を行って参勤交代を制度化するなど幕府による支配体制を確立していった。しかし，諸大名を厳しく統制して改易を進めたため，国内に牢人が増加し，第4代将軍家綱の代には慶安の変が起きた。第5代将軍綱吉の代になると，幕府の財政は赤字に転じたため，対策として金の含有量を減らした小判を鋳造させたが，これにより経済は混乱した。幕府財政の赤字問題は，第8代将軍吉宗の代に持ち越されたため，吉宗は⑩享保の改革と呼ばれる改革を進めて，幕府の財政を好転させた。この享保の改革をはじめとして，第11代将軍家斉の代には老中松平定信が寛政の改革を，第12代将軍家慶の代には老中水野忠邦が天保の改革を進めたが，幕府は次第に衰退し，1853年のアメリカの(　⑪　)の来航を迎えることになった。

(11)　下線部⑨について，幕府の官制に関する説明として正しいものを，次の**ア**～**エ**から1つ選び，記号で答えよ。

ア　政治の運営の中心となった常設の役職は大老であり，その下に非常設の職として1名の老中が置かれていた。

イ　京都には二条城に六波羅探題が置かれ，朝廷の監察と西国の諸大名の監視の任務があたえられた。

ウ　大名の統制のために侍所が置かれ，その下に所領関係の訴訟を担当する引付衆が置かれていた。

エ　大阪には大阪の陣の後，幕府の直轄領とされたため大阪城代が置かれ，西国の軍事を担当した。

(12)　下線部⑩について，享保の改革に関する説明として正しいものを，次の中から1つ選び，記号で答えよ。

ア　公事方御定書という裁判の基準となる法を定めた。

イ　長崎貿易でいりこや干しあわび，ふかひれなどの俵物の輸出を拡大した。

ウ　物価の高騰に対して株仲間の解散を命じた。

エ　湯島に昌平坂学問所をつくり，朱子学以外の学問を教えることを禁じた。

(13)　文中の空欄(　⑪　)にあてはまる人物の名を，カタカナで答えよ。

【4】 次の＜文Ⅰ＞～＜文Ⅳ＞を読み，後の問いに答えよ。

＜文Ⅰ＞

日本と西洋との交流は近代以降に本格化するが，西洋文化の影響は古代から確認できる。例えば，ギリシア建築に見られる柱の胴部に膨らみを持たせるエンタシスという技法は，法隆寺の中門や回廊，①唐招提寺の講堂の柱にも確認できるとされる。また，仏教の仏像もマケドニアのアレクサンドロス大王の東方遠征の結果生まれた(　②　)文化の影響を受けたガンダーラ美術で制作されるようになったものであった。

(1)　下線部①について，奈良時代に唐招提寺を建立した中国僧として正しいものを，次の中から1つ選び，記号で答えよ。

ア　行基　　**イ**　最澄　　**ウ**　鑑真　　**エ**　親鸞

(2)　文中の空欄(　②　)にあてはまる語句を，カタカナで答えよ。

＜文Ⅱ＞

③中世も終わりを迎え戦国時代に入ると，種子島にポルトガル人が来航し，鉄砲が伝えられるなど西洋諸国との直接の交流が始まった。また，キリスト教は(　④　)が鹿児島に伝えて以降，次第に国内に広まり，大名の中にも豊後の大友宗麟《そうりん》のようなキリシタン大名が現れるようになった。また，南蛮貿易と呼ばれる貿易も始まり，火薬や中国産の生糸，南海産の皮革や香料などが輸入されるようになった。

(3)　下線部③について，中世の文化に関する説明として正しいものを，次の中から1つ選び，記号で答えよ。

ア　建築様式では正殿の南の庭に池や築山をつくり，釣殿《つりどの》や泉殿《いずみどの》などを備えた校倉造が見られるようになった。

イ　法然が浄土真宗を開き，運慶・快慶が法隆寺南大門の金剛力士像をつくった。

ウ　足利義満が書院造の書斎を備えた金閣を造営し，足利義教の庇《ひ》護のもとに観阿弥・世阿弥が能楽を大成した。

エ　御伽草子と呼ばれる庶民的な短編物語が生まれ，『物くさ太郎』や『一寸法師』・『浦島太郎』などの作品がつくられた。

(4)　文中の空欄(　④　)にあてはまる人物の名を，カタカナで答えよ。

＜文Ⅲ＞

⑤近世に入ると，江戸時代にキリスト教が禁止されるようになり，キリスト教の布教に熱心だったカトリック国であるスペインやポルトガルの船の来航は禁止され鎖国体制がしかれたが，プロテスタント国であったオランダは長崎での貿易を許された。鎖国の間，オランダは西洋に対する窓口となり，西洋の学問がオランダを経由して日本にも伝えられた。

(5)　下線部⑤について，近世の文化に関する説明として正しいものを，次の中から1つ選び，記号で答えよ。

ア　堺の豪商の出身で織田信長や豊臣秀吉に仕えた千利休が，侘び茶を完成させて茶道を大成した。

イ　人形浄瑠璃や歌舞伎の脚本家であった尾形光琳が，『東海道中膝栗毛』や『南総里見八犬伝』などの作品を残した。

ウ　俳諧を芸術の地位まで引き上げた小林一茶が，俳諧紀行文である『野ざらし紀行』や『奥の細道』を著した。

エ　日本の古典を研究する国学が生まれ，伊勢の人である葛飾北斎が『古事記』の注釈を著し，国学を大成した。

＜文Ⅳ＞

近代に入ると，西洋諸国との交流が本格化し，さまざまな分野で西洋文化の影響が見られるようになった。文学ではロマン主義や自然主義の文学が生まれ，音楽では滝廉太郎が『荒城の月』などを作曲し，絵画では黒田清輝が『湖畔』や『舞妓』などの作品を残した。また，科学の分野では，北里柴三郎が破傷風の血清療法を発見し，(　⑥　)は黄熱病の病原体の研究を行った。その後，大正時代から昭和初期にかけて，労働者や農民の苦しい生活などを描いた（　⑦　）と呼ばれる文学が現れて，小林多喜二が『蟹《かに》工船』を著した。

(6)　文中の空欄(　⑥　)にあてはまる人物の名を，漢字で答えよ。

(7)　文中の空欄(　⑦　)にあてはまる語句を，8字で答えよ。

【5】 次の文を読み，後の問いに答えよ。

①社会保障制度に関連する語句の1つに「ゆりかごから墓場まで」がある。これは，1942年にイギリスの経済学者であるベバリッジが報告書の中で提唱した，生涯にわたって国民の最低限の生活保障を行うことを目標とするスローガンである。イギリスではこの報告書に基づいて社会保障制度が整備されたが，このスローガンも含めた報告書の内容は，その後の世界各国における社会保障制度に多大な影響を与えたとされる。もちろん日本もその例外ではなく，現在はヨーロッパの複数の主要国で採用されている制度を折衷《ちゅう》したような形となっている。

1955年頃から始まった高度経済成長の時期に，年金制度などが本格的に整備されたが，それを整備するための財源を確保する上で大きく貢献したのは大量の②労働者だった。その労働者は，家電製品や自動車の購入など③消費活動における貢献度も大きく，企業に多大な利益をもたらした。そして，④企業は広告なども活用して生産を伸ばしていき，その過程でいわゆる⑤日本型の雇用形式が確立した。

ところで，⑥現在日本で生じているさまざまな問題は，程度の差はもちろん異なるが，すでに高度経済成長の時期に生じていたものも多い。その1つが雇用における男女差別の問題である。高度経済成長の時期には，「男性が働き，女性が家庭を守る」という風潮が世間に広く浸透しており，1973年に起きた第1次石油ショックによって日本の高度経済成長が終焉《えん》を迎えてもそれは変わらなかった。しかし，1979年に国連総会で採択された女子差別撤廃条約を日本が批准《ひじゅん》(国家として承認すること)したことに伴って1985年にある法律が制定され，採用や昇進などで性別による差別をしてはならないことなどが定められた。この法律は従来の勤労婦人福祉法の改正という形での成立ではあったものの，それまでの雇用に関する慣行を改善する第一歩となり，その後何度か改正されて現在に至っている。

そして，⑦1999年には雇用だけでなくあらゆる分野で男女が対等な構成員として活動できることなどを目指した法律も施行された。これは女性の社会的地位の向上という面でも意義の大きなものであるが，近年広がりを見せている，⑧高齢者や障がい者が健常者と同じように暮らせる社会こそが普通の社会であり，そのような社会をつくることを目指していこうとする考え方や，社会的・文化的につくられた性別や性差をなくしていこうとする考え方なども，差別されずに普通に暮らせる社会を目指すという面では共通する部分も多い。戦後間もなく公布・施行された日本国憲法第14条1項には，「すべて国民は，法の下に平等であつて，人種，信条，性別，社会的身分又は門地により，政治的，経済的又は社会的関係において，差別されない。」と規定されているが，憲法の施行から70年以上を経ているものの，憲法に規定されている平等権の考え方が実社会でも着実に浸透しつつあるのは喜ばしいことであると言えよう。

(1)　下線部①について，次の問いに答えよ。

1. 社会保障制度に関する説明として正しいものを，次の中から2つ選び，記号で答えよ。

ア　大日本帝国憲法には社会保障制度に関連する生存権の規定は存在しなかったが，戦後に施行された日本国憲法第25条で生存権が保障されたことにより本格的に整備されるようになった。

イ　社会保障制度の4部門のうち，国の歳出額が最も大きいのは公的扶助であり，高齢化の進行などによって歳出額は増加傾向にある。

ウ　社会保険には，介護保険・医療保険・年金保険・雇用保険の4種類があるが，このうち国の歳出額は介護保険や医療保険の額が特に大きくなっている。

エ　介護保険は30歳以上の国民が保険料を負担し，将来介護が必要になった時にホームヘルパーがケアプランの作成や介護サービスを行う。

オ　年金保険に関しては，国民年金の加入対象者が自営業者及び非正規雇用の労働者に限られる上に未納者も多いため，厚生年金や共済年金と一括で運営することが検討されている。

カ　労働者が自己都合で退職した場合，失業などの際に給付される雇用保険に基づく給付が受けられる場合がある一方で，企業の倒産など自己都合でない時でも給付が受けられない場合がある。

2. 次の文は，社会保障制度についてある中学生が発表した内容の一部である。この文の(　　　)にあてはまる語句を，漢字4字で答えよ。

私は社会保障制度について調べる学習を行いました。私たちが住んでいる市には ⊕ という地図記号で表される施設がいくつかありますが，これは社会保障制度の4部門のうち，(　　　)と最も深い関係があります。(　　　)は国民の健康維持を主目的として伝染病の予防や上下水道の環境整備などを提供するものですが，先ほど挙げた施設は，特に医療の面で重要な役割を果たしています。

(2)　下線部②について，次の問いに答えよ。

1. 労働に関する法律として，1947 年に制定された労働基準法がある。次の労働基準法の条文にある空欄(　**ア**　)と(　**イ**　)にあてはまる２つの数字の和を計算し，算用数字で答えよ。

労働基準法
第 32 条　第１項　使用者は，労働者に，休憩時間を除き１週間について(　**ア**　)時間を超えて，労働させてはならない。
第２項　使用者は，１週間の各日については，労働者に，休憩時間を除き１日について(　**イ**　)時間を超えて，労働させてはならない。

2. 労働に関しては，1にある労働基準法に先駆けて，1945 年に労働組合法が制定されている。労働者の地位向上や，労働者の団結権や団体交渉権を保障することなどを目的に制定されたこの法律では，使用者が労働組合に対して行う不当労働行為についても規定されているが，この法律で禁止されている不当労働行為には該当しないものを，次の中から１つ選び，記号で答えよ。

ア　労働者による団体交渉の申し入れを使用者が正当な理由なしに拒否すること。

イ　労働者が結成した労働組合の運営に関する費用の拠出を使用者が拒否すること。

ウ　労働組合に加入しないことを条件に使用者が労働者を採用すること。

エ　労働組合を結成しようとしたことを理由に使用者が労働者を解雇すること。

3. 次の表は，日本の労働力人口と非労働力人口について表したものである。この表に関する説明として誤っているものを，下の**ア**～**ウ**から1つ選び，記号で答えよ。ただし，すべて正しい場合は，**エ**と答えよ。なお，表の「15歳以上人口」には就業状態が不詳な人口も含む。また，「労働力人口比率」とは労働力人口が15歳以上人口に占める割合を表している。

(年平均)（単位　万人）

	1990年	2000年	2010年	2016年	2017年	2018年
15歳以上人口	10089	10836	11111	11111	11108	11101
労働力人口	6384	6766	6632	6673	6720	6830
就業者	6249	6446	6298	6465	6530	6664
完全失業者	134	320	334	208	190	166
非労働力人口	3657	4057	4473	4432	4382	4263
完全失業率(%)	2.1	4.7	5.1	3.1	2.8	2.4
男	2.0	4.9	5.4	3.3	3.0	2.6
女	2.2	4.5	4.6	2.8	2.7	2.2
労働力人口比率(%)	63.3	62.4	59.6	60.0	60.5	61.5
男	77.2	76.4	71.6	70.4	70.5	71.2
女	50.1	49.3	48.5	50.3	51.1	52.5

(『日本国勢図会 2019/20』より作成)

ア　表にある6つの統計年度のうち，15歳以上人口に占める非労働力人口の割合は，男女合わせた完全失業率が最も高い年度が最も高く，男女合わせた完全失業率が最も低い年度が最も低くなっている。

イ　表にある6つの統計年度において，完全失業率を男女別で見ると，男子の失業率がその前の統計年度と比べて上昇した年度はすべて女子も上昇し，逆に男子の失業率が低下した年度はすべて女子も低下している。

ウ　表にある6つの統計年度における労働力人口比率を見ると，男女合わせた人口比率はほとんどの年度で60%以上である。また，男女別の労働力人口比率ではすべての年度で男子が女子を大きく上回っているが，その差は縮小する傾向にある。

(3)　下線部③について，次の問いに答えよ。

1. 次の文は，ある家の夫婦の会話である。この会話の中にある下線部の**ア**～**オ**のうち，その支出の内容が非消費支出にあてはまらないものをすべて選び，記号で答えよ。

> **妻**　「今月は支払いがたくさんあって，ほとんど残らなかったわ。」
>
> **夫**　「私が新しく加入した，ア生命保険の掛け金が大きかったね。」
>
> **妻**　「それもあるけど，イ食料品の購入費用が多すぎたわ。それに，ウ国や地方自治体に支払った税金も，毎月の給料から引かれているからあまり気にしていなかったけど，去年より増えている感じがするわ。」
>
> **夫**　「息子のエ習字やサッカー教室の月謝は安くて助かるなぁ。そのおかげでオ株式の購入費用が確保できているのは有り難いよ。」
>
> **妻**　「10月には消費税の税率も上がるようだし，もっと節約しなくちゃいけないわね。」

2. かつてアメリカのケネディ大統領は，消費者の権利として，「選択する権利」「安全を求める権利」「意見を反映させる権利」「知らされる権利」の4つを提唱した。これが提唱されたのは1960年代のことであるが，この4つの権利の内容を具体的に例示したものとして最も不適なものを，次の中から1つ選び，記号で答えよ。

ア　商品やサービスに関する相談機関として，国には国民生活センター，地方には消費生活センターが設置されている。

イ　消費者が安心して商品を利用できるように，企業に商品の原材料や添加物，製法などの公開を義務づける情報公開法が制定されている。

ウ　生命や健康に重大な影響を与える可能性があるため，医薬品の製造を行ったり販売したりする際には国の許可が必要になっている。

エ　一部の企業による独占を禁止することなどを定めた独占禁止法が戦後間もなく制定され，同時期に公正取引委員会が監視機関として設置されている。

3. 消費者が消費活動を行う際に，消費者は事業者と比べて商品の知識量や交渉力などの面で不利である。2001年に施行された消費者契約法や特定商取引法などによって，不当な契約であればこれを無効にすることができたり，条件によっては一定期間内に契約の解除が可能となっているが，現在でも悪徳商法による被害は少なくない。悪徳商法も含めた取引や販売に関する説明として誤っているものを，次の中から1つ選び，記号で答えよ。

ア　商品の販売だけでなく，別の販売員を勧誘させることで販売組織を拡大していく商法をマルチ商法という。

イ　注文していない商品を送りつけて代金を請求する商法をネガティブオプションという。

ウ　電話や手紙などで営業所などに呼び出し，商品を販売する商法をキャッチ＝セールスという。

エ　郵便や新聞，雑誌などを使って商品を販売する商法を通信販売という。

(4)　下線部④について，次のグラフは日本の広告費の推移を表したものであり，グラフ中の**ア**～**オ**は，雑誌・新聞・テレビ・ラジオ・インターネットのいずれかである。このうち，新聞とインターネットにあてはまるものを1つずつ選び，記号で答えよ。

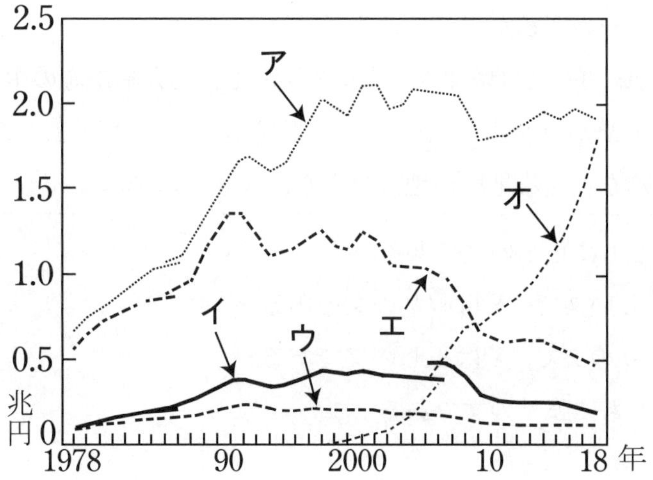

（『日本国勢図会 2019/20』より作成）

(5)　下線部⑤について，次のXとYの文は，高度経済成長期における日本型の雇用形式や労働組合との関係を説明したものである。それぞれの正誤を判断し，その組み合わせとして正しいものを，下の**ア**～**エ**から1つ選び，記号で答えよ。

X　一度雇用したら原則として定年まで解雇しない終身雇用制度や，勤続年数に応じて給与額が増加する年功序列賃金制度が多くの企業で採用されていた。

Y　労働組合が産業別ではなく企業別に結成されている割合が高かったため，それぞれの企業の業績に応じた交渉を行いやすかった。

ア　X，Yともに正しい文である。

イ　Xは正しい文で，Yは誤りの文である。

ウ　Xは誤りの文で，Yは正しい文である。

エ　X，Yともに誤りの文である。

(6)　下線部⑥について，次のXとYの文は，現在の日本で生じている諸問題に関する説明である。それぞれの正誤を判断し，その組み合わせとして正しいものを，下の**ア**～**エ**から1つ選び，記号で答えよ。

X　インターネットが広く普及して，情報を得やすくなった一方で，インターネットへのアクセスが可能か否かで，得られる情報量に格差が生じる情報リテラシーの問題が生じている。

Y　都道府県別の人口増加率の上位3位までを三大都市圏の中核を成す東京都・大阪府・愛知県が占める一方で，限界集落と呼ばれる，高齢者の占める割合が3割を上回る地域が地方を中心に大きく増加している。

ア　X，Yともに正しい文である。

イ　Xは正しい文で，Yは誤りの文である。

ウ　Xは誤りの文で，Yは正しい文である。

エ　X，Yともに誤りの文である。

(7)　下線部⑦について，1999年に施行されたこの法律の名を，漢字で答えよ。

(8)　下線部⑧について，次の問いに答えよ。

1. このような考え方が社会に浸透していく中で，障がいの有無や年齢，人種などに関係なく，すべての人にとって使いやすいように製品を設計したり，使いやすくなるように環境を整えるという考え方も広がっている。この波線部のような考え方を表す語句を，カタカナで答えよ。

2. 上の1で表した語句と最も関係が薄いものを，次の中から1つ選び，記号で答えよ。

ア　病院でドアノブを回してから引いて開けるドアを交換し，縦に長い取っ手を持って横に開くようにすること。

イ　公民館で階段だけがあった入口の工事を行い，階段の横に新たにスロープを設けること。

ウ　字が小さくて読みにくい，ひらがなと漢字表記の空港の掲示板を撤去し，大きな字で漢字にはふりがなをふったものを新たに設置すること。

エ　駅から離れた住宅街と駅を結んで走るバスを運行する会社が，通常のバスに代えてノンステップバスを使用する割合を高めること。

問四　——線③「この男いぬれば」の意味として最も適切なものを次から一つ選び、記号で答えよ。

ア　この男がいたので　　イ　もしこの男がいれば　　ウ　この男がいると

エ　この男が出かけると　　オ　もしこの男が出かけたら

問五　——線④「いとはづかしと思ひけり」とあるが、それはどうしてか。「山の井」という言葉を必ず使って、五十字以内で説明せよ。

問六　——線⑤「さてよみたりける」の後に省略されている言葉として最も適切な語を、古文中から抜き出して書け。

問七　——線⑥「あさくは人を思ふものかは」は〈浅い心であの人を思っていたのではない〉という内容だが、「人を思ふ」とは誰の誰への思いか。最も適切なものを、次から一つ選び、記号で答えよ。

ア　むすめの大納言への思い　　イ　むすめの内舎人への思い　　ウ　大納言のむすめへの思い

エ　内舎人のむすめへの思い　　オ　帝のむすめへの思い

問八　この文章の内容として当てはまらないものを次から一つ選び、記号で答えよ。

ア　男は陸奥の国に逃げて、そこに庵を作って女を住まわせた。

イ　女は食べ物をさがし求めて、庵の外に出て山の井を見つけた。

ウ　男は女の作った歌のことを思いつめて、死んでしまった。

エ　男は女をふと見たことによって、思いをつのらせた。

オ　大納言は娘を帝に差し上げようと、大切に育てていた。

問九　この文章の出典『大和物語』は平安時代に作られた歌物語だが、同じジャンルに属している作品として適切なものを次から一つ選び、記号で答えよ。

ア　『源氏物語』　　イ　『宇治拾遺物語』　　ウ　『今昔物語集』　　エ　『伊勢《いせ》物語』　　オ　『竹取《たけとり》物語』

（国語問題終わり）

世の古ごとになむありける。

（『大和《やまと》物語』による）

〔注〕
＊1　かしづき……大切に育て。
＊2　殿……大納言のこと。
＊3　内舎人……宮中の警護などにあたる役人。
＊4　いかでか見けむ……どのようにして見たのだろう。
＊5　せちに聞こえさすべきこと……ぜひ、申し上げたいこと。
＊6　さる心まうけして……あらかじめ用意していて。
＊7　ゆくりもなく……突然。
＊8　陸奥の国……旧国名。今の青森・岩手・宮城・福島の四県にあたる。
＊9　安積の郡、安積山……現在の福島県郡山市にある山。
＊10　庵……粗末な小屋。
＊11　年月を経てありへけり……長い年月暮らしていた。
＊12　食はで……食べないで。「で」は〈……ないで〉という意味。
＊13　山の井……山中のわき水があるところ。
＊14　わがありしかたちにもあらず……自分の以前の面影でもなく。
＊15　あやしき……恐ろしい。

問一　――線①「もちたまうたりける」の主語として最も適切なものを次から一つ選び、記号で答えよ。

ア　大納言　　**イ**　大納言のむすめ　　**ウ**　内舎人　　**エ**　帝　　**オ**　その他の人

問二　□にあてはまる語として最も適切なものを次から一つ選び、記号で答えよ。

ア　あら（未然形）　　**イ**　あり（連用形）　　**ウ**　あり（終止形）　　**エ**　ある（連体形）　　**オ**　あれ（已然《いぜん》形）

問三　――線②「あやし」に表れている気持ちとして最も適切なものを次から一つ選び、記号で答えよ。

ア　疑わしい　　**イ**　お粗末だ　　**ウ**　心配だ　　**エ**　見苦しい　　**オ**　醜い

【四】　次の古文を読んで、あとの問いに答えよ。

むかし、大納言の、むすめいとうつくしうて①もちたまうたりけるを、帝《みかど》に奉らむとてかしづき＊1給ひけるを、殿＊2に近う仕うまつりける内舎人《うどねり》＊3にてありける人、いかでか見けむ＊4、このむすめを見てけり。顔かたち、いとうつくしげなるを見て、よろづのことおぼえず。心にかかりて、夜昼いとわびしく病になりておぼえければ、「せちに＊5聞こえさすべきことなむ□」と言ひわたりければ、「②あやし。なにごとぞ」と言ひていでたりけるを、さる心まうけ＊6して、ゆくりもなく＊7かき抱きて馬に乗せて、陸奥《むつ》＊8の国へ、夜ともいはず、昼ともいはず、逃げていにけり。安積《あさか》＊9の郡《こほり》、安積山といふ所に庵《いほり》＊10をつくりて、この女を据ゑて、里に出て物などは求めて来つつ食はせて、年月《としつき》＊11を経てありへけり。③この男いぬれば、ただ一人物も食はで＊12山中にゐたれば、かぎりなくわびしかりけり。この男、物求めに出《い》でにけるままに、三四日来《こ》ざりければ、待ちわびて立ち出でて、山の井＊13に行きて影を見れば、わがありしかたち＊14にもあらず、あやしき＊15やうになりにけり。鏡もなければ、顔のなりたらむやうも知らでありけるに、にはかに見れば、いと恐ろしげなりけるを、④いとはづかしと思ひけり。⑤さてよみたりける。

　あさか山影さへ見ゆる山の井の⑥あさくは人を思ふものかは

とよみて、木に書きつけて、庵に来て死にけり。男、物など求めて持て来て、死にてふせりければ、いとあさましと思ひけり。山の井なりける歌を見て帰り来て、これを思ひ死にに、かたはらにふせりて死にけり。

問七　A に入る語を次から一つ選び、記号で答えよ。

ア　冷笑　　**イ**　微笑　　**ウ**　苦笑　　**エ**　一笑　　**オ**　失笑

問八　本文の内容に当てはまるものを次からすべて選び、記号で答えよ。

ア　筆者たちが比良の湊を訪ねたのは、昔から知られていた美しい風景にあこがれていただけでなく、そこが万葉集にうたわれた地であるからでもある。

イ　筆者たちは比良の湊を撮影しに行ったが、川に水が流れていないことと海水浴客で混雑する光景に困惑し、北比良に戻って浜辺の船を撮影した。

ウ　高市黒人は個人の心情を静かに歌う「軽み」の境地を開き、それに影響を受けた人麻呂流の荘重な儀式歌がその後の萬葉の歌の主流となった。

エ　高市黒人が比良の湊で詠んだ歌には旅をしているときの心細い気持ちが読み取れるが、その気持ちは、萬葉歌人たちが西近江で詠んだ歌にも多く見出せる。

オ　人間文化の発達とともに様々な自然が影響を受け、その姿を変えられてきたが、他の自然と比べれば川の姿の変化は少ない方だといえる。

問一　この文章は『万葉集』に関する随筆文である。『万葉集』について説明した次の文章の［Ⅰ］～［Ⅲ］を補うのに最も適切な語や人名を、後の選択肢からそれぞれ選び、記号で答えよ。

> ［Ⅰ］時代に成立した現存する日本最古の歌集であり、天皇から一般庶民まで全国各地の各階層の歌が収められている。歌数は約四五〇〇首で、その一割強の歌が編集に関わった［Ⅱ］のものである。また、『万葉集』の研究書である『万葉考』を書いた江戸時代の学者に賀茂真淵《かものまぶち》がいるが、彼の行った学問は［Ⅲ］と呼ばれている。

ア　奈良　　イ　平安　　ウ　鎌倉

エ　紀貫之《きのつらゆき》　　オ　藤原定家《ふじわらのていか》　　カ　大伴家持《おおとものやかもち》

キ　儒学　　ク　国学　　ケ　蘭《らん》学

問二　――線①「裏近江」とあるが、本文中で筆者が「裏近江」に属するとしているものを次からすべて選び、記号で答えよ。

ア　雄松崎　　イ　武奈が岳　　ウ　安曇川三角洲地帯　　エ　伊吹　　オ　琵琶湖の南岸

問三　――線②「流れていない」の「ない」と文法的に同じ意味・用法のものを次の文の――線から一つ選び、記号で答えよ。

ア　遊びとは縁のない生活を送る。

イ　残り少ない日々を大切にしよう。

ウ　イタリア人にはとてもかなわない。

エ　二人の間にぎこちない沈黙が続いた。

オ　簡単すぎる問題は確かにつまらない。

問四　――線③「あまりにもモダーン過ぎる景色」とあるが、これを別の表現で言い換えている部分を本文中から二十字以内でさがし、そのはじめと終わりの五字を抜き出して書け。

問五　――線④「比良の湊が、現在行方不明になってしまっている」とあるが、これはどういうことか。そうなってしまった理由も含めて、九十字以内で書け。

問六　――線⑤「昔の地形を、できるだけ頭の中で組み立ててみようとした」とあるが、筆者が実際に「昔の地形を」「頭の中で組み立てて」いるところはどこか。そのことが書かれた連続する二文を本文中からさがし、そのはじめと終わりの五字を抜き出して書け。

＊11　吾が船は比良の湊に漕ぎ泊てむ沖へな放りさ夜更けにけり……私たちの船は比良の湊に停泊しよう。(岸から離れた)沖には出てはいけない。夜も更けてきたのだから。

＊12　発せしめた……この場合は、発言させた。

＊13　人麻呂……柿本人麻呂のこと。飛鳥時代の歌人。

＊14　荘重な儀式歌……おごそかで重々しい感じの、公式の場で詠む歌。

＊15　ひとりごころの抒情……個人の感情を表すこと。

＊16　似もつかぬ……まったく似ていない。

＊17　萬葉地理……万葉集の舞台となった地理。

＊18　雄偉な……たくましく、優れている感じの。

＊19　威容……重々しく立派な姿。

＊20　花崗岩……深成岩の一種。固くて美しいので建築や土木用に使われる。

＊21　畿内……この場合は、京都に近い地域。

＊22　鬱蒼……草木が青々と茂っている様子。

＊23　泊り……この場合は、船着き場。港。

＊24　聚落……村落。人間が集まって生活している所。

＊25　洪積平野……この場合は、河川に流された土砂が積もってできた平野。

＊26　条理制地割……古代から中世にかけての制度による区画。

＊27　船がかり……船を岸に停泊させる所。

その途中、線のなかの点として、泊《とま》り泊り[*23]に漁村の聚落《しゅうらく》[*24]が開けていただろう。もっとも安曇川三角洲地帯の洪積平野[*25]には、古代の条理[*26]制地割が発達していたというから、場所によっては、案外開けたところもあったようである。

　だが萬葉歌人の西近江の歌を詠むと、今日はどこに泊ろうかといったような心細さを強調した歌が多い。旅の歌といえば、心細い、不安な歌が多いのはあたりまえとしても、西近江路の歌には一貫した特色がある。その特色を最初に示した作者が、黒人だったのだろう。

　原始林の多かった昔は、そのあいだを流れる川の水も、涸《か》れることはなかったのではなかろうか。川の姿ほど人間文化の発達とともに、変えられたものも少ないだろう。人工の加わらない自然の川としては、樹々《きぎ》の根を洗うようにして流れる奥入瀬《おいらせ》の渓谷を思い浮かべることができる。比良川だって、表比良の山々の水を集めて、山麓の樹々の根元を浸しながら、湖水に注いでいたのだろう。私は比良川の昔の三角洲として、かりに雄松崎・比良河口・北比良の三地点を結ぶ線を空想してみた。こういう空想は、べつに学問的根拠があるわけでもないから、地理学者には［Ａ］に付されることかもしれない。だが私は、ともかく黒人の歌から、比良の湊がかくあったであろう姿を、想像してみたいのである。今は涸《か》れはてた比良川に、どうすれば水をたっぷり流れさせ、船[*27]がかりに適した川口を復元できるか、考えてみたかったのである。萬葉地理学が、こういう点にまで研究を延ばしてくれるとありがたいと思う。

（山本健吉「萬葉の旅心」による）

〔注〕
＊1　原色風景……この場合は、強く派手な色。
＊2　白砂青松……海岸の美しい景観のたとえ。
＊3　名を冠して……この場合は、という名をつけて。
＊4　京阪……京都と大阪。
＊5　歌枕……和歌に多く詠まれた名所や旧跡。
＊6　義朝の子の朝長……源義朝の子である源朝長。平安時代末期の武将。
＊7　深手……ひどい傷。
＊8　湊……海や川や湖などの水の出入り口で、船が停泊できる場所。今でいう「港」。
＊9　モダーン……現代風。今風でしゃれている。
＊10　高市黒人……飛鳥時代の官人・歌人。

*11吾《わ》が船は比良の湊に漕《こ》ぎ泊《は》てむ沖へな放《さか》りさ夜更けにけり（巻三、二七四）

どこか古代の旅の心細さを感じさせる歌である。だんだん暗闇がせまってきた船上の心細さが*12発せしめたつぶやきである。不安の気持ちを鎮めようとするところに、こんな静かな歌の境地が開かれてくるのだ。こういう小刻みな調子は、*13人麻呂や人麻呂以前の歌にはなかった。黒人独特のものである。黒人の発見した「軽み」である。こういう「軽み」が、人麻呂流の*14荘重な儀式歌の世界を脱して、*15ひとりごころの抒情《じょじょう》を開いてくる。

だが、この④比良の湊が、現在行方不明になってしまっているということは、来て見て始めて実感した。私たちは北比良まで引き返して、浜辺にかかっている船をともかくカメラに収めたが、これが萬葉の比良の湊とは*16似もつかぬ景色だということは、気になることであった。私は⑤昔の地形を、できるだけ頭の中で組み立ててみようとした。*17萬葉地理を考える場合、今の地形との変化を頭に入れておくことは、ことに大事なことである。

西には*18雄偉な比良の山脈が南北に走り、ことに奥比良の武奈《ぶな》が岳はその主峰としての*19威容を持っている。近江では、東の伊吹《いぶき》と相対峙《たいじ》して、もっとも高い山である。湖岸にあまり平地が開けていないから、表比良の斜面は急崖になって、湖水へなだれている。それに表比良はおもに*20花崗岩《かこうがん》からできていて、湖岸の白砂は花崗岩によるものである。表比良の水が一直線に琵琶湖へ流れたら、比良川は水をたたえているひまもないだろう。山上には樹木はない。山麓はすべて開拓されている。だが、水は流れなければならぬ。春の雪解けのとき、夏の梅雨どき、秋の台風のとき——。一どきに流れこんでしまえば、あとは白い蛇のような川床をさらしているだけである。

地理学者はどういっているか知らない。私が白い川床に立ってごく常識的に考えたのは、以上の通りである。だが黒人の昔、萬葉の昔はどうだったのだろう。今の通りだったら、「比良の湊」という地形はなかったことになる。そんなはずはない。

西近江の歌が、萬葉に多いのは、ここが*21畿内から北陸へ越える重要な交通路だったからである。当時は舟運《しゅううん》の便によることが多かったらしい。大津から塩津まで船で行き、塩津山を越える山道を歩いて、越前敦賀《えちぜんつるが》へ出た。だがそれとともに、一筋の陸路がほそぼそと続いていたはずで、旅人はときによって陸路を選び水路を選んだのであろう。だが、湖西地方には、当時原生林が*22鬱蒼《うっそう》としていただろう。

【三】　次の文章を読んで、あとの問いに答えよ。

昨年夏、淡交新社から出す『萬葉《まんよう》の歌』の仕事で、カメラの葛西宗誠《くずにしそうせい》さんと、車で裏近江《おうみ》の方を回ったことがある。①裏近江――という言葉があるかどうか知らない。西近江とか北近江とかいった言葉の方がよいかもしれない。ことに、比良《ひら》山地の裏がわの、安曇《あど》川上流の谷が、江州裏街道といわれ、京都と若狭小浜《わかさおばま》とを結ぶ通路になっているのだから、裏近江という名称はまぎらわしいであろう。だがそれは、広い平地の開けた琵琶《びわ》湖の南岸や東岸に比べて、いかにも裏近江といってみたくなるような、ひっそりした土地がらであった。

もっとも近江舞子あたりまでは、海水浴客でひどく賑《にぎわ》っていて、赤や青や黄の、きらきらしい*1原色風景を展開している。私の期待がそらされたといっても、私が知らなかっただけのことである。

雄松崎《おまつざき》で交わる南北二つの*2白砂青松の砂丘に、舞子の名を*3冠して、海水浴場としてにぎわうようになったのは、江若《こうじゃく》鉄道ができて*4京阪の客を呼び寄せるようになってからだろう。だが昔は、ここから北、北小松あたりまでの浜は、小松原、小松浜、小松里などといわれて、*5歌枕になっていたし、平治の乱に敗れた*6義朝《よしとも》の子の朝長《ともなが》が、*7深手を負って最期を遂げたのも、ここだという。美しい風光は、昔から知られていたのである。だが、私たちはそのとき、風景にあこがれて行ったわけではない。萬葉にうたわれた比良の*8湊《みなと》をたずね、カメラに収めるのが目的だったのである。

西近江の地図を見た人なら、誰でも気づくことが一つある。それは川の下流が扇状地をなし、河口が三角洲《す》をなして突出していることである。その一番大きい例が安曇川だが、和邇《わに》川も鴨《かも》川も石田川も知内《ちない》川も、すべて例外ではない。雄松崎の西南にも突出部があって、明らかに小さな三角洲なのだが、白い川床があるばかりで、水は②流れていない。ふだんは水の流れていない川が、近江には多いのだが、国土地理院発行の五万分の一の地図には、川のしるしもついてなくて、一〇〇〇メートルほどの山地から、砂地のしるしの点線が細長くついているだけである。

〈中略〉

私たちは比良川の川口の白い川床を見ながら、どこをカメラに収めるべきか、途方にくれた。すぐかたわらには、海水浴客たちの雑踏がある。萬葉のカメラ紀行としては、③あまりにもモダーン*9過ぎる景色なのである。

比良の湊の歌は、次のような*10高市黒人《たけちのくろひと》の歌である。

問七　――線④「人間のみが独創性をもち、人工知能は模倣しかできないと考え、人間と人工知能を分断するような近代的な発想」とあるが、筆者がこの「発想」を「近代的」と表現しているのはなぜか。その理由として最も適切なものを次から一つ選び、記号で答えよ。

ア　独創と模倣を明確に区別したのは近代だから。

イ　現代の人工知能は人間を必要としないから。

ウ　人工知能が本格的に発明されたのは近代だから。

エ　中世にはコピー商品がはびこっていたから。

オ　中世までは一人で作品を生み出していたから。

問八　この文章の表現に関する説明として、最も適切なものを次から一つ選び、記号で答えよ。

ア　レンブラントの「新作」のニュースを紹介することで、最先端の人工知能を使えば画家のエピゴーネンを生み出すことは簡単であると強く主張している。

イ　『物語の構造分析』（ロラン・バルト）を引用することで、文学は人間が作るものだという近代的作者像を否定し、人工知能こそが芸術に向いていると断言している。

ウ　『物語の構造分析』（ロラン・バルト）を引用することで、芸術作品は一つのオリジナルなものではなく、複数の引用から構成されたものだという考えにつなげている。

エ　『ピカソ　剽窃の論理』（高階秀爾）を引用することで、人工知能だけでなく、どんなに素晴らしい画家でさえも批判されてしまう不条理さを訴えている。

オ　『ピカソ　剽窃の論理』（高階秀爾）を引用することで、独創的天才とされているピカソも模倣していたことを示し、芸術に独創性は存在しないことを明らかにしている。

問一　次の文は本文中のある段落のはじめから抜き出したものである。元の位置に戻すとしたら、どこに戻すのが適切か。戻す箇所を本文中からさがし、その直後の五字を抜き出して書け。

> ここで「テキスト」と呼ばれているものを、文学作品だけに限定せず、あらゆる芸術作品にまで広げることにしましょう。

問二　——線①「描い」と活用形が同じものを次の文の——線から選び、記号で答えよ。

ア　早く来ればいいのに。

イ　帰ったらすぐに宿題をする。

ウ　明日テストを受けます。

エ　毎日歩くことは健康にいい。

オ　十時になっても起きない。

問三　——線②「レンブラントの作風を忠実に再現している」とあるが、筆者はこの段階を人工知能が独創的な作品を生み出すにいたる成長過程と捉えている。人工知能のこのような段階のことを筆者は何と表現しているか。本文中から最も適切なことばを五字以内でさがし、抜き出して書け。

問四　——線③「こうした発想はきわめて偏見に満ちた考えではないでしょうか」とあるが、〈人工知能は模倣するだけで新たな創造はできない〉という発想を「きわめて偏見に満ちた考え」だとするのはなぜか。その理由を本文中の表現を適宜用いて、八十字以内で書け。ただし、創造と模倣の関係、独創性とは何かの二点を明らかにする形で説明せよ。

問五　[A]・[C]に当てはまる語の組み合わせとして最も適切なものを次から一つ選び、記号で答えよ。

ア　A　さて　C　むしろ　　イ　A　ですが　C　むしろ　　ウ　A　では　C　しかも

エ　A　つまり　C　たとえば　　オ　A　しかし　C　たとえば

問六　[B]に当てはまる語句として最も適切なものを次から一つ選び、記号で答えよ。

ア　模倣は模倣の母である　　イ　模倣は独創の母である　　ウ　独創は模倣の母である

エ　模倣は独創の母ではない　　オ　独創は模倣の母ではない

とである。

（『ピカソ　剽窃の論理』）

　こうした表現は、決してピカソの芸術を貶《おとし》[＊13]めているわけではありません。むしろ、今まで「独創性」と見なされてきたものが、いかに模倣と密接にかかわっているかを明らかにするものです。単に忠実に模倣するだけでなく、その要素や組み合わせを大胆に変換し、従来とは違う作品を作り上げるわけです。

　芸術の独創性をこのように理解できるならば、人工知能にも独創的な作品を生み出すことができるはずです。レンブラント風の絵画は、人工知能の修学時代であり、熱心に模倣する段階といえます。そこから、次に要素や組み合わせを変換しながら、独創的な作品が生み出されていくでしょう。

（岡本裕一朗『人工知能に哲学を教えたら』による）

〔注〕

＊1　ディープ・ラーニング……機械学習の手法の一つ。これによって人工知能が今までより正確で効率的に判断できるようになった。

＊2　３Ｄプリンター……紙に平面的に印刷する通常のプリンターと異なり、層を重ねていくことで立体物を造形するプリンター。

＊3　曰く……言うことには。

＊4　エピゴーネン……先行する文学者や芸術家の模倣をするだけの人。

＊5　構造主義……一九六〇年代以降フランスで発展してきた現代思想の一つ。

＊6　テキスト……言語によって表現されたもの。

＊7　多次元空間……この場合は、異なる水準の内容が複数あること。

＊8　小林秀雄……日本の文芸評論家。

＊9　ほんたうの……本当の。

＊10　出会へようか……出会えるだろうか。

＊11　ポスト・レンブラント……ここでは、レンブラントの後に生まれ、レンブラントの影響を受けた画家、という意味。

＊12　剽窃……他人の作品を盗んで使うこと。

＊13　貶めて……劣ったものとして扱って。

いかなる芸術家も、最初から独創的な作品を生み出したわけではありません。その前に、他の人々の作品を模倣し、よく言えば作風を取り入れ、悪く言えば盗み出すのです。先立つ人、同時代の人からまったく影響なしで、ただ一人で作品を生み出すことはできません。まったく隔絶されていれば、おそらく誰からも評価されないでしょう。

だとすれば、④人間のみが独創性をもち、人工知能は模倣しかできないと考え、人間と人工知能を分断するような近代的な発想は、そろそろ限界がきているのではないでしょうか。

そもそも、独創性を考えるとき、すべての要素で他とはまったく異なっている、と見なすことはできません。大部分の要素が他と同じでも、いくつかの要素で違っていれば、独創的になります。あるいは要素は同じでも、その組み合わせを変えていれば、独創的になるのです。

そうであれば、人工知能の場合でも、言ってよければ、独創性をいくらでも発揮できるのではないでしょうか。データの一部の要素を他と置き換えたり、要素の組み合わせを変えてみたりすれば、従来とは違ったものが出来上がるでしょう。レンブラントの作風をすべて忠実に再現することもできれば、一部を変えたり組み合わせを変えたりしながら、ポスト・レンブラント[*11]風の絵画も作り出せるわけです。

問題は、そうした変更がどう評価されるか、ということになります。改悪とされ、批判されるかもしれませんが、もしかしたら斬新といって熱狂的に迎え入れられるかもしれません。ただ、いずれであっても、これは人工知能だけのあり方ではなく、人間が創作した場合にも同様です。

C、芸術史上もっとも独創的だと見なされるピカソの場合を考えてみましょう。個人的にピカソのよさがわかるかどうかは別にして、一般的にはピカソがたぐいまれな独創的天才であることは、認められています。ところが、ピカソ研究者の中には、「ピカソには独創性がない」と主張する人もいるのです。これをうけて、『ピカソ　剽窃《ひょうせつ》[*12]の論理』(高階秀爾《たかしなしゅうじ》)では、次のように述べられています。

すでに見た個々の場合の事例をまとめて考察してみて、われわれはそこにただちにふたつの際立った特徴を指摘することができる。第一は、われわれのいわゆる「剽窃」という現象が、ピカソの場合際立って多いこと、しかもそれがきわめて重要な作品に多いことであり、第二は、その「剽窃」のやり方が、色彩よりはむしろ形態に、形態よりはむしろ構図に、いっそうはっきりと認められるこそこで彼は、そうした「近代的な作者」の死を宣言して、作品の新たな捉え方を提唱するのです。

> [*6]テキストとは、さまざまの、オリジナルではない、書かれたものが混じり合い、ぶつかり合う多次元空間[*7]であって、(中略)文化の数知れない分野からとられた引用を織ってできた織物である。
>
> (『物語の構造分析』)

すると、芸術作品もまた、「オリジナルではない、文化の数知れない分野から織り合わされた多次元空間」と言えます。

しかし、これによって、何がわかるのでしょうか。

一般に、オリジナルとコピー、あるいは創造と模倣はまったく対立したものだと見なされています。そのとき、オリジナルや創造が評価され、コピーや模倣は軽視されがちです。早い話、「オリジナルはよく、コピーは悪い」と繰り返し主張されるのです。これを「オリジナル信仰」と呼ぶことにしましょう。

オリジナル信仰

上位	オリジナル	創造
↔	↔	↔
下位	コピー	模倣

[A]、はたしてオリジナルとコピーを、それほどはっきりと分断できるのでしょうか。創造と模倣の区別は、簡単にできるのでしょうか。たとえば、[*8]小林秀雄は『モオツァルト』のなかで、次のように述べています。

> [B]。唯《ただ》一人の[*9]ほんたうの母親である。二人を引き離して了《しま》つたのは、ほんの近代の趣味に過ぎない。模倣してみないで、どうして模倣出来ぬものに[*10]出会へようか。
>
> (『モオツァルト』)

【二】　次の文章を読んで、あとの問いに答えよ。

２０１６年４月、驚くべきニュースが伝えられました。17世紀のオランダの画家、レンブラントが新作を発表したというのです。もちろん、レンブラント自身が①描いた作品ではなく、人工知能がレンブラントの作風を学習して、あたかもレンブラントが描いたように、作品を作り上げたのです。

言うまでもなく、これはレンブラントの絵画の模倣、すなわち贋作《がんさく》ではありません。むしろ、まったく新しい絵画。②レンブラントの作風を忠実に再現しているのです。

「新作」を描くために、レンブラントの全作品が、色使いやレイアウト、さらには絵の具の凹凸にいたるまで完全にデータ化されたそうです。それを、人工知能がディープ・ラーニング[*1]によって学習し、最終的には３Ｄプリンター[*2]を使って、立体的に描き出したのです。まさに、レンブラントが現代に復活したように見えるでしょう。

こうして、人工知能がいったんレンブラントの作風を学んでしまえば、あとはレンブラントになり代わって、作品を完成させることができます。今まで、芸術作品を創造できるのは、人間だけだと見なされていました。ところが、この想定が維持できなくなり始めたのです。人間だけでなく、人工知能もまた、芸術作品を創造できるのではないでしょうか。

これに対して、おそらく即座に反論が提出されるかもしれません。曰《いわ》く[*3]――これはあくまでも、レンブラントの作風を忠実に模倣しただけであって、芸術作品を創造したわけではない。あるいは、１人の芸術家のエピゴーネン[*4]は生み出すことができても、１人の独創的な芸術家を生み出すことはできない――という具合に。

つまり、レンブラント風人工知能や、ゴッホ風人工知能、ピカソ風人工知能は作り出すことができても、まだ見ぬ独創的な芸術家＝人工知能を作り出すことはできない、というわけです。しょせん人工知能は模倣するだけであって、その技術がどんなに向上しても、新たな創造は不可能だ、と力説されるでしょう。しかし、③こうした発想はきわめて偏見に満ちた考えではないでしょうか。

フランスの構造主義[*5]哲学者ロラン・バルトは、かつて文学作品を分析しながら、「オリジナリティに満ちた作者」という考えを批判したことがあります。彼によると、「作者が他の人とは違ったオリジナルな思いを表現した作品」という考えは、じつを言えば近代特有の観念にすぎません。

〔注　意〕
※　解答はすべて解答用紙に記入すること。
※　特に指示しない限り、解答の字数指定では、句点（。）や読点（、）その他記号（（　）「　」等）も一字に数えるものとする。

【一】　次の――線のカタカナは漢字に直し、漢字はその読みをひらがなで書け。

(1)　中学三年生ならヨウイに解ける問題だ。

(2)　交通事故が起きた現場に花をソナえる。

(3)　皇位継承に合わせてオンシャが実施される。

(4)　メイキョウシスイの心で落ち着いて過ごしている。

(5)　怒るより諭すことで成長を促したい。

(6)　王様が国を統べる。

(7)　出色の才人ともてはやされる。

(8)　どんなときにも泰然自若としていて頼もしい。

2019年度　第3回

駿台高校受験公開テスト　3年

国　語

9月23日(祝)実施

〔注　意〕

1　まず初めに，この問題冊子が，あなたが受験する「学年」「教科」であることを必ず確認すること。

2　解答は必ず解答用紙の指定された箇所に記入すること。解答に際して指定されない記号・符号を記入した答案は無効とする。

3　試験開始の合図があるまで，問題を開かないこと。合図があったら，問題に着手する前に必ず解答用紙に受験番号，氏名を忘れずに記入すること。

4　試験時間は60分。

5　いったん書いた解答を訂正する場合は，前のものをしっかり消して書き直すこと。

6　問題冊子は持ち帰り，「解答・解説」をよく読んで，復習に努めること。

2019年度　第4回

3年　駿台高校受験公開テスト

英　語

10月27日（日）実施

第4回英語

〔注　意〕

1　まず初めに，この問題冊子が，あなたが受験する「学年」「教科」であることを必ず確認すること。

2　解答は必ず解答用紙の指定された箇所に記入すること。解答に際して指定されない記号・符号を記入した答案は無効とする。

3　試験開始の合図があるまで，問題を開かないこと。合図があったら，問題に着手する前に必ず解答用紙に受験番号，氏名を忘れずに記入すること。

4　試験時間は60分。

5　いったん書いた解答を訂正する場合は，前のものをしっかり消して書き直すこと。

6　問題冊子は持ち帰り，「解答・解説」をよく読んで，復習に努めること。

第4回　英語

【1】 次の対話文を読んで，後の問いに答えよ。(* のついた語(句)には注がある。)

Janice Barton is a university student in Seattle. She learns about tourism in the university. After a long flight from Seattle, she is visiting New York with her mother for (1)<u>*sightseeing*</u> *and shopping. Her aunt Susan lives in New York now. She works for Maria Hotel in Manhattan. Janice and her mother are staying in the hotel. They're now at the shop in Midtown.*

Janice : Can I buy this dress? (2)<u>[this / too / to / like / difficult / one / find / it's].</u>

Mrs. Barton : You can buy a dress like that in Seattle. Don't spend much money only on clothes. Remember to visit Staten Island with Aunt Susan tomorrow.

Janice : Oh! Aren't you going with us, Mom?

Mrs. Barton : No. I've been there once. Instead, I'm going to the musical theater. I hear that Broadway musicals are great.

Janice : I want to go there, too. I'm very interested in musicals.

Mrs. Barton : I understand you want to visit a lot of places in New York. But (3)<u>you don't have much time, so you can't do everything you want in a few days.</u>

Janice : I see. I'll try to buy something nice here in New York. This is a nice red skirt, isn't it?

Mrs. Barton : No, that one seems better.

Janice : Oh, Mom! That one doesn't suit a young lady like me. It's a little old-fashioned. I'll buy it for Aunt Susan, because she likes dark-brown clothes.

Mrs. Barton : That's rather (　4　) to her. She is still 28 years old.

Janice : Oh, is she? She looks much older than her age, because there is something *mature about her. OK, Mom. I'll give her the same skirt that I'll buy for myself.

Mrs. Barton : But (5)<u>I can't go away without buying that one</u>. Then I'll buy it for myself.

Janice : Yes. I think we should buy anything we want. By the way, shall we go (6)<u>somewhere</u> to rest after shopping? I'm thirsty and starving.

Mrs. Barton : All right. We went around the city all day. (7)<u>My feet are killing me.</u>

Janice : After a break, I want to go into all the *boutiques on 5th Avenue.

Mrs. Barton : Oh, Janice, how *energetic you are! To be young is wonderful. But I'm very tired. [　　　８　　　]

（注）　mature : 大人っぽい　boutique : 服飾店，ブティック　energetic : 精力的な，エネルギッシュな

問１　下線部(1)に当てはまる一般的な行動を次のア～エから１つ選び，記号で答えよ。

ア．attending an international meeting in France

イ．studying abroad in Germany

ウ．visiting old temples in Thailand

エ．taking part in the world's sports event in Brazil

問２　下線部(2)の日本語の意味が「これと似た物を見つけるのはとても難しい。」となるように，[　　　] 内の語を並べ替えるとき，**２番目**と**６番目**にくる語をそれぞれ答えよ。なお，文頭にくる語も小文字で示している。

[this / too / to / like / difficult / one / find / it's].

問３　下線部(3)を日本語に直せ。

問４　(　４　)に当てはまる最も適切な語を次のア～エから選び，記号で答えよ。

ア．helpful　　イ．colorful　　ウ．impolite　　エ．important

問５　下線部(5)から，バートン夫人(Mrs. Barton)の気持ちを表す文として最も適切なものを次のア～エから選び，記号で答えよ。

ア．何も買わないで店を出るのは店員に対して失礼だ。

イ．あのスカートを買わないで店を出るのは惜しい。

ウ．旅先で世話になっているスーザンに何も買わないのは気が引ける。

エ．娘の手前，欲しい物は何でもすぐに買うという衝動買いは控えるべきだ。

問６　下線部(6)の具体的な内容を表す語として最も適切なものを次のア～エから選び，記号で答えよ。

ア．museum　　イ．restaurant　　ウ．station　　エ．hospital

問７　下線部(7)の具体的な内容を表す文として最も適切なものを次のア～エから選び，記号で答えよ。

ア．I feel so much pain in my feet.

イ．It takes a long time for me to go there on foot.

ウ．My feet were kicked strongly by someone.

エ．I'm almost dead because of my broken feet.

問８　[　　　８　　　]に当てはまる最も適切な文を次のア～エから選び，記号で答えよ。

ア．I'll go back to Seattle soon.

イ．I'll go into all the boutiques on 5th Avenue instead of you.

ウ．I'll go to the 5th Avenue, too.

エ．I'll go back to the hotel first.

問９　次の英文の中から，本文の内容と一致するものを２つ選び，記号で答えよ。

ア．Janice is from Seattle in USA and goes to university in New York.

イ．Susan is staying in Maria Hotel with Mrs. Barton and Janice.

ウ．Mrs. Barton will go to see the musical without her daughter.

エ．Finally, Janice decided to buy a dark-brown skirt for her aunt.

オ．Mrs. Barton wants to visit Staten Island, because she has never been there.

カ．In Janice's opinion, Susan looks older than she really is.

【2】 次の英文を読んで，後の問いに答えよ。(* のついた語(句)には注がある。)

Mark Stanton was an English young man. He was working for London office in a ship company in England. The manager of the office was Mr. Brand and he was Mark's uncle. Strangely, Mark didn't have a friendly talk with his uncle.

One day (1)[ア．the manager's / イ．was / ウ．to / エ．Mark / オ．come to / カ．room / キ．told] by Mr. Brand. He came to the door of the room and knocked on it.

"Come in, Stanton," said Mr. Brand. Mark was (2)the son of Mr. Brand's sister, but (3)in the office Mr. Brand never called him "Mark." When Mark went into the room, Mr. Brand said, "Sit down here. You were late for work again this morning. I have something to tell you."

Mark sat down in front of Mr. Brand. He wasn't a ①diligent *employee in the office. He always watched the clock instead of working. When the office was closed in the evening, he was the first person to leave the office. He was interested only in drinking and dancing with his girlfriends. He always drank too much and spent a lot of money for his girlfriends.

There was a new *female employee in the ②department he belonged to. Her name was Monica Winskey. She was shy but a very pretty lady. Mark wanted to have a date with her someday. She didn't have an apartment to live in now, so she stayed with her friends recently.

"Listen carefully, Stanton," said Mr. Brand. "There is a suitcase inside the door in the next room. It's near Ms. Winskey's desk. The suitcase has a lot of important documents about a new kind of ship. (4)You [ア．soon / イ．it to / ウ．as possible / エ．must / オ．our Paris office / カ．take / キ．as]. The documents are needed for some business with the French government. The suitcase is locked now, but you can open it with the dial number 248. Hurry to Victoria Station! You must take the train which leaves for Paris at 10 o'clock in the morning."

"Why can't I fly to Paris? It's quicker. I'm going to a dance party at Savoy Hotel with a girlfriend of mine Helen tonight," said Mark. "Today, all the airplanes to Paris are full, so we couldn't ③book a ticket," answered Mr. Brand.

"Is there anyone else to go to Paris? (5)It's unfair to send me to Paris though I have a date with my girlfriend tonight," said Mark.

"Listen, Stanton," cried Mr. Brand angrily. "I've given you a chance in your work to please your mother. If you don't go to Paris with the suitcase this afternoon, our company won't keep you any longer. Hurry to the station by driving a company car!"

Mark *reluctantly went into the next room and picked up the suitcase near Monica's desk. (6) Monica was about to tell something to Mark when he left the office for Victoria Station. It was too late for her. On the way to the station, he received telephone calls from the office many times, but he was so hurried that he couldn't answer them. And then, he was foolish to leave his cellphone in the car when he got out of it, so he couldn't use it any longer.

At Victoria Station, Mark got on the train and sat on the seat by the window. As no one was sitting on the seat in front of him yet, he put the suitcase on it. When a man and a woman came near his seat, they looked at Mark and the suitcase, and said to him, "We were asked by a gentleman to keep a seat for him. Please put away your baggage on the seat." Then they sat on the seats behind Mark's.

However, the gentleman didn't come. When the train started, Mark silently laughed and said to himself, "Now I'll be able to sleep freely. (7) The suitcase can be on the seat in front of mine and unlike a man, it has no legs, so there is a lot of room for my legs."

Before long, a *conductor passed through the train car to check every passenger's ticket. He came near Mark's seat and said, "Whose suitcase is it?"

"I don't know. Someone must have left it to eat in the *dinner car," answered Mark. Why did he tell a lie? The reason is that passengers aren't *generally *allowed to put their baggage on the seat while the train is running.

Fortunately, the conductor didn't ask about the suitcase any more and went away. Soon Mark fell asleep.

After about 2 and a half hours, the train arrived at *Paris-Nord Station. Mark awoke. A policeman and a *customs officer were standing near his seat.

"(8) If we don't know whose suitcase that is, we must *dispose of it," the policeman said to the customs officer. Mark heard these words and said, "Oh, it's my suitcase. I'm carrying it to Paris on business."

"Is it true? How can the suitcase be yours? I don't believe you," said the officer.

The policeman looked at Mark and said, "I feel you are very sorry, but you must come with me."

Mark followed the policeman into a room at the station. In the room, the policeman asked him a lot of questions and said, “Open the suitcase right now, Mr. Stanton.” Then Mark tried to open it with the dial number Mr. Brand had told to him, but he couldn’t. He thought the lock itself was broken. “Will you please lend me a screwdriver, Policeman?” said Mark. The policeman took a *suspicious look at Mark’s face and thought what to do for a while. Then (9)he handed a screwdriver to Mark. When Mark broke the lock of the suitcase and opened it, he was shocked to see some ladies’ clothes and *cosmetics in it. Also he found an envelope in the clothes. In the envelope there was a sheet of letter. It was written *as follows.

Dear Monica,

Did you sleep well last night? I had to leave home early today, so I left a message for you. Yesterday you told me that you are working in Mr. Brand’s office. In the office, there’s a young man named Mark Stanton, right? I heard about his bad ④behavior. He doesn’t work hard, but he likes to drink and dance with a lot of ladies. I think you mustn’t believe him, because he never tells the truth. I warn you should ⑤watch out for him.

Your best friend,
Helen

(10)Mark was doubly shocked.

（注） employee：従業員，社員　female：女性の　reluctantly：いやいやながら，不承不承
conductor：車掌　dinner car：食堂車　generally：原則として　allow：許可する
Paris-Nord Station：パリ北駅　customs officer：税関職員　dispose of ...：…を処分する
suspicious：疑わしい　cosmetics：化粧品　as follows：以下の通り

第４回　英語

問１　下線部(1)，(4)が次の日本語の意味になるように [　　　] 内の語(句)を並べ替えるとき，下の(　A　)，(　B　)に当てはまる語(句)をそれぞれ記号で答えよ。

(1)　マークはブランド氏に所長室へ来るように言われた。

[ア．the manager's / イ．was / ウ．to / エ．Mark / オ．come to / カ．room / キ．told] by Mr. Brand.

(　　　)(　　　)(　A　)(　　　)(　B　)(　　　)(　　　) by Mr. Brand.

(4)　君はなるべく早く，それをパリ事務所に持って行かなければならない。

You [ア．soon / イ．it to / ウ．as possible / エ．must / オ．our Paris office / カ．take / キ．as].

You (　　　)(　　　)(　A　)(　　　)(　　　)(　B　)(　　　).

問２　次の語句が下線部(2)と同じ内容を表すように，(　　　)に当てはまる最も適切な１語を答えよ。ただし，その語は n で始まる語とする。

the son of Mr. Brand's sister

＝ Mr. Brand's (n-　　　)

問３　下線部(3)，(8)を次のように書き換えたとき，(　　　)に当てはまる最も適切な語をそれぞれ１語ずつ答えよ。ただし，それぞれ与えられた文字で始めること。

(3) in the office Mr. Brand never called him "Mark"

＝ in the office Mr. Brand always called him by his (f-　　　) name

(8) If we don't know whose suitcase that is

＝ If we can't find the (o-　　　) of that suitcase

問４　下線部①〜⑤の語(句)の意味を表す最も適切なものを次のア〜エからそれぞれ１つずつ選び，記号で答えよ。

① diligent	ア．clever	イ．able	ウ．hardworking	エ．useless
② department	ア．area	イ．group	ウ．store	エ．section
③ book	ア．reserve	イ．copy	ウ．sell	エ．cancel
④ behavior	ア．idea	イ．look	ウ．action	エ．skill
⑤ watch out for	ア．be crazy about	イ．be careful of	ウ．be sorry for	エ．be useful for

問５　下線部(5),(7)をそれぞれ日本語に直せ。ただし，下線部(7)は文中の it が指すものを明らかにすること。

問６　下線部(6)において，モニカ(Monica)がマーク(Mark)に伝えようとした内容として当てはまらない文を，これより後の内容から判断して次のア～エから１つ選び，記号で答えよ。

ア．There are no important documents in the suitcase.

イ．You are going to carry the wrong suitcase.

ウ．That's my suitcase.

エ．Something is wrong with the lock of that suitcase.

問７　下線部(9)の理由として考えられる最も適切な文を次のア～エから選び，記号で答えよ。

ア．警察官はスーツケースの中には危険な物が入っていると確信していて，自ら進んでスーツケースを開けたくなかったから。

イ．警察官はスーツケースが本当にマークのものだろうかと疑いつつも，中身を見なければだれのものかは断定できないと思ったから。

ウ．警察官はマークの主張を信じていたので，スーツケースの中身を見て，彼の言い分が正しいことを確信したかったから。

エ．警察官はさっさとマークにスーツケースを開けさせて，窃盗《せっとう》の罪で逮捕しようと思ったから。

問８　下線部(10)の理由を文中の doubly「二重に」に着目して，解答欄の「から。」が後に続くように，35 字以上 45 字以内の日本語で書け。ただし，文中に「モニカ」，「ヘレン」の２人の名前(順不同)を入れること。

問９　次の英文の中から，本文の内容と一致するものを３つ選び，記号で答えよ。

ア．One day Mr. Brand called Mark to his room. The main purpose of this was to warn Mark not to be late for work again.

イ．Monica was a beautiful female employee in Mr. Brand's office and had a date with Mark many times.

ウ．Mr. Brand gave an important job to Mark, because he wanted his sister to be proud of her son.

エ．When Mr. Brand told Mark to go to Paris by train, Mark insisted on going by airplane.

オ．Mark couldn't put the suitcase on the seat in front of his, because the conductor on the train told him not to do so.

カ．When the train got to the station in Paris, a policeman and a customs officer came near to Mark's seat. They told him that it was against the rules for passengers to put their baggage on the seat.

キ．Mark couldn't open the suitcase, because he forgot the dial number of it.

ク．There were some clothes, cosmetics, and a letter in the suitcase. The letter was written by Helen and it said that Mark wasn't a man to be trusted.

【3】 次の英文はアメリカの自動車会社フォードの社長だったIacocca氏の自伝の一部である。これを読んで，後の問いに答えよ。(*のついた語(句)には注がある。)

Nicola Iacocca, my father, sailed from Italy and arrived here in America in 1902 at the age of twelve —— poor, alone, and scared. He used to say the only thing he was sure of when he got here was that the world was (　1　). And that was just the same as another Italian boy named Christopher Columbus had thought.

As the boat sailed into New York Harbor, my father looked out and saw the Statue of Liberty, that great symbol of hope for millions of *immigrants. On his second crossing, when he saw the statue again, he was a new American citizen —— with only his mother, his young wife Antoinette, and (　2　) by his side. For Nicola and Antoinette, America was the land of freedom —— (3) the freedom [ア. wanted / イ. to / ウ. to be / エ. you / オ. become anything], if you wanted it very much and were willing to work for it.

This was the single lesson my father gave to his family. I hope I have done as well with (4) my own. When I was growing up in Allentown, Pennsylvania, our family was so close that it sometimes felt as if we were one person with four parts.

My father seemed to be busy with a lot of things, but he always had time for us. My mother went out of her way to cook the foods we loved —— just to make us happy. To this day, whenever I come to visit, she still makes my two (5 . f-　) dishes —— chicken soup with little veal meatballs, and ravioli stuffed with ricotta cheese. Of all the world's great Neapolitan cooks, she must be one of the best.

My father and I were very close. I loved pleasing him, and he was always very proud of my *accomplishments. When I won a spelling contest at school, he was on top of the world. Later in life whenever I got a *promotion, I'd call my father at once and he'd rush out to tell all his friends. At Ford, each time I brought out a new car, he wanted to be the first to drive it. In 1970, when I was named president of the Ford Motor Company, (6) I don't know which of us was more excited.

Like many native Italians, my father was very open with his feelings and his love —— not only at home, but also in public. And the same is true for me.[　　　7　　　]

My father was a restless and inventive man who was always trying new things. At one point, he bought a couple of *fig trees and actually found a way to grow them in the harsh climate of Allentown. He was also the first person in town to buy a motorcycle

—— an old *Harley Davidson, which he rode through the dirt streets of our small city. (8-a), my father and his motorcycle didn't get along too well. He fell off it so often that he finally got rid of it. (8-b), he never again trusted any *vehicle with less than four wheels.

Because of that terrible (9-a), I wasn't allowed to have a (9-b) when I was growing up. Whenever I wanted to ride a (9-b), I had to borrow one from a friend. On the other hand, my father let me drive a (9-c) as soon as I turned sixteen. This made me the only kid in Allentown who went straight from a (9-d) to a Ford.

(注)　immigrant：移民　accomplishment：達成，成果　promotion：昇進　fig：イチジク
Harley Davidson：ハーレー・ダビッドソン(オートバイの名前)　vehicle：乗り物

問1　(1), (2)に最もよくあてはまる語を次のア～エから選び，記号で答えよ。

(1)　ア．flat　イ．round　ウ．beautiful　エ．large

(2)　ア．sorrow　イ．worry　ウ．hope　エ．happiness

問2　下線部(3)の[　　]内の語(句)を意味が通るように並べ替えるとき，下の(A), (B)に当てはまる語(句)をそれぞれ記号で答えよ。

the freedom [ア．wanted / イ．to / ウ．to be / エ．you / オ．become anything]

the freedom (　　)(A)(　　)(B)(　　)

問3　下線部(4)が指しているものを次の形で表すとき，(　　)に最もよく当てはまる語を本文中から抜き出し，1語で答えよ。

my own (　　)

問4　(5)に最もよく当てはまる語を，与えられた語頭の文字を含めて答えよ。

問５　下線部(6)で筆者が述べたいことを最もよく表している文を次のア～エから選び，記号で答えよ。

ア．I don't know how excited my father was.

イ．I don't know which news excited my father.

ウ．My father was not as excited as I was.

エ．My father was as excited as I was.

問６　[　　7　　] に次のア～ウの文を自然な流れになるように並べ替えて入れるとき，その正しい順を記号で答えよ。

ア．I guess the reason was that they were afraid of not appearing strong and independent.

イ．But I hugged and kissed my dad at every opportunity.

ウ．Most of my friends would never hug their fathers.

問７　(8-a), (8-b)に最もよく当てはまる語(句)を次のア～エからそれぞれ１つずつ選び，記号で答えよ。

ア．Interestingly　　イ．Unfortunately　　ウ．As a result　　エ．At first

問８　(9-a)～(9-d)に最もよく当てはまる語の組み合わせが正しいものを次のア～エから選び，記号で答えよ。なお，２箇所ある(9-b)には同じ語が入る。

	9-a	9-b	9-c	9-d
ア．	tricycle	motorcycle	car	bicycle
イ．	tricycle	bicycle	car	motorcycle
ウ．	motorcycle	car	tricycle	bicycle
エ．	motorcycle	bicycle	car	tricycle

問９　次の英文の中から，本文の内容と一致するものを１つ選び，記号で答えよ。

ア．The writer's father was born in Italy in the 20th century.

イ．In his youth, the writer's father crossed the Atlantic Ocean twice, and in both voyages he felt poor, alone, and scared.

ウ．When the writer was growing up in Allentown, his family were on bad terms with each other and were separated into four parts.

エ．The writer won a spelling contest at school, and his father had also stood at the top of the class in a spelling contest at his school.

オ．After having a bitter experience with Harley Davidson, the only vehicle the writer's father could trust was a car.

【４】 次の各組の英文がほぼ同じ内容になるように，（　A　），（　B　）に入る最も適切な語を後のア～シからそれぞれ１語ずつ選び，記号で答えよ。

1．Soccer is（　A　）attractive to me than baseball.
I'm more（　B　）in baseball than soccer.

2．It isn't easy for even a good actor to cause the（　A　）to have feelings of admiration.
Even a good actor can't easily（　B　）the people watching or listening to his performance.

3．Humans can travel to the moon（　A　）to a spacecraft.
A spacecraft makes（　B　）possible for humans to travel to the moon.

4．Dr. Sawamura examines a lot of（　A　）at the clinic in this village.
A lot of sick people visit the clinic to（　B　）Dr. Sawamura in this village.

5．Her honest attitude toward the poor children was perfect enough to（　A　）.
Her honest attitude toward the poor children left（　B　）to be desired.

ア．audience	イ．interested	ウ．more	エ．less
オ．respect	カ．move	キ．see	ク．meet
ケ．patients	コ．thanks	サ．nothing	シ．it

【５】 各英文の(　　　)に入る最も適切な語を次のア～エから選び，記号で答えよ。

1．Jack isn't punctual. He has never come to work in (　　　).

ア．turn　　イ．case　　ウ．time　　エ．sight

2．As the breaking news was surprising to Japanese people, a lot of people came to the downtown to (　　　) for the extra edition of newspaper.

ア．get　　イ．ask　　ウ．prepare　　エ．stand

3．Ms. Kihara has been good at (　　　) since her childhood. So in the office, she does bookkeeping jobs now; she records all the money that is received into and paid out.

ア．reading　　イ．calculating　　ウ．knitting　　エ．handwriting

4．My classmate Steve can explain the meanings of words and phrases nobody in the class knows. Everybody thinks of him as a walking (　　　).

ア．dictionary　　イ．teacher　　ウ．guidebook　　エ．library

5．**A**：I've found a nice guitar at Kawada Music Store. It costs fifty thousand yen. But the money I can pay now is at most thirty thousand yen. Will you lend me the rest? I'll return it to you at the end of this month.

B：Sorry, I can lend you only half the money you want.

A：I see. Then I'll buy another guitar for (　　　) thousand yen. Can I borrow as much money as you can lend now?

B：OK. Return it by the end of this month.

ア．ten　　イ．twenty　　ウ．thirty　　エ．forty

2019年度　第4回

3年　駿台高校受験公開テスト

数　学

10月27日（日）実施

〔注　　意〕

1　まず初めに，この問題冊子が，あなたが受験する「学年」「教科」であることを必ず確認すること。

2　解答は必ず解答用紙の指定された箇所に記入すること。解答に際して指定されない記号・符号を記入した答案は無効とする。

3　試験開始の合図があるまで，問題を開かないこと。合図があったら，問題に着手する前に必ず解答用紙に受験番号，氏名を忘れずに記入すること。

4　試験時間は60分。

5　分数は既約分数（最も簡単な分数）で答えること。

6　円周率はπを用いること。

7　根号（$\sqrt{\ }$）の中は最も簡単な整数で答えること。また，指示がない限り，分母の有理化をすること。

8　図は必ずしも正確ではない。

9　読みにくい字は不正解とする場合があるので注意すること。

10　いったん書いた解答を訂正する場合は，前のものをしっかり消して書き直すこと。

11　問題冊子は持ち帰り，「解答・解説」をよく読んで，復習に努めること。

第４回　数学

【１】 次の各問いに答えよ。

(1)　$-\dfrac{21ab}{5} \div (-14a^2bc) \times 10ac$ を計算せよ。

(2)　２次方程式 $3(2-3x)-(x-4)(3-x)=3$ を解け。

(3)　$\left(\sqrt{2}-3\right)\left(5+\sqrt{18}\right)+\dfrac{4}{\sqrt{8}}$ を計算せよ。

(4)　x^3+x^2-x-1 を因数分解せよ。

【2】 次の各問いに答えよ。

(1)　下の図の△ABC において，$\angle ABC = 45^\circ$，$\angle ACB = 75^\circ$，$AC = 4$ である。
このとき，辺 BC の長さを求めよ。

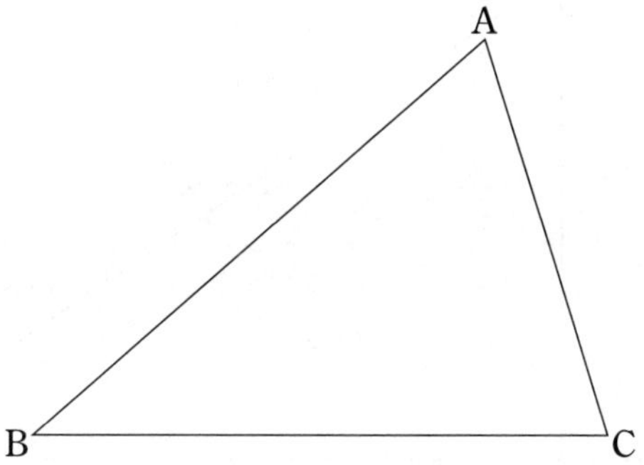

(2)　テストを受けた 10 人の生徒の得点は次のような結果になった。

$$x,\ 9,\ 3,\ 7,\ 6,\ 3,\ 6,\ 5,\ 3,\ 2$$

中央値よりも平均値の方が 0.3 点高いとき，x の値を求めよ。
ただし，x は 0 以上 10 以下の整数である。

(3)　2 次方程式 $x^2 + 6x - 3 = 0$ の 2 つの解を p，q とする。このとき，
$p^2 + 6p + 2q^2 + 12q$ の値を求めよ。

(4)　下の図のような∠BAC ＝ 88° の△ABC がある。辺 BC，AC の中点をそれぞれ M，N とし，点 A から辺 BC に垂線をひき辺 BC との交点を H とする。∠MNH ＝ 12° のとき，∠ABC の大きさは何度か，求めよ。

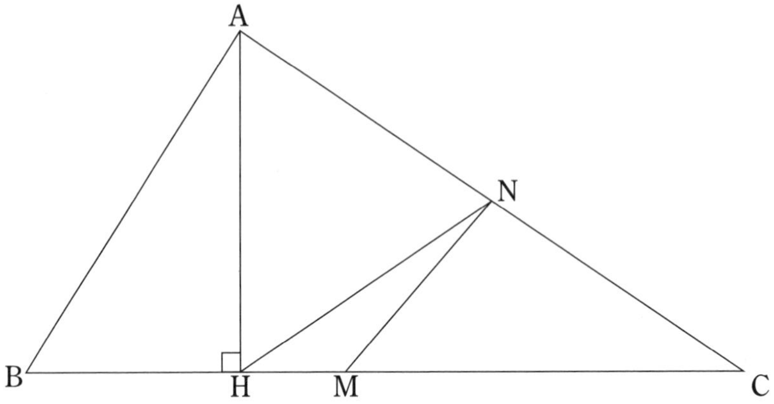

【3】 下の図のように，放物線 $y = \frac{1}{2}x^2$ と傾きが -1 の直線 l が2点A，Bで交わっていて，点Aの x 座標は負，点Bの x 座標は正である。y 軸上に点C(0，10)をとり，点Cと点A，Bをそれぞれ結ぶ。ただし，直線 l は線分COと交わるものとする。このとき，次の各問いに答えよ。

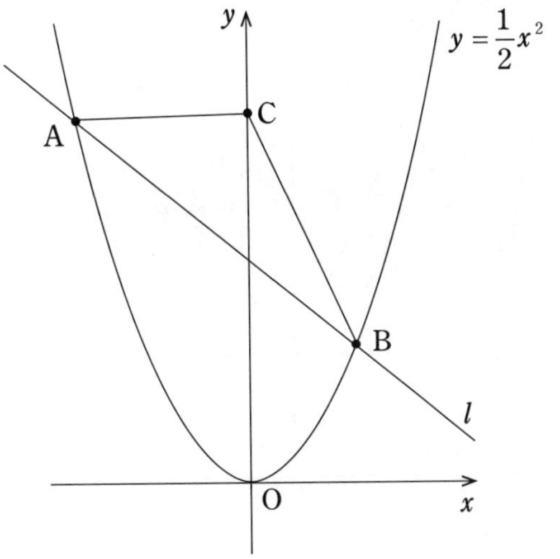

(1) 点Aの x 座標が -4 のとき，△ABCの面積を求めよ。

(2)　原点 O と点 A，B をそれぞれ結ぶ。△ABC：△ABO ＝ 2：3 のとき，点 A の x 座標を求めよ。

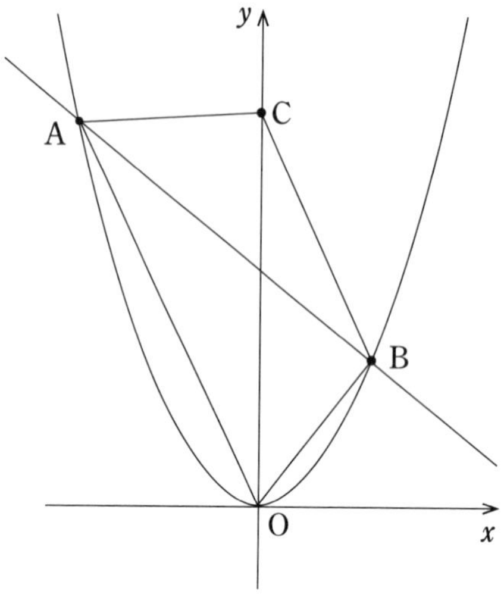

(3)　x 軸上に点 D をとり，点 D と点 A，B をそれぞれ結ぶ。四角形 ADBC が平行四辺形となるとき，点 D の座標を求めよ。

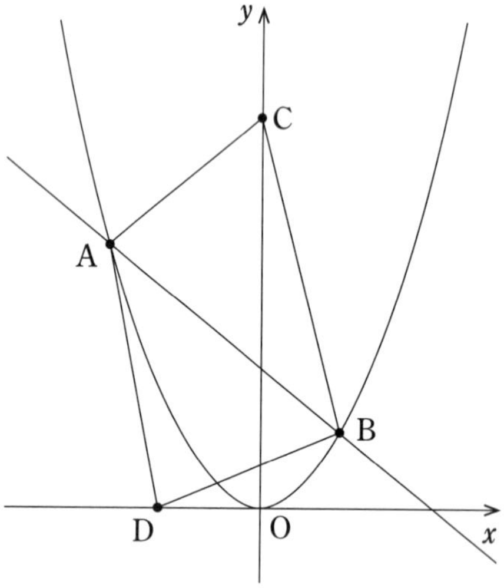

【4】 次の各問いに答えよ。

(1)　半径 a の球がある。この球面上にすべての頂点がある立方体の1辺の長さを a を用いて表せ。なお，このとき立方体の対角線の中点と球の中心は一致している。

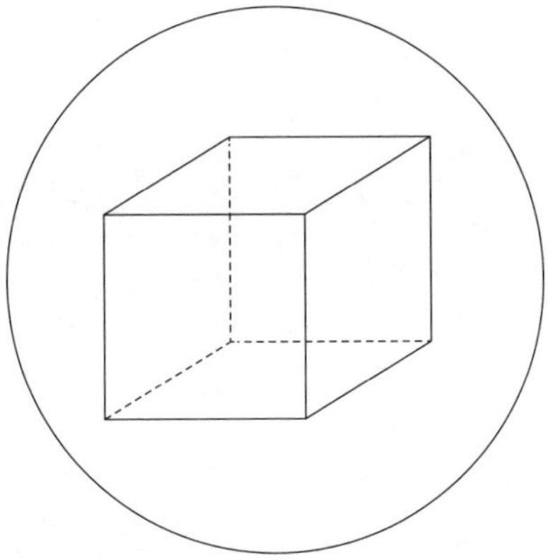

(2)　1辺の長さが b の正四面体がある。この正四面体のすべての面に接する球の半径を b を用いて表せ。

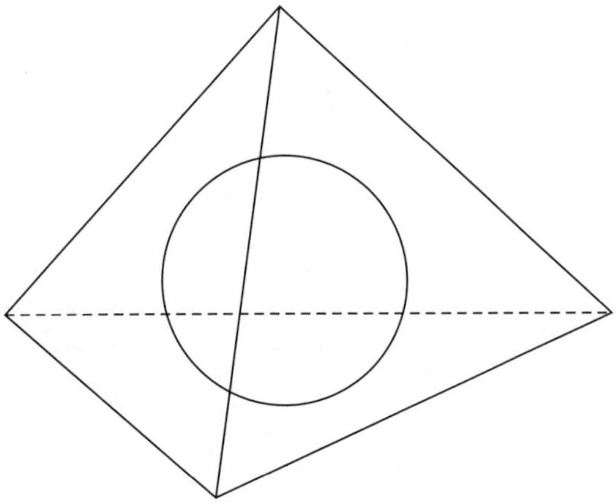

(3)　半径 81 の球がある。その球面上にすべての頂点がある正四面体をつくり，その正四面体のすべての面に接する球をつくる。同様にこれを繰り返し，どんどん小さい球をつくっていく。この繰り返しでつくられた球の体積がはじめて 1 より小さくなったとき，その球の体積を求めよ。

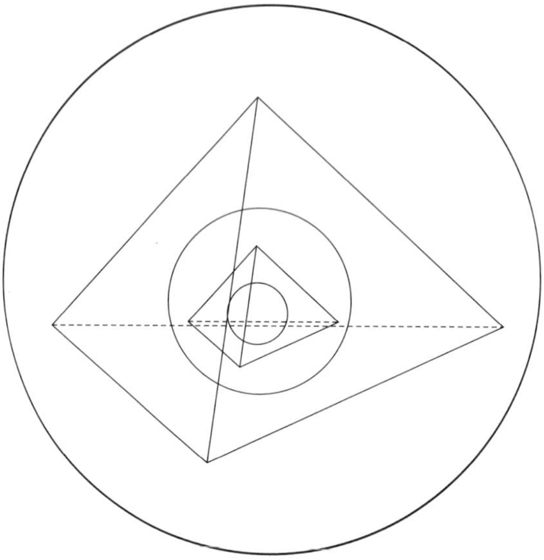

【5】 0，1，1，2，3，3，4，4の8つの数字を1つずつ書いた8枚のカードがある。この8枚のカードから3枚のカードを使い，並べて3けたの自然数をつくる。この3けたの自然数について，次の各問いに答えよ。

(1)　3けたの自然数は全部で何通りできるかを次のようにして求めた。アの空欄にあてはまる数を答えよ。なお，ア以外の空欄は答えなくてよい。

3枚とも異なる数字が書かれたカードを使う場合，百の位の数の決め方が4通りあり，百の位の数それぞれに対して十の位の数の決め方が□通りずつあり，十の位の数それぞれに対して一の位の数の決め方が□通りずつある。よって，3枚とも異なる数字が書かれたカードを使う場合，
4 × □ × □ ＝ □(通り)の自然数ができる。

次に，同じ数字が書かれたカードを2枚使う場合について考える。まず，1が書かれたカードを2枚と0が書かれたカード(これを{0，1，1}と表すことにする)を使うときは101，110の2通り，{1，1，2}，{1，1，3}，{1，1，4}を使う場合は，それぞれ□通りずつできるので，1が書かれたカードを2枚使う場合は□通りの自然数ができる。同様に3が書かれたカードを2枚使う場合，4が書かれたカードを2枚使う場合もそれぞれ□通りずつできるので，同じ数字が書かれたカードを2枚使う場合は□通りの自然数ができる。

同じ数字が書かれたカードを3枚使う場合はないので，以上より3けたの自然数は全部で［ア］通りできる。

(2)　(1)の自然数のうち3の倍数は何通りできるか，答えよ。

(3)　(1)の自然数のうち6の倍数は何通りできるか，答えよ。

【6】 下の図のように，円 O_1 と円 O_2 が 2 点 B, C で交わっている。円 O_1 上に点 A を，線分 AB と線分 AC の長さが等しくなるようにとる。次に，点 A から円 O_2 にひいた接線と線分 BC を点 B の方向に延ばした半直線 CB との交点を D，直線 AD と円 O_2 との接点を E とする。さらに，線分 AD と円 O_1 の交点のうち A でない方を F とする。$AB = AC = 13$，$DE = 9$ であるとき，次の各問いに答えよ。ただし，円 O_1 の半径の方が円 O_2 の半径より長いものとする。

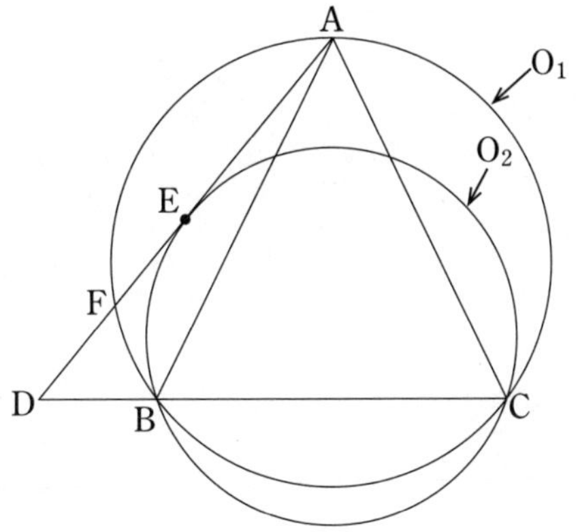

(1) 点 C と点 F を結ぶ。△AFC ∽ △ACD であることを次のように証明した。

［　ア　］，［　イ　］にあてはまる角を答えよ。なお，［　ア　］，［　イ　］以外の空欄は答えなくてよい。

［証明］ △AFC と△ACD において

∠FAC ＝∠［　　］　　(共通)……①

∠AFC ＝∠［　ア　］　　(［　　］)……②

∠［　ア　］＝∠［　　］　　(［　　］)……③

②，③より

∠AFC ＝∠［　イ　］……④

①，④より，2 組の角がそれぞれ等しいので

△AFC ∽△ACD

(2)　AD × FD の値を求めよ。

(3)　線分 AD の長さを求めよ。

2019年度　第4回

3年　駿台高校受験公開テスト

理　科

10月27日（日）実施

〔注　　意〕

1　まず初めに，この問題冊子が，あなたが受験する「学年」「教科」であることを必ず確認すること。

2　解答は必ず解答用紙の指定された箇所に記入すること。解答に際して指定されない記号・符号を記入した答案は無効とする。

3　試験開始の合図があるまで，問題を開かないこと。合図があったら，問題に着手する前に必ず解答用紙に受験番号，氏名を忘れずに記入すること。

4　試験時間は60分。

5　いったん書いた解答を訂正する場合は，前のものをしっかり消して書き直すこと。

6　記述で答える問題は，ふりがなと漢字を一緒に書かないこと。

7　問題冊子は持ち帰り，「解答・解説」をよく読んで，復習に努めること。

第４回　理科

〔注　意〕

※　解答は指定された形式で答えること。

※「すべて選べ」という問題では，１つだけ選ぶ場合もふくまれる。

※　数値を答える問題では，特に断りのない場合，指定された位までの四捨五入した値を答えること。

※　図は必ずしも正確ではない。

【１】［Ⅰ］,［Ⅱ］を読んで，あとの問いに答えよ。

［Ⅰ］　ある物体に，ほかの物体から力がはたらかない場合，または，他の物体からはたらく力がつり合っている場合，その物体が静止しているならば静止し続け，運動しているならばそのままの速さで(　①　)をし続ける。これを(　②　)の法則という。

(1)　文中の(　①　)にあてはまる語は何か。漢字６文字で答えよ。

(2)　文中の(　②　)にあてはまる語は何か。漢字２文字で答えよ。

(3)　水平な床に置いた物体が静止しているとき，この物体には地球からの重力とそれ以外の力がはたらき，つり合っている。この物体にはたらく重力以外の力とは何か。漢字４文字で答えよ。

(4)　図１のように，300 g のおもりが糸で天井からつるされ，静止している。糸 A，糸 B がおもりを引く力は何 N か。それぞれ小数第２位まで答えよ。ただし，100 g の物体にはたらく重力を１N とし，糸の質量は無視できるほど小さいものとする。また，必要ならば $\sqrt{3} = 1.73$ と近似して計算せよ。

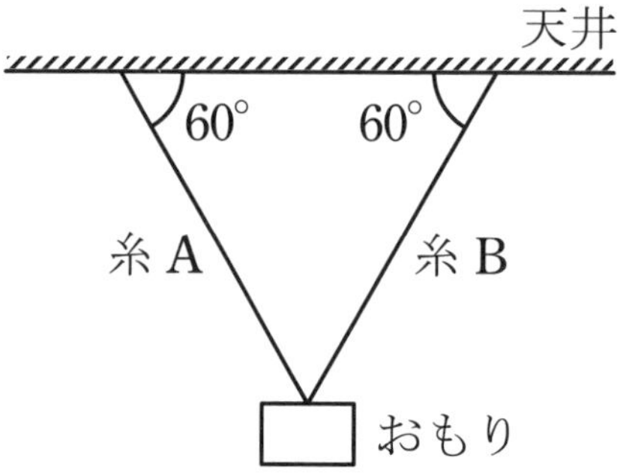

図１

［Ⅱ］ **図2**のように，点Aから点Dまで摩擦のないレールがあり，水平な線分BCの部分はレールを取りかえることができ，線分CDの部分は傾斜角を変えることができる。台車を点Aから静かに放したところ，台車は点A→B→C→Dと運動をした。ただし，ABとBC，BCとCDはそれぞれなめらかにつながっていて，台車はレールを離れることなく運動をした。また，台車の大きさは無視できるほど小さく，空気抵抗は考えないものとする。

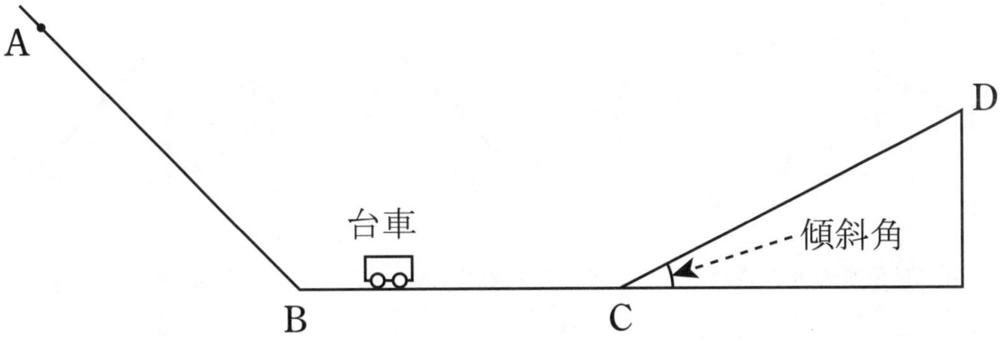

図2

(5)　台車がBC間を移動しているとき，台車にはたらいている力をすべて表した図はどれか。もっとも適切なものを次の**ア**～**エ**から1つ選び，記号で答えよ。ただし，台車は右向きに移動しているものとする。

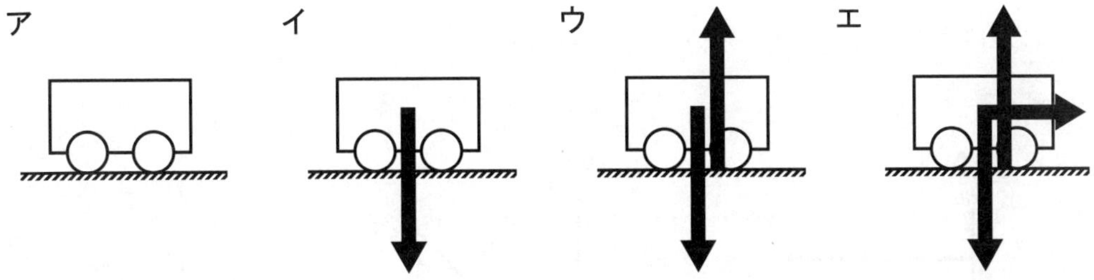

(6)　台車がAB間を移動しているとき，横軸を時刻，縦軸を台車の加速度の大きさとして表したグラフはどれか。もっとも適切なものを次の**ア～カ**から１つ選び，記号で答えよ。なお，単位時間あたりの速度の変化の割合を加速度といい，物体の加速度の大きさは物体にはたらく力の大きさに比例し，物体の質量に反比例する。

ア
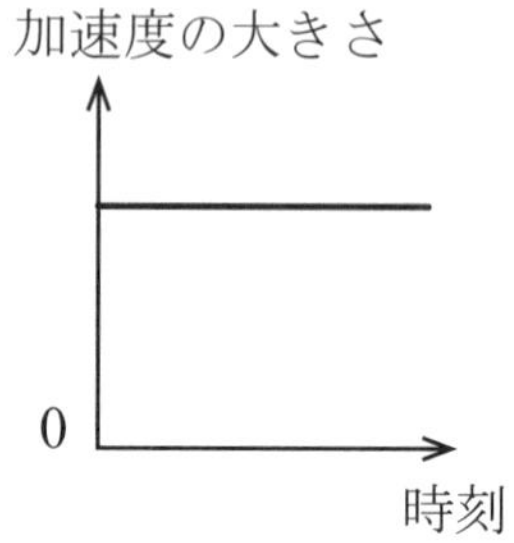

イ
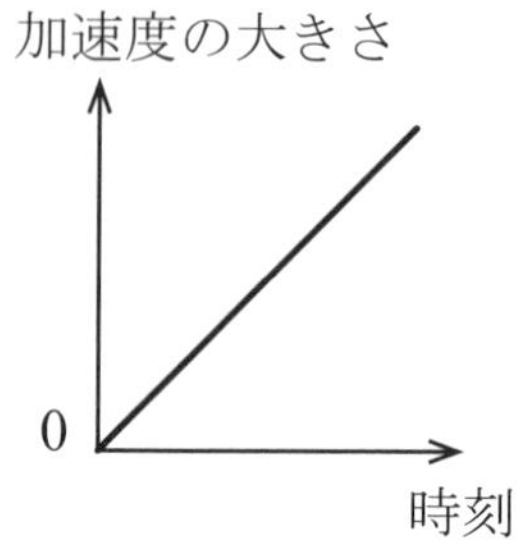

ウ
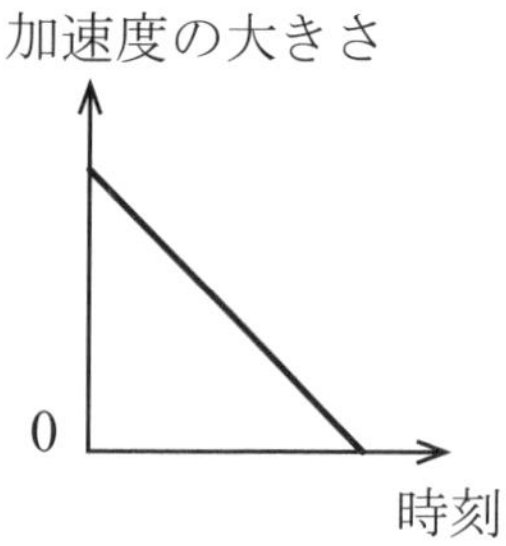

エ
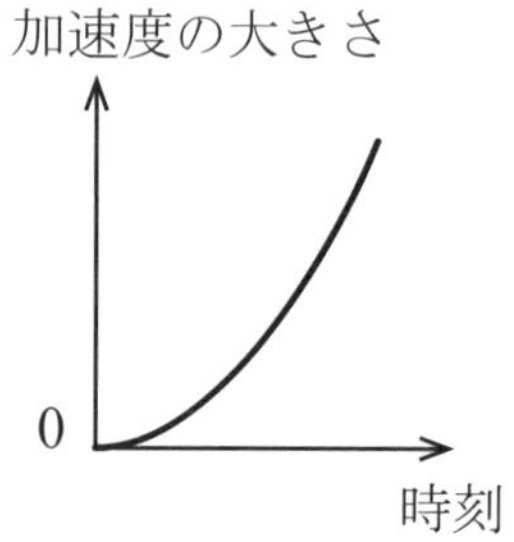

オ
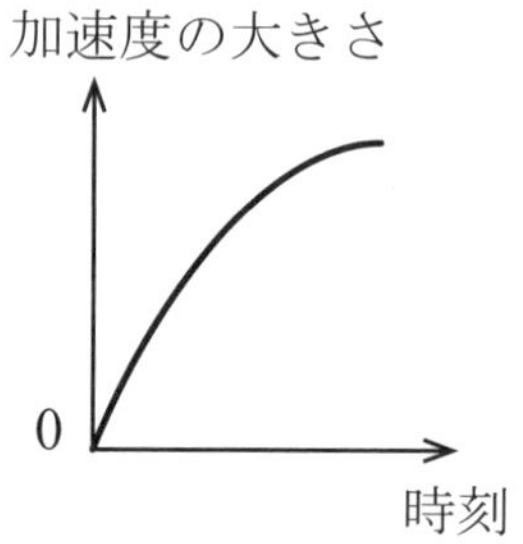

カ
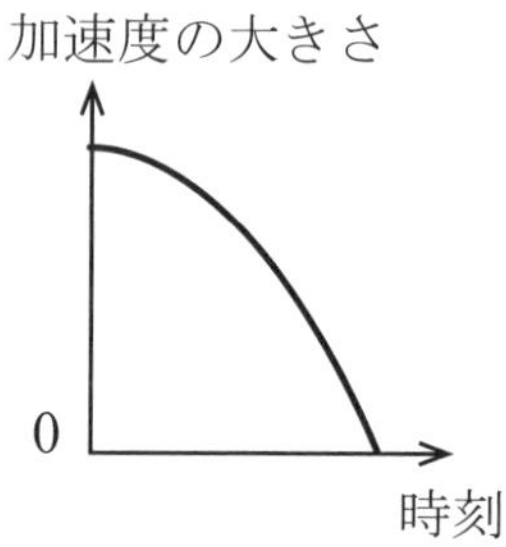

(7)　台車がBC間を移動しているとき，横軸を時刻，縦軸を台車の速さとして表したグラフはどれか。もっとも適切なものを次の**ア～カ**から１つ選び，記号で答えよ。

ア
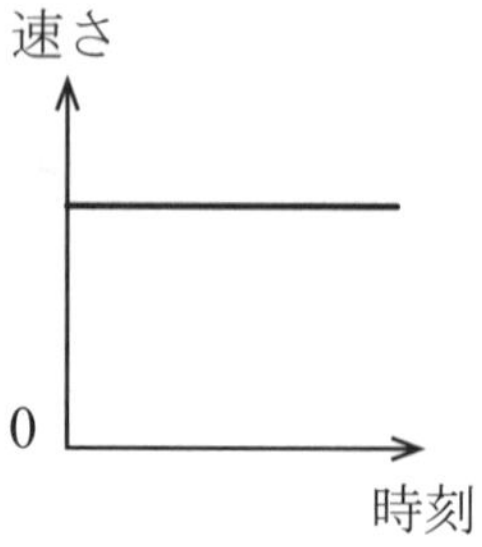

イ
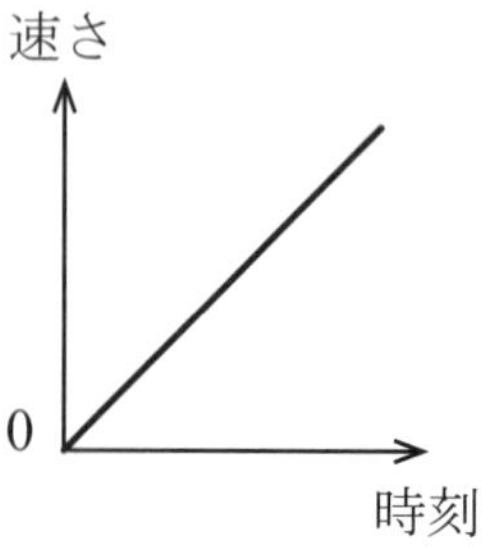

ウ
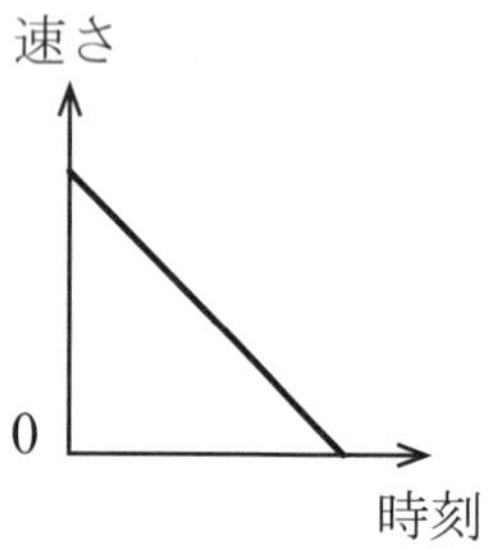

エ
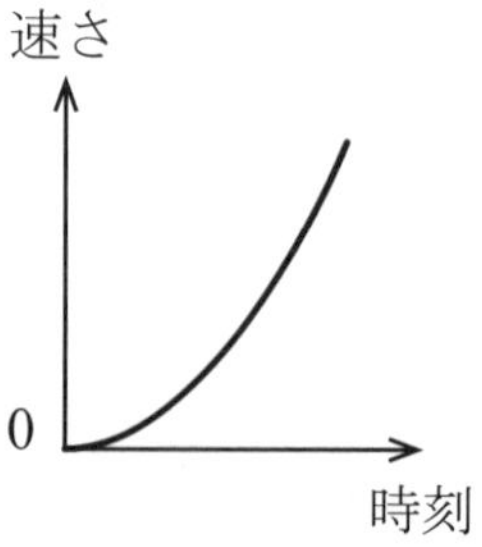

オ
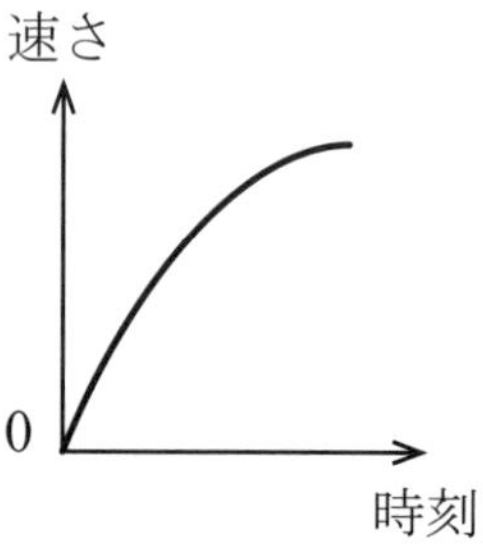

カ
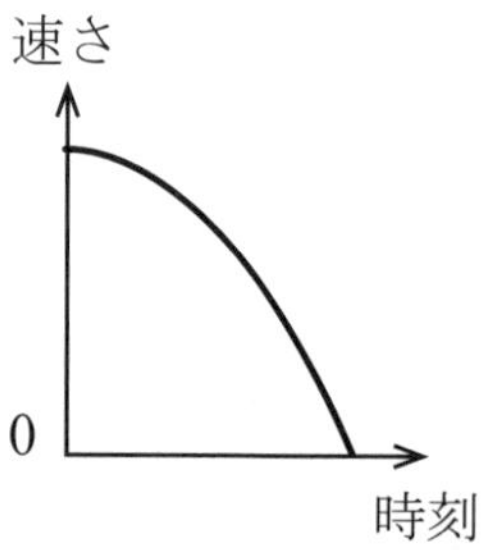

(8)　線分CDの部分のレールの傾斜角を，点Dが点Aと同じ高さになるように設定し，台車を点Aから静かに放した。台車がCD間を点Cから点Dの方向に移動しているとき，横軸を台車が点Cを通過してからの時間，縦軸を点Cから台車までの距離として表したグラフはどれか。次の**ア**～**カ**から1つ選び，記号で答えよ。

ア

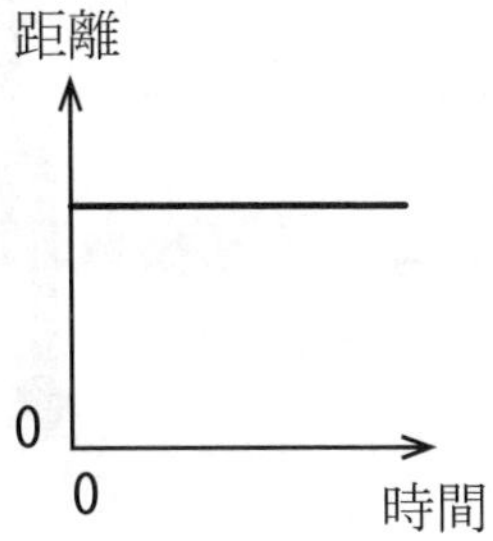

イ

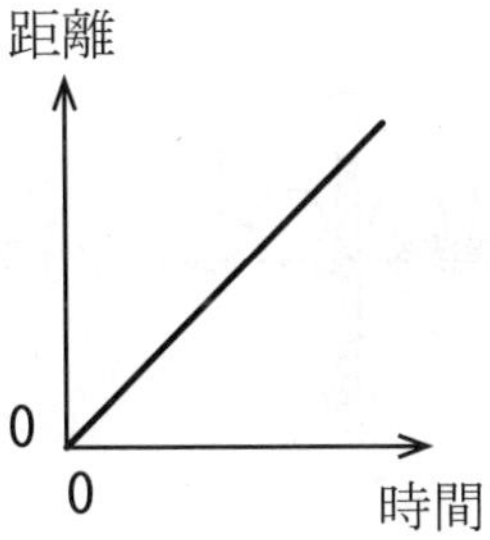

ウ

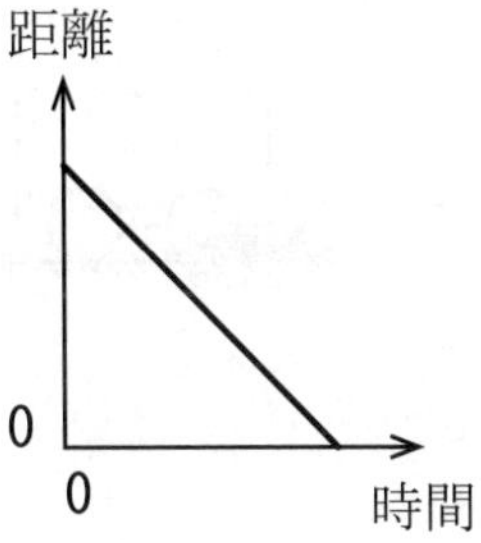

エ

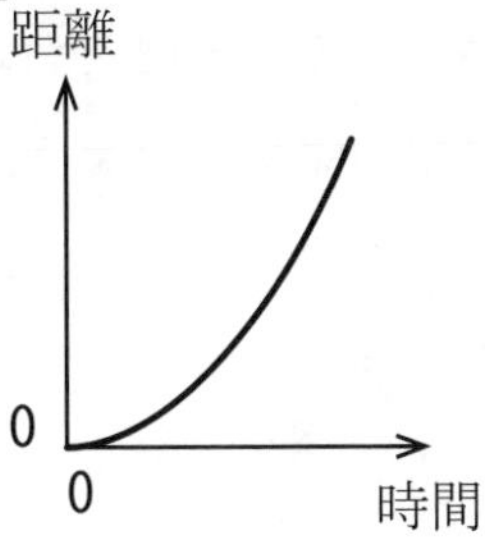

オ

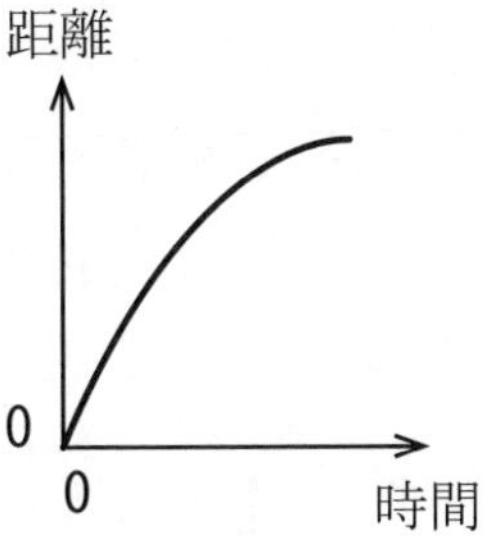

カ

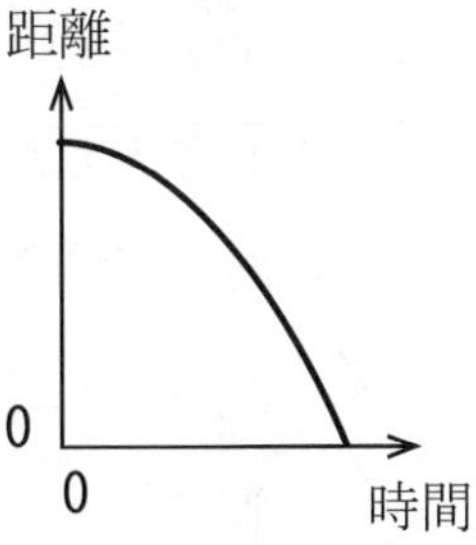

(9)　線分CDの部分のレールの傾斜角を，BCから点Dまでの高さがBCから点Aまでの高さの半分になるように設定し，台車を点Aから静かに放した。CD間を移動しているときの台車の運動のようすはどうなるか。次の**ア**～**ウ**から1つ選び，記号で答えよ。

ア　CD間の途中で台車の速度が0になり，台車が点Cへ戻っていく。

イ　ちょうど点Dに到達するとき，台車の速度が0になる。

ウ　点Dに到達しても台車の速度が0にならず，台車がレールから飛び出す。

(10)　線分 BC の部分のレールを摩擦のあるレールに変えて，台車を点 A から静かに放したところ，台車は点 C を通過した。台車が BC 間を移動しているとき，台車にはたらいている力をすべて表した図はどれか。もっとも適切なものを次の**ア**～**エ**から１つ選び，記号で答えよ。ただし，台車は右向きに移動しているものとする。

ア

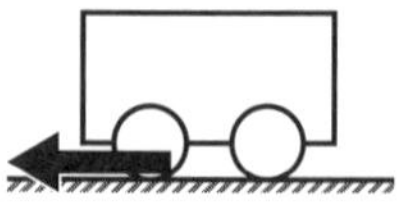

イ

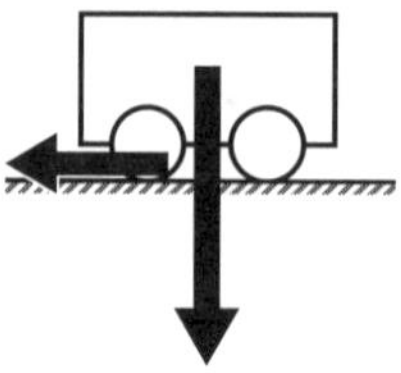

ウ

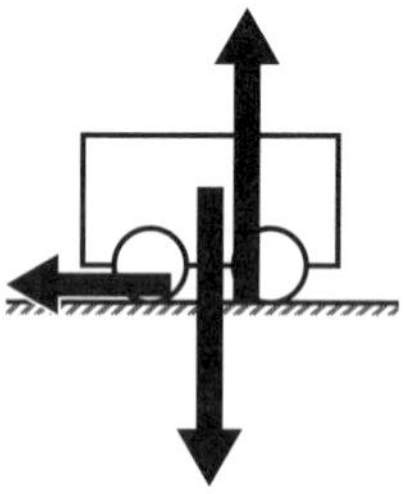

エ

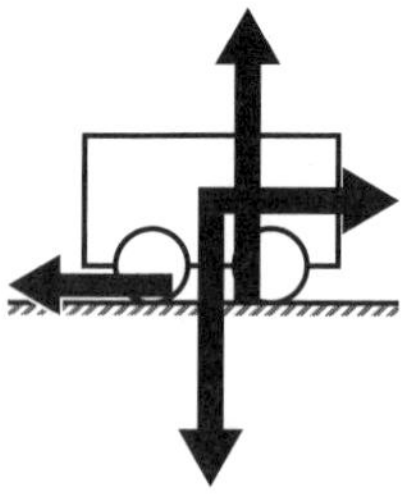

(11)　(10)において台車が BC 間を移動しているとき，横軸を時刻，縦軸を台車の速さとして表したグラフはどれか。次の**ア**～**カ**から１つ選び，記号で答えよ。ただし，台車にはたらく摩擦力の大きさは一定であるものとする。

ア

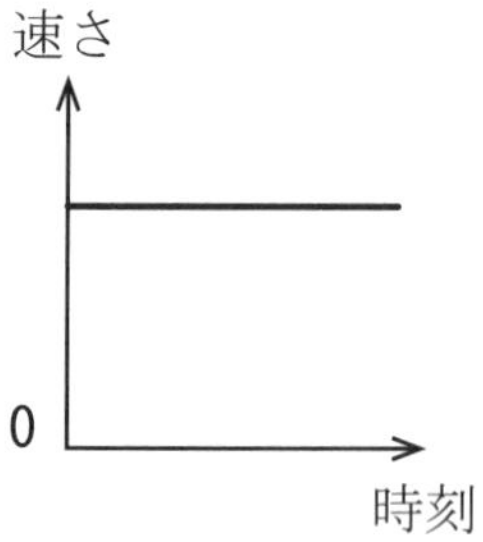

イ

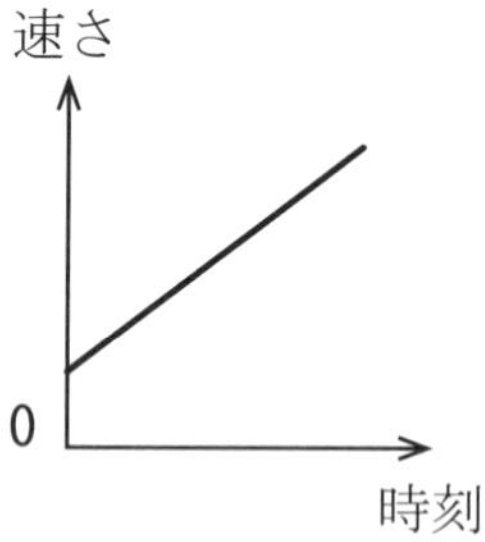

ウ

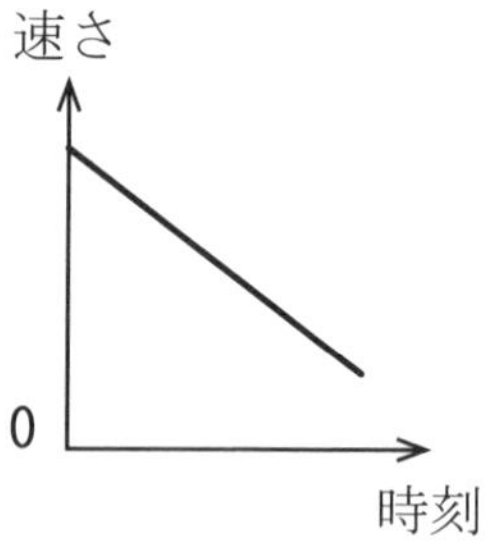

エ

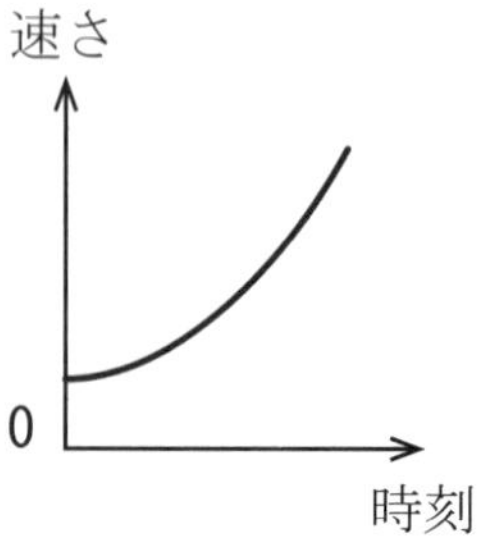

オ

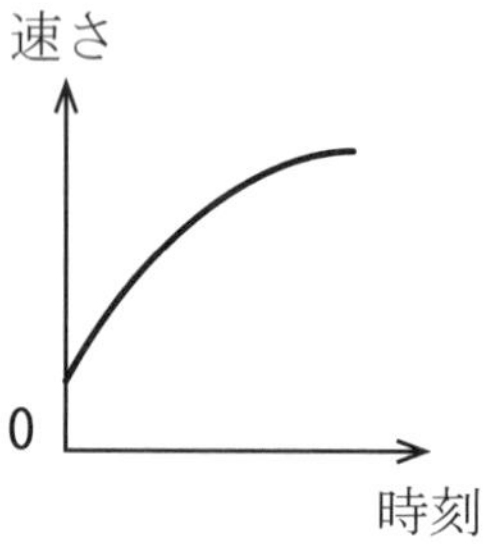

カ

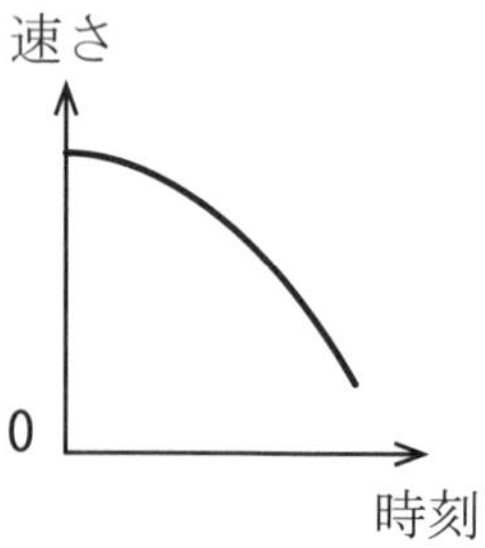

【2】［Ⅰ］〜［Ⅲ］を読んで，あとの問いに答えよ。

［Ⅰ］

(1)　イオン式S^{2-}で表される陰イオンを何イオンというか。名称を漢字で答えよ。

(2)　硝酸イオンをイオン式で表せ。

(3)　あるナトリウム原子は陽子と中性子合わせて23個もち，ある塩素原子は陽子と中性子合わせて35個もつ。また，いずれの原子も陽子より中性子が1個多い。このナトリウム原子からできるナトリウムイオン(Na^+)のもつ電子の個数と，この塩素原子からできる塩化物イオン(Cl^-)のもつ電子の個数との差は何個か。0以上の整数で答えよ。

［Ⅱ］　図1のように，電解質の水溶液と2枚の金属板，導線，電圧計を用いて化学電池をつくる実験をおこなった。金属板は，銅，マグネシウム，鉄，亜鉛，アルミニウムの5種類の金属から2種類を選んで用いた。さまざまな金属板の組み合わせにおいて，金属板を＋極と－極それぞれにつないで電圧計の示す値を調べ，電池ができるかどうかを確認した。ただし，電圧計が負の値を示す場合は，電極を逆につなぎかえて電圧が正の値になるようにした。なお，電池ができるとき発生する電圧の大きさが1.00 Vであることを「1.00 Vの電池ができる」などというものとする。

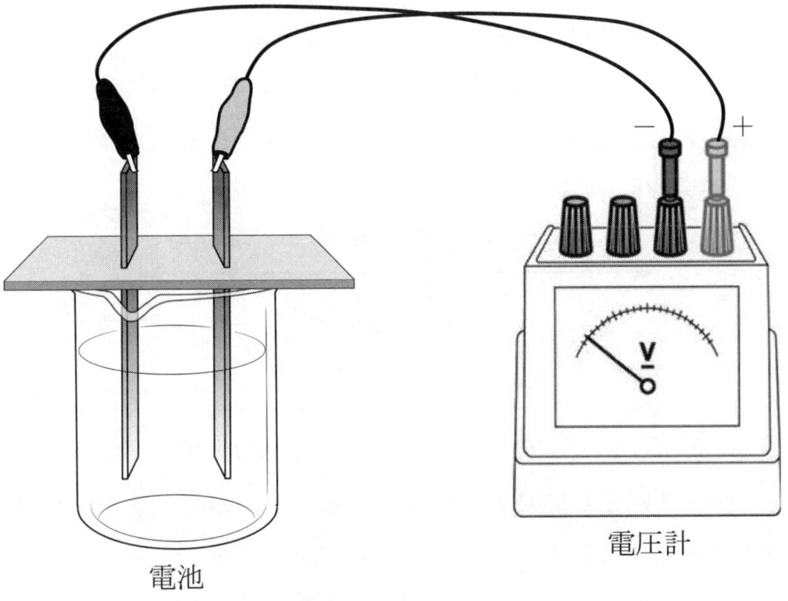

図1　2種類の金属による電池と電圧

以下のデータ１～データ５は，この実験から得られた結果をまとめたものである。

データ 1:	マグネシウムと鉄を用いると，鉄板を＋極にしたときに 1.40 V の電池ができた。
データ 2:	鉄と亜鉛を用いると，0.55 V の電池ができ，亜鉛板から鉄板に電子が移動した。
データ 3:	マグネシウムと亜鉛を用いると，0.85 V の電池ができ，亜鉛板からマグネシウム板に電流が流れた。
データ 4:	鉄と銅を用いると，0.15 V の電池ができ，鉄板がとけ出した。
データ 5:	アルミニウムとマグネシウムを用いて電池ができるとき発生する電圧は，アルミニウムと亜鉛を用いて電池ができるとき発生する電圧より，0.15 V 高かった。

データ１～データ３に着目すると，測定された３つの電圧の大きさについて，1.40 V ＝ 0.55 V ＋ 0.85 V という関係が成り立っていることに気がついた。そこで，このような場合について資料を調べてみると，以下のような性質があることがわかった。

＜性質＞

３種類の金属 X，Y，Z があり，陽イオンになりやすい順が X，Y，Z であるとする。このとき，たとえば X と Y を用いて 0.3 V の電池ができ，Y と Z を用いて 0.5 V の電池ができるならば，X と Z を用いて 0.3 V ＋ 0.5 V ＝ 0.8 V の電池ができる。同様に，たとえば X と Y を用いて 0.3 V の電池ができ，X と Z を用いて 0.8 V の電池ができるならば，Y と Z を用いて 0.8 V － 0.3 V ＝ 0.5 V の電池ができる。

図２は，直線上に金属を並べて電圧をかき，この性質を表したイメージ図である。

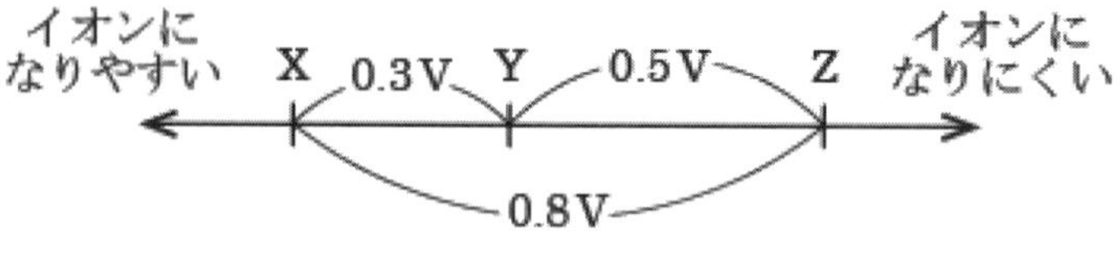

図２

この＜性質＞の X，Y，Z のいずれかをマグネシウム，鉄，亜鉛にあてはめると，データ１～データ３が正しい結果となっていることが確認できる。＜性質＞を参考にして，以下の各問いに答えよ。

(4)　電池をつくる際の電解質の水溶液として，**ふさわしくない**ものはどれか。次のア～エから1つ選び，記号で答えよ。

ア　食塩水　　**イ**　砂糖水　　**ウ**　塩酸　　**エ**　水酸化ナトリウム水溶液

(5)　亜鉛と銅を用いると何Vの電池ができるか。小数第2位まで答えよ。

(6)　もっとも高い電圧を発生する電池をつくるには，5種類の金属のうち，どれを用いればよいか。下の**ア～オ**から**2つ**選び，それぞれ記号で答えよ。ただし，解答の順序は問わない。

また，そのとき発生する電圧は何Vか。小数第2位まで答えよ。

ア　銅　　**イ**　マグネシウム　　**ウ**　鉄　　**エ**　亜鉛　　**オ**　アルミニウム

(7)　一方の金属にアルミニウム，もう一方の金属に5種類のうちの1種類を用いて**図1**の電池をつくり，この電池にモーターを取りつけた。**表1**は，このときのモーターの回り方のようすを表したものである。**表1**内の①～④にあてはまる金属は何か。マグネシウム，鉄，亜鉛，アルミニウムから重複せずに1つずつ選び，それぞれ**化学式**で答えよ。

表1　金属の組み合わせとモーターの回り方

2つの金属		モーターの回り方
アルミニウム	銅	よく回った
アルミニウム	①	よく回った
アルミニウム	②	回らなかった
アルミニウム	③	回った
アルミニウム	④	かすかに回った

［Ⅲ］ 図3のような装置で，3つの水溶液（水酸化ナトリウム水溶液，食塩水，塩化銅水溶液）の電気分解をおこなった。電源の電圧を一定にし，スイッチ1を入れたところ，電流計は0.20 Aを示し続けた。つづいて，スイッチ1を入れてから5分後にスイッチ2を入れると，電流計は0.35 Aを示し続けた。さらに，スイッチ2を入れてから10分後にスイッチ1とスイッチ2を同時に切った。

電気分解がおこなわれている間，電極Yと電極Bから同じ物質M_1が発生し，電極Aと電極Cから同じ物質M_2が発生した。なお，どの電極も化学変化をおこさず，電極間は1つの抵抗とみなすことができ，その抵抗の値は一定であるとする。また，水素原子，酸素原子，ナトリウム原子，塩素原子，銅原子1個の質量比を，H : O : Na : Cl : Cu ＝ 1 : 16 : 23 : 35 : 64 とする。

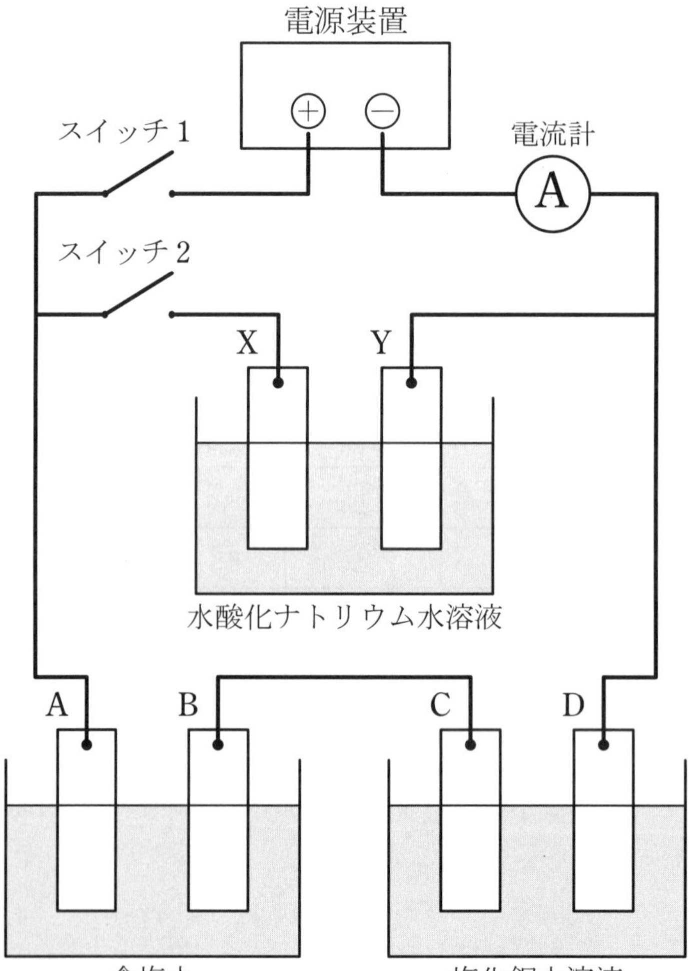

図3　水酸化ナトリウム水溶液と食塩水と塩化銅水溶液の電気分解

(8)　3つの水溶液のうち，ある水溶液を電気分解したときに陽極と陰極で発生する物質が，塩酸を電気分解したときに陽極と陰極で発生する物質とそれぞれ同じになる。生成物が塩酸の電気分解と同じになるのは，どの水溶液の電気分解か。次の**ア**～**ウ**から1つ選び，記号で答えよ。

ア　水酸化ナトリウム水溶液　　**イ**　食塩水　　**ウ**　塩化銅水溶液

(9)　食塩水の電気分解を長時間おこなうと，水溶液はどの液体に近づくか。次の**ア**～**カ**から1つ選び，記号で答えよ。

ア　蒸留水　　**イ**　水酸化ナトリウム水溶液　　**ウ**　硫酸

エ　硫酸ナトリウム水溶液　　**オ**　過酸化水素水　　**カ**　塩酸

(10)　電気分解を続けていくと，水溶液中のイオンの数が増減していく。以下の条件を満たすイオンは何イオンか。名称をそれぞれ1つずつ答えよ。

①　食塩水の電気分解によって，増えていくイオン

②　塩化銅水溶液の電気分解によって，減っていく数がもっとも多いイオン

(11)　この15分間の電気分解において，電極Bで発生した物質の質量が0.10 gのとき，電極Dでは何gの物質が発生するか。小数第2位まで答えよ。

(12)　各電極を通過する電子の個数は，その電極を流れる電流の大きさと，電流を流した時間にそれぞれ比例する。この15分間の電気分解において，電極Xと電極Bで発生した物質全体の質量比は何対何か。もっとも簡単な整数比で答えよ。

【3】 ＜文1＞～＜文3＞を読んで，あとの問いに答えよ。

＜文1＞

地球上には多種多様な生物が存在する。それら生物は，多様な性質があると同時に共通する性質をもつ。たとえば，親から子へ，子から孫へと生殖によりふえるという「生命の連続性」が見られることが挙げられる。生物が生殖によりふえる際，遺伝子の受けつがれ方によって子や孫の形質が決定する。

親が子をつくる生殖には，受精をともなわない無性生殖と，受精をともなう有性生殖がある。多くの生物は有性生殖によってふえるが，①無性生殖をおこなう生物や，無性生殖と有性生殖の両方をおこなう生物もある。無性生殖で生じた②個体（子）は，親と同じ遺伝子をもち，親と同じ形質をもつ。

有性生殖では，③両親の生殖細胞どうしが受精し，受精卵がつくられる。その後受精卵は④体細胞分裂を繰り返し，個体の体ができあがっていく。この過程を発生という。有性生殖で生じた個体は，両親から遺伝子を受けつぐので，⑤親と同じ形質をもつとは限らない。受精が必要な分手間がかかるが，子孫は多様性に富んだ形質をもち，環境の変化にも対応しやすいという利点がある。

(1)　下線部①に関して，無性生殖を**おこなわない**生物はどれか。次の**ア**～**オ**から1つ選び，記号で答えよ。

ア　ヒキガエル　　**イ**　サツマイモ　　**ウ**　イソギンチャク
エ　ゾウリムシ　　**オ**　タケ

(2)　下線部②に関して，親と完全に同一の遺伝子をもつ個体を何というか。カタカナで答えよ。

(3)　下線部③に関して，被子植物の有性生殖では，花粉がめしべの柱頭につくことで花粉管が伸長し，それが胚珠に達する。すると，花粉管の中にある生殖細胞と胚珠の中にある生殖細胞が受精し，受精卵となる。以下の問いに答えよ。

(i)　花粉がめしべの柱頭につくことを何というか。漢字2文字で答えよ。

(ii)　花粉管および胚珠の中にある生殖細胞を何というか。それぞれ漢字3文字で答えよ。

(iii)　受精後に胚珠は発達して何になるか。漢字2文字で答えよ。

(4) 下線部④に関して，**図1**は，体細胞分裂中のいろいろな時期の植物細胞のようすを表したものである。**ア〜カ**を正しい順に並べると，次のようになった。

→ **ア** → [a] → [b] → [c] → [d] → [e] →（**ア**にもどる）

このとき，[c] にあてはまる図はどれか。**図1**内の**イ〜カ**から1つ選び，記号で答えよ。

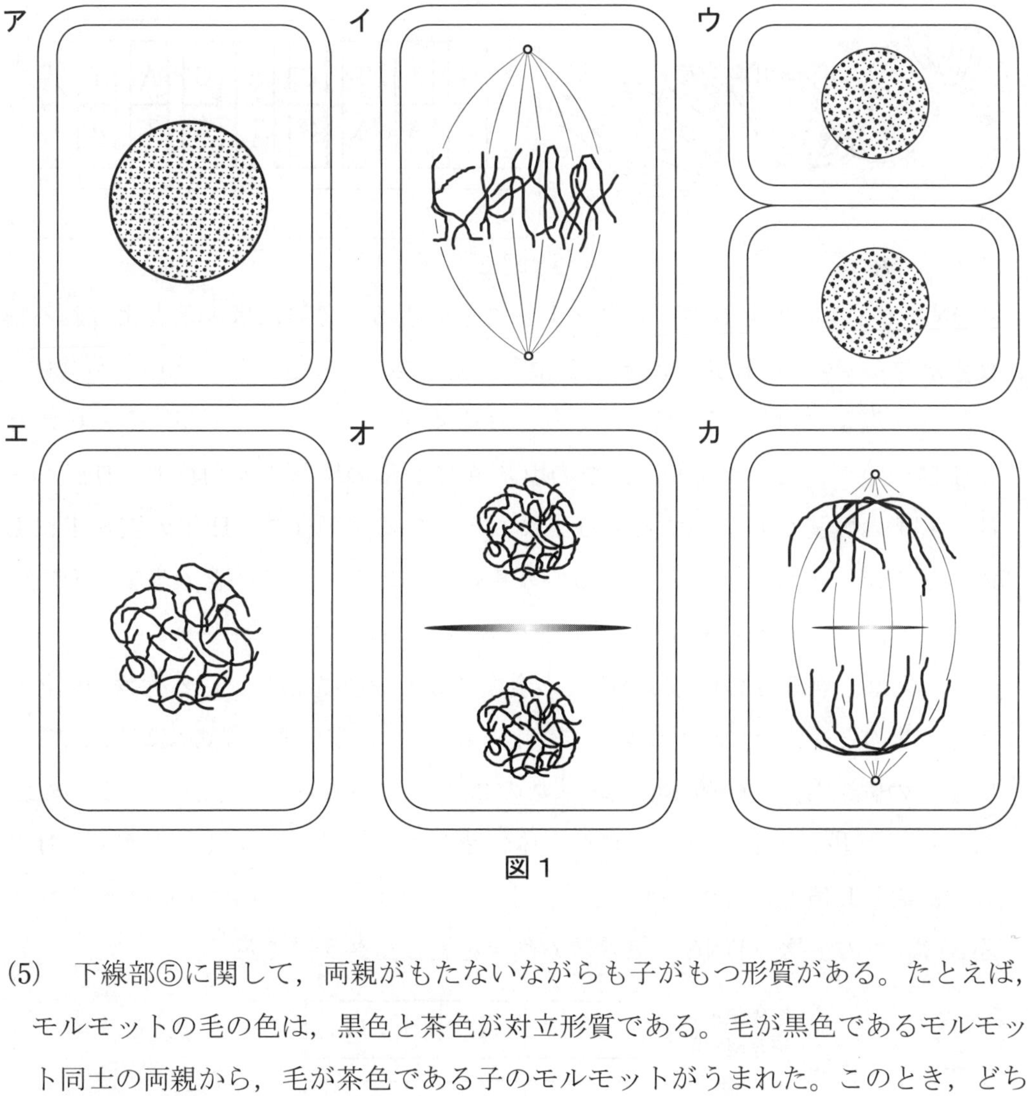

図1

(5) 下線部⑤に関して，両親がもたないながらも子がもつ形質がある。たとえば，モルモットの毛の色は，黒色と茶色が対立形質である。毛が黒色であるモルモット同士の両親から，毛が茶色である子のモルモットがうまれた。このとき，どちらが優性の形質だといえるか。正しいものを次の**ア〜ウ**から1つ選び，記号で答えよ。

ア 黒色が優性である。　　　**イ** 茶色が優性である。

ウ どちらが優性か判断できない。

＜文2＞

形質を子孫に伝える遺伝子として，生物はDNAという分子をもつ。このDNAの構造を詳しく見てみると，**図2**のように，2本の長い鎖がらせん状に巻きつき合った「二重らせん構造」をしている。生物学者のジェームズ・ワトソンと物理学者のフランシス・クリックは，1953年にDNAが二重らせん構造をしていることを発見し，1962年にノーベル生理学・医学賞を受賞した。

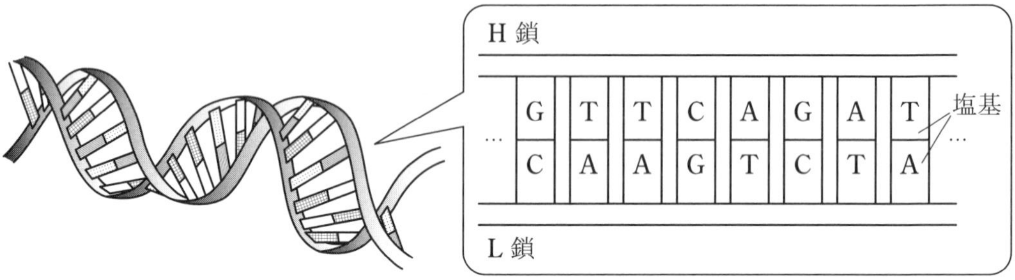

図2

DNAの2本の鎖をH鎖，L鎖とよぶことにする。各鎖には塩基とよばれる構成要素が並んでいて，H鎖の塩基とL鎖の塩基が結びつくことで2本の鎖も結びついている。塩基にはA，T，G，Cで表される4種類があり，AとT，GとCが互いに結びついている。つまり，H鎖の塩基AにL鎖の塩基Tが対応し，H鎖の塩基GにL鎖の塩基Cが対応する並び方になっている。同様に，H鎖の塩基TにL鎖の塩基Aが，H鎖の塩基CにL鎖の塩基Gが対応している。どの生物のDNAも，この法則にしたがって各鎖の塩基の並び方が決まっている。

たとえば，塩基Aの個数がDNAの全塩基数の30%を占めている生物の個体を考える。このとき，どの塩基に対しても，対応するもう一方の鎖の塩基はTだから，塩基Tの個数も，この個体の全塩基数の30%を占めていることがわかる。同様に，塩基Gと塩基Cの個数はいずれも全体の20%ずつを占めている。ただし，H鎖上の塩基数とL鎖上の塩基数は等しく，すべての塩基が結びついているものとする。**図3**は，この生物のDNAの塩基数の割合を表したグラフである。

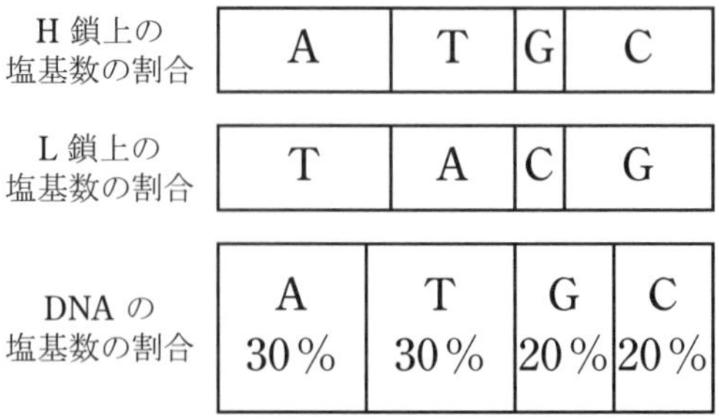

図3

塩基の並び方は生物によって異なり，また個体によってもわずかに異なっている。この並び方によって生物の形質が決定し，生物の多様性や個体間の多様性が生み出される要因となっている。

(6)　DNAの全塩基数に占める塩基A，T，G，Cの個数の割合をそれぞれa，t，g，cとおく。＜文2＞を参考にすると，どの生物でも同じ数値をとる式はどれだとわかるか。次の**ア**～**オ**から1つ選び，記号で答えよ。

ア　$\dfrac{t}{g}$　　**イ**　$\dfrac{c}{a}$　　**ウ**　$\dfrac{g+c}{a+t}$　　**エ**　$\dfrac{a+g}{c+t}$　　**オ**　$\dfrac{g+c}{a+t+g+c}$

(7)　ある生物のDNAについて調べると，塩基Gと塩基Cの個数の和がDNAの全塩基数の44%であった。また，H鎖上の塩基数の25%がCであった。＜文2＞を参考にし，以下の問いに答えよ。

(i)　DNAの全塩基数に占める塩基Aの個数の割合は何%か。整数で答えよ。

(ii)　L鎖上の塩基数に占める塩基Cの個数の割合は何%か。整数で答えよ。

＜文３＞

親から子に受けつがれた遺伝子は，その個体の形質を決定する。しかし，個体の一生で変わらないものではなく，一生のうちのある時点で遺伝子が突然変異をおこすことがある。突然変異は，DNA 上の塩基が入れ替わったり，増えたり欠損したりすることが原因でおこる。突然変異した遺伝子をもつ細胞が体内でふえると，個体の形質が変化する。また，その遺伝子がさらに子孫に受けつがれたりすることも少なくない。突然変異で得られた新たな形質が原因で病気になる，あるいは死んでしまうことがある一方で，新たな形質が生存に有利な場合は，自然選択による進化につながることがある。

遺伝子に生じる突然変異の例として，被子植物の花の形成にかかわる遺伝子を考える。

植物の茎の先端には，分裂組織とよばれる葉を形成する組織が存在する。ある植物 P では，生長により背丈と日照時間の条件を満たすと，分裂組織において 3 つの遺伝子 A，B，C がはたらき花ができる。このとき，はたらく遺伝子の組み合わせとはたらく順によって花のつくりが決定する。**図４**は，植物 P の花の各部位ではたらく遺伝子と花のつくりを表したものである。まず，遺伝子 B が部位 2 と部位 3 ではたらき，その後，遺伝子 A が部位 1 と部位 2 で，遺伝子 C が部位 3 と部位 4 ではたらく。その結果，外側から内側へ「がく → 花弁 → おしべ → めしべ」と形成される。

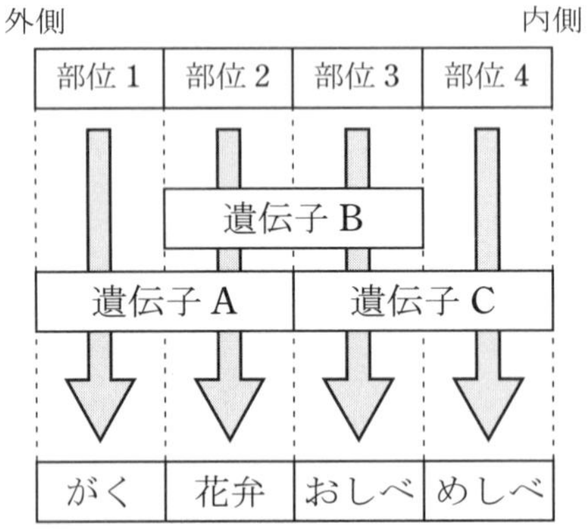

図４

ところが，植物 P で，花が外側から内側へ「がく → 花弁 → 花弁 → がく」と形成されている個体 P_1 が見つかった。これは，花の形成にかかわる遺伝子が突然変異をおこしたことが原因である。

遺伝子の突然変異に対し，遺伝子Aと遺伝子Cは，お互いを補い合う性質をもつ。遺伝子Aが突然変異ではたらかなくなると，遺伝子Cは部位1と部位2でもはたらくようになり，遺伝子Cが突然変異ではたらかなくなると，遺伝子Aは部位3と部位4でもはたらくようになる。個体P_1はこの影響により現れたことになる。

(8)　遺伝子Bが突然変異ではたらかなくなると，花のつくりはどのようになると考えられるか。次の**ア**〜**オ**から1つ選び，記号で答えよ。ただし，植物Pの花のつくりは，これら3つの遺伝子以外の影響は受けないものとする。

	外側						内側
ア	花弁	→	がく	→	おしべ	→	めしべ
イ	めしべ	→	花弁	→	花弁	→	めしべ
ウ	花弁	→	おしべ	→	おしべ	→	花弁
エ	花弁	→	花弁	→	めしべ	→	めしべ
オ	がく	→	がく	→	めしべ	→	めしべ

(9)　3つの遺伝子A，B，Cのいずれかが突然変異ではたらかなくなると，外側から内側へ「がく → 花弁 → 花弁 → がく」と形成される花がつくられる。突然変異が生じた遺伝子はどれか。正しい組み合わせを次の**ア**〜**エ**から1つ選び，記号で答えよ。ただし，植物Pの花のつくりは，これら3つの遺伝子以外の影響は受けないものとする。

ア　遺伝子A　　**イ**　遺伝子Aと遺伝子B
ウ　遺伝子Bと遺伝子C　　**エ**　遺伝子C

【４】 次の＜文＞を読んで，あとの問いに答えよ。

＜文＞

太陽は，太陽系の（　①　）である。太陽の活動には11年の周期が知られている。2019年4月，アメリカ海洋大気庁は「2009年に始まった現在の周期の中で，2019年後半から2020年はじめにかけて太陽の活動がもっとも弱くなる」との予測を発表した。

2019年4月には，金星と月が接近して見られる日があり，さらに別の日には木星・土星と月が接近して見られた。地球や金星・木星・土星は（　①　）のまわりを公転する（　②　）であり，月は地球のまわりを公転する（　③　）である。太陽系の（　②　）と（　③　）が，地球から見て同じ方向にあったといえる。

(1)　（①）～（③）には星の種類を表す語があてはまる。（②），（③）にあてはまる語は何か。それぞれ漢字2文字で答えよ。

(2)　**図１**は，太陽の動きを天球上に表したものである。**ア**～**カ**の道すじは，東京およびオーストラリアのアデレードにおいて，それぞれ2019年2月下旬，3月下旬，4月下旬のある日の太陽の動きであり，それぞれ図の手前から奥へと動いている。なお，東京の緯度を北緯35度，アデレードの緯度を南緯35度とする。

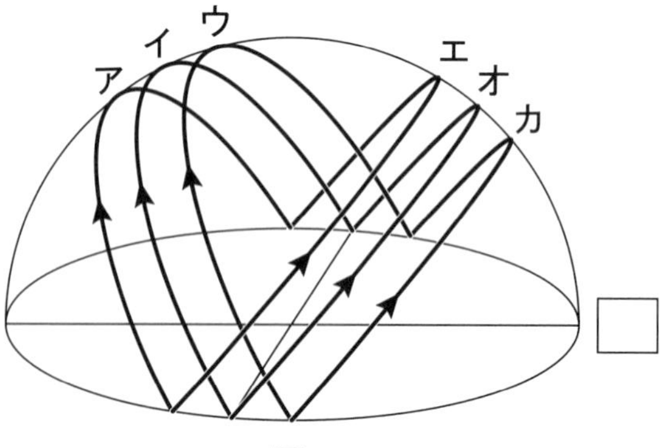

図１

(i)　**図１**の右側の □ が表す方位はどちらか。東西南北4方位のいずれかで答えよ。

(ii)　東京およびアデレードの2019年4月下旬の太陽の動きはどの道すじか。もっとも近いものを**図１**内の**ア**～**カ**から１つずつ選び，それぞれ記号で答えよ。

(3)　金星，木星，土星の３つの天体の特徴について述べている文として，正しいものはどれか。次の**ア**～**エ**から１つ選び，記号で答えよ。

ア　金星はおもに岩石でできていて，木星と土星はおもに気体でできている。

イ　どの天体も＜文＞中の(③)をもつ。

ウ　環をもつ天体は土星のみである。

エ　密度がもっとも小さい天体は木星である。

(4)　**図２**は，2019年4月2日午前5時頃に金星と月が接近したときの東京の空のようすを表している。ただし，月は満ち欠けの形は示されていない。このとき，以下の問いに答えよ。

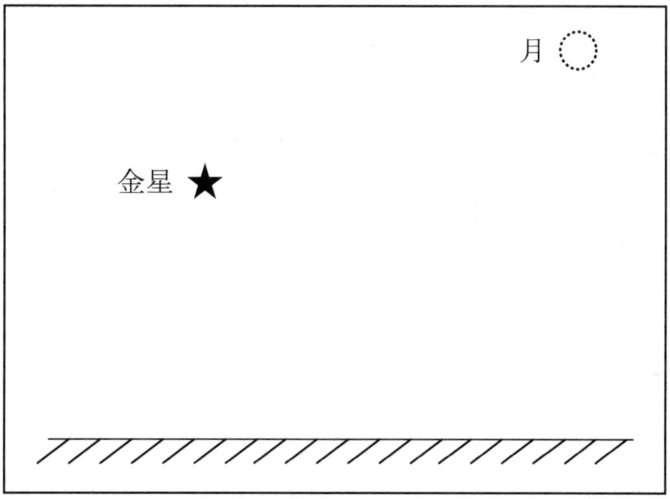

図２

(i)　**図２**はどちらの方角を見たものか。もっとも適切なものを次の**ア**～**エ**から１つ選び，記号で答えよ。

ア　東南東　　**イ**　南南東　　**ウ**　南南西　　**エ**　西南西

(ii)　**図２**に見えていた月の満ち欠けはどのような形か。もっとも近い形を次の**ア**～**キ**から１つ選び，記号で答えよ。

ア　**イ**　**ウ**　**エ**　**オ**　**カ**　**キ**

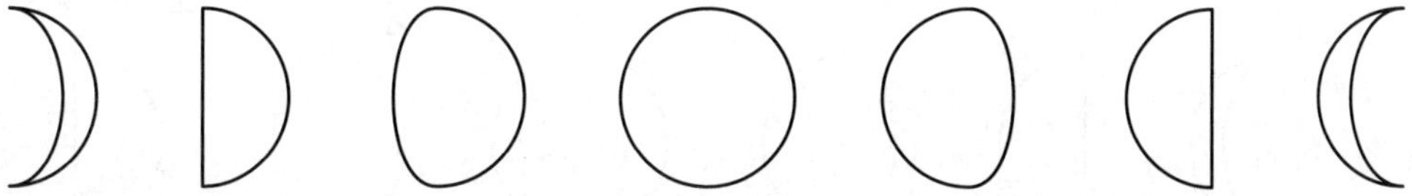

(5)　金星について，以下の問いに答えよ。ただし，「1 日」は地球の 1 日とし，地球の公転周期は 360 日，金星の公転周期は 225 日として計算すること。

(i)　太陽から見て，地球と金星は，1 日に何度ずつ近づいたり遠ざかったりするか。0.0 以上 180.0 以下の数値で，小数第 1 位まで答えよ。

(ii)　地球から見て，金星はやがて(4)(i)の方角には見えなくなる。午前 5 時頃，金星が(4)(i)の方角に再び見えるのは何日後か。もっとも近いものを次の**ア**～**オ**から 1 つ選び，記号で答えよ。

ア　100 日　　**イ**　400 日　　**ウ**　600 日　　**エ**　800 日　　**オ**　1000 日

(6)　**図３**は，2019 年 4 月 24 日午前 3 時頃の南の空で木星・土星と月が接近したときの東京の空のようすを表している。ただし，月は満ち欠けの形は示されていない。このとき，以下の問いに答えよ。

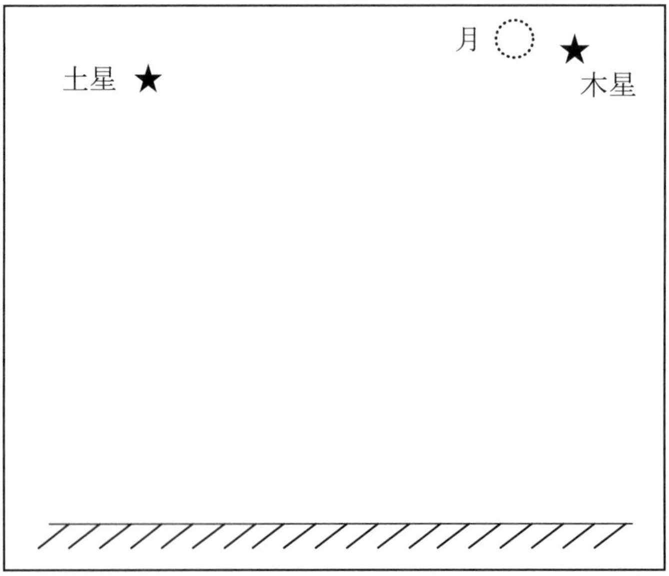

図３

(i)　**図３**に見えていた月の満ち欠けはどのような形か。もっとも近い形を次の**ア**～**キ**から 1 つ選び，記号で答えよ。

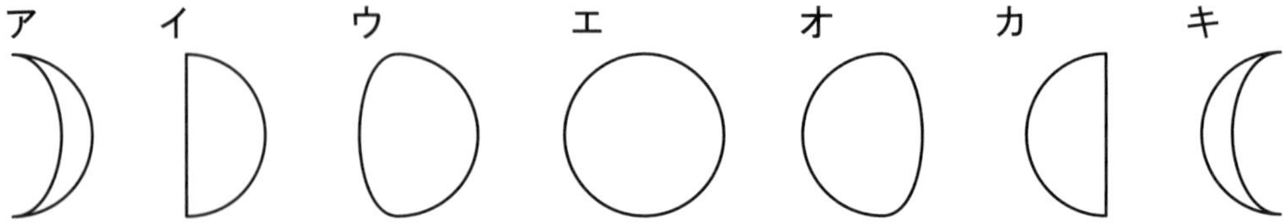

(ii)　**図3**の木星より低い位置には，ある星座Aが見えていた。星座Aとは何か。もっとも適切なものを下の**ア**～**エ**から1つ選び，記号で答えよ。

ア　しし座　　**イ**　さそり座　　**ウ**　ペガスス座　　**エ**　オリオン座

(iii)　月と(ii)の星座Aを3日後の4月27日午前3時頃に観察すると，4月24日午前3時頃と比べてどちらの方角に約何度動いているか。もっとも適切なものを次の**ア**～**カ**から1つ選び，記号で答えよ。

ア　月は西に約36度，星座Aは西に約3度動いている。

イ　月は西に約36度，星座Aは東に約3度動いている。

ウ　月は西に約3度，星座Aは東に約36度動いている。

エ　月は東に約3度，星座Aは西に約36度動いている。

オ　月は東に約36度，星座Aは西に約3度動いている。

カ　月は東に約36度，星座Aは東に約3度動いている。

（ 草 稿 用 紙 ）

2019年度　第4回

3年　駿台高校受験公開テスト

社　会

10月27日（日）実施

〔注　意〕

1　まず初めに，この問題冊子が，あなたが受験する「学年」「教科」であることを必ず確認すること。

2　解答は必ず解答用紙の指定された箇所に記入すること。解答に際して指定されない記号・符号を記入した答案は無効とする。

3　試験開始の合図があるまで，問題を開かないこと。合図があったら，問題に着手する前に必ず解答用紙に受験番号，氏名を忘れずに記入すること。

4　試験時間は60分。

5　いったん書いた解答を訂正する場合は，前のものをしっかり消して書き直すこと。

6　問題冊子は持ち帰り，「解答・解説」をよく読んで，復習に努めること。

第４回　社会

【１】 次の＜地図Ⅰ＞，＜地図Ⅱ＞を見て，後の問いに答えよ。

＜地図Ⅰ＞

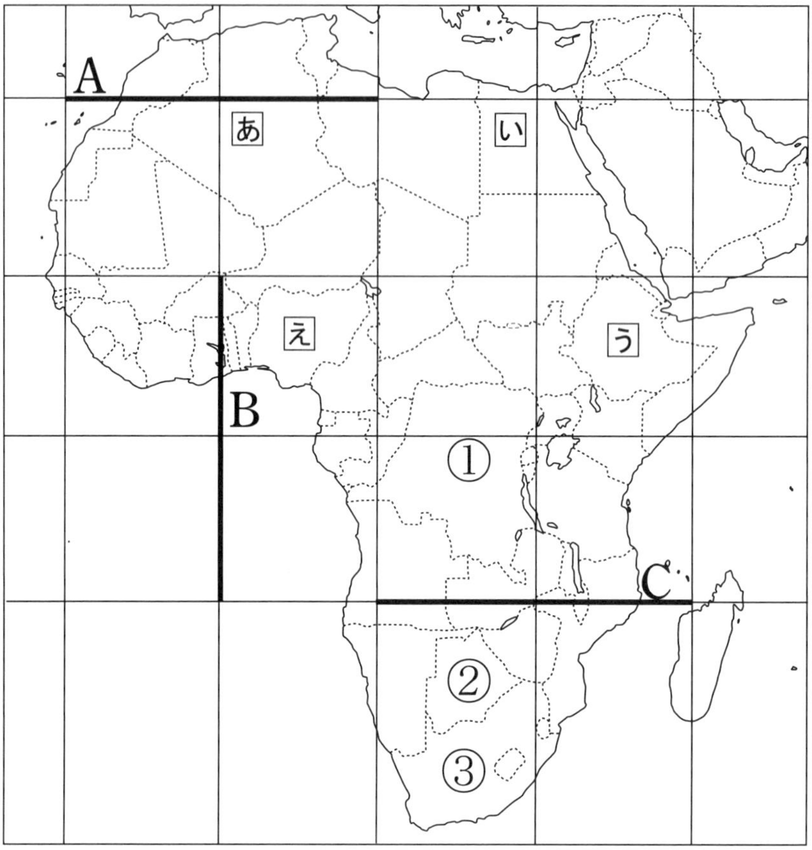

(1)　＜地図Ⅰ＞の太線Ａ～Ｃに関する説明として正しいものを，次の中から１つ選び，記号で答えよ。ただし，すべて誤りの場合は，**エ**と答えよ。なお，地図上の緯線は赤道から15度ごとに，経線は本初子午線から15度ごとに引かれているとする。

ア　太線Ａ～Ｃのうち実際の距離が最も長いのはＡである。

イ　太線Ｂの実際の距離は約6700kmである。

ウ　太線Ｂはカカオ豆の生産が盛んな国を通っている。

(2)　＜地図Ⅰ＞のあ～えの国に関する説明として正しいものを，次の**ア**～**エ**の文の中から，１つ選び，記号で答えよ。

ア　地中海に面するあの国は，フランスの植民地であった時代にはぶどう酒など農産物の輸出国だったが，独立後は国土の大半を占めるサハラ砂漠で採掘される豊富な石油，天然ガスが輸出の中心となっている。

イ　ナイル川の流域で古代文明が誕生したいの国は，戦前からの独立国の1つである。地中海と黒海を結んでいるスエズ運河は，旧宗主国のイギリスが長く支配していたが，1956年にいの国によって国有化された。

ウ　国土の大部分が高原であるうの国は，変化に富む美しい自然と野生動物の住む多くの国立公園が，重要な観光資源となっている。主産業は農業で，コーヒー・茶・サイザル麻などを産する。公用語はスワヒリ語と英語である。

エ　ギニア湾に面するえの国は，アフリカ最大の人口を有する多民族国家である。国名は，黒を意味するネグロとニジェール川に由来するといわれる。ニジェール川のデルタ地帯にはトランスバール炭田が広がっており，輸出の大部分を石炭が占めている。

(3)　次の表は，銅鉱・白金(プラチナ)・ダイヤモンドについて主な産出国を表したものである。また，表中のX～Zはそれぞれ＜地図Ⅰ＞の①～③のいずれかの国を表している。これらの組み合わせとして正しいものを，下の**ア～カ**から1つ選び，記号で答えよ。

銅鉱

国名	%
チリ	30.2
中国	9.0
ペルー	8.9
アメリカ	7.2
X	5.3
オーストラリア	5.1
ロシア	3.8
ザンビア	3.7
カナダ	3.6
メキシコ	3.1
世界計	100.0

白金(プラチナ)

国名	%
Y	73.6
ロシア	11.6
ジンバブエ	6.7
カナダ	4.0
アメリカ	1.9
日本	0.9
コロンビア	0.7
フィンランド	0.5
Z	0.0
オーストラリア	0.0
世界計	100.0

ダイヤモンド

国名	%
ロシア	32.9
Z	16.3
X	12.6
オーストラリア	10.7
カナダ	9.2
アンゴラ	7.1
Y	5.7
ジンバブエ	2.7
ナミビア	1.6
シェラレオネ	0.4
世界計	100.0

(いずれも2015年。『2019　データブック　オブ・ザ・ワールド』より作成)

ア　X＝①　Y＝②　Z＝③　　**イ**　X＝①　Y＝③　Z＝②
ウ　X＝②　Y＝①　Z＝③　　**エ**　X＝②　Y＝③　Z＝①
オ　X＝③　Y＝①　Z＝②　　**カ**　X＝③　Y＝②　Z＝①

＜地図Ⅱ＞

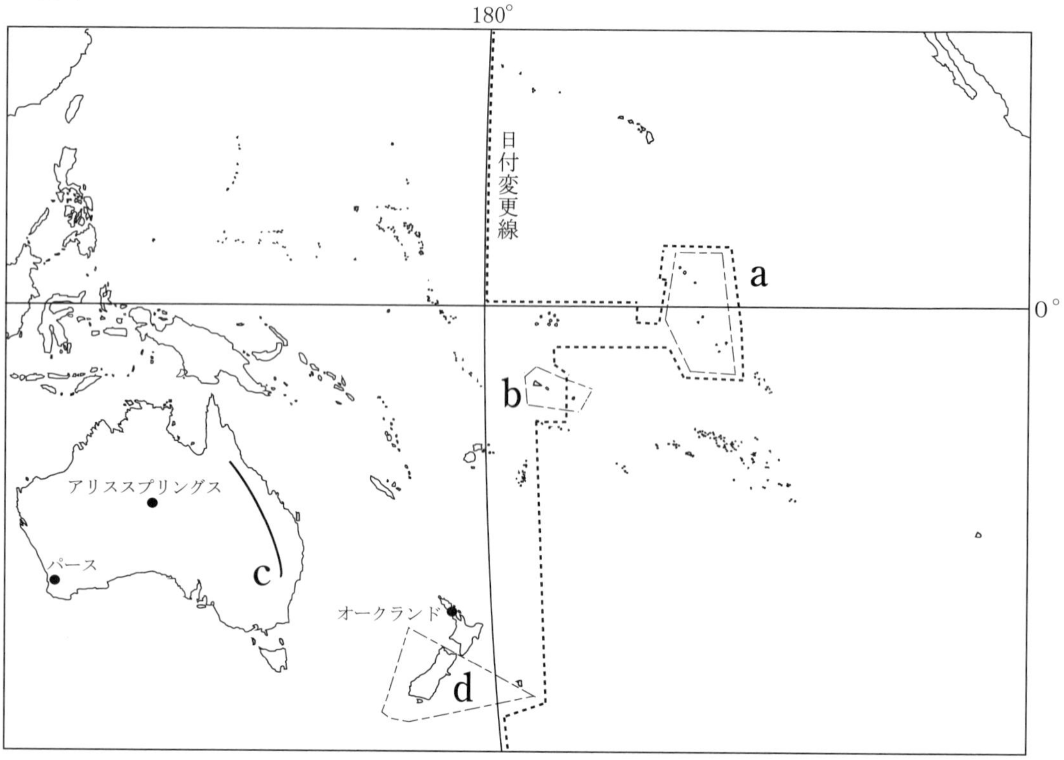

(4)　次のX～Zの雨温図はそれぞれ，＜地図Ⅱ＞のアリススプリングス・パース・オークランドのいずれかの都市のものである。雨温図と都市の組み合わせとして正しいものを，後の**ア～カ**から１つ選び，記号で答えよ。

X

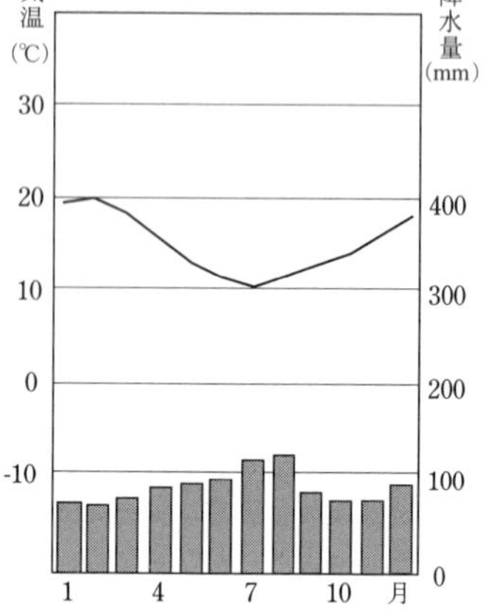

Y

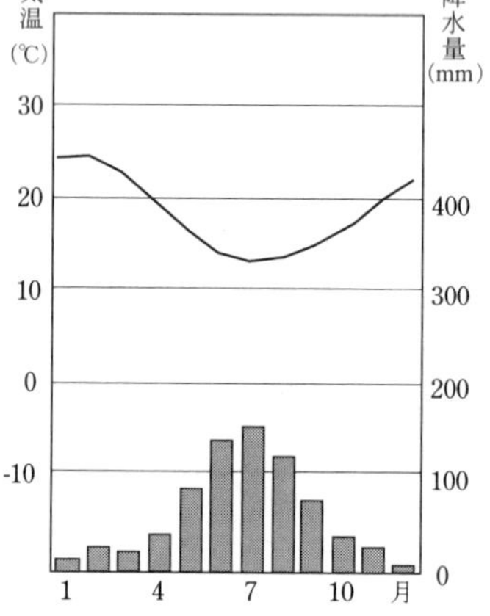

Z

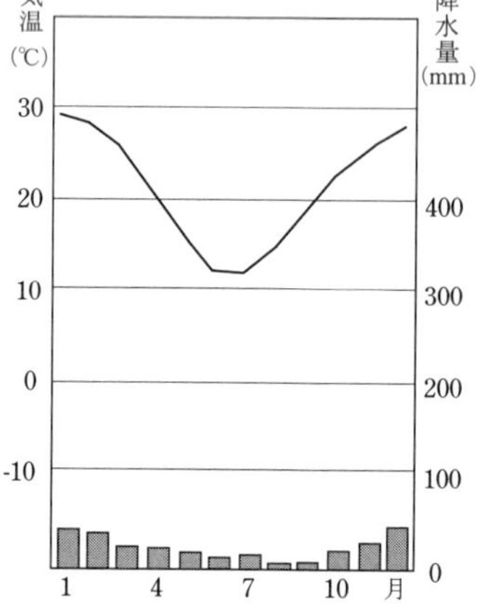

(気象庁ホームページ 『世界の地点別の月平年値データ』より作成)

ア	X＝アリススプリングス	Y＝パース	Z＝オークランド
イ	X＝アリススプリングス	Y＝オークランド	Z＝パース
ウ	X＝パース	Y＝アリススプリングス	Z＝オークランド
エ	X＝パース	Y＝オークランド	Z＝アリススプリングス
オ	X＝オークランド	Y＝アリススプリングス	Z＝パース
カ	X＝オークランド	Y＝パース	Z＝アリススプリングス

(5)　＜地図Ⅱ＞のa～dに関する説明として正しいものを，次の中から1つ選び，記号で答えよ。

ア　アメリカ合衆国の領土であるaの島々には，かつてはサトウキビのプランテーション労働者として多くの日本人移民が入植した。最東端のカロリン島は世界で最も遅く1日を迎える地として知られている。

イ　bの島々の住民はポリネシア系で，その多くはイスラム教を信仰している。主食はヤムイモやタロイモなどで，屋外に穴を掘って石を焼き，その石の熱でバナナの葉で包んだイモ類や魚，肉などを時間をかけて蒸すウム料理が伝統料理である。

ウ　オーストラリアの人口は，環太平洋造山帯に含まれるcの山脈と太平洋に挟まれた東側沿岸部の細長い平地に集中しており，ブリズベン・シドニー・メルボルンなどの大都市がこの海岸線に沿って位置している。

エ　南北方向に山脈がつらぬいているdの島は，この島の周辺に吹く風の影響で山脈の東西で降水量が異なり，降水量の少ない東側では羊の放牧が盛んである。島の南西部にはフィヨルドが見られる。

(6)　次の表はオーストラリアの貿易について表したものである。表中のＸ～Ｚが表す品目の組み合わせとして正しいものを，下の**ア～カ**から１つ選び，記号で答えよ。

輸出	百万ドル	%	輸入	百万ドル	%
鉄鉱石	39692	20.9	X	48098	25.4
Y	29580	15.6	自動車	25654	13.5
金（非貨幣用）	14067	7.4	石油製品	11415	6.0
液化天然ガス	13369	7.0	医薬品	8373	4.4
Z	8280	4.4	衣類	6413	3.4
X	7602	4.0	精密機械	6310	3.3
アルミナ	4103	2.2	原油	5904	3.1
小麦	3621	1.9	金属製品	5714	3.0
原油	3528	1.9	金（非貨幣用）	5569	2.9
計	189630	100.0	計	189406	100.0

（2016 年。『世界国勢図会 2018/19』より作成）

ア　Ｘ＝石炭　　Ｙ＝肉類　　Ｚ＝機械類
イ　Ｘ＝石炭　　Ｙ＝機械類　　Ｚ＝肉類
ウ　Ｘ＝肉類　　Ｙ＝石炭　　Ｚ＝機械類
エ　Ｘ＝肉類　　Ｙ＝機械類　　Ｚ＝石炭
オ　Ｘ＝機械類　　Ｙ＝石炭　　Ｚ＝肉類
カ　Ｘ＝機械類　　Ｙ＝肉類　　Ｚ＝石炭

【2】 次の文を読み，後の問いに答えよ。

日本は山がちな国で，国土全体の約4分の3を山地が占めている。その多くは森林で覆われており，昔から①林業に利用されてきた。しかし近年では，外国産の安い木材が大量に輸入されており，日本の林業は厳しい状況が続いている。

国土の多くを占める山地からは，多くの川が流れ出しており，内陸部では盆地を，下流部では②平野を流れて海へとそそいでいる。日本の川は流域面積が小さく，盆地や平野の面積は小さい。平野は主に稲作に，盆地は水の便が良くないため，主に③畑作や果樹栽培に利用されてきた。一方，火山の多い日本では，火山灰の積もった④台地が各地に広く分布しており，それらの地域も主に畑作や⑤果樹栽培に利用されてきた。

周囲を海で囲まれた日本には，遠浅の砂浜海岸や岩石海岸とも呼ばれる磯浜海岸，出入りの多いリアス海岸など，さまざまな海岸地形が見られる。これらの変化に富んだ海岸地形は，⑥漁港や⑦養殖などに利用されてきた。また，日本周辺の海には大陸棚が広がっており，世界3大漁場の1つに数えられている。

(1)　下線部①について，林業に関して述べた次の文の中から，誤っているものを1つ選び，記号で答えよ。ただし，すべて正しい場合は**エ**と答えよ。

ア　バブル経済の時期に木材需要が急増したことに対応するため，政府は，天然林を伐採した跡地や原野などを針葉樹中心の人工林へと置き換える政策を開始した。

イ　近年は中国や韓国でスギやヒノキといった日本産木材の人気が高まっており，日本の木材輸出量が伸びている。

ウ　森林には，降った雨水を蓄えて土砂災害を防止するなどの役割があるが，森林の持つこうした効果を保持するためには，間伐が重要である。

(2)　下線部②について，日本各地の平野で行われている農業に関する説明として正しいものを，次の中から1つ選び，記号で答えよ。

ア　最上川の下流に位置する庄内平野は，豊富な雪解け水と夏の気温の高さを生かした日本有数の稲作地帯である。ここで栽培されている主な品種は「ひとめぼれ」である。

イ　関東ロームと呼ばれる火山灰由来の赤土におおわれている関東平野は，畑作地帯となっている。栃木県ではいちご，茨城県ではピーマンやはくさいなどの栽培が盛んである。

ウ　富山平野の北部は，江戸時代以降に干拓によって人工的に造り出された土地であり，その中でも児島湾干拓地は，1農家あたりの経営面積が比較的広い水田地帯となっている。

エ　筑後川の中・下流域に広がる筑紫平野は，九州最大の平野である。佐賀県側の佐賀平野ではこの県が生産量日本一であるい草などの畑作が盛んであり，福岡県側の筑後平野は稲作地帯となっている。

(3)　下線部③について，八ヶ岳山麓や浅間山山麓などの高冷地では，夏の冷涼な気候を利用することで通常よりも遅い時期にレタスなどの高原野菜を生産する栽培法が行われている。このような栽培法の呼称を，解答欄に合うように，漢字2字で答えよ。

(4)　下線部④について，次の問いに答えよ。

1.　第二次世界大戦後にパイロットファーム計画によって酪農専業地帯として開拓が進められ，現在は日本最大の酪農地帯となっている北海道東部の台地の名称を，解答欄に合うように，漢字2字で答えよ。

2.　九州南部のシラス台地では畜産が盛んである。次の表は家畜の都道府県別飼育頭数を表したものである。表中のXとYが表している都道府県について述べた文として正しいものを，下の**ア～カ**からそれぞれ1つ選び，記号で答えよ。

肉用牛

都道府県	万頭	%
X	52.5	20.9
鹿児島	32.9	13.1
宮崎	24.5	9.7
熊本	12.7	5.1
Y	9.1	3.6
全国	251.4	100.0

豚

都道府県	万頭	%
鹿児島	127.2	13.8
宮崎	82.2	8.9
X	62.6	6.8
千葉	61.4	6.7
群馬	61.2	6.7
全国	918.9	100.0

肉用若鶏

都道府県	万頭	%
宮崎	2842	20.5
鹿児島	2674	19.3
Y	2244	16.2
青森	702	5.1
X	499	3.6
全国	13878	100.0

(2018年。『日本国勢図会 2019/20』より作成)

ア　「米沢牛」などの銘柄牛が飼育されている。

イ　「十勝和牛」などの銘柄牛が飼育されている。

ウ　「松阪牛」などの銘柄牛が飼育されている。

エ　「房総ハーブ鶏」などの銘柄鶏が飼育されている。

オ　「つくばしゃも」などの銘柄鶏が飼育されている。

カ　「南部かしわ」などの銘柄鶏が飼育されている。

(5)　下線部⑤について，次の表の**ア～キ**は果樹栽培が盛んな福島県・山梨県・長野県・和歌山県・鳥取県・愛媛県・熊本県の果実の収穫量を表したものである。このうち，福島県の果実の収穫量を表しているものを1つ選び，記号で答えよ。なお，主産県でない県のデータは空欄になっている。

（2017年産　主産県のみ掲載）（単位 t）

	みかん	りんご	日本なし	かき	ぶどう	もも
ア		149100	15300	8290	25900	14500
イ	144200			47500		10200
ウ			18400	2930	609	
エ		27000	18900	9030	2660	28600
オ	85700		8430	2030		
カ		859		5460	43200	39200
キ	120300			9350	1210	332

（『データで見る県勢 2019』より作成）

(6)　下線部⑥について，次の地図のXとYは，ある主要な漁港の位置を示したものである。それぞれの漁港について述べた文として正しいものを，後の**ア～キ**から1つずつ選び，記号で答えよ。

ア　弓ヶ浜半島の先端に位置する漁港であり，沖合漁業の基地となっている。ベニズワイガニの水揚げ量が全国第１位である。

イ　沖合漁業や沿岸漁業の水揚げに加えて，近隣諸県や韓国・中国からの生鮮水産物の集積基地としての役割を担っているため，取扱金額が非常に大きくなっている漁港である。

ウ　三陸沖漁業の基地となっている日本有数の漁港である。東日本大震災では津波により甚大な被害を受けた。

エ　「かつおのまち」として知られている港町の漁港である。ここで水揚げされるかつおを使用してこの港町で製造されるかつお節は生産量日本一を誇っている。

オ　かつては水揚げ量全国第１位を長年維持していた漁港である。近年は北洋漁場からの締め出しや水産資源の減少などから，水揚げ量が減少している。

カ　水揚げ量が全国第１位の漁港である。主に水揚げされる魚はさば・いわしであり，漁港周辺では水産加工業が発達している。

キ　遠洋漁業の基地として知られる漁港である。主に水揚げされる魚はかつお・まぐろであり，年間の水揚げ金額は水揚げ量全国第１位の漁港を上回っている。

(7)　下線部⑦について，次のＸ～Ｚのグラフはそれぞれ，ほたてがい，かき類，のり類の養殖業の収穫量と主産地の割合を表したものである。グラフと養殖品目の正しい組み合わせを，下の**ア**～**カ**から１つ選び，記号で答えよ。

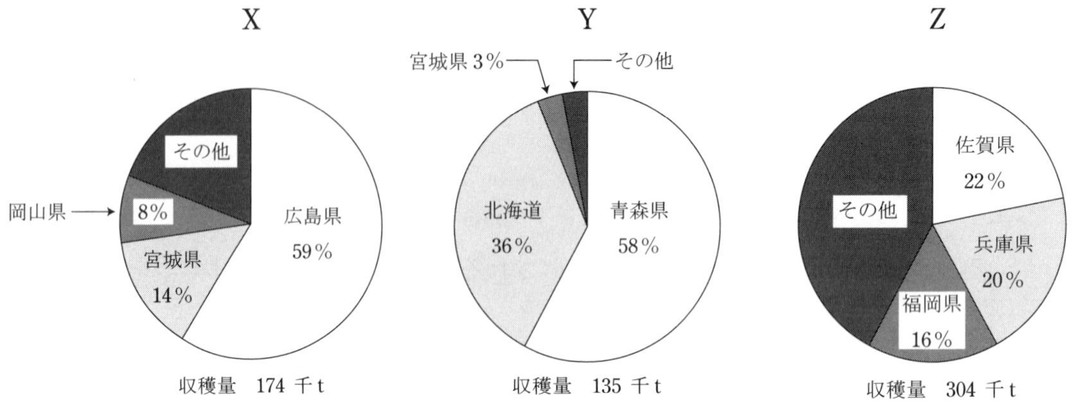

(2017 年。『日本国勢図会 2019/20』より作成)

ア　Ｘ＝ほたてがい　Ｙ＝かき類　Ｚ＝のり類
イ　Ｘ＝ほたてがい　Ｙ＝のり類　Ｚ＝かき類
ウ　Ｘ＝かき類　Ｙ＝ほたてがい　Ｚ＝のり類
エ　Ｘ＝かき類　Ｙ＝のり類　Ｚ＝ほたてがい
オ　Ｘ＝のり類　Ｙ＝ほたてがい　Ｚ＝かき類
カ　Ｘ＝のり類　Ｙ＝かき類　Ｚ＝ほたてがい

【3】 次の＜文Ⅰ＞～＜文Ⅲ＞を読み，後の問いに答えよ。

＜文Ⅰ＞

日本に儒学が伝わったのは，仁徳天皇の頃のことであり，百済から博士の王仁《わに》が①『論語』を持って渡来して伝えたとされる。その後，継体天皇の時に段楊爾《だんように》が渡来したのを最初として，6世紀に百済から次々と五経を講じることを役職とする五経博士が日本に派遣され，五経が体系的に伝えられた。儒学の影響は聖徳太子が604年に制定した（　②　）の中にも見られるとされる。

(1) 下線部①について，『論語』に関する説明として正しいものを，次の中から1つ選び，記号で答えよ。

ア 孔子が編纂《さん》したとされる秦の始皇帝時代の儒学の様子などについて記した書物であり，前漢の時代に朱子学の経典とされた。

イ 孔子と高弟たちが編纂した後漢の時代の有名な儒学者の伝記を集めた書物であり，代表的な伝記は洪秀全のものである。

ウ 百済の儒学者である李成桂が編纂した儒学に関する書物であり，百済に加え高句麗や新羅などの儒学の様子も記されている。

エ 孔子と弟子の問答や孔子の言行，孔子の高弟の言葉などを伝えた書物であり，宋代以降は四書の1つに数えられて重視された。

(2) 文中の空欄（　②　）にあてはまる語句を，6字で答えよ。

＜文Ⅱ＞

奈良・平安時代に入ると，③律令制のもとで中央の二官八省のうち，④式部省の下に大学寮が置かれた。大学寮には，明経道《みょうぎょうどう》という儒学の経典を学ぶための学科が置かれ，教官として博士などが貴族の子弟ら学生に教授した。明経道は平安時代に入ると，⑤漢文学や中国史を学ぶ紀伝道におされて不振となった。また，博士の職は平安時代後期に入ると，⑥清原氏・⑦菅原氏などが家学として世襲するようになった。一方，地方には国ごとに国学が置かれ，⑧国司の管轄下に郡司の子弟が集められて，儒学の経典などが教授された。

(3)　下線部③について，律令制に関する説明として正しいものを，次の中から１つ選び，記号で答えよ。

ア　中国で発達した法律体系のことであり，律は行政法や民法，令は刑法であったとされており，律令官制や班田収授の法は律の中に定められている。

イ　日本には聖徳太子が隋に派遣した遣隋使によって伝えられ，奈良時代に入って藤原氏を中心に律令の編纂が進められ，大宝律令が制定された。

ウ　律令体制下では農民は口分田を支給される代わりに，租・庸・調や雑徭・兵役などを課されており，その生活は厳しいものであった。

エ　平安時代には，律令に規定されていた摂政や関白，征夷大将軍などの官職が新たに置かれた。

(4)　下線部④について，式部省などの八省は，二官のうちいずれかの下に置かれていた。その官職の名称を，解答欄に合うように，漢字２字で答えよ。

(5)　下線部⑤について，平安時代には天皇の命令によりいくつもの漢詩文集が編纂されているが，天皇の命による和歌集の編纂も行われている。この時代に天皇の命令によって編纂された和歌集として正しいものを，次の中から１つ選び，記号で答えよ。

ア『万葉集』　**イ**『古今和歌集』　**ウ**『金槐和歌集』　**エ**『新古今和歌集』

(6)　下線部⑥について，東北地方の豪族にも清原氏という一族がいたが，東北地方の清原氏に関する説明として誤っているものを，次の中から１つ選び，記号で答えよ。

ア　出羽の豪族とされる清原氏は，前九年の役の際に源為義・義朝親子を助けて，陸奥の豪族である安倍氏の平定に活躍した功績で，鎮守府将軍に任じられた。

イ　前九年の役の後，陸奥の安倍氏の旧領を合わせて奥羽最大の豪族となったが，当主が没すると，その３子の間に争いが起こった。

ウ　当初，当主の３子のうち，真衡《さねひら》と家衡・清衡が争ったが，真衡が急死すると，家衡と清衡が対立し，清衡は陸奥守源義家を頼り，義家・清衡は家衡の拠る金沢柵を攻略した。

エ　後三年の役で勝ち残った清衡は，戦後，藤原清衡と名乗り，奥州藤原氏の祖として陸奥や出羽を支配した。

(7)　下線部⑦について，菅原氏で有名な人物としては菅原道真がいるが，菅原道真に関する説明として誤っているものを，次の中から1つ選び，記号で答えよ。

ア　文人の父と伴氏出身の母との間に生まれ，18歳で文章生となり，877年には文章博士に任じられた。

イ　讃岐守に在任中に宇多天皇と藤原基経との間に対立が起こると，基経に自分の見解を伝え，解決に尽力したことから宇多天皇の信任を得た。

ウ　遣唐使に任命されて唐に入るが，帰国後，黄巣の乱後の唐の衰退と国内の混乱を理由に894年に遣唐使の廃止を建言した。

エ　藤原基経が没した後，その子藤原時平が左大臣となると，右大臣に任じられて重用されたが，醍醐天皇の廃位を企図したとして，大宰府に左遷された。

(8)　下線部⑧について，国司に関する説明として正しいものを，次の中から1つ選び，記号で答えよ。

ア　地方の旧国造《くにのみやつこ》の家柄の者から選んで任命され，国の守《かみ》などの四等官からなり，任期は6年だったが，後に4年に短縮された。

イ　平安時代に売位・売官が本格化すると，国司もその対象とされ，一定の財物を官に収めて，国司に再任される重任が行われるようになった。

ウ　平安時代に入ると，桓武天皇が797年に国司交替時の不正を防止することを目的として，検非違使《けびいし》という官職が置かれた。

エ　律令制の衰退により任国の国衙《が》に赴任しない遙《よう》任国司が現れると，自分の代理人として受領《ずりょう》を任国に派遣して国務を監督させた。

＜文Ⅲ＞

鎌倉・室町時代に入ると，宋学が禅僧の教養として学ばれるようになった。四書などの宋学の書物も留学僧や帰化僧により伝えられ，鎌倉時代末に⑨元から来日した一山一寧は⑩禅と儒学に通じており，多くの弟子を教育した。室町時代に入ると，夢窓疎石《むそうそせき》の弟子で五山文学の代表格とされる義堂周信《ぎどうしゅうしん》は俗人に儒学を学ぶことを推奨し，⑪足利義満に四書を講じている。また岐陽方秀《きようほうしゅう》は禅と儒学の同一性を唱え，その門下の桂庵玄樹《けいあんげんじゅ》は1467年に渡明し，7年間儒学を研鑽《さん》して帰国し，帰国後は⑫応仁の乱のために京都には戻らず，石見《いわみ》に乱を逃れ，後に肥後の菊池氏に招かれて隈《わい》府に孔子廟《びょう》を建立した。更に薩摩の島津氏に招かれて薩摩に桂樹庵を開き宋学を講じた。その後，朱子の新注を刻した『大学章句』を門人が刊行し，薩南学派の基礎を築いた。また，南村梅軒《みなみむらばいけん》は周防《すおう》の大内義隆に仕えた後，土佐の吉良宣経《きらのぶつね》に招かれて儒学と兵学を講じ，南学派(海南学派)の祖となったとされる。

一方，禅僧以外の教育機関としては，1439年に関東管領の上杉憲実が再興した足利学校は儒学・易学を教授し，フランシスコ＝ザビエルにより「坂東の大学」と⑬西洋に紹介されている。

(9)　下線部⑨について，元および元と日本との関係に関する説明として誤っているものを，次の中から1つ選び，記号で答えよ。

ア　チンギス＝ハンの建国したモンゴル帝国に起源し，チンギスの孫のフビライ＝ハンの代に中国風の元という国号を定めた。

イ　現在の北京にあたる大都に都を置き，河道を変更して大運河を改修し，江南と大都を結んだ。また海運を整備するなど大都を中心とした水運を整備した。

ウ　フビライ＝ハンの時代に朝鮮半島の新羅軍を従えて，日本に1274年と1281年の2回遠征軍を送って来たが(元寇)，2回とも失敗して撤退した。

エ　元寇の後，分割相続や貨幣経済の浸透で経済的に困窮化していた御家人層は対元戦の負担で更に困窮したため，幕府は救済策として永仁の徳政令を発した。

(10)　下線部⑩について，次のXとYの文は，日本の禅宗に関する説明である。それぞれの正誤を判断し，その組み合わせとして正しいものを，下の**ア**～**エ**から1つ選び，記号で答えよ。

X　鎌倉時代に法然が，中国から座禅と禅問答によりさとりを開こうとする臨済宗を伝えた。臨済宗は鎌倉・室町時代に幕府の保護を受けた。

Y　室町時代に入ると道元が，中国から座禅と「南無妙法蓮華経」という題目を唱えることによりさとりを開こうとする曹洞宗を伝えた。

ア　X，Yともに正しい文である。

イ　Xは正しい文で，Yは誤りの文である。

ウ　Xは誤りの文で，Yは正しい文である。

エ　X，Yともに誤りの文である。

(11)　下線部⑪について，足利義満に関する説明として誤っているものを，次の中から1つ選び，記号で答えよ。

ア　室町幕府の第3代将軍で，第4代将軍義持・第6代将軍義教の父にあたり，京都の室町に花の御所を築き，室町幕府の最盛期を現出した。

イ　美濃・尾張・伊勢の土岐《とき》康行や周防・長門などの大内義弘などの有力守護大名を討ってその勢力を抑え将軍権力の強化に努めた。

ウ　明からの倭寇取り締まりの依頼を受けて，倭寇を取り締まって国交を開き，将軍であった14世紀半ばに勘合貿易を開始することに成功した。

エ　足利尊氏の孫にあたり，父である義詮《よしあきら》に続いて将軍となり，南朝との和議を成立させて南北朝の統一に成功した。

(12)　下線部⑫について，応仁の乱の具体的な内容に関して，以下の条件に従って，解答欄に合うように，25字以内で答えよ。ただし，途中の句読点は不要である。

【条件1】「第8代将軍の名（漢字4字）」，「**将軍継嗣の問題**」，「室町幕府において将軍の補佐をする職名（漢字2字）」，「**相続争い**」，「山名氏や細川氏に代表される大名の呼び名（漢字4字）」をこの順番に用いること。尚，波線がない太字の2つはそのまま使用し，波線がある3つについては，説明に該当する語句を考え，それぞれ指定の字数の語句を漢字で書くこと。

【条件2】条件1にある第8代将軍の名から書き出し，「……や……に……が介入して起こった。」となるように，途中で「や」と「に」の助詞を使用し（「に」の前の部分に他の助詞を使用するのは自由），「に」の後には条件1にある漢字4字のみを入れて「が介入して起こった。」につなげること。

(13)　下線部⑬について，フランシスコ＝ザビエルが活動した時期の西洋の様子に時代的に最も近いものを，次の中から1つ選び，記号で答えよ。

ア　アレクサンドロス大王が東方遠征を行って，ペルシア帝国を滅ぼし，征服地の各地にアレクサンドリアという都市を建設した。

イ　ビザンツ帝国からの救援依頼を受けて十字軍が組織され，聖地イェルサレムなど地中海東岸を征服し，各地に十字軍国家が建設された。

ウ　フランス出身の宗教改革者のカルヴァンが，スイスのジュネーヴの改革派に招かれ，ジュネーヴで宗教と政治の改革を進めた。

エ　フランスでフランス革命が起こって，人権宣言が発せられ，その後，第一共和政が成立してフランス国王ルイ16世が処刑された。

【４】 次の＜文Ⅰ＞と＜文Ⅱ＞を読み，後の問いに答えよ。

＜文Ⅰ＞

近世に入ると，近世朱子学の開祖と呼ばれる藤原惺窩《せいか》が現れた。藤原惺窩は公家の冷泉為純《れいぜいためずみ》の子で，当初，僧侶となったが，豊臣秀吉の①朝鮮出兵で捕虜となった朝鮮の朱子学者姜沆《きょうこう》の影響を受け，還《げん》俗して儒学者となった。その門下から林羅山《らざん》・松永尺五らが出た。藤原惺窩は初代将軍徳川家康に進講したが，江戸幕府には仕えず，弟子の林羅山を推薦した。林羅山は初代将軍徳川家康・第２代将軍秀忠・第３代将軍家光・第４代将軍家綱の４代に仕え，第３代将軍家光の時に上野不忍池《しのばずのいけ》に土地を与えられて家塾を開いたが，この家塾は後に湯島に移って寛政の改革の時に（　②　）に発展した。林羅山以降，林家は代々江戸幕府に仕えるようになり，孫の林鳳岡《ほうこう》は第５代将軍③徳川綱吉によって，大学頭《かみ》に任じられた。一方，松永尺五は仕官せずに京都に講習堂を開き，門下から木下順庵が出た。この木下順庵の弟子が，④新井白石・室鳩巣《むろきゅうそう》・雨森芳洲《あまのもりほうしゅう》らである。

(1)　下線部①について，朝鮮出兵に関する説明として正しいものを，次の中から１つ選び，記号で答えよ。

ア　豊臣秀吉が，明への出兵の先導役を朝鮮王朝に打診したが，明の朝貢国である朝鮮が，この依頼を拒絶したことから，朝鮮出兵が始まった。

イ　出兵は２回行われたが，日本が出兵すると，朝鮮王朝は明の救援を依頼したため，日本軍は常に劣勢であり，1582年の第１回出兵では釜山周辺を占領するに止まった。

ウ　朝鮮王朝側では水軍の将李鴻章《りこうしょう》が亀甲船を用いて活躍したため，日本は制海権を失い，次第に追い詰められていった。

エ　２度目の出兵で日本側は，明と朝鮮連合軍に白村江の戦いで大敗を喫したため，豊臣秀吉は朝鮮から遠征軍を撤退させて，最終的に明と講和した。

(2)　文中の空欄（　②　）にあてはまる幕府の教育機関の名を，漢字で答えよ。

(3)　下線部③について，徳川綱吉の頃の国内外の様子に関する説明として正しいものを，次の中から1つ選び，記号で答えよ。

ア　江戸を中心とした町人文化である化政文化が花開き，菱川師宣が浮世絵を大成して，女性の風俗を描き，肉筆画『見返り美人図』などの作品を残した。

イ　幕府の財政が赤字に転じたため，小判の金の含有量を増やして貨幣価値を上げ，物価を下落させることで支出を抑えようとした。

ウ　文治政治が行われて儒学を学ぶことを奨励し，人々が慈悲の心を持つように，極端な動物愛護令である生類憐みの令が出された。

エ　北米大陸のイギリスの13植民地が，イギリスの統治を不満として独立戦争を起こし，独立宣言が発せられて，最終的に独立を果たした。

(4)　下線部④について，新井白石の行った政治に関する説明として正しいものを，次の中から1つ選び，記号で答えよ。

ア　商工業者の同業者組合である株仲間を結成することを奨励し，営業税を課して増収を図った。

イ　長崎貿易で代価として金銀が国外に流出することを防ぐために，海舶《かいはく》互市《ごし》新例《しんれい》により，長崎貿易でのオランダ・清の貿易額を制限した。

ウ　棄捐令を出して，旗本・御家人による6年以前の借金を札差に帳消しにさせ，以後の借金は低利年賦返済とさせた。

エ　江戸に流入した下層民を強制的に農村に帰らせる人返しの法を出して，農村を再建しようとした。

＜文Ⅱ＞

幕府は南宋の朱熹《しゅき》の創始した朱子学を官学としたが，朱子学に疑問を持つ学者も現れた。近江聖人と呼ばれた中江藤樹は「知行合一《ちこうごういつ》」を説いた陽明学に傾倒し，日本の陽明学の祖とされた。その門下からは熊沢蕃山《ばんざん》が現れ，著書『大学或問《わくもん》』を著して⑤参勤交代制などを批判し，幕府から幽閉生活を命じられて没した。また，1837年に反乱を起こした大阪町奉行所の役人(　⑥　)も陽明学者であった。一方，朱子学を批判する日本独自の学派も形成された。兵学者でもあった山鹿《やまが》素行《そこう》は『聖教要録』を刊行して，朱子学を批判したため，幕府の咎《とが》めを受けた。京都の町人出身の伊藤仁斎は朱子学を孔子・孟子本来の思想とは異なると考えて，古義学を創始した。その学派は家塾の場所から堀川学派とも呼ばれる。また，荻生《おぎゅう》徂徠《そらい》は古文辞学派を始め，柳沢吉保に仕えて，第５代将軍徳川綱吉にも進講し，第８代将軍吉宗の諮《し》問に答える形で『政談』を著している。⑦幕末に入ると，朱子学者から転じて西洋砲術やオランダ語を学んで西洋流砲術の塾を開いた佐久間象山《しょうざん》があらわれ，門下から勝海舟・吉田松陰・坂本竜馬などを輩出した。

(5)　下線部⑤について，次のＸとＹの文は，参勤交代制に関する説明である。それぞれ正誤を判断し，その組み合わせとして正しいものを，下の**ア〜エ**から１つ選び，記号で答えよ。

Ｘ　当初は参勤が推奨されるものの，義務化はされていなかったが，第３代将軍徳川家光の代の武家諸法度の改訂の際に正式に制度化された。
Ｙ　諸大名が１年おきに江戸と領国の間を往復して生活することを原則としたが，享保の改革の際に上げ米を課す代わりに江戸在府を短縮した。

ア　Ｘ，Ｙともに正しい文である。
イ　Ｘは正しい文で，Ｙは誤りの文である。
ウ　Ｘは誤りの文で，Ｙは正しい文である。
エ　Ｘ，Ｙともに誤りの文である。

(6)　文中の空欄(　⑥　)にあてはまる人物名を，漢字で答えよ。

(7)　下線部⑦について，幕末の情勢に関する説明として正しいものを，次の中から１つ選び，記号で答えよ。

ア　1853年にアメリカのペリー艦隊が来航し，翌年再度来航した際に日米修好通商条約が結ばれ，函館・神奈川(横浜)・新潟・兵庫(神戸)・長崎が開港された。
イ　幕府が朝廷の許可なくアメリカと通商条約を結んで開国すると，国内では幕府の政治に反対する尊王攘夷《じょうい》運動が盛んになったが，幕府は大老の井伊直政が安政の大獄を起こし，尊王攘夷派の大名・公家・藩士を処罰した。
ウ　長州藩は率先して攘夷を実行して関門海峡を通航する外国船を砲撃したが，イギリス・フランス・アメリカ・オランダの４国の報復攻撃を受け，下関砲台を占領された。
エ　薩摩藩は生麦事件の報復を図るアメリカとの間に戦争が起こり，アメリカ艦隊に鹿児島を攻撃されると，薩摩藩は攘夷の無謀を悟り，講和後はアメリカに接近した。

【5】 次の文を読み，後の問いに答えよ。

①経済を発展させていく上で，生産活動の継続は欠かせないが，その生産活動を行う経済主体の1つが②企業である。企業は，原材料や設備(これらを購入するための資金も含む)などの資本，生産を行う場である土地などの自然，そして労働の3要素を源に生産活動を行い，利潤を追求していく。そしてこの利潤の追求を目的とすることは，資本主義経済の基本原理とも言えるものである。さらに，資本主義経済の特徴としては，生産手段の所有者である資本家と労働力の提供者である労働者が存在すること，生産手段も含めた私有財産制が基盤になっていること，参入や退出が自由な市場を通じて③需要と供給が決定されることなどを挙げることができる。これは国家がすべての国家財産を管理し，国民に平等に分け与えるという考えに基づく社会主義経済とは大きく異なる。社会主義経済は貧富の差をなくしてすべての人が平等な生活ができることを理想としたが，現実には国家による平等な分配が難しいことや，労働者の勤労意欲を高めにくいなどマイナスの側面も否定できない。そのため，現在では中国やベトナムのように，政治面では社会主義体制を継続する一方で，経済面で資本主義の自由競争などを取り入れた社会主義市場経済に移行している国もある。

ところで日本に目を移すと，資本主義国の1つである日本は，食料自給率が低く地下資源にも乏しいため，貿易に依存せざるを得ない面が強く，経済面だけを見てもそれだけ他国からの影響を受けやすいともいえる。④終戦後まもなく発足した国際連合に日本は当初から加盟することはできなかったが，冷戦と呼ばれる東側と西側の厳しい対立の中で勃発した朝鮮戦争による特需景気を経て，日本は⑤高度経済成長期を迎え，その後，幾度となく好景気と不景気の時期を繰り返してきた。この間には⑥政府や日本銀行による景気を安定させるための政策も行われてきたが，これまでにもかつての世界恐慌の時のように，⑦他国の景気変動が日本にも大きな影響を与えたことが幾度もあり，これは21世紀に入っても同様であるが，特に世界同時不況による⑧日本の景気悪化などは記憶に新しいところであろう。

日本ではこれから一層進行する高齢社会に備えて，⑨国債の発行額を少しでも減らしておきたいところであるものの，社会保障関係費などの膨張によってその累積額は800兆円を大きく超え，地方と合わせると1100兆円を上回る。これに関しては，円は日本だけが発行している⑩通貨なので国内での調整がある程度行えるという意見や，国債を購入しているのは日本国民と日本の企業が高い割合を占めており，国民の保有資産は国債の発行額を上回っているから破たんの可能性は小さいという楽観的な意見もあるが，累積額が膨らめば破たんするリスクが大きいという意見も多い。いずれにしても，⑪租税に関しては，今年の10月に税率が引き上げられた⑫消費税だけでなく，他の税についても今後税率が上昇する可能性が十分にある。

(1)　下線部①について，次の図は，経済の循環の上で中心となる経済の3主体と呼ばれる政府や企業などを表したものである。この図のⒶにあてはまる語句を，漢字2字で答えよ。

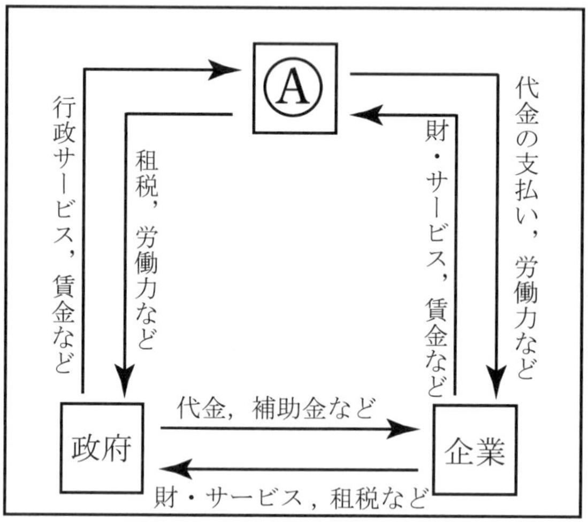

(2)　下線部②について，次の問いに答えよ。

1. 企業による独占や寡占に関する説明として最も不適であるものを，次の中から1つ選び，記号で答えよ。

ア　企業による独占や寡占を制限するなどの目的で，戦後間もなく独占禁止法が制定され，監視機関である公正取引委員会が発足した。

イ　一般に，一部の企業で市場を支配している状態を寡占と呼ぶが，現在の日本では財やサービスなどさまざまな分野で寡占が見られる。

ウ　一部の企業の寡占による寡占市場のもとでは，価格は需要と供給の関係のみによって決まる。

エ　寡占市場では，寡占している企業によって，価格以外の競争である非価格競争が行われることが多い。

2. 企業が生産活動を行う上で必要な資本は，自己資本と他人資本に分けられる。このうち，自己資本にあたるものを次の中からすべて選び，記号で答えよ。

ア　他の企業の株式を保有することで得た配当金などの資金

イ　自社が保有する預貯金の利子によって得た資金

ウ　銀行からの融資によって得た資金

エ　自社の株式の発行によって得た資金

(3)　下線部③について，次のグラフは，ある商品の需要と供給の関係を価格と数量で表したものである。この商品に関する後の店長と店員の会話の，空欄(　**ア**　)にあてはまる語句を，漢字2字で答えよ。また，空欄(　**イ**　)にあてはまる式を，グラフにある記号を使って答えよ。ただし，空欄(　**イ**　)にあてはまる式に(　　)が含まれる場合は，(　　)をつけたまま答えよ。　例：(○＋△)÷□

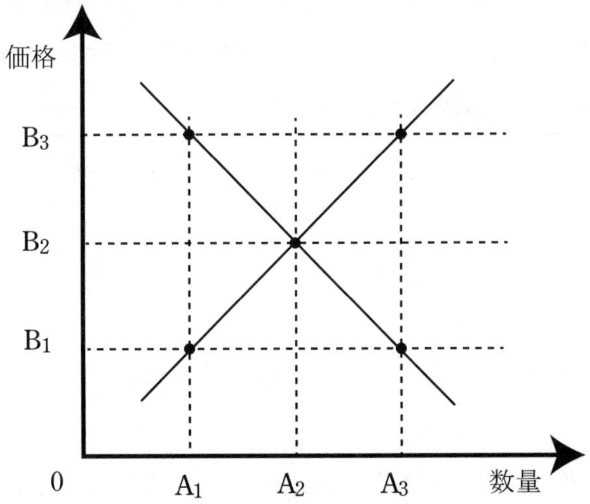

前頁のグラフで表される商品に関する会話

店長　「いつもはこの商品をいくらで売っているんだい？」
店員　「B_1 です。価格を変えた場合でも，店に商品として出す数量はこのグラフの通りにしています。この価格ではすぐ売り切れてしまうし，赤字なのですが，これを目当てに来て他の商品をたくさん買ってくれるお客さんもいるのでこの価格にしています。」
店長　「よし，それではこの商品の価格を B_3 にしよう。」
店員　「わかりました。店に出す数量もグラフの通りに変更します。でもその価格で売ると，需要量と供給量が一致する価格，つまり(　**ア**　)価格は B_2 ですし，理論上は(　**イ**　)だけ売れ残ってしまいますよ。」

(4)　下線部④について，1945 年 10 月に発足した国際連合には，以下の説明で表される機関がある。この機関の略称を，アルファベットの大文字３字で答えよ。

1944 年のブレトンウッズ協定で，国際復興開発銀行(IBRD)などとともに設立が決まり，1947 年に業務を開始した国際連合の専門機関の１つで，国際収支の赤字国に対して短期の融資などを行う。

(5)　下線部⑤について，次の問いに答えよ。

1. 高度経済成長期の日本に関する説明として正しいものを，次の中から１つ選び，記号で答えよ。

ア　高度経済成長期になると間もなく，経済白書に「もはや戦後ではない。」と記されるようになった。

イ　1970 年代後半には，GNP(国民総生産)の規模で，資本主義ではアメリカ合衆国に次ぐ規模になった。

ウ　「三種の神器」とも呼ばれた，電気冷蔵庫・自動車・電気洗濯機が同時期に家庭に普及していった。

エ　いざなぎ景気や，その後の岩戸景気と呼ばれる好景気の時期には，いずれも実質経済成長率が 5%前後という高い水準だった。

2. 次の文は，日本の高度経済成長期に含まれる1963年における，ある企業の業績に関しての記述である。また，下の**ア**～**エ**は，この時期にこの企業で働いていた4人の外国人が，その時の様子をまとめた記録のタイトルであるが，1963年の記録として最も不適なものを1つ選び，記号で答えよ。

戦前に操業を開始したわれわれの企業は，戦時中は操業停止に追い込まれるなど苦しい時期もあったが，戦後に復旧し，戦後から1980年頃までの業績は国内の景気の動向と完全に一致していた。だから，その頃の日本が好景気だったか不景気だったかを調べれば，われわれの企業の業績がその時期にどうだったかもすぐにわかる。

ア　アメリカ合衆国出身のAさんがつけたタイトル：「在庫の増加」

イ　フランス出身のBさんがつけたタイトル：「賃金の上昇」

ウ　オーストラリア出身のCさんがつけたタイトル：「雇用の増加」

エ　カナダ出身のDさんがつけたタイトル：「設備投資の増加」

(6)　下線部⑥について，不景気の際，一般に政府や日本銀行が行う財政政策や金融政策に関する説明として正しいものを，次の中から1つ選び，記号で答えよ。ただし，すべて誤りの場合には，**エ**と答えよ。

ア　政府は政策金利を引き上げて，企業や個人が預けている預金の利子を増加させる。

イ　日本銀行は金融政策として，民間の金融機関から国債などの有価証券を買い取る。

ウ　政府は財政政策として増税を行い，不足する財源を確保した上で公共事業などに投資する。

(7)　下線部⑦について，次のＸとＹの文は，その例として挙げられる，1985年のプラザ合意の時期におけるアメリカ合衆国に関する説明である。それぞれの正誤を判断し，その組み合わせとして正しいものを，下の**ア～エ**から１つ選び，記号で答えよ。

Ｘ　低金利政策を採用していたため，海外から多額の資金が流入したことによりドル高の進行を招いていた。 Ｙ　軍事費の増大などによって財政赤字が拡大していただけでなく，輸出額に対して輸入額が大きく上回る貿易赤字にも陥っていた。

ア　Ｘ，Ｙともに正しい文である。

イ　Ｘは正しい文で，Ｙは誤りの文である。

ウ　Ｘは誤りの文で，Ｙは正しい文である。

エ　Ｘ，Ｙともに誤りの文である。

(8)　下線部⑧について，景気が悪化し，さらに不景気が継続することによって生じる以下のような景気悪化の悪循環を表す語句を，カタカナ８字で答えよ。

商品が売れない→商品の価格を下げる→賃金が下がる→さらに商品が売れなくなる→商品の価格をさらに下げる→賃金がさらに下がる……

(9)　下線部⑨について，次の図は，日本の国債発行額と国債依存度の推移を表したものである。ただし，国債依存度とは，一般会計総額に占める新規の国債発行額の割合のことである。国債やこの図に関する説明として正しいものを，下の**ア**～**エ**から１つ選び，記号で答えよ。

国債発行額と国債依存度の推移（会計年度）

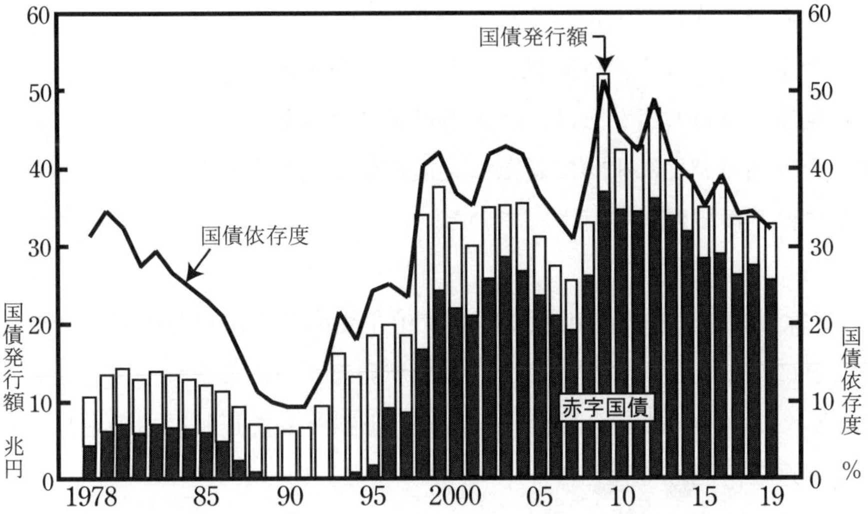

（『日本国勢図会』2019/20より作成）

ア　公共施設の建設などに使途が限定されている赤字国債に関しては，発行に必要な法律を内閣が制定することが特別に認められている。

イ　赤字国債は，国内がバブル経済と呼ばれた好景気の時期を除き，現在まで継続して発行されている。

ウ　国債発行額が前年を上回った年は国債依存度も前年を上回り，国債発行額が前年を下回った年は国債依存度も前年を下回っている。

エ　1978年から2005年までの一般会計総額は，すべての年で100兆円を下回っている。

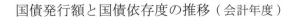

(10)　下線部⑩について，通貨に関する制度として，金本位制度と管理通貨制度がある。これらに関する説明として正しいものを，次の中から１つ選び，記号で答えよ。

ア　金本位制度から管理通貨制度に移行したことにより，それまでと比較して政府による景気の調整が行いやすくなった。

イ　日本が管理通貨制度に移行したのは戦後間もなくのことであり，この移行が日本の経済成長を後押しした。

ウ　金本位制度は金の保有量にかかわらず貨幣の発行が可能であったが，管理通貨制度に移行してからはそれが不可能になった。

エ　管理通貨制度によって新たに兌《だ》換紙幣が発行されるようになったが，それ以前には不換紙幣が発行されていた。

(11)　下線部⑪について，租税に関して中学生の３人が自分の考えたことを発表することになった。次の文は，この３人が発表する内容をカードに記したものである。３人のカードに書かれている内容の正誤として正しいものを，後の**ア**～**エ**から１つ選び，記号で答えよ。

Aさんが作ったカード

日本では消費税だけでなく，ガソリンなどに課せられている揮発油税や，酒税，関税など間接税の種類が多いこともあり，国民の租税負担率を国税の内訳で考えた場合，間接税の割合が直接税の割合を大きく上回っていると思います。

Bさんが作ったカード

所得税や法人税には，収入が多くなるほど税率が高くなる累進課税制度が導入されていますが，今後少子高齢化が進行して年金生活の割合が高まると，所得税において高い税率の対象になる個人の割合が減少する可能性があると思います。

Cさんが作ったカード

税の種類を国税と地方税で分けた場合，自動車税や固定資産税，住民税はすべて地方税に含まれると思います。一方，相続税や贈与税はいずれも国税に含まれると思います。

ア　A さんだけが正しいことを述べている。
イ　B さんだけが正しいことを述べている。
ウ　C さんだけが正しいことを述べている。
エ　3 人とも誤ったことを述べている。

(12)　下線部⑫について，今年の 10 月に消費税が引き上げられた。これについて説明した次の文の空欄(　X　)に入る算用数字を答えよ。

初めて消費税が導入された年の翌年である 1990 年と，消費税が 10%に引き上げられた現在を比べると，仮に税抜き価格が 9500 円の靴を購入した場合，現在の方が(　X　)円だけ多く消費税を負担しなければならない。

問七　――線⑤「おもひしにたがはず」とは〈思っていたのと違わず〉という意味である。何を指してこのようにいっているのか。説明として最も適切なものを次から一つ選び、記号で答えよ。

ア　昔の家が雑草に包まれるほど荒れ果てていること。

イ　自分が訪ねてくることを相手が予想していたこと。

ウ　東京の様子がすっかり変わってしまっていること。

エ　相手の外見が若いころと今とでは違っていること。

オ　若い時代のことを今ではすっかり忘れていること。

問八　本文の筆者、夏目金之助とはのちの小説家、夏目漱石の本名である。夏目漱石が活躍した時代から最も離れた時代に書かれた作品を次から一つ選び、記号で答えよ。

ア『伊勢《いせ》物語』　**イ**『東海道四谷怪談』　**ウ**『おくのほそ道』　**エ**『古事記伝』　**オ**『方丈記』

（国語問題終わり）

＊6　京……ここでは東京を指す。
＊7　柳をりて……柳の枝を折って、の意味。旅立つ人を見送るときの行為。
＊8　まみつらつき……目つきと顔つき。

問一　会話文としてかぎかっこをつけるべき箇所を本文中からさがし、はじめと終わりの三字を抜き出して書け。

問二　＝＝線A「ゆかしく」とB「めでたかり」の意味として最も適切なものを次から一つずつ選び、記号で答えよ。

A「ゆかしく」
ア　由緒正しく　**イ**　より盛大に　**ウ**　心を引かれるように　**エ**　わずかながら　**オ**　目立って

B「めでたかり」
ア　目立って　**イ**　祝うべき　**ウ**　心配で　**エ**　立派で　**オ**　やせ細って

問三　――線①「われ」と同じ人物を指している語を～～線a～eから一つ選び、記号で答えよ。

問四　――線②「つれづれにえたえず」の現代語訳として最も適切なものを次から一つ選び、記号で答えよ。

ア　共に連れ立って出かけることもなく
イ　退屈に耐えることができなくて
ウ　することがないままひと気も絶えて
エ　つらい思いをしたまますることもなく
オ　孤独に耐えることは苦ではないが

問五　――線③「おとづれぬ」を五字以内で現代語訳せよ。

問六　――線④「嬉しく」とあるが、何を「嬉しく」思ったのか。「友」という語を必ず用いて、「こと。」につながるように二十五字以内で書け。

【三】　次の古文を読んで、あとの問いに答えよ。

春雨《はるさめ》こまやかにふりそそぎ、軒の梅かほり A ゆかしく *1咲きにほひ、鶯《うぐひす》の *2初音まちあへぬさまなるに、①われも独居の②つれづれにえたえず、a友まち顔なる折しも、忽《たちま》ち *3柴《しば》の戸たたく音して久しくあはぬb友③おとづれぬ。*4八重むぐらおし分けて *5草のいほり訪《おとな》ふものは春ばかり、と思ひしに「よくこそ来ませし」と云《い》へば「こたび、去りがたき用事ありて *6京に上りしついで、むかしを忍びてたづね参らするなり」といふにいと④嬉《うれ》しく「茶よ、火よ」とてののしりさはぐもをかし。c友の云ふやう、時ふるままにわがすがたのあやしううつろひゆくほどにd君のおもかげもさぞかし変わりたまひけむと、道ながら、昔なつかしさにえたえず侍《はべ》りしが、見参らすれば、⑤おもひしにたがはず、いと大人びたまへりといふに、「さもありなん。河べの *7柳をりて君を送りまいらせしより、はや六歳あまり、七歳ちかくなりぬ。変わりしものはわれのみかは。*8まみつらつきいと B めでたかりしe君の、久しう見ぬほどにあをひげこく生ひいでたる抔《など》、あさまし」とてうち笑ひける。

（夏目金之助《なつめきんのすけ》「故人到《こじんいたる》」による）

〔注〕
＊１　咲きにほひ……花が咲き乱れること。
＊２　初音……その季節で最初に聞こえる鳴き声。
＊３　柴の戸……粗末な住み家。
＊４　八重むぐら……本来は草の名。ここでは雑草の茂みのこと。
＊５　草のいほり……柴の戸と同様、粗末な家。

問五　――線②「あれ」とあるが、何を指しているか。本文中の表現を利用して十五字以内で書け。

問六　――線③「ああ、どこか遠いところに行きたいなあ」とあるが、亜希子がこのように言ったのはなぜか。本文中の表現を利用して六十字以内で説明せよ。

問七　――線④「思いがけず真剣な瞳」とあるが、記実子が「真剣」であるのはどのような考えを持っているからか。本文全体の流れをふまえて次のようにまとめるとすると、［Ｉ］にはどのような言葉が当てはまるか。適切な十字以内の表現を考えて書け。

長い時間の先を目指して、「続き」を知るために［Ｉ］を考え続けなければならないという考え。

問八　――線⑤「先週の美術の授業」とあるが、その場面が実際に書かれているのはどこからどこまでか。はじめと終わりの五字を抜き出して書け。

問九　［Ｂ］に入る漢字一字を書け。

（恩田陸《おんだりく》『光の帝国　常野《とこの》物語』による）

〔注〕＊１　がさつな……言葉や動作が荒っぽい様子。
＊２　色めきたった……緊張や興奮の様子が表れること。
＊３　心象……心に浮かぶイメージ。
＊４　火の見櫓……火災を見張るための高い塔。

問一　――線ａ～ｄについて、カタカナは漢字に改めて楷書で書き、漢字は読みをひらがなで書け。

問二　［Ａ］には次の四つの文がいずれかの順で入る。正しい順序に並べ替え、記号で答えよ。

ア　頬杖《ほおづえ》をついて四角い窓ガラスを見上げていると、だんだん頭の中の重力の法則がぐにゃりとひしゃげてきて、どこが天井でどこが床なのか分からなくなってくる。
イ　その眺めは不思議と見飽きなかった。
ウ　自分がその窓ガラスの上を歩いていて、ガラス板の下に流れる川を見下ろしているような気分になってくる。
エ　高い天井までのびるガラス窓のてっぺんから、めまぐるしい曲線を描きながら寄せる波のような雨がどんどん流れ落ちてくる。

問三　～～線**ア**～**オ**の単語のうち、他と品詞が異なるものを一つ選び、記号で答えよ。

問四　――線①「休みの日にはみんなで紅茶とか飲んでるんだよ」とあるが、この表現から女の子たちのどのような考えが読み取れるか。説明として最も適切なものを次から一つ選び、記号で答えよ。

ア　記実子が田舎の女の子たちとは少し違った趣味や趣向をもっていることへの興味。
イ　不思議な雰囲気を持つ記実子が家では案外ふつうの食生活を送っていることへの驚き。
ウ　春田家は娘だけでなく全員が自分たちとは異なった生活を送っていそうだという想像。
エ　自分たちと違って都会的な雰囲気をもっている記実子のことをからかいたい気持ち。
オ　上品な記実子と同じような休日を過ごして自分たちも理想に近づきたいという憧れ。

「続きを知るためよ」

「続き？」

突然、⑤先週の美術の授業のことが頭に浮かんだ。それは水彩画の授業で、テーマは*3『心象風景』というものだった。みなさん、しばらくじいっと目を閉じて、何も見ないで、最初に思い出したものを描いてみて下さい。

亜希子は花畑を描いた。平原に咲き乱れる白い花。真ん中を流れる小川。

隣に記実子が座っていた。記実子の絵は、小さな塔の絵だった。木で組まれた、*4火《ひ》の見櫓《みやぐら》のような、小さな塔。塔の上には丸くて黒い玉が吊《つる》してあり、それは燃えていた。

なあに、それ。亜希子が尋ねると、記実子は答えた。

あたしたちの夢の続きよ。ねえ、覚えてる？

あれはどういう意味だったんだろう。夢の続き。記実子が続ける。

「あたし、古臭い言葉だけど『継続は［B］なり』って言葉好きなの。あれは本当だと思うわ。ずうっと続けなくちゃ。いろいろ試して、試して、試し続けなくちゃ。ちょっとやってみただけで、いったい何が分かるっていうの？　みんなで長い長い時間の先を目指して、ずっと歩き続けなくちゃいけないの。でないとあたしがここにいる意味ないもの」

「意味？　意味なんて必要なのかなあ。生きてる意味なんか考えるから、みんな不幸になっちゃうんだよ」

亜希子は思わずむきになっていた。記実子がふわりと笑う。

「あれ、さっき言ってたことと矛盾しない？　毎日の平凡な繰り返しが嫌なのは、矢田部さんが生きてる意味を求めてるからじゃないの？　意味を考えないのなら、毎日時間に流されていればいいでしょう」

亜希子はぐっと詰まった。その瞬間、不意に彼女はこの場面が自分にとって重要な場面であることをbチョッカンした。ずっと歳をとって、大人になった時に、自分が繰り返しこの場面を思いおこすであろうことを。暗い校庭の漣。窓ガラスをcオオう雨の膜。前の席からこちらを振り向く端正な白い顔。

細い人差し指でキュッキュッ、とガラスのd曇りをこすり、記実子は醒《さ》めた表情でじっと窓ガラスの向こうを見つめていた。

大人っぽいよね、春田さんて。子供の頃から何度も転校してたんだって。だからかな。お父さん何してるの？　旅行作家なんだって。ふうん。上品なおうちなんだろうね。うん、きっとお母さんも美人でさ、①休みの日にはみんなで紅茶とか飲んでるんだよ。

「子供の頃に読んだ絵本にね、雨が降ると庭に海ができてそこに船がやってきて、その船に乗ると、言葉をしゃべるライオンの住む国に行けるって話があったわ。雨が降った時だけその国に行くことができるの」

記実子が窓ガラスの向こうを見つめたまま言った。

「ふうん」

亜希子も記実子に肩を寄せて一緒に窓ガラスを覗《のぞ》きこんだ。記実子の髪のシャンプーの香りが漂ってきて甘い気分になる。ガラス一枚隔てた殺風景な校庭は灰色の水溜《みずた》まりと化し、吹き付ける風に漣《さざなみ》が立っていた。確かに、②あれが嵐の海で、たくさんの船が浮かんでいても不思議じゃない。吹き付ける風に、夜の匂い。足の下に流れる小さな滝。水に浮かぶ白い花びらが月の光に光っていた——

「③ああ、どこか遠いところに行きたいなあ」

亜希子は溜め息をついた。

「あら、どうして」

記実子の目がちょっとだけきらめいたようだった。

「だって、そう思わない？　毎日毎日同じことの繰り返し。高校生なんかつまんない。でも、学生してなかったら働かなきゃいけないし。社会人になったらなったで同じことの繰り返し。朝起きて、バス乗って、会社行って。結婚しても、そう。毎日御飯作って、食べて、子供育てて、あしたも御飯が食べられるかどうか心配して。オずっと同じことばかり繰り返して歳《とし》とってく。周りの大人たちを見てても、みんなちっとも面白そうじゃないでしょ。それでもやっぱり生きていかなきゃいけないのかなあ」

「矢田部《やたべ》さんて意外と悲観的なのね。みんな、早くお金稼ぎたいとか、早く好きな人と結婚したいとか言ってるのに」

記実子がからかうように言った。亜希子は顔をしかめてみせる。

「あーあ、あたしたちってなんのために生きていくのでしょーか」

冗談めかして言ったつもりだったが、記実子は笑わなかった。④思いがけず真剣な瞳がこちらを見返している。

【二】　次の文章を読んで、あとの問いに答えよ。

雨はまだ降りやまない。［　　　　A　　　　］雨の音は、やがて川のせせらぎに変わる。夜の川の上を飛ぶように歩く長い髪の少女。頬を撫《な》でる夜の風。川と森の匂い。全身を包むざあざあという川のせせらぎ。月光に光る小さな流れの水面《みなも》。

「あたしたちのことを思い出してくれた？」

誰かが[ア]そう頭の中に話しかけてきたような気がして、亜希子《あきこ》は何気なく振り向いた。

「えっ――」

思いがけなく、[イ]すぐそばに顔があった。

一日の最後の日本史の授業が自習になって、最初はしんとしていた教室も、やがて少女たちの他愛のないおしゃべりに埋めつくされようとしている。

「どうしたの、ぼうっとして」

「別に。すごい雨だなあって思って。校庭が海みたいになってる」

無防備なところに不意をつかれた形になった亜希子は、[ウ]ちょっと照れた。

前の席の春田記実子が、その[a]端正な白い顔をこちらに向けて、亜希子の机に肘をついていたことにも全然気付かなかった。そんなにぼんやりしてたのかしら。

「ほんとだ。空が真っ暗ね。早く帰らなきゃ。バス、混むだろうなあ」

記実子が窓ガラスの向こうをのぞきこんだ。不思議な人だ、と亜希子は思った。

彼女がうちの高校に編入してきたのはこの春。物静かで上品な人、とがさつ[*1]な田舎の女子校の少女たちが色めきたった[*2]。[エ]この歳の女の子たちには同性のアイドルが必要なのだ。実際、彼女は派手なタイプではなかったが、同性に強い支持を得るタイプの少女だった。誰に対しても誠実な、柔らかな物腰。黙って座っていても芯の強さを感じさせるさりげない存在感。少女の高潔さと大人になりつつある女性の色香との微妙なバランス。

問三　[A]・[B]に当てはまる語の組み合わせとして最も適切なものを次から一つ選び、記号で答えよ。

ア　A　つまり　B　なぜなら　イ　A　したがって　B　だから　ウ　A　ところが　B　つまり

エ　A　なぜなら　B　ところで　オ　A　または　B　そして

問四　――線②「右のような特色」とあるが、この特色の具体例として不適切なものをすべて選び、記号で答えよ。

ア　日本には山を神の住む場所として祭る神社がある。

イ　神を憑り移らせる刀剣を祭った神社がある。

ウ　神聖な岩や樹木に神の姿を刻んだ神社がある。

エ　稲作に関わる先祖を祈りの対象とする神社がある。

オ　蛇などの動物を神として祭った神社がある。

問五　――線③「これ」とあるが、何を指しているか。本文中の表現を利用して六十字以内で説明せよ。

問六　[C]には漢字二字の語が当てはまる。次に挙げるその語の[説明]を参考に、当てはまる語を考えて書け。

[説明]……表面には現れず、内部に隠れて存在している様子。

問七　――線④「人を神に祭らない」とあるが、それはなぜか。本文中の表現を利用して二十字以内で説明せよ。

問八　〈日本の神と社の起源〉について次のようにまとめるとすると、[Ⅰ]～[Ⅲ]にはどのような言葉が当てはまるか。本文中の表現を参考にしながら、それぞれ十五字以内の表現を考えて書け。

> 日本人の神観念は時代ごとに異なるが、具体的には[Ⅰ]の古代では神は[Ⅱ]と考えられていた。この神は平常は人里に住まず本来の場所である[Ⅲ]などから特定の日にだけやって来るものであるとされていた。

寺院でも神様ははっきり見えるようになっています。神社のご神体を見せない構造になっているのは、神の姿は見えない、また見てはならないという神社以前からの古い信仰が、［C］的に伝わっているように思います。

なお、④人を神に祭らない、いいかえれば死者は神にならぬということを先に申しましたが、平安時代に入ると天神さんなどの御霊《ごりょう》*11信仰以後、人を神に祭る風習が始まりますが、それが拡大されるのは近代の国家神道*12のもとにおいてのことです。この問題は、別の機会にお話しすることに致しましょう。

（岡田精司《せいし》『神社の古代史』による）

〔注〕
＊1　一神教……唯一の神だけを信仰する宗教。
＊2　偶像……神仏をかたどった信仰の対象となる像。
＊3　記紀神話……『古事記』と『日本書紀』に書かれた神話。
＊4　人格神……人間的な姿で、意志や感情を持った神。
＊5　『常陸国風土記』……奈良時代に成立した、現在の茨城県にあたる地域の地理書。
＊6　社……神社、または神を祭る建物そのもの。
＊7　氏……同じ先祖をもつ集団。
＊8　道教……儒教、仏教と並んで中国で信仰される宗教。
＊9　御神体……神が宿るとされる具体的な物。
＊10　帳……視界を遮るために張り巡らされた幕。
＊11　御霊信仰……非業の死をとげた人物の霊を祭る信仰。
＊12　国家神道……明治維新後、国家によって形成された伊勢神宮を中心とした宗教。

問一　――線a～dについて、カタカナは漢字に改めて楷書で書き、漢字は読みをひらがなで書け。

問二　――線①『神社』に祭られる日本の神々は、どのような性格のものであったのか、そして神社の性格や起源はどのようなものであったのか」とあるが、この問いかけに対して筆者はその背景をどのようなものであると述べているか。その内容が最も端的に示された一文を本文中からさがし、はじめと終わりの五字を抜き出して書け。

大まかに以上のような特色を数えることができようかと思います。そこで、ここにあげた特色を中心にもう少し詳しく、述べることにしましょう。

日本のカミといっても、いろいろな種類のものがあり、発展の段階もさまざまなものが並んで存在しているのですから、ひとくちに[c]ホウカツしていうのは難しいことがあります。神社に祭られるような比較的高度に発展した神でも、記紀神話[*3]にみられるような人格神[*4]もあれば、『常陸国風土記《ひたちのくにふどき》[*5]』の伝承には蛇を神として社《やしろ》[*6]を建てている場合もあります。

しかし、のちに神社に祭られ、氏《うじ》[*7]の集団や村里の守り神とされるようになる神々については、およそ②右のような特色をあげることができると思います。

そして、この神々は特色の第二にあげたように、人里には定住しないで、山の奥とか海の彼方(特定の無人島とか水平線の彼方とか)といった人間の住まない清浄な世界に住んでいて、祭りをするときに、見えない神を呼び出して祭場に迎えるのです。この点は、隣国でも中国の道教[*8]寺院に偶像を常時祭っている形とはずいぶん違うようです。

神の平常住む遠方の聖地と、年に何度か神を迎える村里の祭場と、この二つの間を神さまは往復する。この考えが神祭りや神社の背景にあるのです。

〈中略〉

このように見えない神を招き迎えて、植物や岩石に憑《の》り移らせ、そこで祭りをする。このような信仰と神についての考え方の延長の上に、鏡とか刀剣とか貴重で神秘を感じるような器物もまた神が憑り移り、神社の御神体《ごしんたい》[*9]となるという考えも生じてくるわけです。最初に日本では偶像崇拝がない、神像を作ったり描いたりすることがない、ということを申しましたが、古代の日本ではこのように樹木・岩石・器物などに憑り移って祭られるのでありました。神像は現在たしかめられる限りでは、平安時代に入ってからのものしかありません。仏像の影響で作り始めたと考えられています。

神社では、神像にしろ神鏡にしろ、ご神体は絶対見えないような構造になっているのです。ご神体の納められているご本殿は、ふだんは扉が閉まっています。祭りの時だけお扉は開けられますけれど、その内側には[d]絹の帳《とばり》[*10]がかかっていて、中は見えません。

③これは仏教寺院で参拝者が直接仏像を仰いで拝む、仏像彫刻に仏の姿を見て礼拝するというのとは、大きな違いですね。中国の道教

〔注　意〕

※　解答はすべて解答用紙に記入すること。

※　特に指示しない限り、解答の字数指定では、句点（。）や読点（、）その他記号（（　）「　」等）も一字に数えるものとする。

【一】　次の文章を読んで、あとの問いに答えよ。

これから神社というものをとおして日本の歴史を眺めていきたいと思いますが、個別の神社を取り上げる前に、まず考えておかねばならぬことがあります。それは①「神社」に祭られる日本の神々は、どのような性格のものであったのか、そして神社の性格や起源はどのようなものであったのか、こういった点について、まず確かめておきたいと思います。

日本人の神観念も、時代と共にaヘンセンしております。［Ａ］どの時代を取り上げるかによって、かなり違った様相を示すことにもなります。この章では、神社が形づくられていく時期、古墳時代後期から平安時代ごろまでの、古代の人々の「神」の観念と神の祭りについて整理してみたいと思います。

まず第一に、古代日本では一神教[*1]でありませんから、あらゆるもの（物体でも生物でも）に神霊が宿っていると考えられ、b多様な神格が存在すること。

第二に、神は平常は人里には住まない。遠方の清浄の地、それは山の奥や海の彼方と考えられていましたが、そこから祭りの日だけやって来るものです。

第三に神は目に見えないものである。［Ｂ］神の形（神像彫刻など）は本来はけっして作らなかった。つまり偶像崇拝[*2]はかつてはなかったのです。現在のこされている神像彫刻は、すべて平安時代以降のものばかりです。

そして、四番目にあげられることは、神と死者の霊とは本来はまったく区別されたものでした。だから、死者の個人の霊が神として祭られることは、古くはまったくなかったと考えられています。

こういった神観念を背景に、稲作の信仰が深く根を下ろしている。稲の祭りが日本の神と強く結びついていることも、忘れてはならぬことでしょう。

2019年度　第4回

駿台高校受験公開テスト　3年

国　語

10月27日(日)実施

〔注　意〕

1　まず初めに，この問題冊子が，あなたが受験する「学年」「教科」であることを必ず確認すること。

2　解答は必ず解答用紙の指定された箇所に記入すること。解答に際して指定されない記号・符号を記入した答案は無効とする。

3　試験開始の合図があるまで，問題を開かないこと。合図があったら，問題に着手する前に必ず解答用紙に受験番号，氏名を忘れずに記入すること。

4　試験時間は60分。

5　いったん書いた解答を訂正する場合は，前のものをしっかり消して書き直すこと。

6　問題冊子は持ち帰り，「解答・解説」をよく読んで，復習に努めること。

2019年度　第5回

3年　駿台高校受験公開テスト

英　語

11月23日（祝）実施

〔注　意〕

1　まず初めに，この問題冊子が，あなたが受験する「学年」「教科」であることを必ず確認すること。

2　解答は必ず解答用紙の指定された箇所に記入すること。解答に際して指定されない記号・符号を記入した答案は無効とする。

3　試験開始の合図があるまで，問題を開かないこと。合図があったら，問題に着手する前に必ず解答用紙に受験番号，氏名を忘れずに記入すること。

4　試験時間は60分。

5　いったん書いた解答を訂正する場合は，前のものをしっかり消して書き直すこと。

6　問題冊子は持ち帰り，「解答・解説」をよく読んで，復習に努めること。

第5回英語

【１】 次の対話文を読んで，後の問いに答えよ。（* のついた語句には注がある。）

Emi : Hey, look at this article. The average American watches four hours of TV a day.

Jack : A day? [A]

Emi : No, it says so right here in this newspaper. I guess you're an average American, Jack. [B]

Jack : Are you saying I'm *addicted to TV?

Emi : That's right. [C]

Jack : Oh, come on. Some programs are bad. But what about sports or the news? [D]

Emi : Well, actually, for the news, I prefer the newspaper, or the Internet.

Jack : Why?

Emi : First, because they give you a lot more information. [E] Plus, I hate all the commercials.

Jack : [F] That's why, when the commercials come on, I just turn down the volume or change channels.

Emi : [G] But *channel surfing drives me crazy.

Jack : OK, next time you come over, I'll let you have the remote control.

Emi : [H] But I have a better idea. Next time I come over, please just turn the TV (　　　).

（注） addicted to ... : …の中毒になって

channel surfing : チャンネル・サーフィン（テレビのチャンネルを次々と切り替えていろいろな番組を見ること）

問１　[　　A　　]～[　　H　　]に最もよく当てはまる文を次のア～クから１つずつ選び，記号で答えよ。

ア．Yes, I noticed that.

イ．Oh, that's so kind.

ウ．I know what you mean.

エ．You're joking.

オ．And I can read them any time I want.

カ．And I really think watching TV is a waste of time.

キ．You watch those sometimes, don't you?

ク．You always have your TV on.

問２　(　　　)に最もよく当てはまる語(１語)を答えよ。

【２】 次の英文を読んで，後の問いに答えよ。（* のついた語には注がある。）

When one language takes a word from another language, it is said to *borrow* that word, and the word which is borrowed is called a *loan-word*. However, the expressions '*borrow*' and '*loan-word*' do not seem good in this *context. If you borrow a pen from someone, that pen starts off as being his or her *property and goes back to being his or her property when you have finished using it. While you are using it, you have control of it. On the other hand, if French borrows the word 'tennis' from English, English still keeps the word and French will probably never give it back.

(1)In some cases, a word which has been borrowed is returned, but its meaning changes a little. For example, the English word 'realize' was *originally borrowed from French in the sixteenth century with the meaning 'make real.' And today it can still be used in English with (2)this meaning. In this sense it is possible to speak of, for example, *realizing plans or dreams*. Then later the word 'realize' slowly developed another meaning, which is 'to know and understand something clearly', as in the sentence *I didn't realize that she was so ill.* In fact, for most English speakers this has now become the standard meaning of 'realize.'

And interestingly, (3)this new meaning has recently been borrowed back by French, so the meaning of the French word '*realiser*' is now (4)ambiguous. The new meaning 'understanding clearly' is disliked by some people in France, but (5)it is gaining ground. (6)This is an example of a language that got its own word back in the end, by borrowing one that had already been borrowed from it.

（注） context : 文脈　property : 所有物　originally : 元来；初めは

問１　第１段落（When one language で始まり，never give it back で終わる段落）の内容に関し，「ペン」を借りるときと「テニスという単語」を借りるときの違いを述べた文として最も適当なものを次のア～エから選び，記号で答えよ。

ア．「ペン」の場合，借りた側はそれを使用している間，貸した側から返却の要求があればすみやかに返さなければならない。「テニスという単語」の場合，貸した側から返却の要求があっても借りた側はそれを返却する必要がない。

イ．「ペン」の場合，借りた側はそれを一時的に自分の所有物として使うことができ，それが気に入れば譲り受けることもできる。「テニスという単語」の場合，貸した側はそれを貸した後でも自由に使える。

ウ．「ペン」の場合，貸した側は一時的にそれを自分の所有物として使えなくなるが，返却後は再び自分のものになる。「テニスという単語」の場合，貸した側は貸した後でもそれを使用することができ，借りた側は返却しない。

エ．「ペン」の場合，貸した側は借りた側が使用中はそれを使用できないが，返却後には再び使用することができる。「テニスという単語」の場合，貸した側はそれを使用することができなくなり，返却してもらうこともできない。

問2　下線部(1), (6)を日本語に直せ。

問3　下線部(2), (3)の意味における realize を使用した文として最も適当なものを次のア～エからそれぞれ1つずつ選び，記号で答えよ。

ア．The paintings *realized* $2 million at auction.

イ．She never *realized* her ambition of winning an Olympic gold medal.

ウ．As soon as I saw her, I *realized* that something was wrong.

エ．We *realized* a small profit on the sale of the house.

問4　下線部(4), (5)とほぼ同じ意味を表す語句として最も適当なものを次のア～エからそれぞれ1つずつ選び，記号で答えよ。

(4) ambiguous

ア．can be understood in more than one way

イ．can be used without causing any problems

ウ．needing effort or skill to understand

エ．attracting your attention because it is special or exciting

(5) it is gaining ground

ア．it has lost popularity

イ．it is used by only a few people

ウ．it has become common again

エ．it is beginning to be used widely

問5　本文の内容に関する次の英文の(　　　)に最もよく当てはまる語を答えよ。

If you say, “I realized my dream,” then it means, “My dream came (　　　).”

【3】 次の英文を読んで，後の問いに答えよ。(* のついた語(句)には注がある。)

Helicopter parents are parents who spend too much time looking after children. They are called helicopter parents because they (1)hover over their children after they have left home, following their every step, just like a helicopter. They watch over their children to make all the important decisions for their children. Though this practice is not new, (2)modern technology is making it worse.

Cell phones now allow parents to keep in touch with their children (3)twenty-four seven. While cell phones might be good for safety, they also can work like a large *umbilical cord, keeping children (4)connect to their parents at all times of the day. However, in order to succeed in life, children need to learn how to make (5-a) for themselves and the process of learning often *involves learning through experience, which usually means learning from (5-b). If parents hover over their children, *supervising their life, making choices for them, their children will often not learn how to make important choices and fail to develop as *individuals.

Helicopter parents are quite common in many Asian countries.〔あ〕A great number of Asian parents are very worried about their children's education and their academic progress.〔い〕As a result, parents often spend a great deal of time helping their children make academic success.〔う〕Surprisingly, it is not uncommon for parents to choose the courses that their children take in school.〔え〕Children of helicopter parents often *lack a lot of basic social and survival skills. They are often unable to *negotiate with other people for what they need and are unable to solve their own problems without their parents stepping in.

Moreover, the *harm is not limited to children. Research shows that (6) can also suffer from mental health problems. One study found that parents who judge their own worth by their children's achievement report sadness, negative self-image, and low satisfaction with life in general. A scientist says that parents' *dissatisfaction with life have greatly increased during the past 20 years because of *overinvolvement in their children's lives.

(7)The greatest responsibility that parents have to their children [① develop ② to ③ the skills ④ needed ⑤ help them ⑥ is] to make it on their own. This means letting their children take responsibility for their choices and letting them fail from time to time.

（注） umbilical cord：臍《へそ》の緒《お》　involve ...：…を伴う　supervise ...：…を監督する
individual：個人　lack ...：…を欠く　negotiate with ...：…と交渉する　harm：害
dissatisfaction：不満　overinvolvement：過度にかかわり合うこと

問１　下線部(1)の内容を最もよく表しているものを次のア～エから選び，記号で答えよ。

ア．reach a place　　イ．make quick movement
ウ．rise from the ground　　エ．stay in one place

問２　下線部(2)について，本文で挙げられている modern technology の具体的な例を１つ，本文中から２語で抜き出して答えよ。

問３　下線部(3)の内容を最もよく表しているものを次のア～エから選び，記号で答えよ。

ア．24 回試みて７回の成功　　イ．１日に 24 時間，週に７日
ウ．親７人とその子供 24 人　　エ．24 台の携帯電話のうち７台

問４　下線部(4)の語を文脈に合うように正しい形にするとき，最も適当な形を次のア～エから選び，記号で答えよ。

ア．connect　　イ．connecting　　ウ．connected　　エ．to connect

問５　（ 5-a ），（ 5-b ）に最もよく当てはまる語の組み合わせが正しいものを次のア～エから選び，記号で答えよ。

ア．5-a. decisions　5-b. mistakes　　イ．5-a. efforts　5-b. textbooks
ウ．5-a. promises　5-b. lessons　　エ．5-a. money　5-b. parents

問６　本文中から次の１文が脱落している。元に戻すとき，最も適当な箇所を本文中の〔あ〕～〔え〕から選び，記号で答えよ。

However, such parenting can prevent children from growing up well.

問７　（　6　）に最もよく当てはまる語句を，本文中から連続する２語で抜き出して答えよ。

問８　下線部(7)が次の日本語が表す英文になるように，[　　　]内の語(句)を正しく並べ替えるとき，下の(　A　)，(　B　)，(　C　)に入る番号の組み合わせが正しいものを後のア～エから選び，記号で答えよ。

「親が彼らの子供たちに対して持つ最大の責任は，子供が自分の力で成功するのに必要な技術を身につけるのを手伝ってあげることだ。」

The greatest responsibility that parents have to their children [① develop ② to ③ the skills ④ needed ⑤ help them ⑥ is] to make it on their own.

The greatest responsibility that parents have to their children (　　　)(　A　)(　　　)(　B　)(　　　)(　C　) to make it on their own.

ア．A：②　B：①　C：④　　イ．A：②　B：③　C：①

ウ．A：⑤　B：③　C：④　　エ．A：⑤　B：④　C：①

問９　次のア～カの文のうち，本文の内容に照らして，正しいと判断することができるものを２つ選び，記号で答えよ。

ア．Some parents charter a helicopter to follow their children after they have left home.

イ．Children have only to follow their parents' advice, and they will develop as individuals.

ウ．Helicopter parents exist in large numbers in Asian countries but not in the rest of the world.

エ．Children of helicopter parents often need their parents to step in in order to solve their own problems.

オ．According to a researcher, some helicopter parents regret neglecting their own children.

カ．Though it is sometimes important for children to fail, helicopter parents won't give their children the chance to fail.

【4】 次の英文を読んで，1～8の書き出しに続くもの，または質問に対する答えとして最も適当なものをそれぞれ後のア～エから選び，記号で答えよ。(* のついた語(句)には注がある。)

If you are walking in the woods, and suddenly the path *splits into two roads, which road will you choose : the road covered with grass that few people took, or the cleared road that many others already walked down? Anyone who has read the poet, Robert Frost, probably recognizes this situation from one of his most famous poems, "*The Road Not Taken.*" After carefully considering both roads, the speaker of the poem chooses the grassy road, or "the road less traveled by." Then he says that this choice "has made all the difference."

Most American school children are taught this poem, often with a lesson that's simpler than the poem itself. The lesson goes something like this : we can have an *ordinary life by making the same choices others make, or we can have a richer, more enjoyable life by taking risks and choosing to be different. Or as the poem says, taking the less traveled road can make all the difference.

"To make the difference" is an expression that always has a *positive meaning in English, whether you're talking about something big or small. If a man tells his wife, for example, that marrying her has made all the difference, he's saying that he's very happy because he married her. Or in the case of something small, you might say that using honey instead of sugar in a cake recipe makes the difference. In other words, the honey is what makes the cake taste so good. In Frost's poem, of course, saying that the choice of the less traveled road has made all the difference suggests that the speaker has made the right choice.

I think this poem *describes part of the American Dream. This is the idea that, if you have the courage to be different and to follow your own road, life will be more *rewarding. It's quite common for teachers or parents to tell children, "If you believe in yourself, you can do anything : become a doctor, a successful musician, or even the President of the United States. It's up to you." But is this really true? How many of us can actually become the President? Or even a successful musician? There are a lot of very talented actors, musicians, and writers in the States who never experience success. And plenty of lawyers and *Ph.D.'s who can't find a good job.

Of course, the American Dream sounds good and for some people it works as a type of positive thinking. But it can be a *burden too. I remember one friend saying he hated being told he could do anything when he was growing up. He didn't want to be a doctor or the President, and being pushed to do something special made him feel guilty about wanting a more ordinary life. After all, some people are happier on the well-worn road.

I think that coming to Japan has helped me understand the value of being ordinary. Of course I've met lots of extraordinary people here as well. But it's OK to be ordinary in Japan, even *desirable. I was surprised at the *advertising for beer a few years ago. The advertising basically said, "This is the beer that ordinary people drink." And that was enough to sell it.

Of course I'll never know for sure which road is better. In coming to Japan, I think I chose the less traveled road. Though it has made all the difference, now that I'm here, that ordinary, well-worn road looks very good to me at times. But then, life is full of *ironies, isn't it?

（注） split : 分かれる　ordinary : 普通の　positive : 前向きの　describe ... : …を表現する
rewarding : やりがいのある　Ph.D.'s : 博士号取得者　burden : 重荷　desirable : 望ましい
advertising : 広告　irony : 皮肉

1．In the first paragraph, you can see the following four phrases. Which of these is different from the other three?

ア．the road covered with grass

イ．the cleared road

ウ．the grassy road

エ．the road less traveled by

2．Most American school students are taught like this : if you want a richer, more enjoyable life, you should ...

ア．take the less traveled road.

イ．make the same choices others make.

ウ．understand the value of being ordinary.

エ．choose the road that many others already walked down.

3．If you say, "Using honey instead of sugar in a cake recipe has made the difference," then it means that ...

ア．using honey was not the same as using sugar.

イ．you should have used sugar, not honey, in a cake recipe.

ウ．it was better that sugar should be used in place of honey for making a cake.

エ．you were wise to use honey, not sugar, for making a cake delicious.

4．In the fourth paragraph, the writer of this essay asks a question：“How many of us can actually become the President?” Probably the writer wants to ...

ア．know the number of the people who can actually become the President.

イ．encourage children to be the President.

ウ．tell us how difficult it is to become the President.

エ．show you can become even the President if you have a strong will.

5．The writer says that the American Dream is the idea that if you have the courage to be different and to follow your own road, life will be more rewarding. The writer ...

ア．believes in this idea.

イ．feels doubtful about this idea.

ウ．is spreading this idea.

エ．becomes more and more interested in this idea.

6．The American Dream can be a burden on some people. One of such people is the writer's friend. He is probably the type of man who...

ア．will choose the well-worn road if the path splits into two roads.

イ．always takes positive thinking rather than negative thinking.

ウ．feels proud when he is pushed to do something special.

エ．burns with the desire to become a doctor or the President.

7．American beer companies would not use the advertising : “This is the beer that ordinary people drink,” because ...

ア．Americans would think that such beer is too expensive.

イ．Americans don’t know what ordinary beer tastes like.

ウ．the concept “ordinary people drink” would not appeal to Americans.

エ．the word “ordinary” must not be used in any advertising in America.

8．In the last sentence, the writer says, “life is full of ironies.” What does he mean by that?

ア．Now in Japan, he regards himself as being an ordinary man, but the people around him still thinks of him as someone special.

イ．Japan is a country which puts a high value on being ordinary, but he feels uneasy about being ordinary.

ウ．In coming to Japan, he thought he had chosen the less traveled road, but he has now found that he actually chose the more traveled road that time.

エ．To him, coming to Japan meant choosing a road which was not ordinary, but now he sometimes feels comfortable with being ordinary here in Japan.

【5】 次の英文の(　　　)に最もよく当てはまる語を後のア〜エから選び，記号で答えよ。

1．The roads are narrow and blind, so it is only a matter of (　　　) before an accident happens.

ア．plan　　イ．place　　ウ．time　　エ．skill

2．The beach has so many shells that it is difficult to walk (　　　) stepping on them.

ア．by　　イ．without　　ウ．like　　エ．before

3．Hurry up. Missing that train will (　　　) having to spend a night in a hotel. We can't afford it.

ア．prevent　　イ．finish　　ウ．mean　　エ．keep

4．Unfortunately, my dog barks a lot at night. It causes trouble to my neighbors. This is my biggest (　　　) at the moment.

ア．headache　　イ．demerit　　ウ．mystery　　エ．heartbreak

5．If there's anything you need help with, please tell me —— but not (　　　) you have tried to solve the problem by yourself.

ア．because　　イ．though　　ウ．after　　エ．until

6．We tell each other all of our problems and ask for help and sympathy. We have no (　　　) between us.

ア．support　　イ．communication　　ウ．worries　　エ．secrets

7．I have exciting news to (　　　) with you : I am going on an exchange! I am very happy and looking forward to it.

ア．talk　　イ．share　　ウ．give　　エ．tell

【6】 次の日本文の下線部を英語に直せ。

私は出かけるとき，道路の混み具合を見て，車で行くか歩いて行くかを決める。<u>今日は道がとても混んでいるので，駅まで車で行く方が歩いて行くよりも時間がかかるだろう。</u>都会では車の方が早いとは限らないのである。

（ 草 稿 用 紙 ）

2019年度　第5回

3年　駿台高校受験公開テスト

数　学

11月23日（祝）実施

〔注　意〕

1　まず初めに，この問題冊子が，あなたが受験する「学年」「教科」であることを必ず確認すること。

2　解答は必ず解答用紙の指定された箇所に記入すること。解答に際して指定されない記号・符号を記入した答案は無効とする。

3　試験開始の合図があるまで，問題を開かないこと。合図があったら，問題に着手する前に必ず解答用紙に受験番号，氏名を忘れずに記入すること。

4　試験時間は60分。

5　分数は既約分数（最も簡単な分数）で答えること。

6　円周率はπを用いること。

7　根号（$\sqrt{\ }$）の中は最も簡単な整数で答えること。また，指示がない限り，分母の有理化をすること。

8　図は必ずしも正確ではない。

9　読みにくい字は不正解とする場合があるので注意すること。

10　いったん書いた解答を訂正する場合は，前のものをしっかり消して書き直すこと。

11　問題冊子は持ち帰り，「解答・解説」をよく読んで，復習に努めること。

第５回　数学

【１】 次の各問いに答えよ。

(1)　$(a^3 + a^2b) \div 3a^2 - (a^2b - ab^2) \div 4ab$ を計算せよ。

(2)　$\dfrac{(\sqrt{6}+\sqrt{2})(\sqrt{6}-\sqrt{2})}{\sqrt{12}} + \dfrac{(\sqrt{3}-1)^2}{3}$ を計算せよ。

(3)　$[A]$ は正の数 A の整数部分を表し，A を超えない最大の整数とする。

例えば，$[2]=2$，$[1.6]=1$，$[2\times 1.6]=[3.2]=3$ である。

また，A の小数部分は，$A-[A]$ と表され，0 以上 1 未満の値となる。このとき，次の(i)，(ii)の各問いに答えよ。

(i)　2 次方程式 $x^2+6x-19=0$ の正の解を p とするとき，$[p]$ の値を求めよ。

(ii)　連立方程式 $\begin{cases} x-[2y]=2.1 \\ [x]+2y=8.8 \end{cases}$ を解け。

【２】 次の各問いに答えよ。

(1)　ある自然数 A について，A に 24 をたしても，A から 24 を引いても平方数になるという。このような自然数 A は 3 個ある。A として考えられる 3 個の自然数をすべて答えよ。ただし，平方数とは自然数の 2 乗で表される数である。

(2)　下図のような AB ＝ x cm，AD ＝ y cm の長方形 ABCD がある。

点 P は A → B → C の順に，点 Q は A → D → C の順に長方形 ABCD の周上を頂点 A から頂点 C まで移動する。点 P は辺 AB 上を毎秒 4 cm，辺 BC 上を毎秒 9 cm の速さで移動し，点 Q は辺 AD，DC 上を常に毎秒 6 cm の速さで移動する。

点 P と点 Q は，頂点 A を同時に出発し，頂点 C に同時に到着した。このとき，x と y の比を最も簡単な整数の比で表せ。

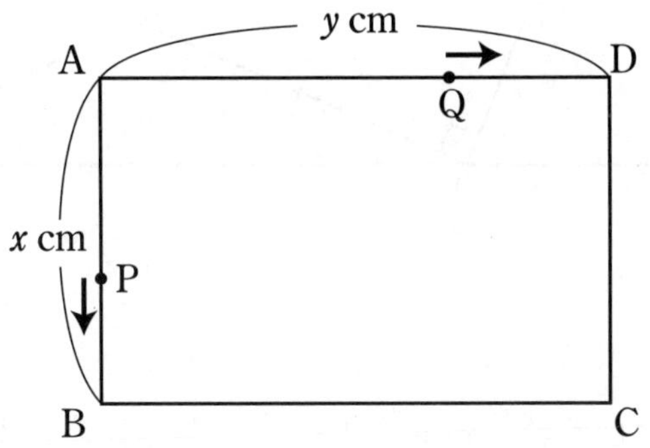

(3)　下図のような AB ＝ 8 の平行四辺形 ABCD がある。辺 AB 上に点 E を AE ＝ 3 となるようにとる。対角線 BD と線分 EC の交点を F とし，点 F を通り辺 AB に平行な直線と辺 BC の交点を G とする。このとき，線分 FG の長さを求めよ。

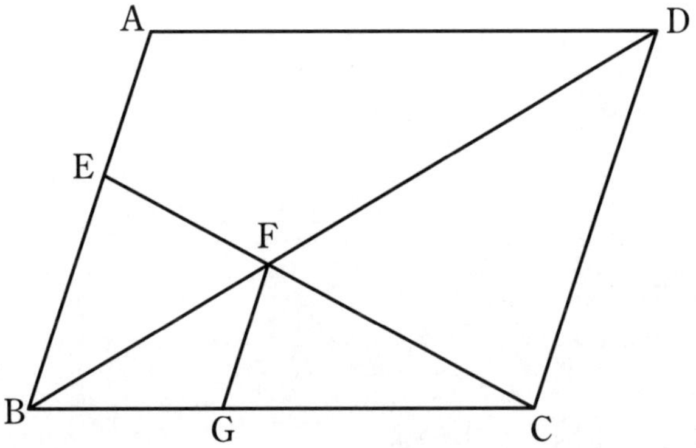

(4)　下図の△ABC において，辺 BC，CA 上にそれぞれ点 D，E をとると，$\angle ADE = 90^\circ$，AB = AD，ED = EC となった。△ABD の面積が 32，△EDC の面積が 18 であるとき，△ADE の面積を求めよ。

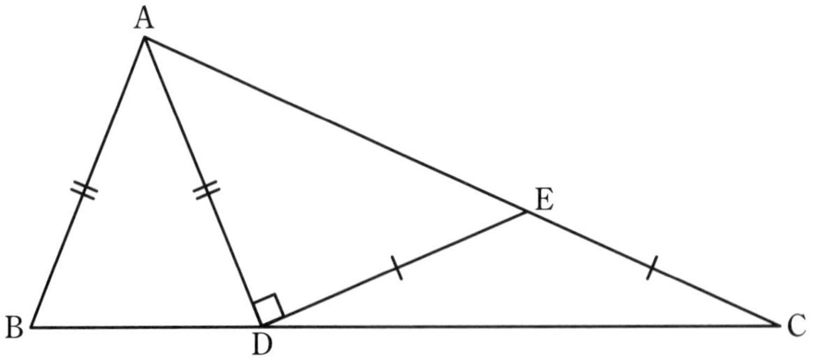

【３】 1 から 12 までの自然数が各面に 1 つずつ書かれた正十二面体のさいころがある。このさいころを続けて 2 回投げたとき，1 回目と 2 回目に出た目の数の積を X とする。このとき，次の各問いに答えよ。ただし，1 から 12 のどの目が出ることも同様に確からしいものとする。

(1)　X が 11 の倍数となる確率を求めよ。

(2)　X が 6 の倍数となる確率を求めよ。

【4】　下図のように，放物線 $y=\dfrac{1}{2}x^2$ 上に2点A，Bがあり，点A，Bの x 座標はそれぞれ -6，8である。点Aと点Bの間の放物線上に点Pをとり，その x 座標を p とする $(-6<p<8)$。2点A，Bを通る直線をひき，原点Oと点A，B，Pをそれぞれ結び，点Pと点A，Bをそれぞれ結ぶ。このとき，次の各問いに答えよ。

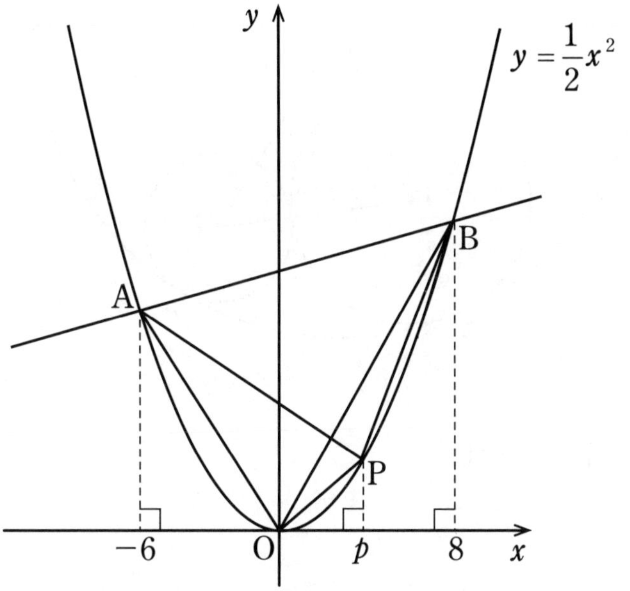

(1)　直線ABの式を求めよ。

(2)　△APBの面積が171となる p の値をすべて求めよ。

(3)　(i)　$p=6$ のとき，△AOBと△BOPの面積比(△AOB : △BOP)を最も簡単な整数の比で表せ。

(ii)　△AOPと△BOPの面積比が，△AOP : △BOP = 11 : 4となるとき，p の値を求めよ。ただし，$p \neq 0$ とする。

【5】 下図のように，点Oを中心とする半円Oの内部に点Pを中心とする半径5の円Pと，点Qを中心とする半径3の円Qがある。半円Oと円P，Qは半円の弧上の点A，Bでそれぞれ接していて，円Pと円Qは点Cで接している。
△OPQの周の長さが24であるとき，次の各問いに答えよ。

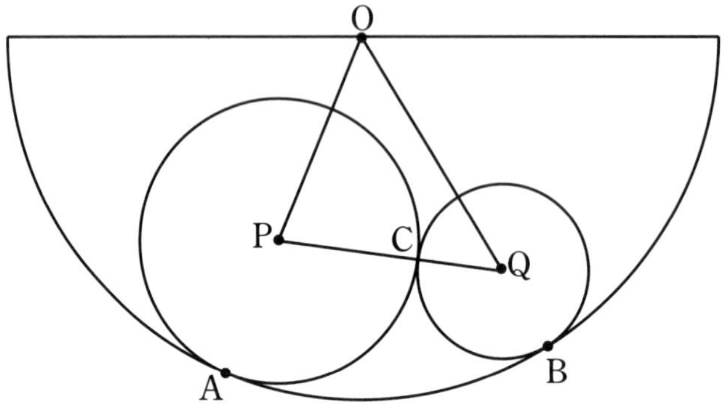

(1) 半円Oの半径を求めよ。

(2) △OPQの面積を求めよ。

(3) 点Aと点B，点Bと点C，点Cと点Aをそれぞれ結んで△ABCをつくる。このとき，△ABCの面積を求めよ。

【6】〔図1〕のように，金属板でできた1辺の長さが 12 cm の正方形 ABCD があり，辺 AB の中点を E とする。正方形 ABCD を線分 AE と線分 BE がぴったり重なるように線分 EC, ED を折り目として折り曲げて，点 A と点 B が重なった点を F とする。さらに，△FCD の部分にも金属板を取りつけて三角錐 FECD をつくる。

〔図2〕のように，三角錐 FECD を△ECD が底面となるように水平な床の上に置き，辺 CD を回転の軸として，矢印の方向へ△FCD が床と接するまで回転させる。このとき，次の各問いに答えよ。ただし，金属板の厚さは考えないものとする。

〔図1〕

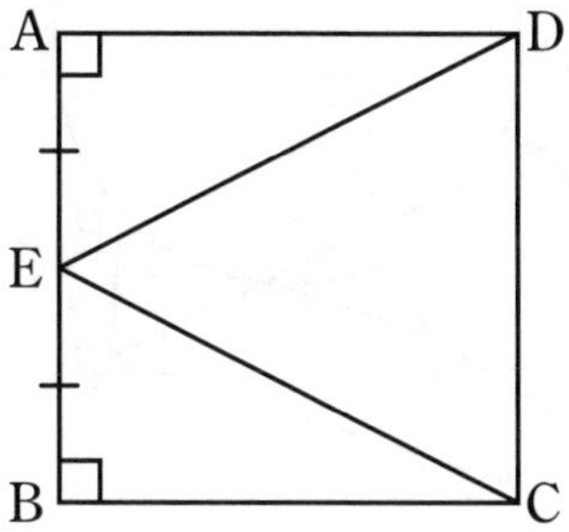

〔図2〕

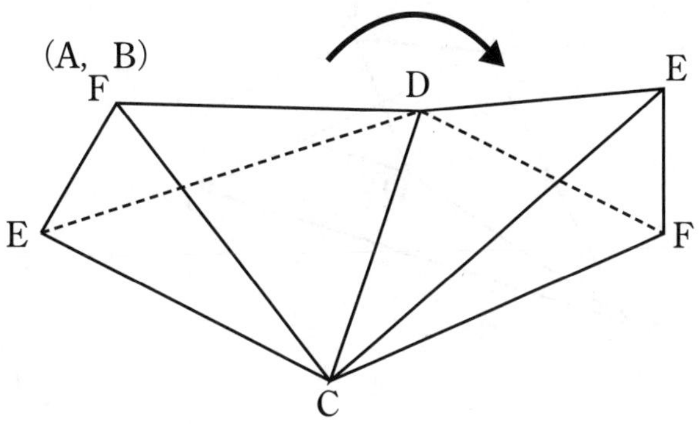

(1)　三角錐 FECD の体積を求めよ。

(2)　〔図2〕の三角錐 FECD の回転移動において，線分 EF が通過した部分の面積を求めよ。

〔図 2〕の△FCD が床と接している状態から，辺 EF の中点 P を通り△FCD と平行な平面で三角錐 FECD を切断し，切断面と辺 EC，ED の交点をそれぞれ Q，R とする。このとき，五面体 PQR－FCD の△PQR の部分だけ金属板のない立体ができる(〔図 3〕)。

次に，△PQR の上方から半径 4 cm の球をこの立体にのせると，△PQR の 3 辺に球がふれて，球の一部分が立体の内部に入った状態で静止した(〔図 4〕)。

〔図 3〕

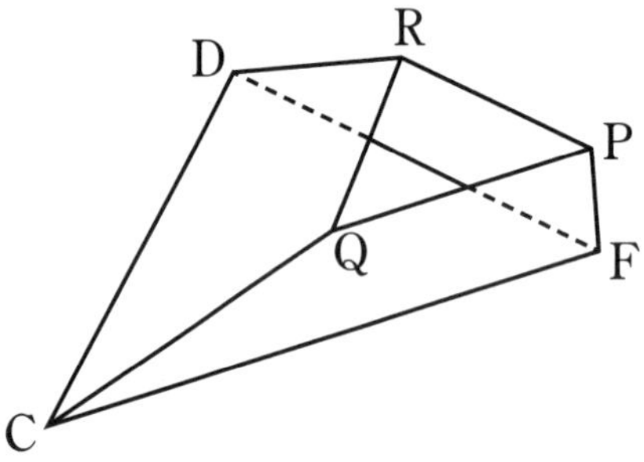

〔図 4〕

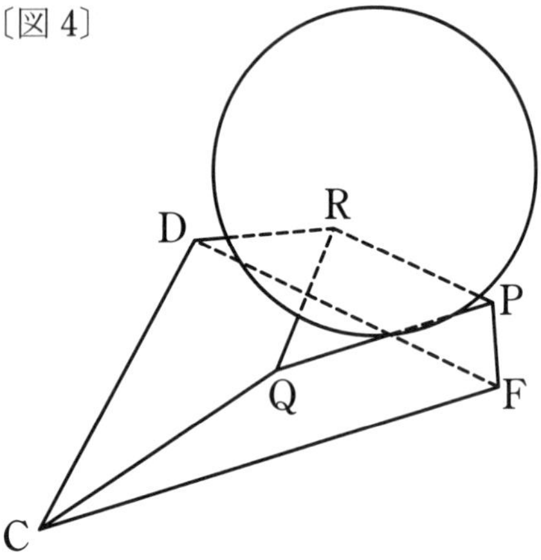

(3)　〔図 4〕において，床から球の一番高い点までの高さを求めよ。

2019年度　第5回

3年　駿台高校受験公開テスト

理　科

11月23日（祝）実施

〔注　　意〕

1　まず初めに，この問題冊子が，あなたが受験する「学年」「教科」であることを必ず確認すること。

2　解答は必ず解答用紙の指定された箇所に記入すること。解答に際して指定されない記号・符号を記入した答案は無効とする。

3　試験開始の合図があるまで，問題を開かないこと。合図があったら，問題に着手する前に必ず解答用紙に受験番号，氏名を忘れずに記入すること。

4　試験時間は60分。

5　いったん書いた解答を訂正する場合は，前のものをしっかり消して書き直すこと。

6　記述で答える問題は，ふりがなと漢字を一緒に書かないこと。

7　問題冊子は持ち帰り，「解答・解説」をよく読んで，復習に努めること。

〔注　意〕

※　解答は指定された形式で答えること。

※　「すべて選べ」という問題では，１つだけ選ぶ場合もふくまれる。

※　数値を答える問題では，特に断りのない場合，指定された位までの四捨五入した値を答えること。

※　図は必ずしも正確ではない。

【１】　次の＜実験Ⅰ＞～＜実験Ⅲ＞を読んで，あとの問いに答えよ。ただし，100 g の物体にはたらく重力を１N とする。

＜実験Ⅰ＞

　図１，図２のように，滑車を使ってロープを引き，水平な床に置いてある物体を引き上げた。このとき，物体が一定の速さで移動するように，ロープはゆっくりと真下に引いた。

　次の各問いに答えよ。ただし，滑車とロープの重さは無視できるほど小さく，摩擦は考えないものとする。

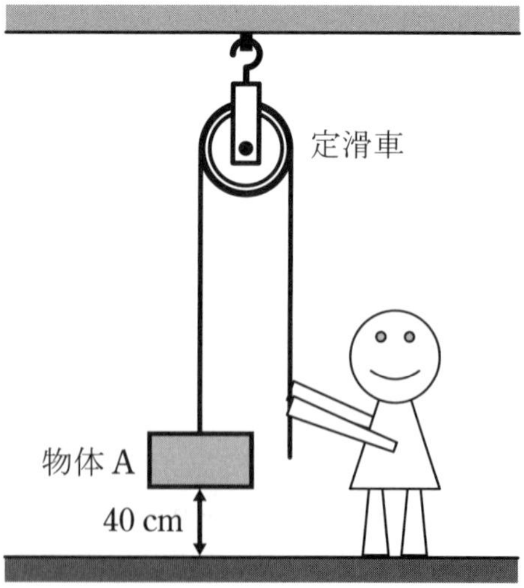

図１

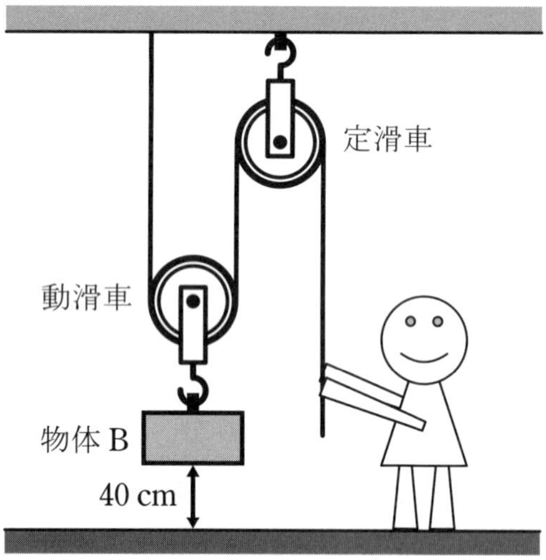

図２

(1)　図１のように，１個の滑車を使い，質量２ kg の物体 A を 40 cm 引き上げた。

　(i)　ロープを引く力の大きさは何 N か。整数で答えよ。

　(ii)　ロープが物体 A を引く力が物体 A にした仕事は何 J か。整数で答えよ。

(2)　**図2**のように，2個の滑車を使い，質量3 kg の物体Bを40 cm 引き上げた。

(i)　ロープを引く力の大きさは何Nか。整数で答えよ。

(ii)　ロープを引いた長さは何 cm か。整数で答えよ。

(iii)　物体Bを40 cm 引き上げるのに8秒かかった。ロープを引く力の仕事率は何Wか。小数第1位まで答えよ。

＜実験Ⅱ＞

図3のように，摩擦のない斜面と水平面を組み合わせて装置をつくった。点C，D，Eは斜面と水平面の境界にあたり，点A，B，Fの水平面CDからの高さはそれぞれ80 cm，50 cm，30 cm である。この装置の上で質量3 kg の物体Xを転がした。

このとき，次の各問いに答えよ。ただし，斜面と水平面はなめらかにつながっていて，物体Xは装置から離れることなく運動をした。また，物体Xの大きさは無視できるほど小さく，空気抵抗は考えないものとする。

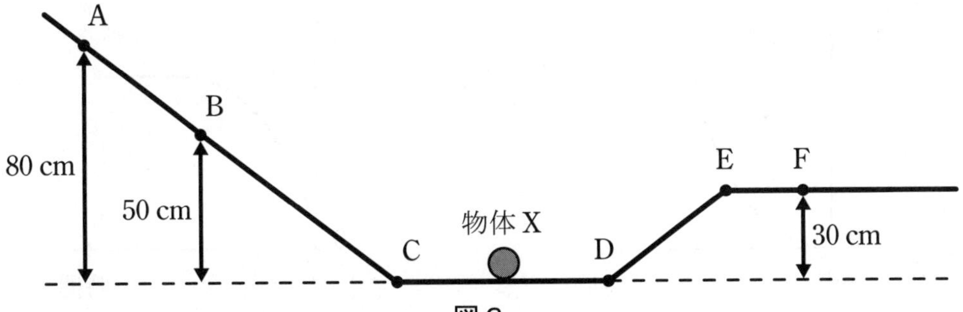

図3

(3)　物体Xを点Cに置き，斜面に沿って点Aまでもち上げた。このとき，物体Xが一定の速さで移動するように，斜面に平行な向きの力を加え続けた。

(i)　斜面に平行な向きの力が物体Xにした仕事は何Jか。整数で答えよ。

(ii)　物体Xのもつ位置エネルギーは何J増加したか。整数で答えよ。

(4)　物体Xを点Aから静かに放すと，物体Xは装置に沿って転がり，点Fを通過した。

(i)　物体Xが点Bを通過するときにもっている運動エネルギーは何Jか。整数で答えよ。

(ii)　物体Xが点Aから点Dまで移動する間の，時間と物体Xの速さの関係を表したグラフはどれか。もっとも適切なものを次の**ア**～**エ**から1つ選び，記号で答えよ。

ア
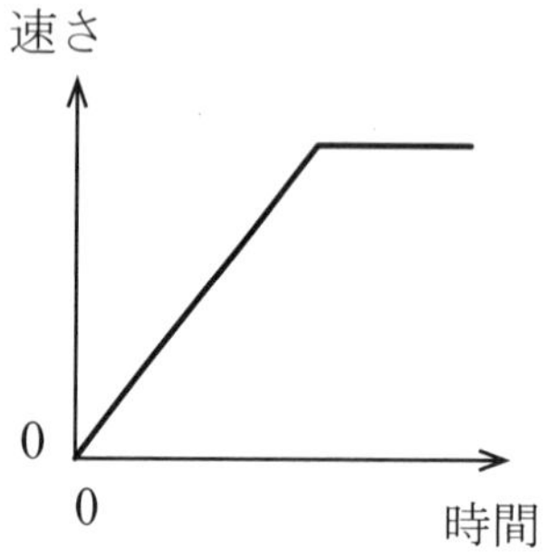

イ
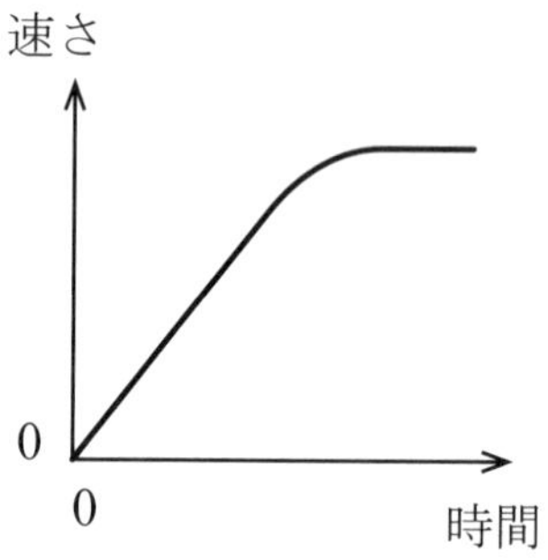

ウ
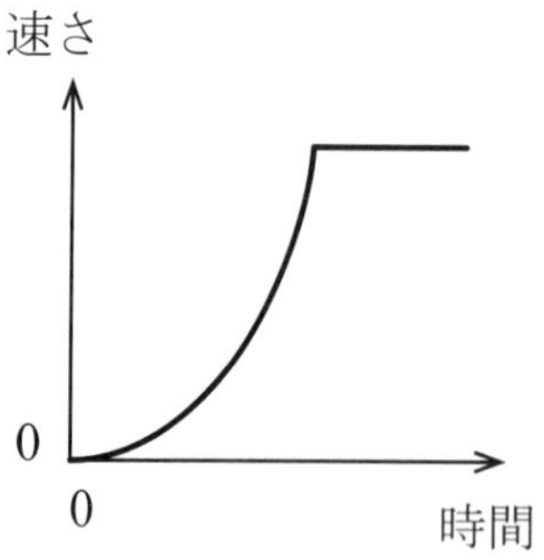

エ
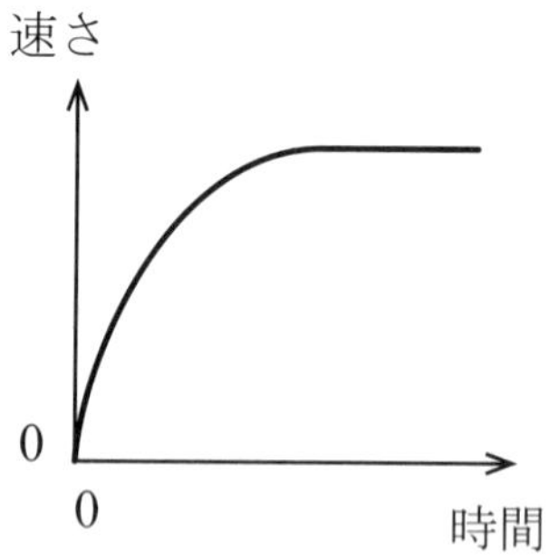

(iii)　点Dを通過するときに物体Xのもつ運動エネルギーと，点Fを通過するときに物体Xのもつ運動エネルギーの比は何対何か。もっとも簡単な整数比で答えよ。

＜実験Ⅲ＞

図4のように，摩擦のない斜面と摩擦のある水平面を組み合わせて装置をつくった。点Cは斜面と水平面の境界にあたり，点A，Qの水平面CPからの高さはそれぞれ80 cm，30 cmである。質量3 kgの物体Yを点Aから静かに放すと，物体Yは斜面をすべり落ち，点Cから60 cm離れた点Pで静止した。

このとき，次の各問いに答えよ。ただし，斜面と水平面はなめらかにつながっていて，物体Yは装置から離れることなく運動をした。また，物体Yが水平面上を動いているときにはたらく摩擦力はつねに一定であり，物体Yの大きさは無視できるほど小さく，空気抵抗は考えないものとする。

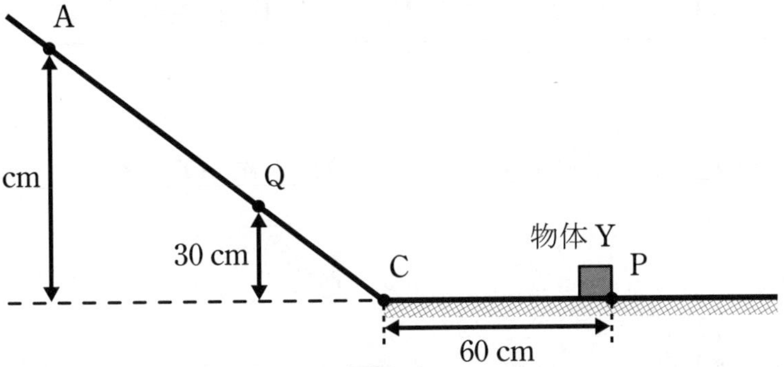

図4

(5)

(i)　物体Yが水平面から受けた摩擦力は何Nか。整数で答えよ。

(ii)　CP間を移動しているときに物体Yが失った運動エネルギーは，おもに何というエネルギーになったか。解答欄に合うように，漢字で答えよ。

(6)　＜実験Ⅲ＞の後，点Pで静止している物体Yを10 cm右に動かし，点Cの向きに力を加えると，物体Yは点Cまで運動した後，斜面に沿って点Qまで上がり，ふたたび斜面をすべり落ちた。物体Yが左に向かって点Pを通過しているとき，物体Yのもつ運動エネルギーは何Jか。整数で答えよ。

【２】 次の［Ⅰ］～［Ⅲ］を読んで，あとの問いに答えよ。ただし，水溶液中で水は電離していないものとする。

［Ⅰ］　ある濃度の硫酸Xとある濃度の水酸化バリウム水溶液Yを混合する実験をおこなった。5つのビーカーに硫酸Xを20.0 mLずつはかりとり，各溶液にさまざまな体積の水酸化バリウム水溶液Yをこまごめピペットで加えたところ，どの溶液中にも硫酸バリウムの沈殿が生じた。**表１**は，加えた水酸化バリウム水溶液Yの体積と生じた硫酸バリウムの沈殿の質量の関係を表したものである。

加えたYの体積［mL］	4.0	8.0	12.0	16.0	20.0
生じた沈殿の質量［mg］	120	240	360	480	480

表１

(1)　この実験で生じた硫酸バリウムは何色か。次の**ア**～**オ**から１つ選び，記号で答えよ。

ア　白色　　**イ**　黒色　　**ウ**　青色　　**エ**　黄色　　**オ**　褐色

(2)　この実験と同様に，酸性の水溶液にアルカリ性の水溶液を混合する実験をおこなうとき，水に溶けない塩が生じる組み合わせはどれか。正しいものを次の**ア**～**オ**から１つ選び，記号で答えよ。

ア　硫酸と水酸化ナトリウム水溶液

イ　硫酸とアンモニア水

ウ　塩酸と水酸化バリウム水溶液

エ　塩酸とアンモニア水

オ　炭酸水と水酸化カルシウム水溶液

(3)　20.0 mL の硫酸 X に水酸化バリウム水溶液 Y を少しずつ加えていくとき，加えた Y の体積と各イオンの個数の関係を表したグラフはどれか。①，②のイオンの個数について，もっとも適切なものを下の**ア**〜**オ**から 1 つずつ選び，それぞれ記号で答えよ。ただし，縦軸の「はじめの H^+」がさす個数は，20.0 mL の硫酸 X 中に存在する水素イオンの個数を表しているものとする。

①　溶液中に存在する水酸化物イオンの個数

②　溶液中に存在する総イオン数

ア

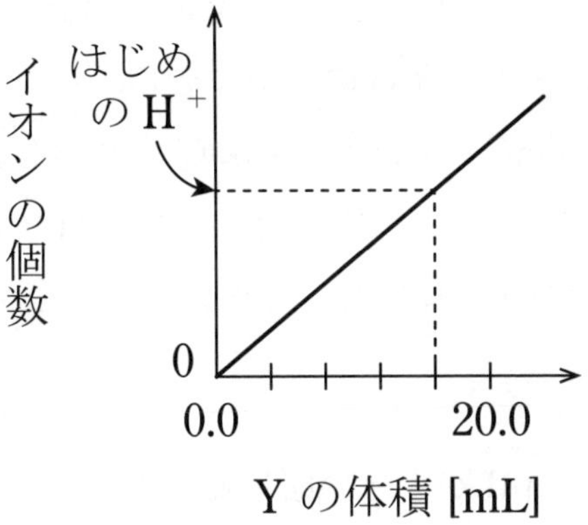

イ

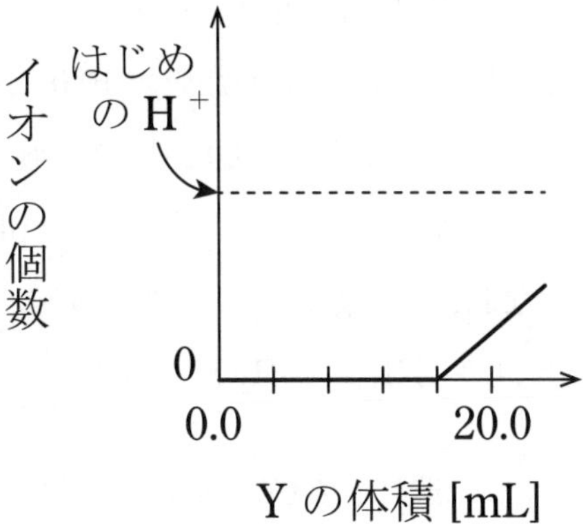

ウ

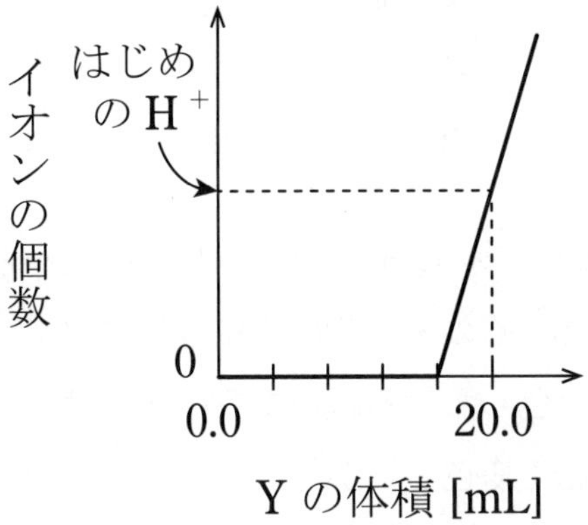

エ

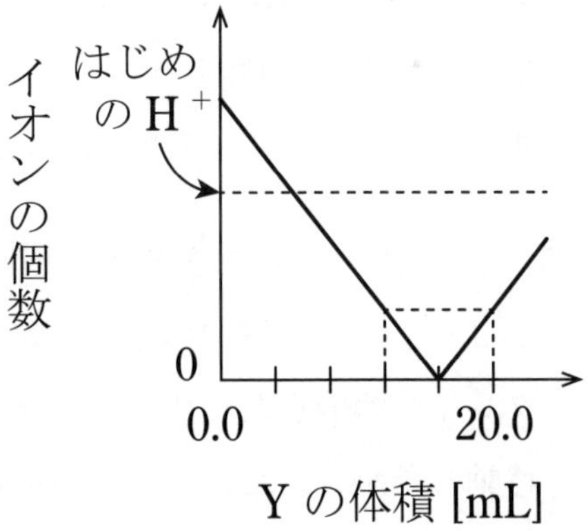

オ

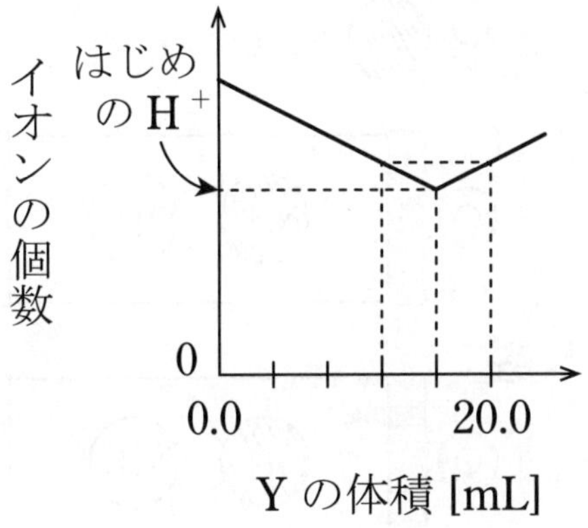

［Ⅱ］　酸性，アルカリ性を示す指標としてpHがある。水溶液のpHは，ある体積の水溶液あたりに存在する水素イオンの数もしくは水酸化物イオンの数で決まる。水素イオンと水酸化物イオンは水溶液中で同時に存在することはなく，pH 7の水溶液中には水素イオンも水酸化物イオンも存在しないものとする。また，同じ体積の水溶液であれば，pH 1の水溶液中の水素イオンの数とpH 13の水溶液中の水酸化物イオンの数は等しく，pH 3の水溶液中の水素イオンの数とpH 11の水酸化物イオンの数は等しい。

ある濃度の塩酸Pとある濃度のアンモニア水Qがある。10.0 mLの塩酸Pに溶かした塩化水素分子の数と，10.0 mLのアンモニア水Qに溶かしたアンモニア分子の数は同じであり，10.0 mLの塩酸Pと10.0 mLのアンモニア水Qを混合するとちょうど中和した。また，塩酸PのpHは1で，アンモニア水QのpHは11であった。

なお，水に溶けたアンモニアの一部は水分子と反応し，次のように電離している。

$$NH_3 + H_2O \rightarrow NH_4^+ + OH^-$$

(4)　一般に，食酢，炭酸水，セッケン水をpHが大きい順に並べたものはどれか。次の**ア**～**カ**から１つ選び，記号で答えよ。

ア　食酢 ＞ 炭酸水 ＞ セッケン水
イ　食酢 ＞ セッケン水 ＞ 炭酸水
ウ　炭酸水 ＞ 食酢 ＞ セッケン水
エ　炭酸水 ＞ セッケン水 ＞ 食酢
オ　セッケン水 ＞ 食酢 ＞ 炭酸水
カ　セッケン水 ＞ 炭酸水 ＞ 食酢

(5)　食塩水をしみこませたろ紙にアンモニア水Qを１滴たらし，両側から電圧をかけると，水溶液中のイオンが移動した。その後，そのろ紙全体にフェノールフタレイン溶液をたらすと，一部が赤く変色した。ろ紙中で各イオンはどのように移動したか。また，ろ紙のどの部分が赤く変色したか。正しく表した図を次の**ア**～**エ**から１つ選び，記号で答えよ。ただし，電圧をかける前にアンモニア水をたらしたところを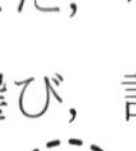で，赤く変色したところを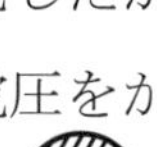で表している。

ア
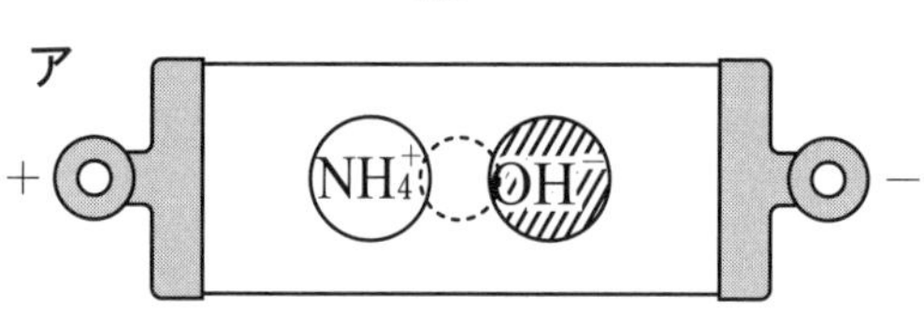

イ
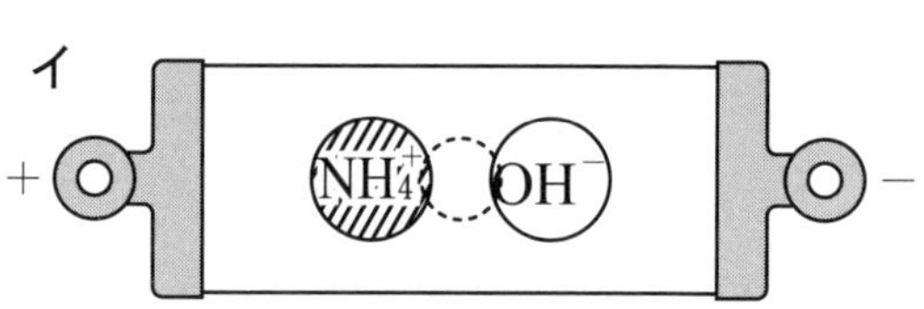

ウ
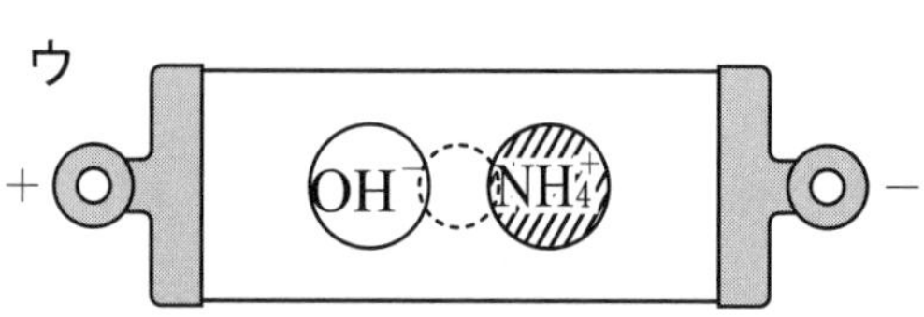

エ
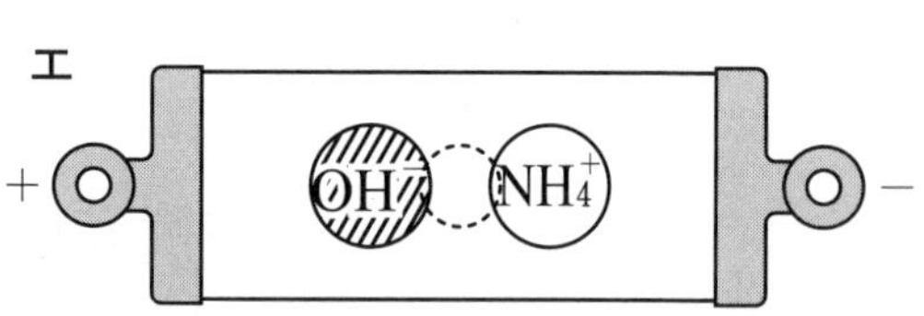

(6)　塩酸Pとアンモニア水Qについて述べている文として，正しいものはどれか。次の**ア**～**オ**から1つ選び，記号で答えよ。ただし，塩酸中ですべての塩化水素分子は，次のように電離しているものとする。

$$HCl \rightarrow H^{+} + Cl^{-}$$

ア　10.0 mLの塩酸P中に存在する水素イオンの数と，10.0 mLのアンモニア水Q中に存在する水酸化物イオンの数は等しい。

イ　10.0 mLの塩酸P中に存在する水素イオンの数と，10.0 mLのアンモニア水Q中に存在するアンモニア分子の数は等しい。

ウ　10.0 mLの塩酸P中に存在する水素イオンの数と，10.0 mLのアンモニア水Q中に存在するアンモニア分子と水酸化物イオンを合計した数は等しい。

エ　10.0 mLの塩酸P中に存在する塩化水素分子と，10.0 mLのアンモニア水Q中に存在する水酸化物イオンの数は等しい。

オ　10.0 mLの塩酸P中に存在する塩化水素分子と，10.0 mLのアンモニア水Q中に存在するアンモニア分子の数は等しい。

［Ⅲ］　濃度（質量パーセント濃度）5.0%の塩酸A，濃度10.0%の塩酸B，濃度8.0%の水酸化ナトリウム水溶液Cがある。AとC，およびBとCを加えて中和する実験をおこなった。10.0 mLの塩酸Aに水酸化ナトリウム水溶液Cを少しずつ加えていくと，6.8 mL加えたところでちょうど中和した。また，10.0 mLの塩酸Bに水酸化ナトリウム水溶液Cを少しずつ加えていくと，13.6 mL加えたところでちょうど中和した。本問で使用する溶液や混合溶液の密度はすべて1.0 g/cm^{3}とする。

(7)　10.0 mLの塩酸Aに6.8 mLの水酸化ナトリウム水溶液Cを加え，完全に中和させた。この溶液16.8 mLから5.0 mLをはかりとり，水を完全に蒸発させたところ，235 mgの結晶が得られた。次の問いに答えよ。

(i)　得られた結晶は何か。化学式で答えよ。

(ii)　10.0 mLの塩酸Bに13.6 mLの水酸化ナトリウム水溶液Cを加え，完全に中和した後，水をすべて蒸発させると，何mgの結晶が得られるか。整数で答えよ。

(8)　2.0 mL の塩酸 A と 8.0 mL の塩酸 B を混合し, 10.0 mL の混合溶液をつくった。この混合溶液 10.0 mL に BTB 溶液を 1 滴たらした後，水酸化ナトリウム水溶液 C を少しずつ加えていき，溶液の色を確認した。加えた水酸化ナトリウム水溶液 C の体積が 6.8 mL, 10.2 mL, 13.6 mL のとき，溶液の色はそれぞれ何色になるか。正しい組み合わせを次の**ア**～**オ**から 1 つ選び，記号で答えよ。

加えた C の体積		6.8 mL	10.2 mL	13.6 mL
選択肢	**ア**	青	緑	赤
	イ	青	緑	緑
	ウ	黄	緑	赤
	エ	黄	緑	青
	オ	黄	黄	青

(9)　塩酸 A と塩酸 B を合わせて 10.0 mL になるようにはかりとり，混合した。この溶液に濃度 5.0% の水酸化ナトリウム水溶液 D を 18.4 mL を加えると，ちょうど中和した。はじめに混合した塩酸 A は何 mL か。小数第 1 位まで答えよ。

(10)　水酸化ナトリウムの固体は水によく溶け, 溶ける際に発熱する。この熱量を「溶解熱」という。8.0 g の固体の水酸化ナトリウムを 92.0 g の水に完全に溶かすと，溶解熱によって水溶液の温度が 21.4 ℃上昇する。また，中和反応によっても熱が生成し，この熱量を「中和熱」という。50.0 g の水酸化ナトリウム水溶液 C と 50.0 g の塩酸 B を混合すると，混合溶液は酸性になり，中和熱の影響で混合溶液の温度が 13.3 ℃上昇する。中和熱によって上昇する温度は中和によって生成された水の質量に比例し，混合溶液の質量に反比例するものとする。

いま，8.0 g の固体の水酸化ナトリウムを 92.0 g の塩酸 A に完全に溶かすと，混合溶液はアルカリ性になった。このとき，溶液の温度は何℃上昇するか。整数で答えよ。ただし，全体の上昇温度は，溶解熱による上昇温度と中和熱による上昇温度の和として計算せよ。

【３】 次の＜文１＞，＜文２＞を読んで，あとの問いに答えよ。

＜文１＞　A君は自由研究の題材として，土壌中の生物を調べることにした。そのため，落ち葉におおわれた深さ５ cmの土壌を採取した。このときモグラが土の中にいるのを発見したが，捕まえずにノートにその存在を記録した。また，名前は不明だったがキノコも発見し，これも持ち帰らずにノートに記録した。それら以外の持ち帰った土を白い紙の上に広げ，(a)目に見える小動物をピンセットで採取した。採取後の土を**図１**のような装置（ツルグレン装置）に移し，(b)白熱電球を24時間当て続けると，ビーカーに小動物が落ちていたため，これらを双眼実体顕微鏡で観察した。

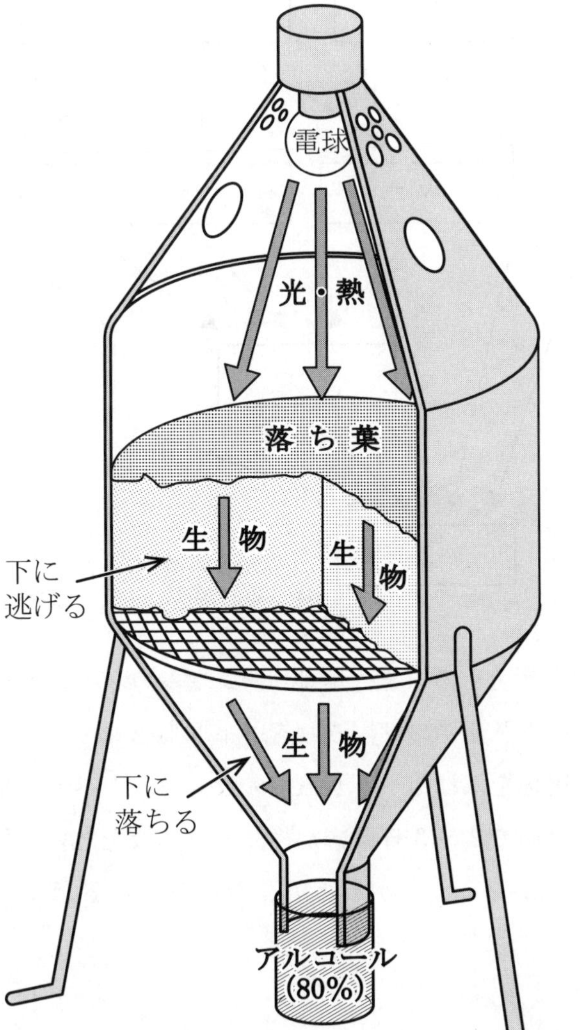

図１

採取および顕微鏡での観察によって確認された生物は次の8種類であった。

＜生物群＞

・カニムシ　・クモ　・ダニ　・ダンゴムシ

・トビムシ　・ミミズ　・ムカデ　・ヤスデ

さらにA君は，これらの生物と落ち葉，モグラの食物連鎖の関係を**図2**のようにまとめた。

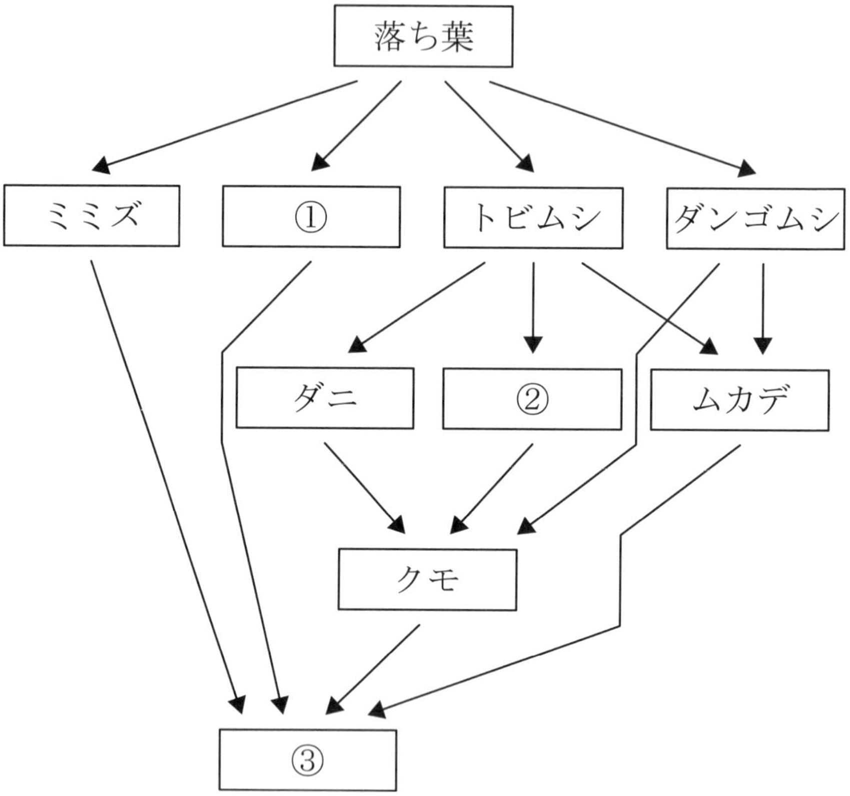

図2

残った土のうちの少量をそのまま，培地（デンプンなどをふくんだ液を寒天で固めたもの）を入れたペトリ皿にのせ，これをペトリ皿Aとした。また，残った土の一部をよく加熱後，培地を入れたペトリ皿にのせ，これをペトリ皿Bとした。これら2つのペトリ皿を定温で2～3日置いた後，ヨウ素液をたらした。ペトリ皿Aは土のまわりに色の変化が見られなかったが，(c)ペトリ皿Bは土のまわりに色の変化が見られた。

(1)　下線部(a)に関して，＜生物群＞の8種類の生物のうち，土の中にまじっていても目で見て採取できた生物は5種類あった。そのうちの3種類はクモ，ミミズ，ムカデである。残りの2種類の組み合わせとして正しいものはどれか。次の**ア**～**オ**から1つ選び，記号で答えよ。

ア　カニムシ，ダンゴムシ　　　**イ**　カニムシ，ヤスデ

ウ　ダンゴムシ，トビムシ　　　**エ**　ダンゴムシ，ヤスデ

オ　トビムシ，ヤスデ

(2)　下線部(b)に関して，小動物がビーカーに落ちてきた理由として**ふさわしくない**ものはどれか。次の**ア**～**エ**から1つ選び，記号で答えよ。

ア　小動物がアルコールのにおいに引き寄せられたから。

イ　土の温度が上がったのを小動物が嫌ったから。

ウ　重力により小動物が下に落ちたから。

エ　土が乾燥したのを小動物が嫌ったから。

(3)　＜生物群＞の8種類の生物のうち1種類を除いた7種類の生物は，体のつくりの特徴に共通点があり，(　　　)動物とよばれる。(　　　)にあてはまる語は何か。漢字2文字で答えよ。

(4)

(i)　＜生物群＞の8種類の生物に，調査中に確認したモグラとキノコを加えた10種類の生物のうち，「消費者」にあたる生物は何種類あるか。0以上10以下の整数で答えよ。

(ii)　＜生物群＞の8種類の生物に，調査中に確認したモグラとキノコを加えた10種類の生物のうち，生産者に対する「分解者」にあたる生物は何種類あるか。0以上10以下の整数で答えよ。

(iii)　(ii)で選んだ分解者に加え，細菌類とよばれるなかまも分解者にあたる。細菌類にあたる生物はどれか。次の**ア**～**オ**から**すべて**選び，記号で答えよ。

ア　シイタケ　　　**イ**　クロカビ　　　**ウ**　乳酸菌

エ　アオカビ　　　**オ**　納豆菌

(5)　**図2**内の ① ～ ③ にあてはまる生物の組み合わせとして正しいものはどれか。次の**ア**～**カ**から1つ選び，記号で答えよ。

ア　①カニムシ　②ヤスデ　③モグラ
イ　①カニムシ　②モグラ　③ヤスデ
ウ　①ヤスデ　②カニムシ　③モグラ
エ　①ヤスデ　②モグラ　③カニムシ
オ　①モグラ　②カニムシ　③ヤスデ
カ　①モグラ　②ヤスデ　③カニムシ

(6)　下線部(c)に関して，ペトリ皿Bにおいて，ヨウ素液をたらした土のまわりに色の変化が見られた理由として正しいものはどれか。次の**ア**～**オ**から1つ選び，記号で答えよ。

ア　土の中の微生物が新たにデンプンを作ったから。
イ　細菌類がいなくなったから。
ウ　菌類がデンプンを吸収したから。
エ　小動物たちの排せつ物がまじっていたから。
オ　デンプンが土の中の窒素と反応したから。

＜文2＞　家庭で出る生ゴミと土や落ち葉をまぜることで，(d)堆肥をつくることができる。ここでは生ゴミの重量の20 %にあたる堆肥ができるものとする。こうしてできた(e)堆肥は植林した際の肥料としても利用できる。植林された木が大きく育ち，光合成の材料として(f)二酸化炭素を多く吸収すれば，地球温暖化防止へ役立つものと考えられる。

(7)　下線部(d)に関して，ダンボールコンポストは，ダンボールを用いて簡単に堆肥をつくるしくみである。あるダンボールコンポストでは1日に500 gの生ゴミを処理できる。このダンボールコンポストによって1年間に何kgの堆肥をつくることができるか。整数で答えよ。ただし，1年を365日とする。

(8)　下線部(e)に関して，ある植物を植林する際，木のまわりの直径 30 cm，深さ 30 cm の円柱内にある土のうち 5%を堆肥にしたい。このとき，以下の問いに答えよ。ただし，円周率を 3.14 として計算すること。

(i)　この植物 1 本に必要な堆肥は何 g か。整数で答えよ。ただし，堆肥の密度は 0.5 g/cm^3 とする。

(ii)　(i)で求めた 1 つのダンボールコンポストで 1 年間つくった堆肥によって，植林の木何本分の堆肥にできるか。ただし，(7)と(8)(i)の結果を用いて計算し，整数で答えよ。

(9)　下線部(f)に関して，(8)で植林した樹木が成長後，幹回り一周を測ったところ 282.6 cm あった。この樹木が 1 年でどれだけ二酸化炭素を吸収するかを見積もりたい。ここでは樹木の葉 1 m^2 あたりが 1 年に吸収する二酸化炭素は 1.5 kg であるものとする。**表 1** は，樹木 1 本の幹の直径と葉の面積の合計の関係を表したものである。このとき，以下の問いに答えよ。ただし，円周率を 3.14 として計算すること。

幹の直径 [cm]	葉の面積の合計 [m^2]
50	130
60	180
70	200
80	250
90	330
100	400

表 1

(i)　この樹木の葉の面積合計は何 m^2 か。整数で答えよ。

(ii)　この樹木 1 本で 1 年に何 kg の二酸化炭素を吸収できるか。整数で答えよ。ただし，この樹木の葉の面積の合計は 1 年間で変化しないものとする。

【４】 次の［Ⅰ］～［Ⅲ］を読んで，あとの問いに答えよ。

［Ⅰ］ 太陽の表面には（　①　）とよばれる周囲よりも温度の低い部分があり，地球からもそのようすを天体望遠鏡で観測することができる。太陽の表面を太陽投影板を用いて観測していくと，（　①　）はしだいに位置を変えていくことがわかる。これは太陽が（　②　）しているためである。また，この（　①　）は太陽の活動が（　A　）であるときに多く存在する。

太陽の表面で突然明るく光る現象があり，これを太陽フレアという。これに伴い，太陽大気のガスや高エネルギーの粒子が太陽風として周辺に拡散され，地球にも到達し，電波障害が発生することがある。

(1) 空欄（①），（②）にあてはまる語は何か。それぞれ答えよ。

(2) 空欄（A）にあてはまる語は何か。次の**ア**～**ウ**から１つ選び，記号で答えよ。
ア 平穏　　**イ** 平均的な状態　　**ウ** 活発

(3) 波線部に関して，太陽フレアにより発生した太陽風の速さが秒速 600 km であるとき，この太陽風が地球に到達するのは何時間後か。整数で答えよ。なお，1 天文単位を 1 億 5000 万 km とする。

［Ⅱ］ **表１**は，太陽系にある惑星を，直径の大きい順に並べたものである。なお，直径の値は地球の直径を１としたものである。

惑星	A	B	C	D	地球	E	F	G
直径（相対値）	11.21	9.45	4.01	3.88	1	0.95	0.53	0.38

表１　太陽系の惑星の直径

(4) **表１**のAとFにあてはまる惑星は何か。それぞれ名称を漢字で答えよ。

(5) **表１**のA～Gのうち，表面の平均温度がもっとも高い惑星はどれか。A～Gから１つ選び，記号で答えよ。

(6) **表１**のCの赤道の長さは何万 km か。千の位以下を四捨五入して一万の位までの概数で答えよ。なお，地球とCはともに球体であるとし，地球の半径を 6400 km，円周率を 3.1 として計算せよ。

［Ⅲ］ **図1**のように，恒星の周りをまわっている惑星AとBについて，内側の軌道をまわっている惑星Aからみたとき，外側の軌道をまわっている惑星Bのことを「外《そと》惑星」という。また，惑星Aからみて外惑星が，**図1**のように恒星に対して正反対の位置にあるときを「衝《しょう》」という。なお，ここでのすべての惑星は恒星を中心とした同一平面上にある円周上をいずれも同じ向きに動くものとし，その速さはそれぞれの惑星で一定であるとする。また，「1日」は地球の1日とする。

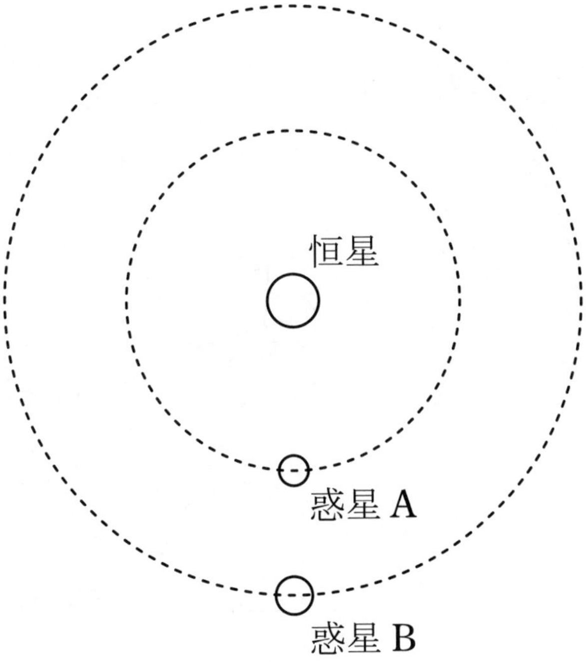

図1　惑星Aからみて衝の位置にある惑星B

(7)　惑星Aと惑星Bが恒星の周りを一周するのにかかる日数が，それぞれ120日と192日であるとする。以下の問いに答えよ。

(i)　1日の間に，惑星Aは恒星を中心に何度回転するか。整数で答えよ。

(ii)　惑星Aからみて惑星Bが衝の位置にあるときから8日後，恒星と2つの惑星は**図２**のような位置関係となった。このときの角aは何度か。0以上180以下の整数で答えよ。

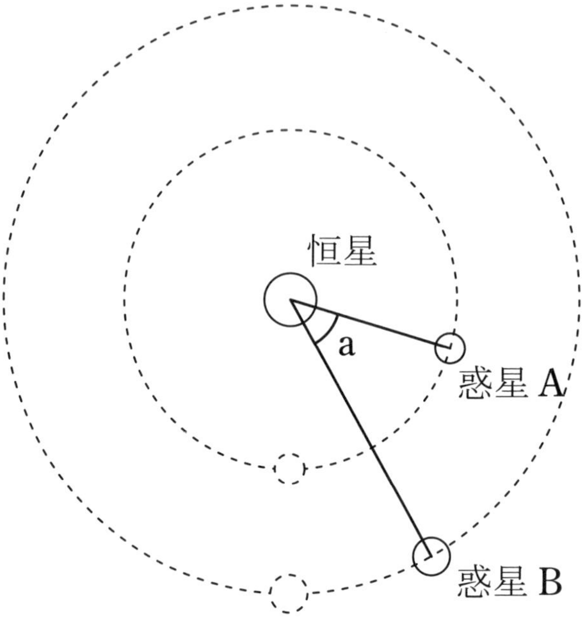

図２

(iii)　惑星Aからみて惑星Bが衝の位置にあるときから，再び惑星Aからみて惑星Bが衝の位置になるのは何日後か。整数で答えよ。

(8)　地球と火星が太陽の周りを一周するのにかかる日数が，それぞれ365日と686日であるとする。地球からみて火星が衝の位置にあるときから，再び火星が衝の位置になるのは何日後か。整数で答えよ。

2019年度　第5回

3年　駿台高校受験公開テスト

社　会

11月23日（祝）実施

〔注　　意〕

1　まず初めに，この問題冊子が，あなたが受験する「学年」「教科」であることを必ず確認すること。

2　解答は必ず解答用紙の指定された箇所に記入すること。解答に際して指定されない記号・符号を記入した答案は無効とする。

3　試験開始の合図があるまで，問題を開かないこと。合図があったら，問題に着手する前に必ず解答用紙に受験番号，氏名を忘れずに記入すること。

4　試験時間は60分。

5　いったん書いた解答を訂正する場合は，前のものをしっかり消して書き直すこと。

6　問題冊子は持ち帰り，「解答・解説」をよく読んで，復習に努めること。

第5回　社会

【1】 次の＜文Ⅰ＞と＜文Ⅱ＞を読み，後の問いに答えよ。

＜文Ⅰ＞

ウクライナは，かつては①ソ連を構成する共和国の1つだった。ソ連崩壊後のウクライナでは，欧米との関係を重視する西部とロシア系住民が多く，ロシアとの関係を重視する東部との対立が続いてきたが，2013年に親ロシアの大統領がEUとの関係を強めるための協定への署名を拒否すると，親ヨーロッパ派が首都キエフなどで大規模なデモを展開して政府と衝突し，翌2014年には親ロシア政権が崩壊して親ヨーロッパ政権が誕生した。これに対して，東部と南部で親ロシア派による抗議運動が広がると，南部の(　②　)半島ではこれにロシア軍が介入して，ロシアが(　②　)半島を一方的に併合した。東部のドンバス地域では親ロシア派勢力がウクライナからの分離独立を主張して政府軍と衝突するようになり，これを③ロシアが支援している。このウクライナ東部紛争は現在も続いており，これまでに1万3000人を超える犠牲者が出ている。

(1)　下線部①について，次の＜地図Ⅰ＞のA～Dの国はいずれもソ連から独立した国である。これらの国について述べた文として正しいものを，後の**ア～エ**から1つ選び，記号で答えよ。

＜地図Ⅰ＞

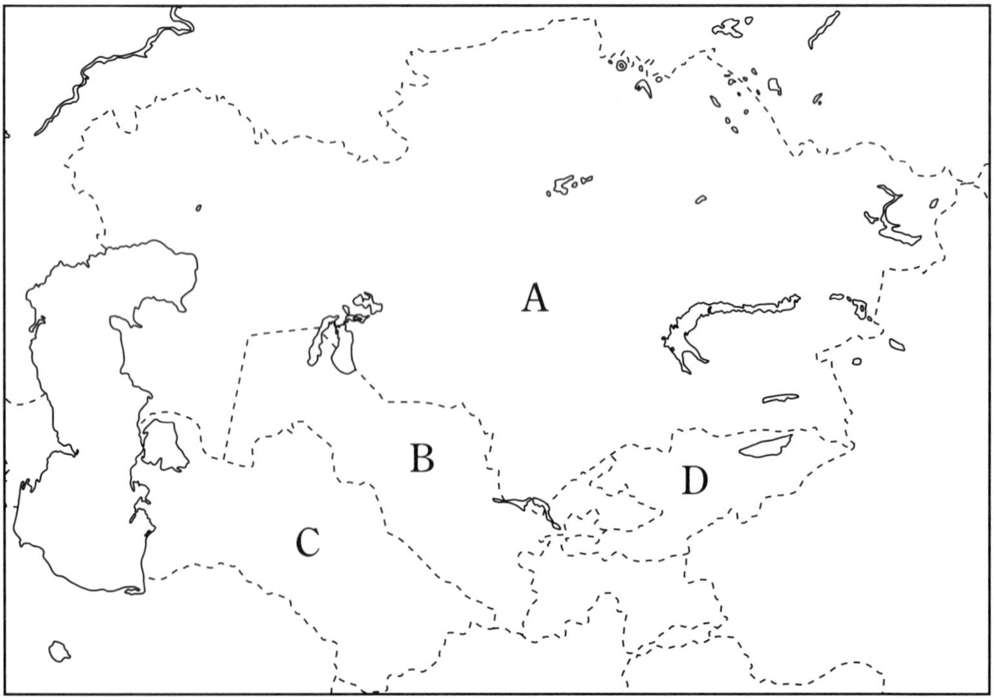

ア　世界で6番目に面積が大きい国であるAの国は，西部のカスピ海沿岸から中央部にかけてカザフステップと呼ばれる草原地帯が広がっている。この国の国民のほとんどはキリスト教徒である。

イ　Bの国では，小麦の栽培のための灌漑《かんがい》用水の取水によってアムダリア川からアラル海に流れ込む水量が激減したことで，アラル海の面積が大きく減少した。

ウ　Cの国は，カスピ海沿岸で産出する世界有数の埋蔵量を誇る天然ガスや原油を輸出している。この国の国土の大部分は砂漠である。

エ　Dの国は，国土全体が山岳地帯であり，牧畜が盛んである。水銀，タングステンなどの地下資源に恵まれており，ウランの生産量は世界第1位である。

(2)　文中の空欄(　②　)にあてはまる語句を，次の中から1つ選び，記号で答えよ。

ア　スカンジナビア　**イ**　シナイ　**ウ**　イベリア　**エ**　バルカン　**オ**　クリミア

(3)　下線部③について，次の**ア**～**エ**の表はそれぞれ，ロシア，マレーシア，カナダ，メキシコのいずれかの国からの日本の輸入について示したものである。このうち，ロシアからの輸入について示しているものを1つ選び，記号で答えよ。

ア

輸入	百万円	%
機械類	212816	30.4
うち通信機	45551	6.5
原油	88239	12.6
肉類	58514	8.4
自動車部品	55535	7.9
果実	36242	5.2
科学光学機器	35414	5.1
自動車	21767	3.1
銀	19180	2.7
家具	17557	2.5
計	699842	100.0

イ

輸入	百万円	%
原油	432980	25.1
液化天然ガス	358032	20.8
石炭	263377	15.3
魚介類	140643	8.2
石油製品	135474	7.9
アルミニウム	131847	7.7
パラジウム	112598	6.5
木材	49650	2.9
鉄鋼	34470	2.0
パルプ	6913	0.4
計	1722684	100.0

ウ

輸入	百万円	%
石炭	179117	13.8
肉類	141327	10.9
木材	113534	8.8
なたね	113422	8.8
医薬品	79954	6.2
銅鉱	79180	6.1
鉄鉱石	68076	5.3
機械類	68042	5.3
小麦	60203	4.6
魚介類	45422	3.5
計	1294987	100.0

エ

輸入	百万円	%
機械類	638676	30.5
うち音響・映像機器	96784	4.6
集積回路	79890	3.8
液化天然ガス	610577	29.2
合板	70064	3.4
プラスチック	58681	2.8
衣類	47358	2.3
科学光学機器	43318	2.1
石油製品	42099	2.0
原油	39823	1.9
計	2091021	100.0

(2018年。『日本国勢図会 2019/20』より作成)

＜文Ⅱ＞

現在も続く④シリア内戦の始まりは，2011年に発生した反政府デモであり，それはチュニジアで起こったジャスミン革命が⑤アラブ諸国に広がってアラブの春と呼ばれた動きが，シリアにも波及したものだった。アサド政権が軍の投入によってデモの鎮圧を図ると，反政府武装組織が結成され，シリアは深刻な内戦へと進んでいった。内戦の開始当初は，独裁政権の崩壊を期待する国際社会はアサド政権への圧力を強め，政権の崩壊は時間の問題とも思われた。しかし，アメリカ・フランスなどが承認する反政府派の統一組織であるシリア国民連合は，多くの武装集団の烏合《うごう》の衆に過ぎず，内部において武力抗争が絶えなかった。そのため，イスラム教アラウィー派であるアサド政権に近いイスラム教シーア派のイランの参戦やソ連時代からの友好国であるロシアの参戦によって支えられた政府軍が大きく盛り返すこととなり，2019年9月現在，反政府派の勢力はシリア北西部のイドリブ県に押し込められている。この間，シリア北東部からイラク北西部にかけてはイスラム過激派組織イスラミック・ステート(IS，イスラム国)が台頭し，衰退した。これまでに内戦による死者は30万人以上，シリアの人口の半数以上に及ぶ約1300万人もの人々が難民となっていると考えられている。

(4)　下線部④について，次の＜地図Ⅱ＞のA～Gの国は内戦が起こったシリアおよびその周辺国である。これらの国に関して述べた文として正しいものを，後の**ア**～**キ**から2つ選び，記号で答えよ。

＜地図Ⅱ＞

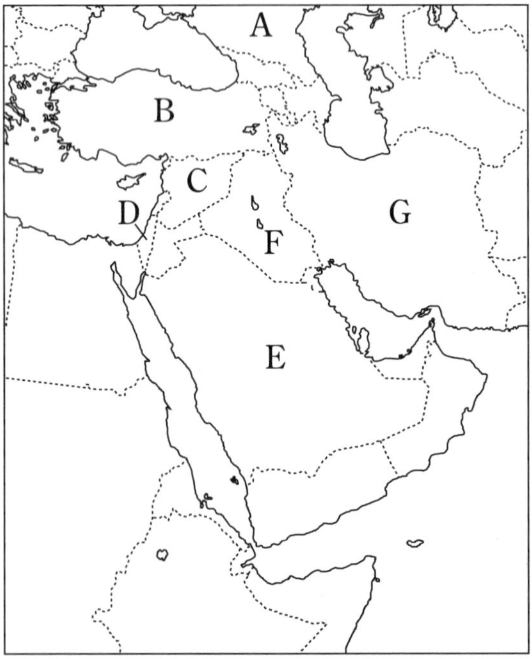

ア　シリア内戦にはアメリカとAの国との代理戦争という面があるともいえるが，アメリカもAの国もイスラミック・ステート(IS，イスラム国)とは敵対関係にあった。

イ　Bの国はウイグル人が支配するCの国の北西部を攻撃した。

ウ　イスラム教シーア派の国であるDの国はアサド政権を支援した。

エ　ペルシャ湾岸の産油国であるEの国は反政府派を支援した。

オ　イスラミック・ステート(IS，イスラム国)はFの国の北東部からGの国の北西部にかけて台頭した。

カ　イスラム教スンナ派の国であるGの国は反政府派を支援した。

キ　シリア最大の都市であるバグダッドでは長期に渡り政府軍と反政府派との軍事衝突が繰り返された。

(5)　下線部⑤について，次のグラフはアラブ諸国で広く栽培されているある農産物の主な生産国を示したものである。この農産物を，下の**ア**～**エ**から1つ選び，記号で答えよ。

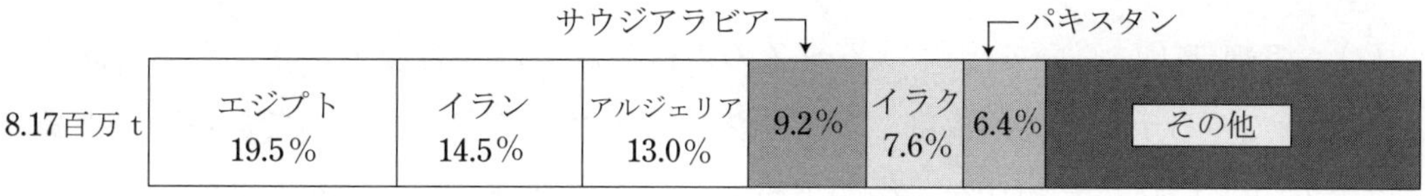

(2017年。『世界国勢図会 2019/20』より作成)

ア　なつめやし

イ　ジュート

ウ　サイザル麻

エ　さとうきび

【2】 次の＜文Ⅰ＞と＜文Ⅱ＞を読み，後の問いに答えよ。

＜文Ⅰ＞

日本は貿易を通じて経済を発展させてきた国である。自国でとれる資源が少ないため，①エネルギー源はほとんどを輸入に頼っており，その一方で工業製品の輸出額は世界有数である。このような原材料を輸入して製造した工業製品を輸出する（　②　）貿易と呼ばれる貿易形態は，日本の貿易の特徴を示す言葉としてよく使用されてきたが，近年は工業製品の輸入が増えており，日本の輸入品のうち輸入金額が最大の品目は機械類となっている。

日本の貿易相手国も時代とともに移り変わってきた。かつては③アメリカ合衆国が日本の最大の輸出相手国であったが，急速な経済発展を成し遂げた中国が近年はアメリカ合衆国と肩を並べており，韓国，台湾，香港など東アジアの国や地域がそれに続く輸出相手国となっている。輸入相手国については，2000年頃まではアメリカ合衆国が第1位だったが，その後は中国が第1位となっている。現在は資源価格が上昇したことで，東アジアの国や地域以外の（　④　）や（　⑤　）なども上位10位以内に入っている。

(1)　下線部①について，次のX～Zの表はそれぞれ，資源・エネルギーを多く輸入している千葉港，横浜港，名古屋港の貿易品目を示したものである。表と貿易港の正しい組み合わせを，後の**ア～カ**から1つ選び，記号で答えよ。

X

輸出品目	百万円	%	輸入品目	百万円	%
自動車	3116513	25.0	液化ガス	452890	8.5
自動車部品	2186874	17.5	衣類	380122	7.1
金属加工機械	544339	4.4	石油	356532	6.7
内燃機関	522551	4.2	アルミニウム	294566	5.5
電気計測機器	437793	3.5	絶縁電線・ケーブル	245145	4.6
計	12484522	100.0	計	5336835	100.0

Y

輸出品目	百万円	%	輸入品目	百万円	%
石油製品	212391	23.7	石油	2255739	56.9
鉄鋼	161059	18.0	液化ガス	662444	16.7
自動車	154315	17.2	自動車	329930	8.3
有機化合物	149212	16.7	鉄鋼	133199	3.4
プラスチック	50143	5.6	有機化合物	127005	3.2
計	896105	100.0	計	3964417	100.0

Z

輸出品目	百万円	%	輸入品目	百万円	%
自動車	1707075	22.1	石油	434558	9.1
自動車部品	381860	4.9	液化ガス	247395	5.2
内燃機関	329030	4.3	アルミニウム	215471	4.5
プラスチック	278029	3.6	衣類	171447	3.6
金属加工機械	247101	3.2	有機化合物	146925	3.1
計	7718697	100.0	計	4753762	100.0

(2018年。『日本国勢図会 2019/20』より作成)

ア　X＝千葉港　Y＝横浜港　Z＝名古屋港
イ　X＝千葉港　Y＝名古屋港　Z＝横浜港
ウ　X＝横浜港　Y＝千葉港　Z＝名古屋港
エ　X＝横浜港　Y＝名古屋港　Z＝千葉港
オ　X＝名古屋港　Y＝千葉港　Z＝横浜港
カ　X＝名古屋港　Y＝横浜港　Z＝千葉港

(2)　文中の空欄(　②　)にあてはまる語句を，解答欄に合うように，漢字2字で答えよ。

(3)　下線部③について，アメリカ合衆国との貿易に関して述べた文として正しいものを，次の中から1つ選び，記号で答えよ。
ア　1980年代における日米貿易摩擦では，日本からの繊維製品やカラーテレビの輸出が特に問題とされ，日本側は輸出の自主規制を行った。
イ　GATTウルグアイ・ラウンドで決定されたアメリカ産オレンジの輸入自由化が1991年に実施された後も，日本産のかんきつ類の生産量は減少しなかった。
ウ　アメリカ合衆国の日本に対する貿易赤字の金額は，同様に対日貿易が赤字のカナダやドイツなどと比べて大きくなっている。
エ　TPPから離脱したアメリカ合衆国は，日本との貿易交渉の中で，牛肉の輸入関税を引き下げることなどを日本に要求した。

(4)　文中の空欄(　④　)と(　⑤　)にあてはまる国のいずれかについて述べた文として正しいものを，次の中から2つ選び，記号で答えよ。
ア　APECの結成を提唱した国である。
イ　この国の最大都市はドバイである。
ウ　かつてアパルトヘイトと呼ばれる人種隔離政策がとられていた国である。
エ　BRICSと呼ばれる国の1つである。
オ　この国の先住民はマオリである。
カ　フランスによる植民地支配から独立した国である。

＜文Ⅱ＞

国によって得意な分野はそれぞれ異なるが，得意な分野の商品を外国に輸出し，苦手な分野の商品は外国から輸入することによって，互いの得意・不得意を補い合い，世界全体の経済が発展していく。これが貿易というものであるが，自国の産業を守るために高い関税や規制によって各国が輸入を制限すれば，世界の貿易の流れが妨げられてしまう。1995年に設立された⑥WTOは，関税や規制を撤廃した自由貿易を地球規模で推進することを目指している国際組織である。

日本では，自由貿易の進展による⑦農産物の輸入の増加が，⑧食料自給率のいっそうの低下を招くことを危惧する意見がある。貿易というものの本質を考えれば，農産物を輸入することで他国に利益をもたらすことは，それ自体は悪いこととはいえないが，外国の天災・戦乱などさまざまな要因によって，日本国内の需要量を確保できない可能性もあるため，農産物を輸入に依存することは危険であると言えよう。

(5)　下線部⑥について，WTOはすでに約160もの加盟国を有しており，各国の事情がさまざまに異なる中で統一ルールを作ることが簡単ではないため，近年は当事国間で自由貿易協定を結ぶ動きが強まっている。この自由貿易協定の略称を，アルファベットの大文字3字で答えよ。

(6)　下線部⑦について，次の問いに答えよ。

1. 農産物の輸入に関して述べた文として正しいものを，次の中から1つ選び，記号で答えよ。ただし，すべて誤りの文である場合は**エ**と答えよ。

ア　農産物の輸入量の増加に対抗するセーフガードは日本では発動されたことがない。

イ　日本は欧米諸国に比べてフェアトレードで輸入した商品が普及している国である。

ウ　日本は島国であり，食料の輸入量が多い国であるためフードマイレージの数値が大きい。

2. 次の表は日本の米，小麦，とうもろこし，豚肉の主な輸入先を示したものである。表中のX～Zが表す国の組み合わせとして正しいものを，下の**ア～カ**から1つ選び，記号で答えよ。

	米	小麦	とうもろこし	豚肉
第1位	アメリカ合衆国	アメリカ合衆国	アメリカ合衆国	アメリカ合衆国
第2位	タイ	Y	Z	Y
第3位	X	X	南アフリカ共和国	スペイン

(2018年。『日本国勢図会 2019/20』より作成)

ア　X＝カナダ　Y＝ブラジル　Z＝オーストラリア
イ　X＝カナダ　Y＝オーストラリア　Z＝ブラジル
ウ　X＝ブラジル　Y＝カナダ　Z＝オーストラリア
エ　X＝ブラジル　Y＝オーストラリア　Z＝カナダ
オ　X＝オーストラリア　Y＝カナダ　Z＝ブラジル
カ　X＝オーストラリア　Y＝ブラジル　Z＝カナダ

(7) 下線部⑧について，次の表のX～Zは，大豆，野菜，果実のいずれかであり，表は日本におけるそれらの自給率の推移を示したものである。これらに関する日本の貿易について述べた文として正しいものを，下の**ア～カ**から2つ選び，記号で答えよ。

	1960年	1980年	2000年	2005年	2010年	2015年
X	100	97	81	79	81	80
Y	100	81	44	41	38	41
Z	28	4	5	5	6	7

(%)

(『日本国勢図会 2019/20』より作成)

ア　Xの現在の輸入先において，上位2位までにブラジルが入っている。
イ　Xの現在の輸入先において，上位2位までに中国が入っている。
ウ　Yの現在の輸入先において，上位2位までにブラジルが入っている。
エ　Yの現在の輸入先において，上位2位までにフィリピンが入っている。
オ　Zの現在の輸入先において，上位2位までに中国が入っている。
カ　Zの現在の輸入先において，上位2位までにフィリピンが入っている。

【3】 次の＜文Ⅰ＞～＜文Ⅵ＞を読んで，後の問いに答えよ。

＜文Ⅰ＞

近代の日本は内乱から始まって対外戦争の時代へと移行した。第15代将軍徳川慶喜による大政奉還の後，朝廷を中心とする新政府は旧幕府側を挑発した。これに対し，旧幕府側は旧幕府兵・会津藩兵・桑名藩兵らを京都に向かい進軍させ，これを迎え撃った薩長を中心とする新政府軍との間に武力衝突が起こった。この戦いをきっかけに日本は新政府軍と旧幕府軍による(　①　)と総称される内戦状態に陥った。②一連の内戦は1868年1月から1869年5月まで続いたが，最終的に新政府側が勝利して内戦を終息させた。この内戦の最中に，新政府は五箇条の御誓文を発し，東京への遷都などを行っている。

(1)　文中の空欄(　①　)にあてはまる語句を，漢字4字で答えよ。

(2)　下線部②について，次のA～Cは一連の内戦に関するできごとである。起こったできごとの順番として正しいものを，下の**ア**～**エ**から1つ選び，記号で答えよ。

A　函館の五稜郭が開城した。
B　江戸城が無血開城した。
C　鳥羽・伏見の戦いが起こった。

ア　C→B→A　　**イ**　C→A→B　　**ウ**　B→C→A　　**エ**　A→B→C

＜文Ⅱ＞

旧幕府佐幕派との戦いが終結すると，明治新政府は版籍奉還・廃藩置県で中央集権化を進め，学制・地租改正・③徴兵令などの諸改革を実施し，近代国家の建設を進めていった。旧武士階級の大部分を占める士族は諸特権を失い，更に秩禄処分により経済的基盤も弱まって困窮《きゅう》する者も出て，新政府に対して不満を募らせていた。こうした中，武力で朝鮮王朝を開国させるという(　④　)を主張し，論争に敗れた参議ら中央政府の要人が下野《げや》(政界から退くこと)すると，そうした人物を擁して士族の乱が起こるようになった。士族の乱は佐賀の乱に始まり，萩の乱などが起こり，西南戦争で終結した。以後，政府に対する批判は言論によるものが中心となり，⑤紆《う》余曲折を経て帝国議会が開設された。

(3)　下線部③について，徴兵令に関する説明として最も不適なものを，次の中から1つ選び，記号で答えよ。

ア　満20歳になった男子を，士族・平民を区別することなく，兵役の義務を負わせるというものであった。

イ　明治政府が殖産興業と合わせてスローガンにしていた富国強兵政策の一環として，兵制を改革したものだった。

ウ　身長が5尺1寸未満の者，病弱で兵役に耐えられない者，代人料270円を納めた者は兵役を免除されていた。

エ　徴兵令の発布以前から，政府が徴兵の必要性を『徴兵告諭』という形で布告していたため，国民の反発は小さかった。

(4)　文中の空欄(　④　)にあてはまる語句を，漢字で答えよ。

(5)　下線部⑤について，自由民権運動から帝国議会開設の経緯に関する説明として誤っているものを，次の中から1つ選び，記号で答えよ。

ア　政府から下野した板垣退助や江藤新平らが政府に民撰議院設立の建白書を提出したことが出発点となった。

イ　憲法草案がつくられるようになり，植木枝《え》盛《もり》の東洋大日本国国憲按や五日市憲法などがつくられた。

ウ　板垣退助がイギリス風の立憲主義をとる立憲改進党を，大隈重信が国会期成同盟を軸とする自由党を結成した。

エ　北海道開拓使官有物払い下げ事件が起こると，国会開設の勅諭が出されて，10年後の国会開設が約束された。

＜文Ⅲ＞

新政府の対外出兵は，1874年の台湾出兵に始まるが，本格的な対外戦争は日清戦争に始まる。朝鮮王朝での甲午農民戦争の勃発に端を発し，鎮圧に出兵した清と日本の両国が現地で衝突して起こったこの戦争は，日本の勝利に終わり，⑥下関条約が結ばれて戦争は終結した。しかし，ロシア・フランス・ドイツによる三国干渉を受けたことにより，割譲された領土の一部を返還し，しかもその返還された領土の一部をロシアが租借したことから，ロシアに対する敵愾《がい》心が深まった。更に1900年に北京の列国公使館が包囲される（　⑦　）というできごとの後，ロシアが満州の軍事占領を続け，朝鮮半島への南下を図ったことから対立は決定的となり，ロシアを牽《けん》制しようとするイギリスとの日英同盟が成立すると，1904年に日露戦争が勃発した。この戦争はアメリカ大統領のセオドア＝ルーズベルトの仲介で講和が成立し，ロシアに対して優位に戦争を進めた日本は列強の一角を占めるに至った。

(6)　下線部⑥について，下関条約に関する説明として正しいものを，次の中から1つ選び，記号で答えよ。

ア　旅順・大連の租借権を獲得し，沿海州やカムチャッカ半島沿岸での漁業権を認められた。

イ　東清鉄道のうち，長春以南の部分の利権を獲得し，赤道以北の南洋諸島の統治権を認められた。

ウ　台湾や澎湖《ほうこ》諸島，遼東半島などの領土割譲を受け，賠償金として2億両（テール）が支払われた。

エ　朝鮮を日本の植民地であると認め，大韓帝国の都である漢城に朝鮮総督府が置かれることが定められた。

(7)　文中の空欄（　⑦　）にあてはまる語句を，漢字で答えよ。

＜文Ⅳ＞

19世紀末から20世紀初頭にかけてヨーロッパでは列強の陣営化が進んだ。列強が三国同盟と三国協商の両陣営に分かれて対立するようになり，1914年にボスニアの(　⑧　)で，オーストリアの帝位継承者夫妻がセルビア人に暗殺される(　⑧　)事件が起こり，これに対してオーストリアがセルビアに対して宣戦布告したことをきっかけに⑨第一次世界大戦が勃発した。日本も日英同盟を理由に第一次世界大戦に参戦した。第一次世界大戦は4年余り続いたが，1917年のアメリカの参戦をきっかけに戦争は終結に向かい，1918年に終結した。1919年に開かれたパリ講和会議には日本も出席し，ベルサイユ条約が結ばれた。この戦争の後，国際連盟が結成されると，日本は常任理事国に列した。

(8)　文中の2つの空欄(　⑧　)に共通してあてはまる地名を，カタカナ4字で答えよ。

(9)　下線部⑨について，第一次世界大戦に関する説明として正しいものを，次の中から1つ選び，記号で答えよ。

ア　イギリス・フランス・ロシアらの同盟国とドイツ・オーストリア・ブルガリア王国・オスマン帝国の協商国との戦いだった。

イ　ざんごう戦で機関銃が使われ，新兵器として戦車・飛行機・原子爆弾・毒ガス・潜水艦などが投入された。

ウ　この大戦中に日本の大隈重信内閣は中華人民共和国に対して二十一か条の要求を突き付けて，大部分を認めさせた。

エ　この大戦中にロシアでは革命が起こり，帝政が崩壊した後，レーニンの指導の下に史上初の社会主義政権が成立した。

＜文V＞

第一次世界大戦後，日本では民主主義の風が強まり，吉野作造が民本主義を唱え，美濃部達吉は天皇機関説を唱えて，政党政治の理論的根拠を提供した。こうして⑩第二次護憲運動後に政党内閣が成立すると，五・一五事件まで政党内閣が続いた。満州事変以降，日本は中国進出を強めて，軍部の政治的発言権が強まり，五・一五事件から二・二六事件を経て，陸軍の統制派が政治を主導するようになった。こうして1937年には日中戦争が始まり，1941年には米英に宣戦布告して⑪太平洋戦争を開始した。太平洋戦争はヨーロッパで起きていた第二次世界大戦の一部をなすもので，大戦は世界規模に拡大したが，イタリア，ドイツに次いで日本が無条件降伏して，大戦は終結した。

(10)　下線部⑩について，第二次護憲運動に関する説明として正しいものを，次の中から1つ選び，記号で答えよ。

ア　長州閥の桂太郎内閣が成立すると，新聞や知識人が藩閥を倒し，憲法に基づく政治を守ることを掲げて運動を起こした。

イ　立憲政友会の原敬による軍部大臣と外務大臣以外の閣僚を政党員が占める本格的な政党内閣が成立した。

ウ　貴族院を基礎とする清浦奎《けい》吾内閣に対し，憲政会の加藤高明を中心とする連立内閣が成立し，その後，普通選挙法などが制定された。

エ　板垣退助と大隈重信が合同で憲政党を結成し，大隈重信を首相，板垣退助を内相とする隈板《わいはん》内閣を成立させた。

(11)　下線部⑪について，太平洋戦争の終結の経緯に関して，以下の条件に従って，句読点を含めて25字以内で答えよ。ただし，読点(,)はなくてもよい。

【条件1】「日本が降伏した西暦年」，「連合国の無条件降伏の呼びかけ(6字)」，「**受諾**」をこのままの順番で用いること。尚，波線がない太字の1つはそのまま使用し，波線がある2つについては，説明に該当する語句を考え，それぞれ指定の字数の語句を書くこと。

【条件2】「日本が降伏した西暦年」は算用数字を1字につき1マスで使用し，その後に「年」と表記すること。

【条件3】日本が降伏した西暦年(算用数字の後に「年」)から書き始めて，「無条件降伏した」という書き方でまとめること。

＜文Ⅵ＞

第二次世界大戦の終結後，日本はGHQにより，日本本土は間接統治，沖縄と小笠原諸島は直接統治下に置かれた。GHQは日本の軍国主義体制の解体と民主化を進め，1946年に公布された日本国憲法では平和主義が盛り込まれ，戦争は放棄された。これにより，日本には国制として軍隊は存在せず，徴兵制も廃止されることになった。しかし，1950年に⑫朝鮮戦争が勃発すると，日本には警察予備隊が創設され，この組織は後に自衛隊に発展した。自衛隊は長らく国内を活動の場としていたが，1992年にPKO協力法が成立すると，同年にカンボジアに派遣されたのを初めとしてPKOに派遣されるようになり，2003年からの(　⑬　)戦争の際にも派遣された。

(12)　下線部⑫について，朝鮮戦争が勃発した頃の日本の様子に関する説明として最も適するものを，次の中から1つ選び，記号で答えよ。

ア　選挙法が改正されて婦人参政権が実現し，選挙が実施されて39名の女性代議士が誕生した。

イ　吉田茂内閣の時，アメリカなど48カ国との間に第二次世界大戦の講和条約であるサンフランシスコ平和条約が結ばれた。

ウ　鳩山一郎内閣が日ソ共同宣言に調印し，ソビエト連邦との間の国交が回復し，国際連合への加盟が実現した。

エ　自由党と日本民主党が合同して自由民主党が結成され，左右に分裂していた日本社会党が再統一された。

(13)　文中の空欄(　⑬　)にあてはまる国名を，カタカナで答えよ。

【４】 次の＜文Ⅰ＞～＜文Ⅲ＞を読んで，後の問いに答えよ。

＜文Ⅰ＞

アフリカやアジアの大河の流域では，農耕や牧畜が発達した。食糧生産が安定すると，やがて国が形成された。国の中では，支配する者と支配される者という階級が生まれ，やがて神殿や宮殿を持つ都市が建設されるようになり，戦争や祭祀《し》に使われる青銅器や鉄器などの金属器がつくられるようになった。

アフリカの(　①　)川流域にはエジプト文明，西アジアのチグリス川とユーフラテス川の流域にはメソポタミア文明，南アジアのインダス川流域にはインダス文明，東アジアの黄河と長江の流域には中国文明が生まれた。こうした諸文明を②四大文明と呼ぶ。このうち，エジプトとメソポタミアを含む地域は③ヨーロッパから見てオリエントと呼ばれる。

(1)　文中の空欄(　①　)にあてはまる語句を，カタカナで答えよ。

(2)　下線部②について，四大文明に関する説明として正しいものを，次の中から１つ選び，記号で答えよ。

ア　エジプトでは王の墓としてピラミッドが建造され，月の満ち欠けを基礎とする太陰暦，象形文字などが作られた。

イ　整備された道路や水路を備えたモヘンジョ＝ダロなどの都市を中心に文明が生まれ，インダス文字が作られた。

ウ　黄河の中・下流域に稲を，長江の下流域で粟《あわ》などを栽培する農耕文明が生まれ，黄河流域に殷《いん》という王朝が成立した。

エ　メソポタミアでは太陽を基準に１年を365日として12ヵ月に分ける太陽暦が作られ，甲骨文字が粘土板に刻まれた。

(3)　下線部③について，現在のヨーロッパのイタリアを中心に地中海周辺を支配するようになり，４世紀末に分裂した国の名を，５字で答えよ。

＜文Ⅱ＞

イギリスでいち早く産業革命が起こると，製品の輸出先としての市場を求めて海外に進出する姿勢を強めた。イギリスはインドの沿岸部に支配地をもっていたが，18 世紀以降，内陸部にまで大きく支配地域を広げていった。19 世紀にはインド全土がほぼイギリスの支配下に入ったが，イギリスに反感を持つ人が増え，1857 年には④インド大反乱が起こった。この反乱の鎮圧に成功したイギリスはより強力にインドを支配するようになった。

一方，清はイギリスの輸入品の流入を厳しく取り締まったため，1840 年に戦争が起こり，清を破った。この結果，清はイギリスと⑤戦争の講和条約を結んだが，この戦争をきっかけにしてイギリスが清の国内に進出するようになった。

(4)　下線部④について，インド大反乱に関する説明として誤っているものを，次の中から1つ選び，記号で答えよ。

ア　シパーヒーと呼ばれるイギリス東インド会社のインド人傭兵のイギリス人の上官に対する反乱をきっかけに始まった。

イ　反乱軍はイギリス東インド会社から年金をもらっていたムガル皇帝を担ぎ出したため，イギリスはこの皇帝をビルマに流罪にした。

ウ　反乱によりイギリス政府はインドの統治機関となっていたイギリス東インド会社を解散させてインドの直接統治に乗り出した。

エ　イギリスは反乱鎮圧後，イギリス王クロムウェルを皇帝とするイギリス領インド帝国を成立させた。

(5)　下線部⑤について，次のXとYの文は，この戦争およびその講和条約に関する説明である。それぞれの正誤を判断し，その組み合わせとして正しいものを，後の**ア**～**エ**から1つ選び，記号で答えよ。

X　この講和条約は北京条約と呼ばれるが，この条約により上海・寧波《ニンポー》・厦門《アモイ》・福州・広州の開港などが定められた。
Y　この講和条約により，イギリスに香港島が割譲された他，賠償金が清からイギリスに支払われることになった。

ア　X，Yともに正しい文である。

イ　Xは正しい文で，Yは誤りの文である。

ウ　Xは誤りの文で，Yは正しい文である。

エ　X，Yともに誤りの文である。

＜文Ⅲ＞

第一次世界大戦後，国際社会は国際協調の時代を迎え，1921年からアメリカの提唱で(　⑥　)会議が開催され，主力艦の保有トン数を制限した海軍軍備制限条約，太平洋地域の現状維持を定めた四カ国条約，中国の領土保全などを定めた九カ国条約などが結ばれた。更に1925年にはヨーロッパでロカルノ条約が結ばれて1926年にドイツの国際連盟加盟が認められ，1928年には不戦条約が結ばれた。しかし，1929年10月にニューヨークの株式市場で株価が大暴落をしたのをきっかけに世界恐慌が始まると，それまでの国際協調の風はすたれ，⑦各国はそれぞれの方法で世界恐慌に対応するようになった。

(6)　文中の空欄(　⑥　)にあてはまる都市名を，カタカナで答えよ。

(7)　下線部⑦について，各国の世界恐慌中の政策に関する説明として正しいものを，次の中から１つ選び，記号で答えよ。

ア　アメリカではレーガン大統領がニューディール政策を開始し，生産量の調整や雇用の創設などを行っていった。

イ　イギリスやフランスなどの多くの植民地を保有する国はブロック経済により，自国・植民地および勢力圏から他国製品を締め出した。

ウ　ソビエト連邦はゴルバチョフの下で五カ年計画と呼ばれる計画経済を施行中であり，世界恐慌の影響をほとんど受けずにすんだ。

エ　ドイツではムッソリーニの率いるナチスが政権を獲得し，オーストリアを併合するなど周辺諸国に領土を広げていった。

【5】 次の文を読んで，後の問いに答えよ。

2019年6月20日，世界難民の日のイベントのひとつとして，日本各地のテレビ塔や高層ビルが(※)国連ブルーにライトアップされた。世界難民の日は，1974年6月20日にアフリカ難民条約が発効したことにちなんで，国際連合の総会の決議によって制定された国際デーである。国際デーとは，各種国際機関によって定められた記念日であり，①世界環境デー，②国際識字デー，③国連の日など，さまざまな国際的な問題の解決を世界中に呼びかけるための日である。

難民問題が国際社会で取り上げられるようになったのは，第一次世界大戦後にロシアやトルコで大量の難民が発生して以降のことである。第二次世界大戦後には，より広範な地域でさらに大量な難民が発生したため，国際社会は，設立間もない国際連合を中心に難民問題に取り組むようになった。1949年には中東の④パレスチナ難民を救済するために国連パレスチナ難民救済事業機関(UNRWA)が設立され，翌年の1950年には国連難民高等弁務官事務所(UNHCR)が設立された。

UNHCRは，第二次世界大戦によって生じた難民の救済を念頭に置いて，⑤国連の主要機関のひとつである経済社会理事会と連携関係のある⑥専門機関として設立された。当初は3年間で目的を達成した後に解散する予定であったが，その後は民族や宗教，政治的な信条の違いから各地で紛争が勃発したため，問題の規模が以前とは比較できないほど大きくなっていったことから常設化し，現在は国連総会に直接報告を行う国連内部の補助機関となっている。

⑦難民問題が特に大規模化していったのは，地域紛争が相次いで起こった1990年代である。それからは自然災害や経済危機などの複合的な要因がからんで問題が長期化し，現在に至っては，住む家を失い，あるいは追われた人々が世界中で7000万人をこえる，まさに終わりの見えない状況に足を踏み入れているのである。

しかし今，UNHCR以外にも⑧経済協力開発機構(OECD)や国連世界食糧計画(WFP)などの多くの国際機関や，赤十字国際委員会(ICRC)などが互いに協力し合い，役割分担をしながら難民の避難生活を支え，問題解決の前に立ちふさがるさまざまな障壁を取り払う努力を続けている。⑨国際社会は，人類の未来のために，この難問への挑戦を決してあきらめるわけにはいかないのである。

(※)国連ブルー……国際連合旗の地色となっている淡い青色。古来より自由と平和を表す色とされている。

(1)　下線部①について，次の問いに答えよ。

1．毎年６月５日は世界環境デーである。これは，1972年６月５日から開かれた環境問題に関する世界会議にちなんで国際連合が制定したものである。この世界会議の説明として最も適切なものを，次の中から１つ選び，記号で答えよ。

ア　大気中の温室効果ガスの濃度を安定させ，地球温暖化を防止するための政策の実行を各国に義務づける気候変動枠組条約が採択された。

イ　持続可能な開発を維持しながら環境保全を図るための国際的な協力体制づくりに向けたリオ宣言が採択された。

ウ　人類の進歩が環境破壊を引き起こす危険性や，人間環境の保護や改善の重要性を訴える人間環境宣言が採択された。

エ　環境や貧困などの課題を解決するために各国が行うべき具体的な取り組みを示すヨハネスブルグ宣言が採択された。

2．2019年の世界環境デーに寄せてグテーレス国連事務総長がメッセージを発表し，さまざまな原因で粒子状物質(PM)が大気中に放出され，それを吸い込んだ人々が病気に苦しみ，さらには毎年700万人以上の人々が命を失っているとして，大気汚染に対する強い懸念とその解決に向けた決意を示した。この大気汚染問題について述べた文として誤っているものを，次の中から１つ選び，記号で答えよ。

ア　代表的なPMである黒色炭素を多く排出する石炭火力発電を段階的に削減し，天然ガス火力発電に切り替えることが，当面の有効な対策とされている。

イ　天然ガス火力発電は石炭火力発電と比較して黒色炭素や二酸化炭素の排出量は少ないが，その一方で強力な温室効果を持つメタンの排出を伴うという難点がある。

ウ　石炭火力発電の割合が大きい中国やインドでは，深刻な大気汚染に悩まされているが，他の新興国や発電所の数が少ない発展途上国ではPMによる健康被害はあまり見られない。

エ　自動車のディーゼルエンジンはガソリンエンジンより二酸化炭素の排出量が少なく，燃焼効率が良いという利点がある一方，窒素酸化物やPMをより多く排出するため，各国で生産や使用の規制が始まっている。

(2)　下線部②について，次の問いに答えよ。

1. 毎年9月8日は国際識字デーである。これは，教育・科学・文化を通じて世界平和に貢献することを目的として設立された国際機関が宣言し，始まったものである。この国際機関の略称を，カタカナ4字で答えよ。

2. 次の表は，識字率が低いとされる南アジアとサハラ砂漠以南のアフリカの国々，また，比較的識字率が高いとされる東南アジアと北アフリカの国々からそれぞれ1カ国を選んで，教育や経済力に関するいくつかの統計値を示したものである。この表から読み取ることができることとして最も適するものを，下の**ア**～**エ**から1つ選び，記号で答えよ。

	※1 識字率（%）				※2不就学率（初等教育）（%）	インターネット利用者率（%）	1人あたりの国民総所得（ドル）
	成人（15歳以上）			15～24歳			
（国）	男女平均	男	女	男女平均	（2017年）	（2017年）	（2017年）
パキスタン	57.0	69.1	44.3	72.8	23.5	15.5	1,619
ニジェール	30.6	39.1	22.6	39.8	33.2	10.2	369
カンボジア	80.5	86.5	75.0	92.2	9.4	34.0	1,297
モロッコ	69.4	80.4	59.1	91.2	3.1	61.8	3,003

（『世界国勢図会 2019/20』より作成）

※1　識字率は日常生活に必要な読み書きができる人口割合。パキスタンは2014年，ニジェールは2012年，カンボジアは2015年，モロッコは2012年の調査。
※2　不就学率は就学年齢層でありながら就学していない人口の割合。

ア　いずれの国も，15歳から24歳のデジタル・ネイティブといわれる世代の識字率が高いことから，インターネットの利用が識字率を高めていることがわかる。

イ　識字率の低い国には明らかなジェンダー・ギャップが存在するが，識字率が比較的高い国であっても，その格差は完全には解消していない。

ウ　ニジェールでは，不就学率の高さがインターネット・リテラシーの問題に影響を与えていることがわかる。

エ　カンボジアの1人あたり国民総所得がモロッコの半分以下であるにもかかわらず識字率がモロッコを上回っているのは，グローバリゼーションがモロッコより進展しているからと考えられる。

(3)　下線部③について，毎年10月24日は国連の日である。これは1945年10月24日に国際連合憲章が発効し，国際連合が正式に活動を開始したことにちなんで制定されたものである。この国際連合憲章の規定，および憲章に定められた国際連合の主要機関についての説明として最も適切なものを，次の中から2つ選び，記号で答えよ。

ア　国際連合への新規加盟は，安全保障理事会による加盟承認の勧告を受けて総会で決定される。

イ　安全保障理事会は，国際の平和や安全が脅かされる事態が起こった時，平和維持活動(PKO)を発動し，指揮する権限を持つ。

ウ　国際連合事務局の代表である事務総長は，安全保障理事会の常任理事国からは選出されないと規定されているが，冷戦の時期に中国から選出されている。

エ　国際連合の公用語は，英語・フランス語・ロシア語・中国語の4言語であり，公式文書は必ずこの4言語で発行される。

オ　国際司法裁判所は，国際連盟の機関としてオランダのハーグに設置された常設国際司法裁判所を継承したものである。

(4)　下線部④について，パレスチナ難民に関する次の文を読み，後の問いに答えよ。

> 紀元前に滅亡した祖国イスラエルを，再びパレスチナの地に建設しようと(　X　)人たちが運動を始めたのは，19世紀末のことである。第一次世界大戦の結果，パレスチナがオスマン帝国の支配を逃れイギリスの統治下に置かれると，世界各地に離散していた(　X　)人たちの移住が加速していった。
>
> 第二次世界大戦後，イギリスの統治終了が決定するとともに，(　X　)人と国家を持たないアラブ系イスラム教徒であるパレスチナ人のために，将来的に2つの独立国家を建設することを前提とする$_{a}$パレスチナ分割決議が国連総会で採択された。これに従えば，(　X　)人の2倍以上の人口を持ちながら多くの土地を奪われることになるイスラム教徒たちは不満を爆発させ，国連決議直後からパレスチナは内戦状態となった。
>
> 1948年5月14日，(　X　)人陣営は$_{b}$テルアビブでイスラエル建国宣言を発表し，その翌日，エジプトを中心とするアラブ諸国の連合軍がパレスチナへ進攻した。第一次中東戦争の始まりである。この時，100万人以上のパレスチナ難民が発生した。その後のたび重なる戦争やテロによりその数は増え続け，現在では550万人に達し，その大部分はパレスチナや近隣諸国の難民キャンプで過酷な生活を強いられている。

1. 下線部 a および下線部 b について，パレスチナ分割決議は，ヨルダン川西岸地区とガザ地区を中心としたパレスチナ人居住区，国連が管理するエルサレムを除くその他の地域を(　X　)人居住区として，全体を両者にほぼ均等に分割するというものであった。その後の戦いの中で，イスラエルは当初パレスチナ人に割り当てられたヨルダン川西岸地区とガザ地区に進攻して支配地域を広げ，エルサレムを占領し，首都機能をテルアビブから移転させた。次の略地図は，ヨルダン川西岸地区・ガザ地区・エルサレム・テルアビブの位置を示したものであるが，A～D が示している場所の組み合わせとして正しいものを，下の**ア～エ**から 1 つ選び，記号で答えよ。

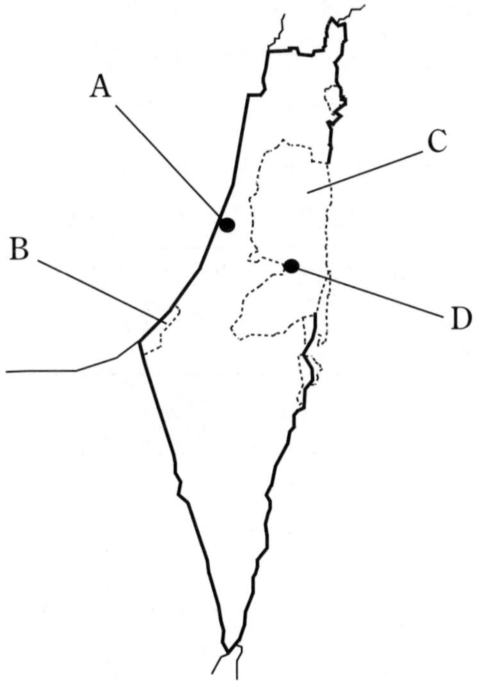

ア　A＝エルサレム　B＝ヨルダン川西岸地区　C＝ガザ地区　D＝テルアビブ

イ　A＝テルアビブ　B＝ガザ地区　C＝ヨルダン川西岸地区　D＝エルサレム

ウ　A＝テルアビブ　B＝ヨルダン川西岸地区　C＝ガザ地区　D＝エルサレム

エ　A＝エルサレム　B＝ガザ地区　C＝ヨルダン川西岸地区　D＝テルアビブ

2. 枠で囲んだ文中の 5 つの空欄(　X　)および上の 1 の問題にある空欄(　X　)に共通してあてはまる語句を，解答欄に合うように，カタカナで答えよ。

(5)　下線部⑤について，国連の主要機関の1つに安全保障理事会がある。この安全保障理事会の常任理事国には，実質事項(重要な事項)の議決の際に，1国でも反対すれば可決されないという権限が与えられている。この権限の名を，解答欄に合うように，漢字2字で答えよ。

(6)　下線部⑥について，国際連合の専門機関の1つに国際通貨基金(IMF)がある。IMFは国際金融や為替相場の安定化を目的として設立され，対外的な支払いが困難になった加盟国に対する一時的な融資や，政策への助言を行う機関である。このIMFについて次の問いに答えよ。

1. IMFは，第二次世界大戦後の世界経済を再建し安定させるためにアメリカのドルを基軸通貨とし，ドルと金の交換を保証する新しい体制づくりの中心となった。しかし1970年代にドルの価値が不安定になると，さまざまな通貨問題が発生するようになった。次のグラフは，1970年代からのアメリカ・ドルに対する日本円の為替相場の移り変わりを示したものである。これについて述べた文として最も適切なものを，下の**ア**～**エ**から1つ選び，記号で答えよ。

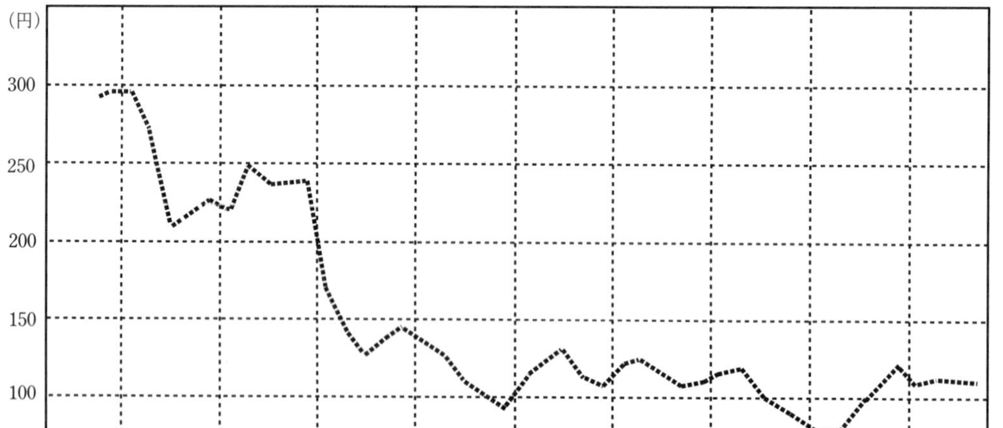

(東京市場における円 / ドル相場 『日本銀行ホームページ』 より作成)

ア　1970年代に急激に円の価値が上がったのは，第一次石油危機により日本の高度経済成長が終わり，景気が低迷したことが原因である。

イ　1980年代半ばの円高は，アメリカがドルと金の交換停止を発表したことにより，ドルの価値が下落したことが原因である。

ウ　1990年代初めから半ば頃までの円高は，不動産や株式の価格高騰による空前の好景気により，国際的な円の価値が上昇したことが原因である。

エ　2000年代後半の円高は，アメリカが深刻な不況を脱出するためにドル安の政策をとったことが原因である。

2.　IMFの融資は，主に加盟国の出資を財源とし，各国の出資額は経済力を考慮したうえで会議によって決定される。次の表は，IMF加盟国の中で出資額が上位の国を示したものである。表中AとBに該当する国の組み合わせとして正しいものを，下の**ア**～**エ**から1つ選び，記号で答えよ。

	2016年1月25日まで		※2016年1月26日以降	
	国　名	出資割合（%）	国　名	出資割合（%）
1位	アメリカ	17.68	アメリカ	17.41
2位	日　本	6.56	日　本	6.46
3位	ドイツ	6.12	中　国	6.39
4位	イギリス	4.51	ドイツ	5.59
5位	フランス	4.51	イギリス	4.23
6位	中　国	4.00	フランス	4.23
7位	イタリア	3.31	イタリア	3.16
8位	サウジアラビア	2.93	A	2.75
9位	カナダ	2.67	ロシア	2.71
10位	ロシア	2.50	B	2.32

（※2016年1月26日から出資額全体が増えることにともない各国の出資額も変更された）
（『財務省ホームページ』より作成）

ア　A＝インド　B＝オーストラリア
イ　A＝ブラジル　B＝南アフリカ共和国
ウ　A＝オーストラリア　B＝南アフリカ共和国
エ　A＝インド　B＝ブラジル

(7)　下線部⑦について，1990年代に各地で発生した難民問題のそれぞれの背景や原因の説明として，誤っているものを，次の中から１つ選び，記号で答えよ。

ア　トルコからの独立をめざすクルド人組織のテロ攻撃に対して，トルコ軍が自国内と隣国イラク領内にあるクルド人の拠点を攻撃し，イラクもこれに同調して自国内のクルド人自治区に進攻した。

イ　戦前からの独立国だったアフリカのスーダンで，フツ族とツチ族の部族間の対立が，フツ族系の政府軍とツチ族系の武装組織の衝突から内戦へと発展した。一度は和平協定を結んだものの対立は解消せず，虐殺事件が相次いだ。

ウ　ユーゴスラビアにおける多数派のセルビア人と，その領内のコソボ独立を求めるアルバニア人の対立が，ユーゴスラビア政府軍とコソボ解放軍との戦闘に発展した。

エ　かつてインドネシアに併合されていた東ティモールで，インドネシアの軍事支配に抗議するデモ隊にインドネシア軍が無差別発砲を行って多数の死者が出たことをきっかけに，インドネシア政府と抵抗勢力の対立が激化した。

(8)　下線部⑧について，OECDは第二次世界大戦後のヨーロッパ復興を目的に設立された欧州経済協力機構を前身として，現在は世界の経済・社会の幅広い分野において政策提言を行う国際機関である。このOECDの活動に関する次の問いに答えよ。

1. OECDの重要活動の1つに，政府開発援助(ODA)における政策提言や政府間調整がある。次のグラフは，OECDの調査によるアメリカ，イギリス，日本3カ国のODA拠出額の推移を示したものである。また下の表a～cはこの3カ国のODA供与相手国を示したものである。グラフ中のX～Zの国のODA供与相手国の組み合わせとして正しいものを，後の**ア**～**カ**から選び，記号で答えよ。

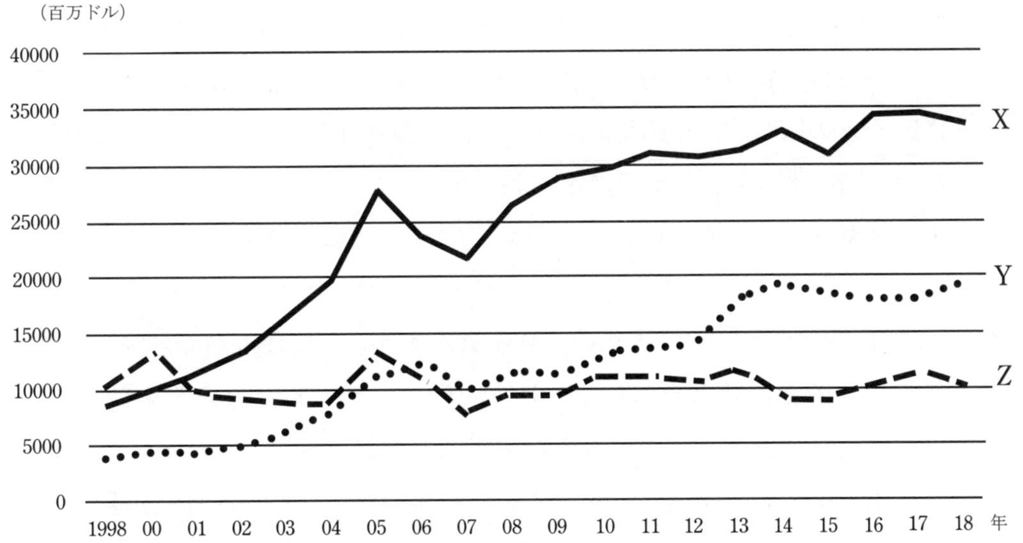

(『OECD DATA』 より作成)

	a		b		c	
1位	インド	20.7%	パキスタン	2.9%	アフガニスタン	3.5%
2位	バングラデシュ	12.4%	エチオピア	2.3%	エチオピア	3.0%
3位	ベトナム	12.1%	ナイジェリア	2.3%	ヨルダン	2.6%
4位	インドネシア	4.5%	シリア	2.3%	南スーダン	2.6%
5位	モンゴル	4.5%	ソマリア	2.0%	ケニア	2.3%

(2017年分2国間援助総額。『OECD Development Co-operation Profiles』より作成)

ア　X＝a　Y＝b　Z＝c
イ　X＝a　Y＝c　Z＝b
ウ　X＝b　Y＝a　Z＝c
エ　X＝b　Y＝c　Z＝a
オ　X＝c　Y＝a　Z＝b
カ　X＝c　Y＝b　Z＝a

2. OECDは，2019年6月に開かれたG20大阪サミットにゲストとして参加した。G20は，主要7カ国(G7)およびEU，ロシアを含む主要国首脳会議のメンバーに新たな11カ国を加えた枠組みであり，1999年の財務相・中央銀行総裁会議から始まり，2008年からは首脳会議も行われるようになった。G20サミットでは，経済・環境・労働など多岐にわたる問題がOECDの他，国連やIMFなどの国際機関や招待国を交えて話し合われる。次の中から，G20に含まれない国を1つ選び，記号で答えよ。

ア　メキシコ　**イ**　トルコ　**ウ**　イラン　**エ**　アルゼンチン

(9)　下線部⑨に関連して，人類の未来を脅かすさまざまな問題の解決に向けた取り組みは，国や地域同士の意見の対立と戦いながら新たな展開を見せている。2015年9月に国連本部で開催された加盟国の首脳会議で，国際社会が2030年までに達成すべき17の目標と169の具体目標が採択された。貧困・飢餓の解消や，エネルギー・気候変動などのさまざまな分野にわたるこの国際社会共通の目標は，どのような略称で呼ばれているか，アルファベット4字で答えよ。

問三　――線③「うつくしき」の直後には、意味上、ある言葉が入る。その言葉を一語で書け。

問四　――線④「これ」とは何か。現代語七字で書け。（句読点は不要）

問五　――線⑤「いともかしこし」の現代語訳として最も適切なものを次から一つ選び、記号で答えよ。

ア　本当に賢明だ　**イ**　本当に珍しい　**ウ**　本当におそれ多い

エ　本当にありがたい　**オ**　本当に憂鬱だ

問六　――線⑥の「の」と同じ意味・用法で使われている「の」を、～～線a～eの中からすべて選び、記号で答えよ。

問七　――線⑦「あやしく」とあるが、このときの天皇の気持ちとして最も適切なものを次から一つ選び、記号で答えよ。

ア　不快だ　**イ**　不思議だ　**ウ**　残念だ　**エ**　面白い　**オ**　意外だ

問八　――線⑧「けむ」は過去推量の意味を表す助動詞である。ここでの活用形は何か。漢字で書け。

問九　『大鏡』のジャンルは何か。「□□物語」の形で漢字で書け。

（国語問題終わり）

〔注〕
＊1　天暦の御時……村上天皇の御代《みよ》。
＊2　清涼殿……平安京の内裏の殿舎のひとつ。
＊3　なにがしぬし……だれそれ殿。「ぬし」は人の敬称。
＊4　蔵人……天皇の近くに仕える職。
＊5　いますがりし時……いらっしゃった時。
＊6　きむぢ……おまえ。そなた。
＊7　のたまひしかば……おっしゃったので。
＊8　一京……京中。
＊9　侍らざりしに……ございませんでしたが。「侍ら」の終止形「侍り」は、動詞「あり」の丁寧語。
＊10　あるやうこそは……何かわけがあるのだろう。
＊11　手……筆跡。
＊12　勅……天皇の命令。
＊13　思し召して……お思いになって。
＊14　貫之のぬし……紀貫之。
＊15　あまえおはしましける……恥ずかしく思っていらっしゃった。
＊16　繁樹……この話の語り手の名前。
＊17　辱号……恥辱。
＊18　かづけられたりしも……いただいたのも。

問一　——線①「梅の木」とあるが、「梅の木」を比喩的に表現している語を本文中からさがし、一語で抜き出して書け。

問二　——線②「え見知らじ」の訳として最も適切なものを次から一つ選び、記号で答えよ。

ア　見たことなどないに違いない
イ　見分けることにはならないだろう
ウ　見たとは言わないだろう
エ　きっと見つけてしまうに違いない
オ　見分けることができないだろう

【三】 次の古文を読んで、あとの問いに答えよ。

天暦《てんりやく》*1の御時に、清涼殿*2の御前の①梅の木の枯れたりしかば、求めさせたまひしに、なにがしぬし*3 aの蔵人《くらうど》*4にていますがり*5し時、うけたまはりて、「若き者どもは②え見知らじ。きむぢ*6求めよ」とのたまひ*7しかば、一京*8まかり歩きしかども、侍《はべ》*9らざりしに、西京《にしのきやう》 bのそこそこなる家に、色濃く咲きたる木の、様体《やうだい》③うつくしきが侍りしを、掘りとりしかば、家あるじの、「木に④これ結ひつけて持てまゐれ」といはせたまひしかば、あるやう*10こそはとて、持てまゐりてさぶらひしを、「なにぞ」とて御覧じければ、女の手*11にて書きて侍りける、

勅*12なれば⑤いともかしこしうぐひす⑥の宿はと問はばいかが答へむ

とありけるに、⑦あやしく思《おぼ》*13し召して、「何者の家ぞ」とたづねさせたまひければ、貫之《つらゆき》*14のぬし cの御女《みむすめ》 dの住む所なりけり。「遺恨のわざをもしたりけるかな」とて、あまえ*15おはしましける。繁《しげ》*16樹《き》今生《こんじやう》 eの辱号《ぞくがう》*17は、これや侍り⑧けむ。さるは、「思ふやうなる木持てまゐりたり」とて、衣《きぬ》かづけ*18られたりしも、辛くなりにき。

（『大鏡』による）

問八　――線④「ルポライターとしての……かもしれない」とあるが、〈「私」がＫ２の作品の一部〉ということになるかもしれないといえるのはなぜか。「筆者は」という書き出しで、本文中の言葉を使って三十五字以内で説明せよ。なお、書き出しの言葉も字数に含めるものとする。

（沢木耕太郎「名刺一枚」による）

〔注〕
＊1　黒田征太郎……さし絵画家。イラストレーター。
＊2　若僧……未熟な若者のことを、卑しめていう語。
＊3　邂逅観……人とのめぐり逢《あ》いに対する考え方。
＊4　間歇的……一定の時間を隔てて起こること。
＊5　喰う……「食う」と同じ。
＊6　ルポルタージュ……現地報告。報道。
＊7　K2……黒田・長友両氏がつくったデザイン会社の名前。
＊8　ルポライター……ルポルタージュの執筆を職業とする人。

問一　——線a～dについて、漢字はその読みをひらがなで書き、カタカナは正しい漢字に直し楷書で書け。

問二　＝＝線e「だけ」を漢字三字で文法的に説明すると何か。解答欄を埋める形で答えよ。

問三　——線①「あの頃の黒田さん」とあるが、当時の彼が置かれていた立場を簡潔に説明している箇所を本文中から十五字以上二十字以内でさがし、抜き出して書け。

問四　本文中に二箇所ある［A］に共通して当てはまる適切な表現を考え、十字ちょうどで書け。

問五　——線②「いささかしんどいルール」とあるが、ここではどのようなルールのことか。本文中の言葉を使って二十五字以内で説明せよ。

問六　［B］に当てはまる表現として最も適切な語を漢字二字で書け。ただし使えるのは後ろの〔　〕内に示した漢字のみとする。

〔慮・配・布・憂・支・属〕

問七　——線③「自分にないもの」とあるが、ここでは何を指しているか。答えをここより前の本文中からさがし、過不足なく抜き出して書け。

甘えがなかったとは言い切れない。しかし、それに対する答えが、「こうしなさい」というのでもなく、「作りましょうか」でもなく、「 A 」というのであった時には、さすがに驚いた。一瞬、私はその過剰なほどの好意に戸惑ったが、すぐにそれは黒田さんが自分を認めてくれた結果なのだと一人合点した。もちろん、それがbセンパクな自惚《うぬぼ》れにすぎなかったことは、黒田さんと何度となく接するうちに理解できるようになった。そのような対応の仕方は、私にかぎってのものではなく、黒田さんが自らに課した、②いささかしんどいルールのようなものからくるのだということが、ようやく理解できるようになったのだ。

しばらくして、名刺ができたという連絡を受けた。その頃まだ青山にあったK２*7の事務所に行くと、刷り上がったばかりの五百枚の名刺を渡された。実際に作ってくれたのは黒田さんではなく、にこにこしながら手渡してくれた長友啓典《ながともけいすけ》さんであるかもしれず、事務所の他の人の手になるものかもしれなかった。しかし、いずれにしても、K２製作のその名刺は実に素晴らしいものだった。白いcツヤやかな紙に、黒く美しい文字がプリントされている。名前の横に小さくルポライター*8とあり、あとは住所と電話番号がさりげなく記されているだけという単純なものだったが、私にはまるで輝いているようにdウツった。簡潔で清々《すがすが》しく、それでいてどこかにしなやかさを秘めている。こんな素晴らしい名刺は見たことがないと思った。実際、それは私ひとりの勝手な思い込みではなかったらしく、名刺を交換するたびにいい名刺ですねといわれもしたし、また、私の友人たちのあいだで、私のものと寸分かわらぬデザインの名刺を作ることが流行したほどだった。

私はその名刺を持ったことが嬉《うれ》しかった。その名刺を出し、人と会うということが愉《たの》しくて仕方がなかった。私は嬉々《きき》としてルポライターとしての仕事に励んだ。励んだ、と思う。そのようにして何年かが過ぎ、しかし気がついてみると、私はなかば無意識のうちに、自分をその名刺に似せようとしていた。その簡潔で清々しい雰囲気の名刺を出しつづけているうちに、いつかそれを身にまとおうとしていたらしいのだ。それに気がついた時、私は愕然《がくぜん》とした。たかが名刺に自分が B されているように感じられたからだ。

もちろん、③自分にないものを完璧に身にまとえると考えるのは錯覚にすぎない。まとったかに見えても、いずれボロがでる。事実、いまの私にその衣裳《いしょう》は窮屈すぎる。しかし、たとえボロがでようとも、窮屈でも、私がその名刺の持っている雰囲気に自らを同一化しようとしたという事実は残る。とすれば、その素晴らしい「名刺」と共に、④ルポライターとしての「私」もまた、K２の、これはあまりできのよくない作品の一部ということになるかもしれない。

【二】　次の文章を読んで、あとの問いに答えよ。

黒田征太郎[*1]さんと初めて会ったのは、私が二十二歳の時だった。黒田さんも三十になったばかりの頃だったと思う。あらためてその当時のことを思い出そうとすると複雑な感慨が湧き起こってくる。あれから十年が過ぎ、自分が当時の黒田さんの年齢を越えてしまったということが、なぜだか信じられないような気がするのだ。そして、①あの頃の黒田さんが私のような若僧[*2]に示してくれた[a]真摯な対応を、果たしていまの自分が現代の「若僧」たちに対してすることができているかどうかを考えると、いささか恥じ入らざるをえなくなる。十年前も、そしていまも、黒田さんには他人に対する過剰なほどのサービス精神がある。それは黒田さんに独特な邂逅《かいこう》[*3]観から生み出されるもので、単にサービス精神といって片付けてしまうのは正しくないが、いずれにしてもその持続には凄《すさ》まじいエネルギーが必要なこと[e]だけは間違いない。私にもそのエネルギーが噴き出すこともあるのだが、すぐに疲れてしまい間歇《かんけつ》[*4]的なもので終わってしまう。持続しない以上、それは気まぐれというにすぎない。

十年前、大学を卒業したものの、就職することを放棄してしまった私は、アルバイトをしてなにがしかの金を稼ぐという生活を始めていた。喰《く》[*5]うには困らなかったが、定まった仕事のない生活は退屈だった。焦る気持ちはなかったが、自分のすべきことが見つからないという苛立《いらだ》ちはあったと思う。そんな折に、ある雑誌社からルポルタージュ[*6]を書いてみないかという申し出を受けた。私の状態を見かねた大学時代の教師が、密《ひそ》かに口をきいてくれたらしいのだ。編集長からテーマを与えられ、よしやってみようと勇み立ったのはいいのだが、ルポルタージュを書くということにまったく経験のなかった私は、取材の第一日目でつまずいてしまった。卒業する際に破棄し忘れた学生証でも使わない限り、私には自らを証するなにものも持っていないことに気がついたのだ。せめて名刺でも作ろうと思ったが、どういったものを作ればいいのか見当もつかない。取材がしやすく、それでいて少しは格好のいいものが欲しいが、どうしたらいいだろう……。私が黒田さんと出会ったのは、ちょうどそのような時だった。

ある日、偶然、放送局のロビーで言葉をかわすことのできた黒田さんに、あつかましくも私は名刺のデザインの相談を持ちかけたのだ。不快そうな顔もせず熱心に話をきいてくれた黒田さんは、しばらく考えてからこういった。

「それ、ぼくに［　A　］?」

確かに、初対面で、しかもすでに高名だったイラストレーターに、たかが身分証明のための名刺について相談をもちかけた私に

問一　――線a～dについて、漢字はその読みをひらがなで書き、カタカナは正しい漢字に直し楷書で書け。

問二　［A］に当てはまる表現として最も適切な語を本文中からさがし、漢字二字で抜き出して書け。

問三　――線①「オフサイドという反則」とあるが、これはどのような目的でできたものか。本文中の言葉を使って三十字以内で説明せよ。

問四　――線②「芭蕉」について、次の問いに答えよ。

(1)　次の三人は、いずれも江戸時代の代表的な俳人である。この三人を古い順に並べ、記号で答えよ。

ア　与謝蕪村　　**イ**　小林一茶　　**ウ**　松尾芭蕉

(2)　「芭蕉」の作品を次からすべて選び、記号で答えよ。

ア　春の海ひねもすのたりのたりかな

イ　旅に病んで夢は枯野をかけめぐる

ウ　雪とけて村いっぱいの子どもかな

エ　菜の花や月は東に日は西に

オ　あかあかと日はつれなくも秋の風

問五　――線③「すぐ反則になります」とあるが、〈反則になる〉とは俳句でいうとどうなることか。次の［　　］に当てはまる言葉を本文中から十字以上十五字以内でさがし、抜き出して書くことで答えを完成させよ。

［俳句が［　　］になるということ。］

問六　――線④「公認されたプラス価値」とあるが、標語でいえばこれに当たるものは何か。本文中から十五字以上二十字以内でさがし、抜き出して書け。

問七　――線⑤「俳句とは含羞の詩だとでもいってみたい」とあるが、それはなぜか。次の［Ⅰ］・［Ⅱ］に本文中の適切な表現を指定字数で抜き出して入れ、答えを完成させよ。

［俳句は［Ⅰ（五字）］を［Ⅱ（七字）］にするから。］

わたしたちは、よいと知っていても実行しないことがあります。それは人間の弱さなのかもしれません。しかし標語では、そういうマイナスの要素は考慮されず、最初から切り捨てられます。そしてそれが、すなわち通俗性の特徴なのです。

けれども俳句は、人間の弱さといったマイナスの面を切り捨てるのでなく、むしろそれを積極的なテーマにします。*6これまでも折にふれて、日常のなんのcヘンテツもない場面にこだわってきましたが、俳句の意義は、④公認されたプラス価値以外のところに、わたしたちに重要なものを発見するところにあるのです。

五七五のなかでなにかを主張しようとしても、大したことはいえません。ですから、*7ややもすると標語のようなスローガンになりがちで、そこで通俗性につかまってしまいます。ですからひとまず図式的にいえば、五七五が通俗さを免れるためには、なにか主張しようとするのではなく、逆にdカモクになることが大事なのです。

標語やスローガンは、いつも公認の正義を背負っています。俳句はそういうものに*8加担しません。俳句の存在意義は、いうならばその脇のほうで、「でも、こんなものもいいですよね」と遠慮がちに語ることにあるのです。*9含羞という言葉がありますが、⑤俳句とは含羞の詩だとでもいってみたい気がします。

（仁《に》平勝《ひらまさる》「通俗ということ」による）

〔注〕
＊1　醍醐味……深い味わい。本当の面白み。
＊2　これまで……今回の出題文より前の章を指す。＊6の「これまでも」も同じ。
＊3　歌合わせ……貴族の間で流行した遊戯。人々を左右に分け、その詠んだ短歌の優劣を勝負する。
＊4　オフサイド・ライン……サッカーで、プレーしてよいオンサイドとプレーしてはいけないオフサイドのエリアの、区切りのライン。
＊5　フォワード……サッカーなどでの前衛のポジションにいる選手。
＊7　ややもすると……どうかすると。ともすれば。
＊8　加担……味方になること。
＊9　含羞……はにかみ。恥じらい。

　絵画にしても音楽にしても、むかしはたんなる遊びだったものが、そうした人間の精神の自然な過程によって芸術に発展してきたのです。俳句の母体である俳諧連歌《れんが》も、はじめは歌合わせ[*3]のあとに楽しむような遊びでした。それが②芭蕉の登場を契機にして、詩(芸術)の表現に高められてきたのです。

　しかし同時に俳句の歴史は、絵画や音楽にくらべて、通俗な表現と詩的な表現との境目がはっきりしないところがあり、つねに通俗のほうへ入り込む危険性をもっています。それは五七五という形式それ自体が、もはやきわめて通俗なものだからです。

　もういちどサッカーにたとえれば、俳句はいつもオフサイド[*4]・ライン近くにいるフォワード[*5]のようなものです。すれすれのところでオフサイドを切り抜けて、うまくボールをもらえれば得点につながるし、ちょっと気をゆるせば③すぐ反則になります。そんなプレイが俳句の醍醐味だといっておきましょう。

　いま五七五という定型自体はもはや通俗だといいましたが、これは俳句以外にも、たとえば交通安全や防犯のための標語によく使われます。これらは一般の公募から優秀作が採用されるもので、かつては「飛び出すな車は急に止まれない」や「気をつけよう甘い言葉と暗い道」といった標語がありました。次のものはそれぞれの最新作です。

　　おもいやり　人に車に　この街に

　　守ろうよ　わたしの好きな　街だから

　こうした標語で五七五が好まれるのは、やはりリズムがよくて覚えやすいという理由でしょう。ふつうこのように分かち書きされますが、そのことからも、リズムが強調されているのがわかります。

　標語はいうまでもなく、内容もまた通俗です。だいいち通俗性がなければ、標語になりません。標語には、だれもが共通に同意できるスローガンを盛り込むことが必要です。たとえば「おもいやり」が大事だということは、だれにも異論がないでしょう。

　けれども現実としては、そういう思いやりをもてないこともあります。車を運転している人は、だれでもいちどぐらいは、思いやりに欠ける運転をしてしまったという反省があるはずです。また歩行者の立場でも、交通規則を守らなかった経験があるはずです。

〔注　意〕

※　解答はすべて解答用紙に記入すること。

※　特に指示しない限り、解答の字数指定では、句点（。）や読点（、）その他記号（（　）「　」等）も一字に数えるものとする。

【一】　次の文章を読んで、あとの問いに答えよ。

すこし角度を変えて、通俗性について考えてみたいと思います。というのは俳句の形式は、通俗とまさに[a]紙一重だからです。そしてわたしは、それを俳句の欠点ではなく、逆に最大の魅力だと考えています。すぐ隣にある通俗性をうまく切りぬけて、読む者の心にふれる詩の言葉を生み出すこと。そこにこそ俳句の[*1]醍醐味《だいごみ》があるのです。

通俗とはひとことでいえば、だれにでもわかりやすいということです。それは裏を返せば、普遍性があるということですが、普遍性があること自体はけっして悪くありません。むしろ[*2]これまで述べてきたように、詩（広くいえば芸術）の必須条件といえます。しかし同時に詩（芸術）には、普遍性という目標に到達するための　A　が重要なのです。

サッカーに①オフサイドという反則があります。味方がひとりゴールキーパーのすぐ前に待ち構えていて、そこに後方から直接パスを出してはいけないというルールです。なぜその行為が反則かというと、ここが肝心なのですが、それではゲームがおもしろくないからです。

サッカーは点を取り合うゲームですから、点を入れなければ勝てません（つまりゲームの目標に到達できません）。けれども同時に、得点にいたるまでのプレイを楽しむものであり、スポーツとしての価値観はむしろ後者にあるといえます。

むかしのサッカーは、たぶんオフサイドなどなかったでしょう。けれどもプレイヤーの技術が高度になり、観客の目も[b]肥えてくると、人々はあまり簡単に点が入ることに満足できなくなったのです。それはサッカーが長い歴史のなかで、スポーツとして成熟してきたことを意味しています。

通俗性とは、このオフサイドのプレイのようなものです。わかりやすいけれども、そこには深みがないのです。そしてわたしたちは、あるものにたいする関心が深まり、その本質が見えてくるようになると、いわば人間の精神の自然な過程として、通俗なものにあきたらなくなるのです。

2019年度　第5回

駿台高校受験公開テスト　3年

国　語

11月23日(祝)実施

〔注　意〕

1　まず初めに，この問題冊子が，あなたが受験する「学年」「教科」であることを必ず確認すること。

2　解答は必ず解答用紙の指定された箇所に記入すること。解答に際して指定されない記号・符号を記入した答案は無効とする。

3　試験開始の合図があるまで，問題を開かないこと。合図があったら，問題に着手する前に必ず解答用紙に受験番号，氏名を忘れずに記入すること。

4　試験時間は60分。

5　いったん書いた解答を訂正する場合は，前のものをしっかり消して書き直すこと。

6　問題冊子は持ち帰り，「解答・解説」をよく読んで，復習に努めること。

（メ　モ）

2021 高校《こうこう》受験《じゅけん》公開《こうかい》テスト問題集《もんだいしゅう》

難関《なんかん》高校《こうこう》に入《はい》ろう！

2020 年 5 月 30 日　2021 年版発行

編　　者　　駿台中学生テストセンター
発 行 者　　山 崎 良 子
印刷・製本　　日 経 印 刷 株 式 会 社

発 行 所　　駿 台 文 庫 株 式 会 社
〒 101-0062　東京都千代田区神田駿河台 1-7-4
小畑ビル内
TEL. 編集 03 (5259) 3302
販売 03 (5259) 3301
《448pp.》

落丁・乱丁がございましたら，送料小社負担にてお取り替えいたします。

ISBN978-4-7961-6385-9 Printed in Japan

https://www.sundaibunko.jp
駿台文庫 Web サイトはこちらです→

駿台 2021

高校受験公開テスト問題集

難関高校に入ろう！

解答・解説・資料編

目　次

駿台中学生テストセンター

英語　解答

【1】

問1	with	問2	エ	問3	イ	問4	ウ	問5	ア		
問6	彼女の父親はわずかなお金しか稼がなかったので，どんなペットでも飼うことはとても無理だった。										
問7	天気が回復すれば，子犬が動物収容所に連れて行かれてしまうから。										
問8	イ	エ	問9	better	問10	ウ	問11	イ	問12	12a イ	12b エ
問13	A food	B or [otherwise]	問14	イ	問15	ア	問16	feed	問17	pound	
問18	エ	キ									

【2】

問1	彼が作ったバイオリンまたはビオラの音をこれまで再現できた者は１人もいない。												
問2	ウ	問3	ウ										
問4	the opposite	the	new	ones									
	what I thought I was playing	the	Stradivarius	violins									
問5	ア	問6	イ	問7	エ	問8	ウ	問9	イ				
問10	a エ	b ア	c オ	問11	エ	問12	イ	問13	イ	エ			

【3】

①	ク	②	カ	③	オ	④	ア	⑤	ケ
⑥	キ	⑦	イ	⑧	ウ	⑨	コ	⑩	エ

【4】

1	イ	2	カ	3	ウ	4	オ	5	ア	6	エ

【5】

1	Picture books are usually written for young children, but some picture books can be useful to junior high school students.
2	He had no one to take care of him, so he had to work to get the things he needed.

※　上記の解答以外の答えにも点を与える場合がある。

＜配点＞

【1】 問6，問7　各3点×2＝6点
　　問8，問12，問13　各1点×6＝6点
　　上記以外　各2点×14＝28点
（小計40点）

【2】 問1　3点
　　問4，問10　各1点×5＝5点
　　上記以外　各2点×11＝22点
（小計30点）

【3】　各1点×10＝10点

【4】　各2点×6＝12点

【5】　各4点×2＝8点

合計100点

＜領域と出題＞

	領域名	設問	配点
01	長文読解問題1	【1】	40点
02	長文読解問題2	【2】	30点
03	適語選択問題	【3】	10点
04	連立完成問題	【4】	12点
05	和文英訳問題	【5】	8点
合計			100点

＜解説＞

【1】 長文読解問題1（ストーリー）

［出典］

“*Stray From Every Living Thing*” *Cynthia Rylant*

問題作成上，やむを得ない事情から，一部改変，省略した箇所がある。

［全訳］

1月，子犬がブラウン氏とその妻，そしてその娘のジャネットの家に向かって歩いていた。とても寒かった――家々は全て雪と氷で覆われていた。子犬は寒さで震えていた。

ジャネットは雪のため学校が休みになっており，道の雪かきをしていた。彼女は子犬を見るとシャベルを置いた。「おーい！ こっちへおいで！」と彼女は呼んだ。子犬は道で止まった。しっぽを振っていた。ジャネットは犬のいる所に歩いて行き，犬を抱き上げて，「いい子ね」と言った。

ジャネットは子犬を家に連れ帰り，キッチンで犬を降ろした。ブラウン夫人は，「どこから来た犬？」と尋ねた。ブラウン氏は新聞を読みながらテーブルについていた。雪のため彼はずっと工場の仕事に行けず，家にいた。「どこから来たのかはわからないが」と彼は言った。「どこに行くことになるかは確実に言える」 ジャネットは子犬をきつく抱きしめた。ブラウン夫人は何も言わなかった。

今後数日間は道路の状況が悪く，交通が止まりそうなので，ブラウン氏は子犬をすぐには市の動物収容所に連れて行くことができなかった。彼は犬を地下室で眠らせてもいいと言い，一方，ブラウン夫人はテーブルに残ったものをジャネットが子犬に食べさせることを渋々認めた。

見たところ，子犬は生後6ヶ月くらいで，この先，大きな犬になりそうだとジャネットは思った。4日たったが，子犬は不平の声1つあげなかった。夜，クーンと泣いたり，ワンワン吠えたりすることもなかった。階段を上がってくることもあったが，入ってよいと言われない限り，決してキッチンに入らなかった。行儀の良い犬だった。ジャネットが地下室に通じるキッチンのドアを開けると，一番上の段に子犬をよく見つけたものだった。彼女は思った。「この子犬は私たちと一緒にいたいのね。それでドアにもたれかかったり，キッチンでの会話を聞いたり，食べ物のにおいを嗅いだりしているんだわ」 彼女が子犬を見つけると，子犬はいつもしっぽを振っていた。

1週間たっても，ジャネットは犬に名前をつけなかった。彼女は両親がそれを飼うのを許さないことを知っていたし，彼女の父親はわずかなお金しか稼がなかったので，どんなペットでも飼うのはとても無理だった。彼女はまた，天気が良くなれば，子犬は間違いなく動物収容所に連れて行かれることがわかっていた。それでも，ある晩の夕食時に彼女は，両親のうちどちらかが同意してくれることを期待して犬のことを話してみた。「あの犬，良い子よね？」とジャネットは言った。両親は顔を見合わせて食事を続けた。「あの子，それほど困らせないし」とジャネットは付け加えた。「私，気に入っているのよ」 彼女は彼らにほほ笑みかけたが，彼らは彼女を無視し続けた。「私，あの子って本当に頭が良いと思うわ」とジャネットは母親に言った。「このぶんなら，芸を仕込むことだってできそう」　ブラウン夫人はただ首を横に振り，フォークに一杯分のさつまいもを口の中に入れた。ジャネットは黙った。彼女は天候が決して回復しないことを祈っていた。

しかし，犬が到着してから9日後の土曜日には，太陽が照り，道には雪がなくなった。ジャネットは居間に1人で座っていた。彼女は枕を抱いていた。泣くまいとしていたが，彼女は十分に強い人間ではなかった。彼女の顔は涙で濡れて赤くなっており，目は悲しみで満ちあふれていた。ブラウン夫人が戸口から部屋の中を覗いた。

「ママ」 ジャネットは小さな声で言った。「お願い」 ブラウン夫人は首を横に振った。「家《うち》が犬を買う余裕なんかないことはわかっているわね，ジャネット。このことではもっと大人らしい振舞いをしなさい」 ジャネットは顔を枕に押し付けた。外で車のトランクが閉まる音がした。エンジンが始動した。「パパ」彼女は泣いた。「お願いだから」

彼女は車が道を走っていく音を聞き，午後の早い時間だったが，ベッドに行くしか術《すべ》がなかった。彼女は泣いているうちに寝入ってしまい，失ったものを捜《さが》す夢を見続けた。彼女がようやく目を覚ましたときにはほとんど夜になっていた。彼女は石のようにそこに横たわりながら，しばらく壁を見つめていた。

しかし，彼女は空腹感を覚えてきた。彼女はベッドから出て夕食をとるように自らを奮い立たせなければならないことがわかっていた。彼女は地下室に通じるドアの脇を通り過ぎたくなかった。両親と顔を合わせるのもいやだった。だが，彼女はのろのろと起き上がった。

彼女の両親はテーブルについていた。夕食が終わってコーヒーを飲んでいたのだ。彼女が入ってくると彼らは彼女の方を見たが，彼女は下を向いたままだった。誰も話さなかった。ジャネットはグラス一杯の牛乳を飲んだ。それから冷たいビスケットを手に取り，部屋から出ようとした。

「あの犬が飢える前に餌《えさ》をあげた方がいい」とブラウン氏が言った。ジャネットは振り向いた。「今，なんて言ったの？」 「お前の犬に餌をあげた方がいい，と言ったんだ。お前を探していると思うよ」 ジャネットは手を口に当てた。「あの子を連れて行かなかったの？」と彼女は尋ねた。

「いや，もちろん連れて行ったよ」と父親は答えた。「今まで見た中で最悪の場所だった。1つの檻《おり》の中に犬が10匹も入れられているんだ。その匂いときたら，嗅いだだけで失神してしまうさ。そして動物は生きられる時間を6日間しか与えられていない。それが過ぎたら注射か何かで殺されてしまう」 ジャネットは父親を見た。「あんな所にはたとえアリでも置いてこないさ」と彼は言った。「そういうわけで犬を連れ帰ってきたんだ」

ブラウン夫人は彼に向かって笑いながら，まるで，あなたのすることは理解できないわとでも言うかのように首を振った。ブラウン氏はコーヒーを少し飲んだ。「ところで」と彼は言った。「一体お前は犬に餌をやるつもりなのか，やらないつもりなのか？」

問１　共通語

正解は**with**。

1-a.「…で覆われている」は be covered with ... と前置詞に with を使うのが最も一般的である。

1-b. 原因を表し，「…のせいで；…のために」という意味になる前置詞に with がある。

（例）　She's in bed *with* a cold.

「彼女は風邪を引いて寝込んでいる」

問２　語句整序

正解は**エ**。

正しく並べ替えた文：Janet, whose（６）school was closed because of（５）the snow, was clearing ...

①　先行詞 Janet に対する所有格の関係代名詞として whose を使う。

②　whose の後にくるべき名詞を school とする。

③　whose school に対する述語動詞を，「閉ざされていた」となるように，受け身形で was closed とする。

④　この後，副詞句 because of the snow「雪のせいで」を置く。

参考１：because と because of の違いに注意。because は接続詞なので後ろに＜S＋V＞がくるが，because of は前置詞なので，後ろに名詞がくる。

（例）　We couldn't go there *because* it rained heavily. / We couldn't go there *because of* the heavy rain.「私たちは豪雨のためそこに行けなかった」

参考２：Janet は固有名詞であるため限定することができない。したがって，関係代名詞は非制限用法(関係代名詞節の前後にカンマを置く形)にする。

（例）　Mr. Smiths, who live next door to us, are going home next month.

「スミスさん一家は，私たちの隣に住んでいる人たちだが，来月帰国する」(the Smiths「スミスさん一家」は限定することはできないので，関係代名詞の非制限用法で表す。)

The family who live next door to us are going home next month.「私たちの隣に住んでいる一家は来月帰国する」(the family は「数ある家族のうち私たちの隣に住んでいる家族」と限定することができるので，関係代名詞の制限用法(カンマを置かない用法)で表す。)

問３　適語選択

正解は**イ**。

＜ on ＋ one's[the] way to ... ＞「…へ行く途中で；…する途中で；…しつつある」の形にする。「子犬は生後６ヶ月くらいで，大きな犬になりつつあった」という意味。なお，この表現における to は，不定詞をつくる to ではなく前置詞なので，後ろに動詞がくるときは動名詞にするのが一般的である。本問では on its way to *being* ... となっている。

問４　書き換え

正解は**ウ**。

下線部(4)の unless は「…しない限り」という意味の接続詞。したがって，「その子犬は招かれない限り，決してキッチンに入らなかった」という意味になる。これは「その子犬は招かれたときだけキッチンに入った」と解釈することができるので，空所には「…のときだけ」を意味する only when を入れる。他の選択肢の意味:ア「たとえ…でも」,イ「…するとすぐに」，エ「…する直前に」

問５　同意文選択

正解は**ア**。

この company は「同席」という意味。

（例）　I very much enjoyed her *company.*

「私は彼女と一緒に過ごしてとても楽しかった」

したがって，下線部(5)は「この子犬は私たちの同席を望んでいる」という意味になり，この同意文は，ア「この子犬は私たちと一緒にいたいと思っている」である。他の選択肢の意味：イ「この子犬は私たちの会社を見たいと思っている」，ウ「この子犬は私たちが餌《えさ》を自分に与えることを望んでいる」,エ「この子犬は解放されたいと思っている」

問６　英文和訳

正解例：**彼女の父親はわずかなお金しか稼がなかったので，どんなペットでも飼うことはとても無理だった。**

英文：her father made so little money that keeping any pet was out of the question

①　... so little money that ... は < so ～ that ... >「とても～なので…だ」の構文。

②　make money は「お金を稼ぐ」という意味。

③　(a のつかない) little は，数えられない名詞の前に置かれると「少ない；わずかな；ほとんど…ない」という意味になる。a little「少し…ある」と区別すること。

④　keeping は動名詞で，主語のはたらきをしている。また，この keep は「飼う」という意味。

⑤　any は「どんな」という意味。

（例）　You may borrow *any* book.

「どんな本を借りてもよい」

⑥　out of the question は「問題にならない；まったく無理[不可能]で」という意味。

（例）　"Will you lend me some money?"

「金を貸してくれないか」

—"I'm sorry, but it is *out of the question*."「申し訳ないが，それはとても無理だ」

問７　内容説明

正解例：**天気が回復すれば，子犬が動物収容所に連れて行かれてしまうから。**（31字）

下線部(7)は「彼女は天候が決して回復しないことを祈っていた」という意味(pray は「祈る」の意)。この理由に相当する部分は，同じ段落の第３文 She also knew that the puppy would surely go to the pound when the weather cleared. である。これは「彼女はまた，天気が良くなれば，子犬は間違いなく動物収容所に連れて行かれることがわかっていた」という意味であり，天候が回復しないことを彼女が祈っていた理由は，「天気が回復すれば，子犬が動物収容所に連れて行かれてしまうから。」などとまとめればよい。

問８　誤文訂正

正解は**イ**と**エ**。

下線部(8)の直後に「彼女の顔は涙で濡れて赤くなっており，目は悲しみに満ちあふれていた」とあることから，Janet は犬が動物収容所に連れて行かれるという事態に直面し，涙を抑えることができないほど悲しみに暮れていたことがわかる。その点を押さえた上で，まず「彼女は泣くまいとしていた」となるように，... trying *not* to cry とする。このように，to 不定詞の内容を打ち消すときは，to 不定詞の直前に not を置く。

（類例） He told me *not* to be lazy.「彼は私に怠けないように言った」

なお，not try to と try not to は意味が異なるので注意しよう。

（例） She did not try to hurry.

「彼女は急ごうと努力しなかった」

She tried not to hurry.

「彼女は急がないように努力した」

次に but 以下が「彼女は十分に強い人間ではなかった」という意味になるように，she was *not* strong enough とする。

以上から，２つの not を入れた文は She was trying not to cry but she was not strong enough.「彼女は泣くまいとしていたが，十分に強い人間ではなかった」となる。

問９　英文解釈・心情把握

正解は **better**。

下線部(9)は，grown-up が「大人らしい」という意味なので，「このことではもっと大人らしい振舞いをしなさい」という意味になる。これは，犬を飼ってほしいとせがむような聞き分けのないことを言ってはいけない，という，母親の娘に対する戒めとみなせる。したがって，これと同じ意味にするには，「あなたは私たちに犬を飼うように要求するような馬鹿な真似はしてはいけない」となるように，慣用表現である know better than to - の形をつくる。know better は「もっと分別《ふんべつ》がある；もっと理性的に振舞う」という意味で，後ろに than to - を伴うと「－するよりももっと分別がある［理性的に振舞う］」→「－するほど馬鹿ではない」という意味になる。

（例） I *know better than to* trust him.

「私は彼を信用するほど馬鹿ではない」

問 10　適語句選択

正解は**ウ**。

10-a. do nothing but -「－するばかりである」の形にする。

（例） She did *nothing but* complain.

「彼女は不平を言うばかりだった」

（この but は「…以外」という意味。つまり，元々の意味は「彼女は不平を言う以外何もしなかった」である。）

本問では「…彼女はベッドに行くことしかできなかった」という意味になる。

10-b. cry oneself to ...「泣いて…の状態になる」の形にする。本問では「彼女は泣いているうちに寝入ってしまった」という意味になる。

10-c. be full of ...「…でいっぱいの；…で満たされた」の形にする。文意は「彼女の夢は失われたものを捜しては捜すことで満たされた」→「彼女は失ったものを捜す夢を見続けた」となる。

10-d. 身動き１つしない様子を表す比喩《ゆ》表現として like a stone「石のように」とする。文意は「彼女は石のようにそこに横たわりながら，しばらく壁を見つめていた」となる。

問 11　文脈把握・心情把握

正解は**イ**。

下線部(11)は「彼女は地下室に通じるドアの脇を通り過ぎたくなかった」という意味。地下室は子犬が寝起きしていた場所であり，子犬が動物収容所に連れて行かれた今，ジャネットはその脇を通ることによって子犬のことを思い出すのが辛かったのである。正解はイ「そのドアはおそらく彼女に犬のことを思い出させるから」である。remind A of B は「A に B のことを思い出させる」という意味。他の選択肢の意味：ア「ドアは固く閉められ，彼女はそれを開けることができなかったから」，ウ「彼女は地下に至る階段から落ちるのが怖かったから」，エ「彼女は地下室に通じるドアがキッチンにあることを理解できなかったから」

問 12　心情把握

正解は下線部(12-a)が**イ**，下線部(12-b)が**エ**。

下線部(12-a)は，she(S) kept(V) her head (O) down(C)という構造で，「彼女は下を向いたままだった」という意味。これは，子犬を動物収容所に連れて行かれてしまったジャネットの悲しみを表すので，正解はイ deeply sad「ひどく悲しい」である。下線部(12-b)は「ジャネットは手を口に当てた」という意味。これは父親から「お前の犬に餌をあげた方がいい」と言われたことに対するジャネットの反応であり，彼女の次の言葉「あの子を(動物収容所に)連れて行かなかったの？」からもわかるように，ジャネットの喜びと驚きが入り混じった感情の表れであることがわかり，正解をエ pleasantly surprised「うれしい驚き」とする。

問 13　書き換え

正解は**food** と **or**。

下線部(13)の You'd は You had の短縮形であり，had better - で「ーした方がよい」という意味になる。feed は food の動詞形で「(餌・食べ物などを)…に与える」の意。また，starve は「餓死する；飢える」の意であることを文脈および書き換え文から推測する。以上から，下線部(13)は「あの犬が飢える前に餌をあげた方がいい」という意味になる。書き換え文は，feed ... の同意表現を give (some) food to ... と判断し，前の空所に food を入れる。また，全体として＜命令文＋ or ... ＞「～しなさい，さもないと…だ」の構文になるとみなし，後の空所には or[otherwise] を入れる。書き換え文の意味は「すぐにあの犬に餌をあげなさい。さもないと，それは空腹で死んでしまう」となる。

問 14　適文選択

正解は**イ**。

14-a. ジャネットの「あの子を連れて行かなかったの？」という質問に対する父親の返事としては，実際に子犬を動物収容所まで連れて行ったことから，②「いや，もちろん連れて行ったよ」とするのが適切。

14-b. 直後の「１つの檻の中に犬が 10 匹も入れられている」は，動物収容所の劣悪な環境を具体的に述べたものなので，**14-b** には④「今まで見た中で最悪の場所だった」を入れるのが妥当。

14-c. 直後に「それが過ぎたら注射か何かで殺されてしまう」とあるので，犬に与えられた生存期間を示すように，①「そして動物は生きられる時間を６日間しか与えられていない」を入れる。

14-d. 当初は子犬を動物収容所に入れようとしていた父親は，動物収容所の劣悪な環境を見て，考えを変えたのである。そうした父親の動物収容所に対する嫌悪感を表すように，③「あんな所にはたとえアリでも置いてこない」を入れる。wouldn't は仮定法過去といって，現在の事実に反する事柄《ことがら》を想定して述べる言い方。「たとえアリであっても」という仮定の気持ちを表している。

(類例)　He *would* reject such an offer.

「たとえそんな申し出があったとしても彼ははねつけるだろう」

問 15　文脈把握・心情把握

正解は**ア**。

shake one's head は「不承知・不賛成・非難・失望」の身振りを表す。第６，第８段落における shook her head は，子犬を飼ってほしいという娘の願いに対する母親の不承知を表している。下線部(15)においては，この文が

「ブラウン夫人は彼に向かって笑いながら，まるで，あなたのすることは理解できないわとでも言うかのように首を振った」(as if ...「まるで…のように」)という意味であることから，この場面における shaking her head は「呆れてものも言えない」という感情を表したものと考えられる。よって正解は，ア「夫の予想外の振舞いに呆れている」である。

問 16　文脈把握・適語補充

正解は **feed**。

ジャネットの父親は，動物収容所から子犬を連れ戻したことから，子犬を飼うことを(渋々ながらも)認める気になっていると考えられる。ジャネットに対し，２度にわたって子犬に餌をあげるように促しているのはそのためである。したがって，本文最終文においても，父親は娘に同様の趣旨の言葉を投げかけたと判断し，「一体お前は犬に餌をやるつもりなのか，やらないつもりなのか？」となるように feed「(餌・食べ物などを)…に与える」を入れる。

問 17　要旨把握・英問英答

正解は **pound**。

質問の意味は「ブラウン氏は『それがどこに行くことになるかは確実に言える』と言った。彼は子犬がどこへ行くと考えたのか？」である。ブラウン氏が考えている子犬の行き先とは，子犬が自分の意志で行こうとしていた場所ではなく，子犬が否応《いやおう》無しに連れて行かれる場所である。ブラウン氏の言葉を聞いたジャネットが子犬をきつく抱きしめたことや，ブラウン夫人が言葉を失ったこと，さらに，この後，子犬は動物収容所に連れて行かれたことなどを考え合わせると，父親が考えた子犬の行き先は pound「動物収容所」であることがわかる。

問 18　内容真偽

正解は**エ**と**キ**。

ア.「子犬が現れた日，雪が激しく降っていたのでブラウン氏は工場から家に戻ってこなければならなかった」

第３段落に，「雪のため彼はずっと工場の仕事に行けなかった」とあり，家の中に閉じ込められていたことがわかる。したがって，「工場から家に戻ってこなければならなかった」は誤りである。

イ.「ブラウン夫人は，ジャネットが連れて来たばかりの犬を飼うのを嫌がっていたが，彼女はその日の夕方は，ジャネットに豪華な食べ物を子犬にあげるのを許した」

第４段落参照。ブラウン夫人が子犬に食べさせることを渋々認めたものは，table scraps「テーブルの残飯」(scrap「くず鉄」から連想可能)であり，豪華な食べ物と言えるようなものではなかったので誤りである。

ウ.「犬は１日中地下室にいて，階段を上がることはなかった」

第５段落に，犬は階段を上がってくることもあり，ジャネットがキッチンのドアを開けると，しばしば一番上の段に子犬を見つけた，とあるので誤りである。

エ.「ブラウン氏が犬を家に連れ帰る日まで，ブラウン夫妻は犬を飼うことに対して否定的な態度をとっていた」

ブラウン夫妻はブラウン氏が犬を家に連れ帰った日になって，それまでの態度を変え，犬を飼うことを認めたのである。したがって本文の内容に一致する。

オ.「犬を運ぶ車が出発するとき，ジャネットは犬の名前を呼んで泣いた」

第６段落に，ジャネットは犬に名前をつけなかった，とあり，車が出発するとき，ジャネットは父親に向かってDaddyと呼びかけたのだから，誤りである。

カ．「犬が動物収容所に連れて行かれてしまった後，ジャネットは気落ちし，何も食べる気がしなかった」

feel like -ingは「－したい気がする」という意味。第10段落に，ジャネットは空腹感を覚えてきた，とあるので誤りである。

キ．「ブラウン氏は劣悪な環境の動物収容所に犬を置いてこないだけの優しい心根を持っていた」

最後から２番目の段落に，動物収容所は最悪の場所であり，そこに犬を置いてくることは自分には到底できない，という父親の心情が描かれており，本文の内容に一致する。なお，＜ ... enough not to - ＞はnotがto不定詞の内容を打ち消しており，「－することができないくらい(十分に)…だ」という意味になる。

(例)　She is wise enough not to do such a thing.「彼女にはそんなことをしないだけの分別がある」(≒ She is too wise to do such a thing.)

【２】 長文読解問題２(説明文)

［出典］

"Is A Stradivarius Just A Violin?" David Kestenbaum

問題作成上，やむを得ない事情から，一部改変，省略した箇所がある。

［全訳］

ストラディバリウスのバイオリンは，非常に腕の良い職人アントニオ・ストラディバリからその名前を採っている。彼が1737年に亡くなったとき，彼の秘密は彼と一緒に死んだ。彼が作ったバイオリンやビオラの音をこれまで再現できたものはいない。今日彼の楽器はオークションで数百万ドルの値がついており，サザビーズは近いうちビオラをオークションにかけるが，4,500万ドルで売れるだろうと予想されている。

しかし，ストラディバリウスの魅力のうちどのくらいがその楽器の音によるものなのだろうか。そして，どのくらいがそのブランドによるものなのだろうか ―― つまり，私たちの脳が，その音が美しいのはそれがストラディバリウスだからだ，と私たちに告げることから生まれるものはその魅力のどのくらいを占めるのだろうか？

2010年に，調査員たちのグループが解明に乗り出した。彼らはストラディバリウスの目隠しテストを行うことにした。音楽家集団をホテルの一室に連れて行き，２丁のストラディバリウスを含む新旧入り混ざったバイオリンを演奏するように頼んだ。彼らは音楽家たちに溶接用ゴーグルを着用しながら演奏するように求め，そのため演奏者たちは，自分がどの楽器を抱えているのかわからなかった。

実験に参加したバイオリン奏者の１人，ジョン・ソロニンカは，新しいバイオリンの中からストラディバリウスのバイオリンを選ぶことができると確信していた。彼は間違っていた。「私は自分が弾いていると思っていたのとは正反対のものを弾いていた」と彼は言う。

調査員が結果を集計してみると，演奏者が新しいものの中からストラディバリウスを確実に選び取ることができるという証拠はなかった。そして演奏者が自分の一番好きな楽器を選ぶように言われたとき，最も多くの人に選ばれたのは，現代の作りたてのバイオリンだった。

このテストの結果は論争を巻き起こした。

ニューヨークタイムズ紙によると，バイオリニストのアール・カーリスは，そのテストは市の駐車場でフォードとフェラーリを比較しようとするのと同じくらい馬鹿げている，と述べた。

そこで調査員たちは，より多くのバイオリン，より優れた演奏者，より適切な場所で実験をもう一度行うことにした。音楽家たちはホテルの一室ではなく，コンサートホールでバイオリンを演奏するように求められた。

しかし，結果は基本的に同じだった。今回も演奏者はストラディバリウスと新しいものを区別できるという証拠は得られなかった。

ある意味，そのテストは固定観念を解くものだった。それらのテストは最高音質のバイオリンを得るために何百万ドルも費やす必要がないということを示したからだ。しかし，実験を行った調査員のジョセフ・カーテンは，少し悲しい思いもしたと語る。彼自身，バイオリン製作者なのだ。

「私は悲しい。と言うのも，本当だと信じていた考えがもう価値がないように思えるからです」と彼は言う。「私は大人になってからの人生の大半をこれらの古い楽器を模倣しようと努めることに費やしてきました。そして，問題は，まあ，『これから私は何をすればいいのか？』ということなのでしょうね」

ときどきあることなのだが，あなたが神話の正体を暴露したとき，あなたは自分の中の一部がその神話を好きだったことに気づくのだ。

問１　英文和訳

正解例　**彼が作ったバイオリンまたはビオラの音をこれまで再現できた者は１人もいない。**

英文：No one has ever been able to reproduce the sound of the violins or violas he made.

① No one ... は「だれも…ない；…はだれも[１人も]いない」という意味。

（例）　*No one* can solve the problem.

「その問題はだれも解けない」

② has ... been は現在完了形。

③ ever は否定文で用いられると「これまで(…ない)」という意味になる。

④ be able to - は「－することができる」という意味。

⑤ the violins or violas he made は the violins or violas の後に made の目的語としてはたらく関係代名詞が省略されている。なお，先行詞は violas ではなく，the violins or violas である(the は violins or violas というまとまりに付いていると考える)。

問２　英文解釈

正解は**ウ**。

① 下線部(2)を含む文の前半が how much of the Stradivarius' appeal is about ... となっているので，下線部(2)の how much の後ろには of the Stradivarius' appeal が省略されている。

② 省略されている語句を補った how much of the Stradivarius' appeal is about the brand は「ストラディバリウスの魅力のうちどのくらいがそのブランドによるものなのだろうか？」となる。

③ about our brains -ing は our brains が動名詞の意味上の主語であり，「私たちの脳が…告げることと関連する」という意味。

④ telling us the sound is beautiful because it's a Stradivarius は「それがストラディバリウスであるがゆえに，その音は美しいのだと私たちに告げること」という意味。

⑤ 以上をまとめ，簡潔に表したものとしては，ウ「ストラディバリウスの魅力のうち，

ストラディバリウスであるがゆえに美しい音色を出すという思い込みから生み出されるものはどのくらいあるのだろうか。」が適切である。

問３　語句整序

正解は**ウ**。

正しく並べ替えた文：... the players [had no idea（８）which instrument they were（１）holding]

① 「わからない」は have no idea を用いる。これは後ろに，＜疑問詞＋ to - ＞や＜疑問詞＋節＞を置くことができる。

（例）　I have no idea how to get there.
「どうやってそこへ行けばよいのかわからない」

② 「自分がどの楽器を抱えているのか」は間接疑問なので，＜疑問詞＋主語＋動詞＞という語順にする。

③ 「どの楽器」は which instrument とする。which や what はこのように疑問形容詞として後ろに名詞を置くことができる。

問４　文脈把握・語句解釈

正解は the opposite が **the new ones**, what I thought I was playing が **the Stradivarius violins**。

下線部(4)を含む段落の第１文，第２文に「…ジョン・ソロニンカは，新しいものの中からからストラディバリウスのバイオリンを選ぶことができると確信していた。彼は間違っていた」とあることから，ジョン・ソロニンカがストラディバリウスだと思って弾いていたものは，実は新しいバイオリンであったことがわかる。ここで，下線部(4)の the opposite of ... は「…の正反対」，また what I thought I was playing は「自分が弾いていると私が思っていたもの」という意味であることから，前者は the new ones「新しいバイオリン」，後者は the Stradivarius violins「ストラディバリウスのバイオリン」を指す。

参考：＜関係代名詞＋主語＋ think[believe など] ＋動詞＞という形，例えば I saw a man *who I thought was* her uncle. は，I saw a man. ／ I thought he was her uncle. という２つの文を，後ろの文の he を主格の関係代名詞 who に変えて１文にしたものである（関係代名詞が whom にはならない点に注意する）。文意は「私は彼女のおじさんだと思った人を見かけた」となる。

（類例）　Do *what you think is* right.
「あなたが正しいと思うことをしなさい」

したがって，本問の what I thought I was playing は「私が演奏していたと思っていたもの」という意味になる。

問５　文脈把握・語句解釈

正解は**ア**。

下線部(5)が含まれる文の意味は「そして演奏者が自分の一番好きな楽器を選ぶように言われたとき，勝利者は現代の作りたてのバイオリンだった」である。ここでいう the winner「勝利者」とは，「勝利した人間」ではなく，「勝利したバイオリン」を表していることをつかむ。正解は，ア「最も多くの人に選ばれたバイオリン」である。イ「最も良い現代の作りたてのバイオリンを選んだ演奏者」，ウ「実験においてライバルを打ち負かしたバイオリニスト」，エ「そのテストを最もうまく行った調査員」はいずれも人間を表しているので不可。

問６　英文解釈・文脈把握

正解は**イ**。

下線部(6)の後，筆者はニューヨークタイムズ紙に載ったあるバイオリニストの言葉を引用し，そのテストに対する批判的見解を紹介している。このことから controversial とは「議論の余地のある；物議を醸《かも》す」という意味であることがわかり，同じ内容のものとしては，イ「多くの公の討議や異なる意見を呼び起こす」が適切である。他の選択肢の意味：ア「プロの音楽家にとって面白味がなく退屈だった」，ウ「世界の多くの人々の期待を裏切った」，エ「アメリカ合衆国のマスメディアからあまり多くの注目を集めなかった」

問７　適語(句)選択

正解は**エ**。

最初のテストは，正式の実験に必要な要件を満たしていない，という批判を招いたので，２回目のテストでは，バイオリンの数を増やし，より優れたバイオリニストを起用し，より適切な会場に移して行われたのである。したがって，場所に関する記述として「ホテルの一室ではなく，コンサートホールでバイオリンを演奏するように」となるように instead of ...「…ではなく；…の代わりに」を入れる。

（例）　Now he could sleep under a roof *instead of* in the street.「今や彼は路上ではなく，屋根の下で眠ることができた」

他の選択肢の意味:ア「…を持った」,イ「…を持たない」，ウ「…の隣の」

問８　適語(句)選択・文脈把握

正解は**ウ**。

空所８の直後の文で，２回目のテストの結果について，「今回も演奏者はストラディバリウスと新しいものを区別できるという証拠が得られなかった」と述べている。つまり，１回目と２回目のテストの結果は，ストラディバリウスが新しいバイオリンよりも優れた音を出すということを証明できなかったという点で同じだったのである。したがって，ウ「しかし，結果は基本的に同じだった」となるように，the same を選ぶ。他の選択肢の意味:ア「驚くべき」，イ「異なった」，エ「最悪の」

問９　文脈把握・語句解釈

正解は**イ**。

下線部(9)の直後に「それらのテストは最高音質のバイオリンを得るために何百万ドルも費やす必要がないということを示した」とある。つまり，２回のテストの結果，ストラディバリウスは名器であるとの神話が揺らぎ始めたのである。したがって，下線部(9)は，「固定観念[束縛]を解いた」という意味に取るのが適切である。liberating は動詞 liberate「(支配・束縛などから)…を解放する」の現在分詞で，形容詞のはたらきをしている(were liberating は過去進行形ではない)。なお，文頭の In a way は「ある意味で」という意味。

問10　要旨把握

正解は a が**エ**，b が**ア**，c が**オ**。

このテストは，ストラディバリウスが新しいバイオリンよりも優れた音を出すという証拠が得られない結果に終わったのだが，実験を行ったジョセフ・カーテンは彼自身がバイオリン製作者であり，ストラディバリウスの優位性を疑っていなかった１人であることから，その結果に対して複雑な思いを持ったと想像し得る。したがって，彼が語った言葉としては「私は悲しい。と言うのも，本当だと信じていた考えがもう価値がないように思われるからだ」となるように，空所 a に unhappy，空所 b に true，空所 c に without を入れる。なお，because 以下は，the idea の後に関係代名詞が省略されており，the idea I believed to be true が主語，seems が述語動詞，without value が補語，という構造。

また，value は「価値」という意味である。

問 11　語句整序

正解は**エ**。

正しく並べ替えた文：I've [spent most of（7）my adult life trying（1）to imitate] these old instruments.

①「－することに(時間など)…を費やす」は< spend ＋時間＋ -ing >で表す。

②「大人になってからの人生の大半」は most of my adult life とする。

③「…を模倣しようとすることに」は trying to imitate ... とする。

参考：「ほとんど(の)，大部分(の)」という意味の most を用いた表現は，< most ＋名詞>と< most of ＋名詞>の２つがあり，その違いに注意が必要。< most ＋名詞>という形における名詞は「不特定の名詞」である。

(例)　*Most cars* have a car navigation system.
「ほとんどの車にはカーナビがついている」

一方，< most of ＋名詞>という形における名詞は「特定の名詞」である(したがって，名詞の前には the や所有格がつく。また名詞の部分には them や us などの代名詞がくることもある)。

(例)　*Most of the cars* displayed there have a car navigation system.「そこに展示されている車のほとんどには，カーナビがついている」

本問の「大人になってからの人生の大半」は後者に相当するので，most of my adult life とする。なお，これらの表現において，名詞は単数でも複数でもよく，また，可算名詞・不可算名詞のいずれでもよい。

問 12　適語選択・文脈把握

正解は**イ**。

ジョセフ・カーテンらが行ったテストは，ストラディバリウスの優位性に疑問を投げかける結果に終わった。一方でジョセフ・カーテンはバイオリン製作者でもあり，ストラディバリウスを模倣することに人生の大半を費やしてきたことから，その結果に対して残念な思いも持っているのである。最後の段落は，自ら神話を壊しておきながらそれを残念がるという，彼の複雑な心境から導き出された一般論であり，「ときどきあることなのだが，あなたが神話の正体を暴露したとき，あなたは自分の中の一部がその神話を好きだったことに気づく」となるように，liked を入れる。

問 13　内容真偽

正解は**イ**と**エ**。

ア.「ストラディバリウスのバイオリンは，当時の最も偉大なバイオリニストであったアントニオ・ストラディバリにちなんで名付けられた」

本文の冒頭文に，アントニオ・ストラディバリは highly skilled worker「非常に腕の良い職人」とあるので誤りである。

イ.「アントニオ・ストラディバリは 1737 年，バイオリンやビオラを作る方法を誰にも言わずに亡くなった」

本文第２, 第３文に「彼が 1737 年に亡くなったとき，彼の秘密は彼と一緒に死んだ。彼が作ったバイオリンやビオラの音をこれまで再現できたものはいない」とあり，彼の秘密＝バイオリンやビオラの製法，とみなせるので正しい。

ウ.「2010 年に行われた実験では，調査員たちは市内の駐車場でフォードとフェラーリを比較した」

本文第６段落に，「そのテストは市の駐車場でフォードとフェラーリを比較しようとするのと同じくらい馬鹿げている」というアール・カーリスの言葉を紹介しているが，実際に市内の駐車場でフォードとフェラーリを比較したわけではないので誤りである。

エ．「演奏者たちは溶接用ゴーグルで目が覆われていたため，ストラディバリウスのバイオリンと新しいバイオリンを目で見て識別することができなかった」

本文第３段落に「彼らは音楽家たちに自分がどの楽器を抱えているのかわからなくさせるために，溶接用ゴーグルを着用しながら演奏するように頼んだ」とあることから正しい。なお，tell A from B は「A と B を識別する」, by sight は「目で見て」(sight は see の名詞形で「視覚」の意）という意味。

オ．「ジョセフ・カーテンは，ストラディバリウスの優位性を証明することができなかった実験の結果に満足していた」

本文第９, 第 10 段落で，ジョセフ・カーテンは実験の結果に対する悲しい思いを表明しているので誤りである。be satisfied with ... は「…に満足している」, prove ... は「…を証明する」, superiority は superior「より優れている」の名詞形で，「優位性」という意味。

【３】 適語選択問題

１．正解は①が**ク**，②が**カ**。「だんだんわかってきた」は「理解し始めてきた」ということなので，I'm beginning to understand と表す。「君が何を言いたいのか」は「君が何のつもりでそう言っているのか」ということ。したがって，動詞に mean「…のつもりで言う」を用いる。

２．正解は③が**オ**，④が**ア**。「持続する」は動詞 last を使って表せる。

（例） His speech *lasted* (for) thirty minutes.

「彼のスピーチは 30 分続いた」

「ほんの数秒」は only a few seconds と表す。

３．正解は⑤が**ケ**，⑥が**キ**。「…するのはいかがですか？」と提案や勧誘を表す言い方に What do you say to ...? がある。このときの to は不定詞をつくる to ではなく前置詞なので，後ろには動詞の原形ではなく，名詞・動名詞がくる。この他に look forward to ...「…を楽しみにする」, be used to ...「…に慣れている」も同様に，to の後ろに名詞・動名詞がくる。

（例） She is used to *getting* up early.

「彼女は早起きに慣れている」

「散歩する」は go for a walk。

４．正解は⑦が**イ**，⑧が**ウ**。「他に存在しないもの」は形容詞 unique で表す。

（例） This is the ***unique*** example of the application of this rule.「これはそのルールが適用されたただ１つの例だ」

「少なくとも」は２語の熟語 at least で表す。この least は little の最上級。

５．正解は⑨が**コ**，⑩が**エ**。「…に私たちは気づくべきだった」のように，「…するべきだった(のにしなかった)」は should の後に完了形(have ＋過去分詞)を用いて表せるので，We should have realized ... とする。「結果論」とは，原因や途中の経過などを無視して，結果だけに基づいて言う議論のこと。「事後に賢いことを言うのはたやすいことだ」と考え，「賢い」の意の形容詞 wise を入れる。

参考：＜助動詞＋完了形＞は本問の＜ should have ＋過去分詞＞の他に次のようなものがある。いずれも言い手の立場から見た，過去のことに対する義務や推量を表す。

（例） He *must have known* the news.

「彼はそのニュースを知っていたに違いない」

She *may have said* so.

「彼女はそう言ったかもしれない」

They *cannot have done* such a thing.

「彼らがそんなことをしたはずがない」

【4】 連立完成問題

1．正解は**イ**。上の文は「彼が試験で失敗したという知らせを聞いて，彼女の心は沈んだ」という意味。「彼女の心は沈んだ」とは「彼女はがっかりした[失望した]」ということなので，下の文の空所には disappointed を入れる。

2．正解は**カ**。上の文は「この種のネコには尾がない」という意味。本来あるべきものについて，「…がない；…が不在の」は形容詞 absent で表せる。

（例） Leaves are *absent* on many trees in winter.「冬になると，多くの木々の葉がなくなる」

3．正解は**ウ**。上の文は「これは難しい問題だが，解こうと努力する価値がある」という意味(worth -ing は「－する価値がある」の意)。下の文の空所には形容詞 challenging「(仕事・テストなどが)難解だが興味をそそる；やりがいのある」を入れる。

4．正解は**オ**。上の文は「私はあなたを知っているように思う。私たちは以前どこかで会いませんでしたか？」という意味。下の文は，「あなたは私にとって見覚えがある人のように思える。私たちは以前どこかで会いませんでしたか？」となるように,「見覚えがある」という意味の形容詞 familiar を入れる。familiar には，この他に「(人が物に)熟知して」,「(物が人に)よく知られて」の意味があり，前者には前置詞 with を，後者には前置詞 to を伴う点に注意する。

（例） He's *familiar with* the matter.

＝ The matter is *familiar to* him.

「彼はその問題をよく知っている」

（下の文では，familiar ≒ known）

5．正解は**ア**。上の文の have second thoughts about ... は「…を考え直す；再考する」という意味。下の文では「…するという決定に疑いを持ち始めた[確信が揺らぎ始めた]」となるように，空所に doubtful「疑いを抱いて；確信がなくて」を入れる。文意は，上の文が「彼女はそのコンピュータを買うことを考え直した」，下の文が「彼女はそのコンピュータを買うという決定に確信が揺らぎ始めた」となる。

6．正解は**エ**。上の文は「アドバイスをいただきたいのですが，いつがお暇でしょうか？」という意味。下の文は「アドバイスをいただきたいのですが，ご都合の良い時間はいつでしょうか？」となるように，空所に convenient「都合が良くて」を入れる。この convenient は「人」を主語にはしない点に注意する(... when ×you are convenient)。

【5】 和文英訳問題

1．正解例：**Picture books are usually written for young children, but some picture books can be useful to junior high school students.**

日本文：絵本はたいてい幼い子供たちのために書かれたものだが，中学生にとって役に立ち得る絵本というのもある。

① 「絵本はたいてい幼い子供たちのた

めに書かれたものだ」は受動態で，Picture books are[were] usually written for young children と表す。

② 「…というのもある」は some を用いて表すとよい。この some は，全体のうちの一部を表して，「人[もの]によると…もある；中には…もある」という意味。

（例） *Some* fruit is sour.「果物の中には酸っぱいものもある」

なお，(the) others などと相関的に述べる言い方もある。

（例） *Some* people like mountains, and *others* like sea.「山が好きな人もいれば，海が好きな人もいる」

③ 「役に立ち得る」のように「…の可能性がある」という意味は助動詞 can で表せる。

（例） Anybody can be mistaken.
「どんな人でも間違うことがある」

④ 「中学生にとって役に立つ」は be useful to[for] junior high school students とする。

2．正解例：**He had no one to take care of him, so he had to work to get the things he needed.**

日本文：彼には面倒を見てくれる人がいなかったので，彼は自分が必要とする物を手に入れるために働かなければならなかった。

① 「彼には…する人がいなかった」は He had no one[nobody] とした後，関係代名詞や to 不定詞を用いる。

② 「…の面倒を見る」は take care of ... , look after ... , care for ... などを用いる。

③ 「働かなければならなかった」は had to work とする。

④ 「…を手に入れるために」は「目的」を表す不定詞の副詞的用法で，(in order) to get[obtain]... とする。

⑤ 「自分[＝彼]が必要とする物」は，「物」を先行詞，「自分[＝彼]が必要とする」を関係代名詞節で表し，the things which[that] he needed とする。このときの関係代名詞は目的格なので，省略してもよい。

数学　解答

【1】	(1)	$-\dfrac{10xy}{9}$	(2)	$15\sqrt{15}+3\sqrt{3}+5\sqrt{5}+1$
	(3)	$\dfrac{1}{2}$	(4)	-12
	(5)	$a=\dfrac{5}{3}$，$b=-3$	(6)	$\dfrac{566}{505}$

【2】	(1)	$\dfrac{1}{36}$	(2)	$\dfrac{7}{24}$

【3】	(1)		$(4, 8)$		
	(2)	(i)	$(-4, 4)$	(ii)	24
	(3)		$\left(\dfrac{2}{3}, \dfrac{14}{3}\right)$		

【4】	(1)	45 度	(2)	$\sqrt{3}-1$
	(3)	$\dfrac{9-5\sqrt{3}}{6}$	(4)	$4\sqrt{3}$

【5】	(1)		$9 : 16$	(2)	$\dfrac{6\sqrt{3}}{5}$
	(3)	(i)	$\dfrac{9}{4}$	(ii)	$\dfrac{3\sqrt{7}}{2}$

【配点】5 点× 20 ＝ 100 点満点

<領域と出題>

	領域名	設問	配点
01	小問集合	【1】	30点
02	確率	【2】	10点
03	関数と図形	【3】	20点
04	平面図形	【4】	20点
05	空間図形	【5】	20点
合計			100点

<解説>

【1】

(1) $\left(-2x^2y\right)^3 \times 5xy^2 \div \left(-6x^3y^2\right)^2 = \left(-8x^6y^3\right) \times 5xy^2 \div 36x^6y^4$

$$= -\frac{8x^6y^3 \times 5xy^2}{36x^6y^4}$$

$$= -\frac{10xy}{9}$$

(2) $\left(\sqrt{3}\right)^3 = 3\sqrt{3} = a$，$\left(\sqrt{5}\right)^3 = 5\sqrt{5} = b$ とおくと，$\left(\sqrt{3}\right)^6 = \left\{\left(\sqrt{3}\right)^3\right\}^2 = a^2$

$\left(\sqrt{5}\right)^6 = \left\{\left(\sqrt{5}\right)^3\right\}^2 = b^2$，$\left(\sqrt{15}\right)^3 = \left(\sqrt{3} \times \sqrt{5}\right)^3 = \left(\sqrt{3}\right)^3 \times \left(\sqrt{5}\right)^3 = ab$ だから，問題の式を a，b を用いて計算すると

$$\frac{\left\{\left(\sqrt{3}\right)^6 - 1\right\}\left\{\left(\sqrt{5}\right)^6 - 1\right\}}{\left(\sqrt{15}\right)^3 - \left(\sqrt{3}\right)^3 - \left(\sqrt{5}\right)^3 + 1} = \frac{(a^2-1)(b^2-1)}{ab-a-b+1}$$

$$= \frac{(a+1)(a-1)(b+1)(b-1)}{(a-1)(b-1)}$$

$= (a+1)(b+1)$　　$a = 3\sqrt{3}$，$b = 5\sqrt{5}$ を代入して

$$= \left(3\sqrt{3}+1\right)\left(5\sqrt{5}+1\right)$$

$$= 15\sqrt{15} + 3\sqrt{3} + 5\sqrt{5} + 1$$

(3) $a - b = \dfrac{\sqrt{3}+1}{2} - \dfrac{\sqrt{3}-1}{2} = \dfrac{2}{2} = 1$，$ab = \dfrac{\sqrt{3}+1}{2} \times \dfrac{\sqrt{3}-1}{2} = \dfrac{3-1}{4} = \dfrac{1}{2}$

であるから

$$a^2 - 3ab + b^2 = (a-b)^2 - ab = 1^2 - \frac{1}{2} = \frac{1}{2}$$

(4) $x^2 - 2ax - 3a^2 = (x-3a)(x+a)$ と因数分解できるから，$x = 3a$，$-a$

2つの解の和が4だから，$3a + (-a) = 4$ より，$a = 2$

よって，2つの解の積は，$3a \times (-a) = -3a^2 = -3 \times 2^2 = -12$

(5) $y = ax^2$ において，x の変域に0を含むので，$a > 0$ より，最小値は $x = 0$ を代入して $y = a \times 0^2 = 0$，最大値は -3 と2の絶対値を比べ，絶対値が大きい -3 を x に代入して $y = a \times (-3)^2 = 9a$ となる。よって，y の変域は $0 \leqq y \leqq 9a$ ……①と表せる。

また，$y = bx + 6$ において，$b < 0$ より，最小値は $x = 2$ を代入して $y = 2b + 6$，最大値は $x = -3$ を代入して $y = -3b + 6$ となる。よって，$2b + 6 \leqq y \leqq -3b + 6$ ……②と表せる。

①と②の変域は等しいので，次の連立方程式から a，b の値を求める。

$$\begin{cases} 0 = 2b + 6 \\ 9a = -3b + 6 \end{cases} \quad \text{より，} \; a = \underline{\frac{5}{3}}, \; b = \underline{-3}$$

(6) 2020の約数が分子になっているとき，約分すると分子が1になることを利用する。

2020を素因数分解すると，$2020 = 2^2 \times 5 \times 101$ となることから

2^2 の約数は，1，2，2^2 ……A

5の約数は，1，5 ……B

101の約数は，1，101 ……C

A，B，Cのそれぞれから1つずつの要素を選んでかけあわせると，2020の約数が1つできるので，$3 \times 2 \times 2 = 12$(個)約数はできる。

この12個の約数の総和を求める式をつくり，その式を因数分解すると

$$\begin{aligned} &1 \times 1 \times 1 + 1 \times 1 \times 101 + 1 \times 5 \times 1 + 1 \times 5 \times 101 \\ &+ 2 \times 1 \times 1 + 2 \times 1 \times 101 + 2 \times 5 \times 1 + 2 \times 5 \times 101 \\ &+ 2^2 \times 1 \times 1 + 2^2 \times 1 \times 101 + 2^2 \times 5 \times 1 + 2^2 \times 5 \times 101 \\ &= (1 + 2 + 2^2)(1 \times 1 + 1 \times 101 + 5 \times 1 + 5 \times 101) \\ &= (1 + 2 + 2^2)(1 + 5)(1 + 101) \end{aligned}$$

よって，約数の総和は

$$(1 + 2 + 2^2) \times (1 + 5) \times (1 + 101) = 7 \times 6 \times 102 = 4284$$

ただし，この和4284には2020が含まれているので，これを除く。よって，2019個の分数のうち約分すると分子が1となる分数すべての和は

$$\frac{4284 - 2020}{2020} = \underline{\frac{566}{505}}$$

【2】

(1) 3個のさいころのすべての目の出方は $6 \times 6 \times 6 = 6^3$(通り)である。このうち，3個のさいころの出た目の数が同じになるのは，出た目の数が1から6までの6通りだから，正三角形になる確率は

$$\frac{6}{6^3} = \underline{\frac{1}{36}}$$

(2) 正三角形ではない二等辺三角形の3つの辺の長さを a，a，b($a \neq b$)とすると，三角形ができる条件は，$a + a > b$ より，$2a > b$ となる。この条件を満たす a，a，b の組み合わせ($\{a, a, b\}$ と表すことにする)は，次の21通りである。

$\{a, a, b\} = \{6, 6, 1\}, \{6, 6, 2\}, \{6, 6, 3\}, \{6, 6, 4\}, \{6, 6, 5\},$

$\{5, 5, 1\}, \{5, 5, 2\}, \{5, 5, 3\}, \{5, 5, 4\}, \{5, 5, 6\},$

$\{4, 4, 1\}, \{4, 4, 2\}, \{4, 4, 3\}, \{4, 4, 5\}, \{4, 4, 6\},$

$\{3, 3, 1\}, \{3, 3, 2\}, \{3, 3, 4\}, \{3, 3, 5\},$

$\{2, 2, 1\}, \{2, 2, 3\}$

大中小のさいころで出た目の数を区別して考えると，さいころの出た目が a，a，b となるのは，(大，中，小)＝(a，a，b)，(a，b，a)，(b，a，a)の3通りある。

よって，正三角形ではない二等辺三角形になる確率は

$$\frac{21 \times 3}{6^3} = \underline{\frac{7}{24}}$$

【3】

(1) 点Aの x 座標は－2だから，y 座標は $y = \frac{1}{2} \times (-2)^2 = 2$

直線ABは傾きが1で点A(－2，2)を通るから，切片を b として，直線ABの式を求める。

$y = x + b$ に $x = -2$，$y = 2$ を代入して，$2 = -2 + b$ より，$b = 4$ になる。よって，直線ABの式は $y = x + 4$ である。

点Bの座標は，$y = \frac{1}{2}x^2$ と $y = x + 4$ を連立方程式としたときの解となる。

$\frac{1}{2}x^2 = x + 4$ より，両辺を2倍し，因数分解を用いて解を求める。

$$x^2 - 2x - 8 = 0$$

$(x + 2)(x - 4) = 0$　　$x > 0$ より，$x = 4$　　このとき，$y = 4 + 4 = 8$

よって，B$\underline{(4,\ 8)}$

(2) (i) △QAPと△BCPにおいて

∠QAP＝∠BCP (仮定)　……①

∠QPA＝∠BPC (対頂角) ……②

①，②より2組の角がそれぞれ等しいので

△QAP∽△BCP

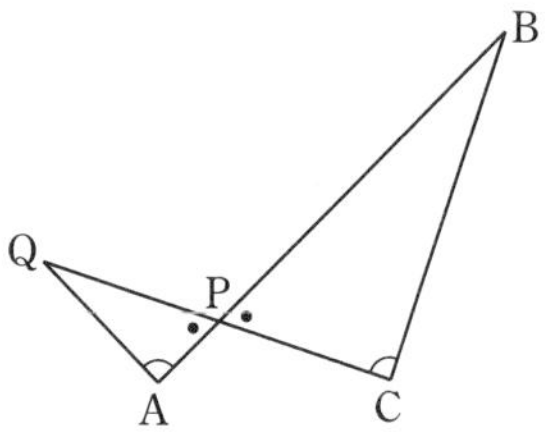

対応する辺の長さの比は等しいので，PQ : PB＝PA : PC ……③

点Pの x 座標は－1だから，$y = x + 4$ に代入して，$y = -1 + 4 = 3$

よって，P(－1，3)になる。また，$y = \frac{1}{2}x^2$ に $x = 2$ を代入して，$y = 2$

よって，C(2，2)になる。

P(－1，3)，A(－2，2)，B(4，8)，C(2，2)から，三平方の定理より

$$\mathrm{PA} = \sqrt{\{(-1)-(-2)\}^2 + (3-2)^2} = \sqrt{2}$$

$$\mathrm{PB} = \sqrt{\{(-1)-4\}^2 + (3-8)^2} = 5\sqrt{2}$$

$$\mathrm{PC} = \sqrt{\{(-1)-2\}^2 + (3-2)^2} = \sqrt{10}$$

これらを③の式に代入して

$$\mathrm{PQ} : 5\sqrt{2} = \sqrt{2} : \sqrt{10}$$

$$\mathrm{PQ} \times \sqrt{10} = 5\sqrt{2} \times \sqrt{2}$$

$$\mathrm{PQ} = \frac{5\sqrt{2} \times \sqrt{2}}{\sqrt{10}}$$

$$= \frac{5 \times 2 \times \sqrt{10}}{\sqrt{10} \times \sqrt{10}}$$

$$= \sqrt{10}$$

点Pを通り，x軸に平行な直線に点C，Qからそれぞれ垂線CH，QIをひく。

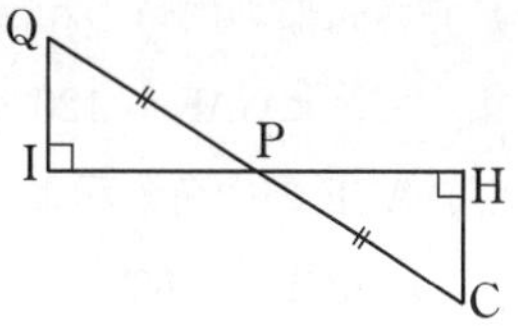

△PCHと△PQIにおいて，

∠PHC＝∠PIQ＝90°

∠CPH＝∠QPI　（対頂角）

$\mathrm{PC}=\mathrm{PQ}=\sqrt{10}$

直角三角形において，斜辺と1つの鋭角がそれぞれ等しいので

△PCH≡△PQI

PI＝PH＝$2-(-1)=3$，IQ＝HC＝$3-2=1$より，Qのx座標は$-1-3=-4$，

Qのy座標は$3+1=4$　よって，Q$(-4,\ 4)$

(ii) (i)と同様に，点C，Qから直線lにひいた垂線の長さは等しくなるから，△ABQ＝△ABCとなる。2点A，Cのy座標はともに2であることに着目して

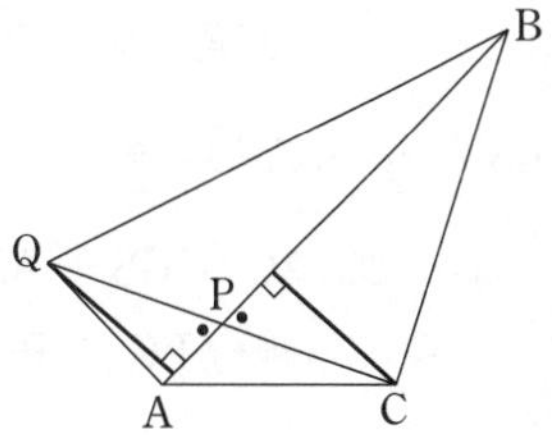

$$\triangle \mathrm{ABC}=\frac{1}{2}\times\{2-(-2)\}\times(8-2)=12$$

よって，四角形QACBの面積は，$12\times 2=\underline{24}$

(3) 点Rは線分PB上の点だから，点Rのx座標を$r(-1\leqq r\leqq 4)$とすると，y座標は$r+4$になり，R$(r,\ r+4)$と表せる。

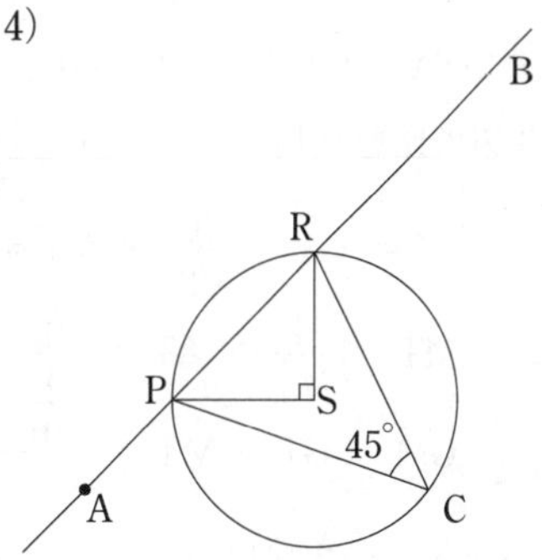

3点P，C，Rを通る円の中心をSとすると，$\overset{\frown}{\mathrm{PR}}$に対する円周角と中心角の関係により

∠PSR＝∠PCR×2＝45°×2＝90°

また，PS＝RSなので，△PSRは直角二等辺三角形とわかる。

直線PRの傾きが1で，∠RPS＝45°よりPS // (x軸)，RS // (y軸)になる。したがって，P$(-1,\ 3)$，R$(r,\ r+4)$からS$(r,\ 3)$と表せる。

同一円の半径なのでCS＝PS＝$r-(-1)=r+1$，三平方の定理より

$$(2-r)^2+(2-3)^2=(r+1)^2$$
$$4-4r+r^2+1=r^2+2r+1$$
$$-6r=-4$$
$$r=\frac{2}{3}$$

これは$-1\leqq r\leqq 4$を満たしている。

点Rのy座標は$\dfrac{2}{3}+4=\dfrac{14}{3}$

よって，$\underline{\mathrm{R}\left(\dfrac{2}{3},\ \dfrac{14}{3}\right)}$

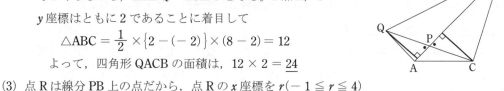

【4】

(1) 正六角形の内角の和は $180^\circ \times (6-2)$ だから，1 つの内角は $180^\circ \times 4 \div 6 = 120^\circ$ である。

よって，$\angle \mathrm{GAF} = 120^\circ$

$\triangle \mathrm{AGF}$ の内角の和より

$\angle \mathrm{AGF} = 180^\circ - (120^\circ + 15^\circ) = \underline{45^\circ}$

(2) 直線 AG に点 F から垂線 FS をひくと $\angle \mathrm{FAS} = 180^\circ - 120^\circ = 60^\circ$ だから，$\triangle \mathrm{FAS}$ は 30°，60°，90° の直角三角形，$\triangle \mathrm{SGF}$ は直角二等辺三角形となる。

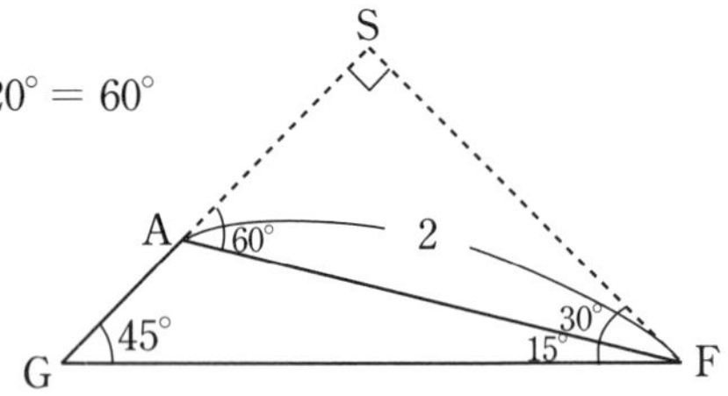

30°，60°，90° の直角三角形は 3 辺の比が $1 : 2 : \sqrt{3}$，直角二等辺三角形は 3 辺の比が $1 : 1 : \sqrt{2}$ だから，$\mathrm{AF} = 2$ より，

$\mathrm{AS} = \dfrac{1}{2} \times \mathrm{AF} = \dfrac{1}{2} \times 2 = 1$，$\mathrm{GS} = \mathrm{FS} = \dfrac{\sqrt{3}}{2} \times \mathrm{AF} = \dfrac{\sqrt{3}}{2} \times 2 = \sqrt{3}$ である。

よって，$\mathrm{AG} = \mathrm{GS} - \mathrm{AS} = \underline{\sqrt{3} - 1}$

(3) 点 A から線分 FG に垂線 AT をひくと，$\triangle \mathrm{AGT}$ は $\angle \mathrm{AGT} = 45^\circ$，$\angle \mathrm{GTA} = 90^\circ$ より直角二等辺三角形とわかり，また，$\triangle \mathrm{AMT}$ は $\angle \mathrm{TAM} = \angle \mathrm{TAG} - \angle \mathrm{MAG} = 45^\circ - 15^\circ = 30^\circ$，$\angle \mathrm{MTA} = 90^\circ$ より 30°，60°，90° の直角三角形とわかる。(2) と同様に，特別な直角三角形の 3 辺の比を利用して次の線分の長さを求める。

$$\mathrm{AT} = \mathrm{GT} = \frac{1}{\sqrt{2}} \times \mathrm{AG} = \frac{\sqrt{2}}{2} \times \left(\sqrt{3} - 1\right) = \frac{\sqrt{6} - \sqrt{2}}{2}$$

$$\mathrm{MT} = \frac{1}{\sqrt{3}} \times \mathrm{AT} = \frac{\sqrt{3}}{3} \times \frac{\sqrt{6} - \sqrt{2}}{2} = \frac{3\sqrt{2} - \sqrt{6}}{6}$$

$$\mathrm{GM} = \mathrm{GT} - \mathrm{MT} = \frac{\sqrt{6} - \sqrt{2}}{2} - \frac{3\sqrt{2} - \sqrt{6}}{6} = \frac{2\sqrt{6} - 3\sqrt{2}}{3}$$

よって，$\triangle \mathrm{AGM}$ の面積は次の式で求められる。

$$\triangle \mathrm{AGM} = \frac{1}{2} \times \mathrm{GM} \times \mathrm{AT} = \frac{1}{2} \times \frac{2\sqrt{6} - 3\sqrt{2}}{3} \times \frac{\sqrt{6} - \sqrt{2}}{2} = \underline{\frac{9 - 5\sqrt{3}}{6}}$$

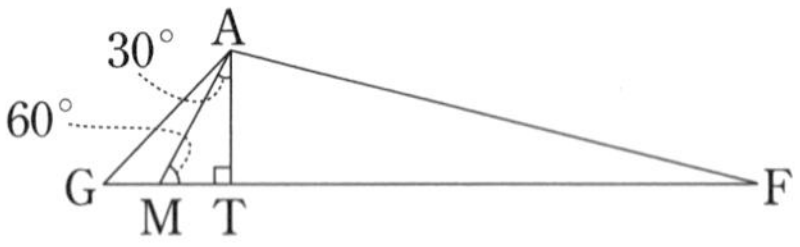

(4) 求める図形の面積は，$\triangle \mathrm{AGF}$ から $\triangle \mathrm{AGM}$ をひいた $\triangle \mathrm{AMF}$ 6 個分の面積を，正六角形 ABCDEF の面積からひいたものになる。1 辺の長さが 2 である正六角形 ABCDEF の面積は，1 辺の長さが 2 の正三角形 6 個分である。30°，60°，90° の直角三角形を 2 個合わせると正三角形になるので，正三角形の高さは(1 辺の長さ) $\times \dfrac{\sqrt{3}}{2}$ で求められる。よって，1 辺の長さが 2 の正三角形の高さは，$2 \times \dfrac{\sqrt{3}}{2} = \sqrt{3}$

したがって，正六角形の面積は，$\left(\dfrac{1}{2} \times 2 \times \sqrt{3}\right) \times 6 = 6\sqrt{3}$

また，$\triangle \mathrm{AMF} = \dfrac{1}{2} \times \left(\sqrt{3} - 1\right) \times \sqrt{3} - \dfrac{9 - 5\sqrt{3}}{6} = \dfrac{9 - 3\sqrt{3} - 9 + 5\sqrt{3}}{6} = \dfrac{\sqrt{3}}{3}$

よって，求める図形の面積は，$6\sqrt{3} - \dfrac{\sqrt{3}}{3} \times 6 = \underline{4\sqrt{3}}$

【5】 対角線BDを折り目として△ABDを180°まで折り曲げていくと，点Aは点Eを中心として線分AEを半径とする中心角180°の弧を描き，点Hは線分A_1A_2を描く。

(1) 点Hと点Eが一致していて，AH ⊥ BDである。△ABDと△HBAは，ともに直角三角形で∠Bは共通だから，△ABD ∽△HBAとなる。同様に，△ABD ∽△HADとなるから，△ABD ∽△HBA ∽△HADであることがわかる。 よって，AB : AD = HB : HA = HA : HD = 3 : 4

HB : HA = 3 : 4 = 9 : 12

HA : HD = 3 : 4 = 12 : 16

したがって，HB : HD = 9 : 16

(2) AE ⊥ BD，∠ BAD = 90°より，△ABDの面積に関する次の方程式から線分AEの値を求める。

$$\frac{1}{2} \times BD \times AE = \frac{1}{2} \times AB \times AD$$

$$5AE = 3 \times 4$$

$$AE = \frac{12}{5}$$

よって，点Aは点Eを中心として半径$\frac{12}{5}$の弧を描く。

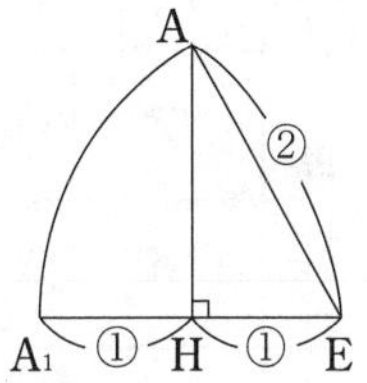

△AEHはAE : EH = 2 : 1の直角三角形だから，

EH : AE : AH = 1 : 2 : $\sqrt{3}$となる。

$$AH = \frac{\sqrt{3}}{2} \times AE = \frac{\sqrt{3}}{2} \times \frac{12}{5} = \frac{6\sqrt{3}}{5}$$

(3) (i) 点Hと点Fが一致しているのでBH = BFである。問題の[図2]において，

△ A_1BD ∽△ BFA_1 より

$A_1D : BA_1 = A_1B : BF$

4 : 3 = 3 : BF

4BF = 9

$$BF = \frac{9}{4}$$

よって，BH = BF = $\frac{9}{4}$

(ii) △ABHに三平方の定理を用いる。

$$AH = \sqrt{AB^2 - BH^2} = \sqrt{3^2 - \left(\frac{9}{4}\right)^2} = \sqrt{\frac{63}{16}} = \frac{3\sqrt{7}}{4}$$

よって，三角錐A－BCDの体積は

$$\frac{1}{3} \times \left(\frac{1}{2} \times 3 \times 4\right) \times \frac{3\sqrt{7}}{4} = \frac{3\sqrt{7}}{2}$$

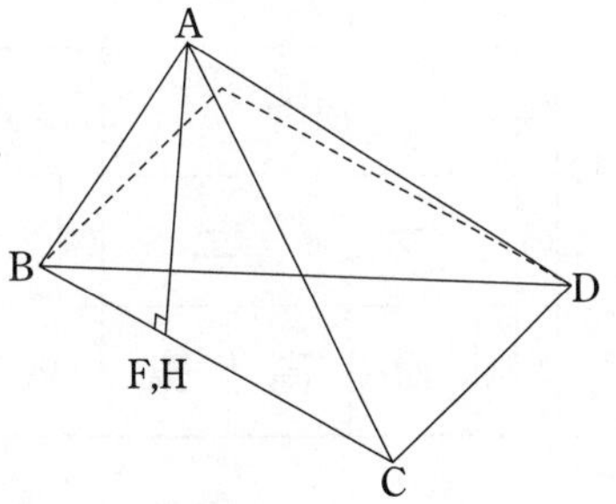

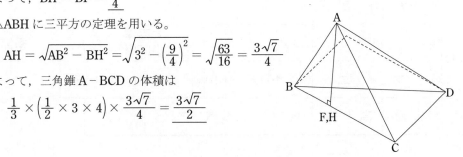

理　科

解　答

【1】

(1)	40 Ω	(2)	ア	(3)	ア						
(4)	イ	(5)	ア	(6)	ウ						
(7)	a キ	c ウ	e ウ	(8)	ア	(9)	a ×	c ×	e ○		
(10)	イ	(11)	イ	(12)	ア	(13)	イ				

【2】

(1)	イ	(2)	Mg：O＝ 3 ： 2	(3)	0.23 g	(4)(i)	18.3 mL	(ii)	X＝ 3.80
(5)	(ア) 1	(イ) 3	(ウ) 2	(エ) 1	(6)	エ			
(7)	ア	(8)(i)	S：C＝ 8 ： 3	(ii)	60 %				
(9)	M：O＝13 ： 4	(10)	x＝ 1 ，y＝ 2						

【3】

(1)	セ	キ	ツ	イ		動物	(2)	e			
(3)	ウ	(4)	イ，エ，キ	(5)	A オ	C イ	(6)	ウ	(7)	イ	
(8)	ア	(9)(i)	ア，イ，ウ	(ii)	イ，ウ	(10)(i)	オ	(ii)	ウ		

【4】

(1)	ウ	(2)	ウ								
(3)	梅雨	前線	(4)	イ	(5)(a)	太平洋（小笠原）	(b)	季節			
(6)	ア，イ，エ	(7)	1012 hPa	(8)(a)	南	(b)	高	潮			
(9)(a)	西	高	東	低	(b)	シベリア	(10)	ア			

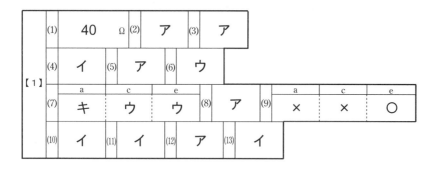

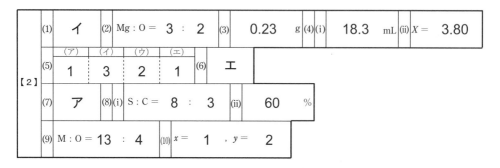

＜配点＞

【１】 ※(7)，(9)完答　各２点×13＝26点

【２】 ※(5)，(10)完答　各２点×12＝24点

【３】 ※(2)，(4)，(5)，(9)(i)，(ii)完答
各２点×12＝24点

【４】 ※(6)完答　　　　各２点×13＝26点

＜領域と出題＞

領域名		設問	配点
01	電流と磁界 （電流がつくる磁界，電磁誘導）	【１】	26点
02	化学変化と物質の質量 （質量保存の法則）	【２】	24点
03	動物の生活 （動物のなかま分け）	【３】	24点
04	気象とその変化 （日本付近の天気図，風が吹くメカニズム）	【４】	26点
合計			100点

＜解説＞

【１】 電流と磁界

（電流がつくる磁界，電磁誘導）

＜実験Ｉ＞

(1) **40[Ω]**が正解。表１より，抵抗Ｒにかかる電圧が1.0 Vのとき25 mA＝0.025 Aの電流が流れる。オームの法則より，抵抗の大きさは1.0 V÷0.025 A＝40 Ωとなる。

(2) **ア**が正解。電流は左向き，磁界は下向きだから，フレミングの左手の法則を利用すると，力は手前の向きにはたらく。

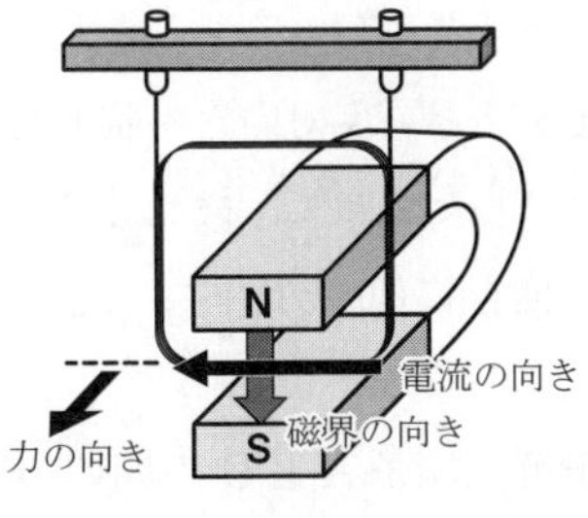

(3) **ア**が正解。抵抗Ｒを２個並列にすると，合成抵抗の大きさは小さくなる（$\frac{1}{2}$倍になる）から，電流は大きくなる（２倍になる）。そのため，コイルは(2)と同じ手前の向きに(2)と比べて大きく動く。

＜実験II＞

(4) **イ**が正解。導線に電流を流すと，導線を中心とした同心円状の磁界ができる。磁界の向きは，電流が進む方向を向いて時計回り（右回り）になる。

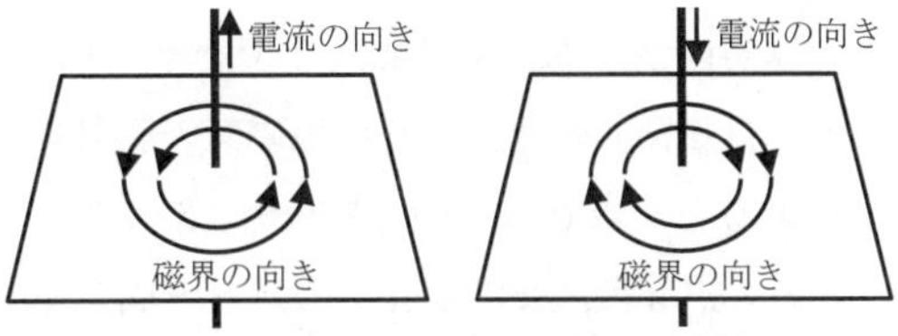

点ａに置いた方位磁針は，電流が流れないと地磁気により北を指しているが，導線に流れる電流によって同じ大きさの西向きの磁力がはたらき，北西を指した。この場合の磁界は点ａで西向きであるから，厚紙を上から見ると導線を中心に反時計回り（上図左）に生じている。よって，点ｃでの導線による磁界は東向きになり，地磁気による磁界と合わせると，磁針の向きは北東になる。なお，点ｄでは方位磁針は北を指し，点ｂでは磁界がちょうど打ち消し合う。

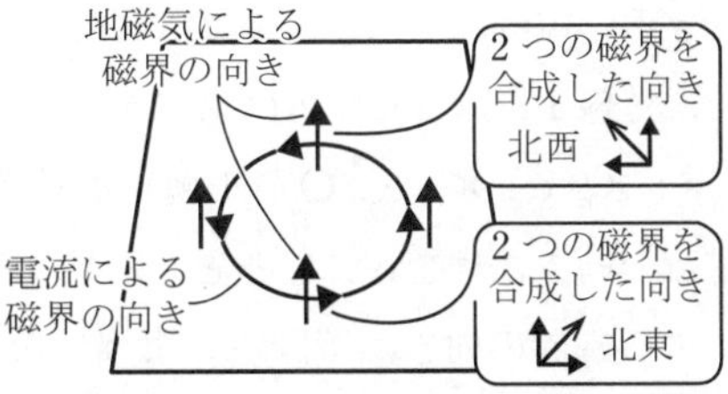

(5) **ア**が正解。(4)より，厚紙には反時計回りの磁界が生じているから，導線に流れている電流は上向きである。

(6) **ウ**が正解。電流の向きを逆にすると，磁界の向きも逆（時計回り；(4)の上図右）になる。導線による磁界は点ｂでは北向きであり，地磁気と合わせても磁界は北向きだから，点ｂに置いた磁針の向きは北になる。

<実験Ⅲ>

(7) a：**キ**，c：**ウ**，e：**ウ**が正解。磁針の向きはその位置の磁界の向きと一致する。導線1も導線2も上向きの電流により反時計回りの磁界をつくるので，2本の導線による磁界の向きは下図右のようになり，点aでは南向き，点eでは北向きであり，点cでは打ち消し合う。これに地磁気の影響を考えると，点c，eとも磁針の向きは北になる。点aは，<実験Ⅱ>の点bと同じ条件に，導線2による磁界が加わったと考えられるから，磁針の向きは南になる。

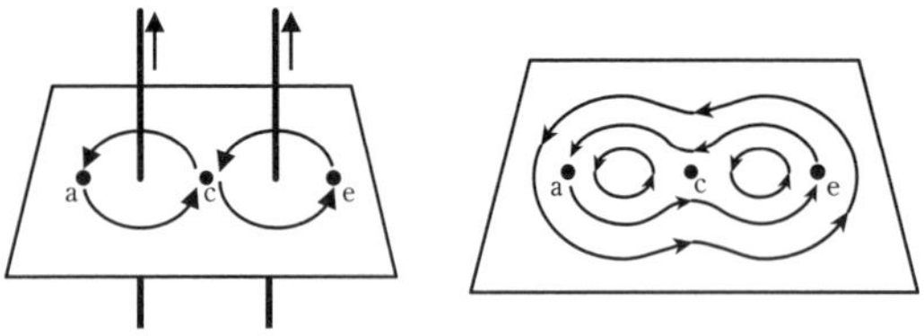

(8) **ア**が正解。導線1，2に流れる電流がつくる磁界は，点cでは弱め合い，点a，eでは強め合う。そのため2本の導線には互いに引き合う方向に力がはたらく。よって導線1には東向きの力がはたらく。なお，フレミングの左手の法則から求めることもできる。電流は上向き，磁界は南向きなので，導線1にはたらく力は東向きになる。

(9) a：**×**，c：**×**，e：**○**が正解。導線1の電流の向きだけを逆にすると，2本の導線による磁界の向きは下図右のようになる。地磁気も考慮した磁界は，点aで北向き，点cで南向き，点eで北向きであり，(7)と同じになるのは点eのみである。

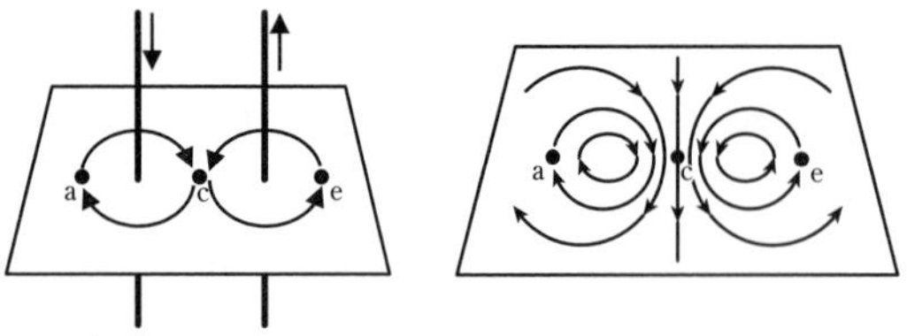

<実験Ⅳ>

(10) **イ**が正解。磁界の中でコイルを動かすと，コイルの動きを妨げる力が発生する向きに電流が流れる。この現象を電磁誘導といい，この電流を誘導電流という。コイルPを手前に動かすと，コイルを奥に動かす力が発生する向きに電流が流れる。磁界は下向きなので，コイルの下側には右向きの電流が流れる。よって電流は端子DからAの向きへ流れる。

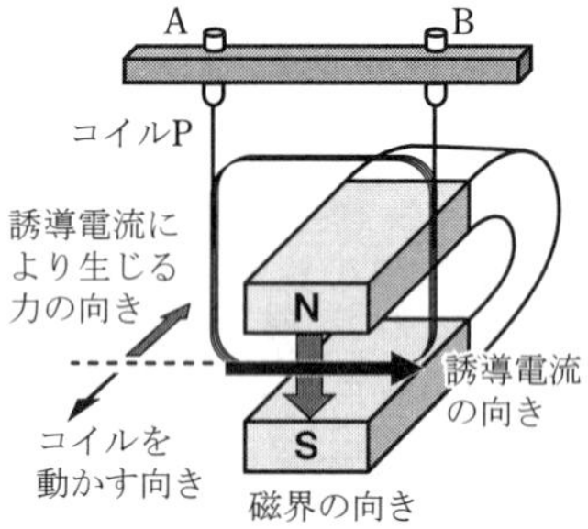

(11) **イ**が正解。端子DからAの向きへ電流が流れると，コイルQの下には，コイルPと同じ右向きの電流が流れる。そのため，(2)の逆の要領でコイルQは奥へ動く。

(12) **ア**が正解。磁界の中でコイルを動かすと誘導電流が流れる。これは，コイルを手で動かした場合でも，電流と磁界のはたらきで動いた場合でも同様である。コイルQを固定していない状態では，(10)，(11)より，コイルQは奥へ動く。これにより反対向き（AからDの向き）の誘導電流が発生し，「コイルPを動かしたことによる誘導電流」は「コイルQが動いたことによる誘導電流」によって弱められる。しかし，コイルQを固定すると，反対向きの誘導電流は発生しない。したがって，検流計には端子DからAの向きに(10)と比べて大きい電流が流れる。

(13) **イ**が正解。端子AとDの間の導線を外すと電流は流れなくなるので，電流と磁界のはたらきにより発生する力はなくなる。よって，小さな力で動かすことができる。

【2】 化学変化と物質の質量
(質量保存の法則)

[Ⅰ]

(1) **イ**が正解。酸化マグネシウムは白色の固体である。　ア：マグネシウムは強い光と熱を出しながら激しく燃焼する。　ウ：質量の変化を防ぐため，燃焼皿の素材は酸化しないものを利用する。　エ：燃焼中のマグネシウムに水を加えると，水素を発生し危険であるため，厳禁である。　オ：酸化物は電気を通さない物質である。

(2) Mg : O ＝ **3 : 2** が正解。酸化マグネシウムの化学式はMgOで，この実験の化学反応式は $2\,Mg + O_2 \rightarrow 2\,MgO$ である。実験1において，“2 Mg” と O_2 の質量比は 0.60 g : (1.00 g − 0.60 g) = 3 : 2 である。原子1個ずつでは，$Mg : O = \frac{3}{2} : \frac{2}{2} = 3 : 2$ となる。同様に実験2でも $Mg : O = \frac{1.20\,g}{2} : \frac{2.00\,g - 1.20\,g}{2} = 3 : 2$ となっている。

(3) **0.23[g]**が正解。化合した酸素は 3.18 g − 2.00 g ＝ 1.18 g であるから，1.18 g の酸素と化合するマグネシウムは，(2)より $1.18\,g \times \frac{3}{2} = 1.77\,g$ である。よって，反応しなかったマグネシウムの質量は 2.00 g − 1.77 g ＝ 0.23 g となる。

(4) (i) **18.3[mL]** が正解。表2より，発生する水素の最大量は110 mLである。求める塩酸の体積を x mLとおく。塩酸5.0 mLに対して発生する水素が30 mLなので，5.0 mL : 30 mL ＝ x mL : 110 mL が成り立つ。これを解いて $x = \frac{5.0 \times 110}{30} = 18.33\cdots\cdots \fallingdotseq$ 18.3[mL] となる。

(ii) X ＝ **3.80** が正解。混合物 $\frac{X}{5}$ g に対して発生する水素は110 mLである。0.10 gのマグネシウムから100 mLの水素が発生するので，混合物 $\frac{X}{5}$ g あたり $110\,mL \times \frac{0.10\,g}{100\,mL} = 0.11\,g$ の反応しなかったマグネシウムがふくまれる。よって，X g中には 0.11 g × 5 ＝ 0.55 g の反応しなかったマグネシウムがふくまれる。反応したマグネシウムは 2.50 g − 0.55 g ＝ 1.95 g なので，(2)より，生成した酸化マグネシウムは $1.95\,g \times \frac{5}{3} = 3.25\,g$ である。よって混合物の質量は，X g ＝ 0.55 g ＋ 3.25 g ＝ 3.80 g となる。なお，マグネシウムに塩酸を加えたときの反応の化学反応式は $Mg + 2\,HCl \rightarrow MgCl_2 + H_2$ である。

[Ⅱ]

(5) (ア)**1**，(イ)**3**，(ウ)**2**，(エ)**1** が正解。仮に(ア) ＝ 1として，両辺のS原子の数をそろえると(ウ) ＝ 2，C原子の数をそろえると(エ) ＝ 1となる。その後両辺のO原子をそろえると(イ) ＝ 3と係数を決定でき，すべて整数なので化学反応式は以下のようになる。

$$CS_2 + 3\,O_2 \rightarrow 2\,SO_2 + CO_2$$

(6) **エ**が正解。二酸化マンガンにうすい過酸化水素水を加えると，酸素が発生する。
ア，ウ：石灰石や炭酸水素ナトリウムにうすい塩酸を加えると，二酸化炭素が発生する。　イ:硫化鉄にうすい塩酸を加えると，硫化水素が発生する。　オ：亜鉛にうすい硫酸を加えると，水素が発生する。

(7) **ア**が正解。二酸化硫黄も二酸化炭素も無色だが，二酸化硫黄は刺激臭，二酸化炭素は無臭の気体である。　イ：両者とも空気より密度が大きい。　ウ：二酸化硫黄は水に溶けやすく，水溶液は弱い酸性を示す。二酸化炭素は水に少し溶け，水溶液の炭酸水は弱い酸性を示す。　エ，オ：酸化物とは酸素と化合した化合物のことで，両者とも酸化物であり，化合物である。

(8) (i) S：C＝**8：3**が正解。C原子1個の質量を$3w$とおくと，O原子1個の質量は$4w$である。CO_2分子1個の質量は$3w+4w\times2=11w$だから，SO_2分子1個の質量は$16w$となる。SO_2分子中のS原子の質量は$16w-4w\times2=8w$だから，求める質量比はS：C＝$8w:3w=8:3$となる。

(ii) **60[%]**が正解。(i)より，酸素分子1個の質量は$4w\times2=8w$，二酸化炭素1個の質量は$11w$である。また，この温度・圧力・体積中にふくまれる気体の分子数をn個とし，そのうち酸素分子の割合をx%とおく。気体Aの質量について，$8w\times\frac{x}{100}n+11w\times\frac{100-x}{100}n=(8w\times n)\times1.15$が成り立つ。両辺を$w$ nで割り，xについて解くと，$x=60$となる。

［Ⅲ］

(9) M：O＝**13：4**が正解。M原子2個とO原子3個の質量比が13：6だから，1個ずつの質量比は，$\frac{13}{2}:\frac{6}{3}=13:4$となる。

(10) $x=$**1**，$y=$**2**が正解。M原子x個とO原子y個の質量比が13：8だから，1個ずつの質量比は$\frac{13}{x}:\frac{8}{y}$である。(9)より，$\frac{13}{x}:\frac{8}{y}=13:4$となる$x$，$y$の組み合わせには$x=1$，$y=2$があり，これがもっとも簡単な整数比となっている。

【3】　動物の生活（動物のなかま分け）

［Ⅰ］

(1) **セキツイ(動物)**が正解。動物a～eに共通する特徴は背骨をもつことである。背骨をもつ動物をセキツイ動物という。

(2) **e**が正解。ハチュウ類に属する代表的な動物は，ヘビ，ワニ，カメなどである。セキツイ動物をなかま分けするときに，体温の保ち方，呼吸のし方，生まれ方に注目すると，魚類・両生類・ハチュウ類・鳥類・ホニュウ類の5つのなかまに分けられる。サケ(b)は魚類，サンショウウオ(c)は両生類，ヘビ(e)はハチュウ類，ペンギン(d)は鳥類，クジラ(a)はホニュウ類である。

(3) **ウ**が正解。特徴ア～クのうち，動物a～eのうちの4つ（クジラとサンショウウオとペンギンとヘビ）がもつ特徴は，ウ（肺呼吸の時期がある）のみである。○が4つある，表1の特徴Bに特徴ウがあてはまる。また，特徴Bをもたない動物Vがサケ(b)だとわかる。　ア，イ：体温の保ち方によって，変温動物（まわりの温度により体温が変わる動物）の魚類・両生類・ハチュウ類と，恒温動物（まわりの温度により体温が変わらない動物）の鳥類・ホニュウ類に分けられる。クジラとペンギンは特徴アをもち，サケとサンショウウオとヘビは特徴イをもつ。　ウ，エ：呼吸のし方によって，一生エラ呼吸の魚類，子はエラ呼吸だが親は肺呼吸の両生類，一生肺呼吸のハチュウ類・鳥類・ホニュウ類に分けられる。サケは特徴エをもつ。　オ，カ：生まれ方によって，卵で生まれる（卵生）魚類・両生類・ハチュウ類・鳥類と，子で生まれる（胎生）ホニュウ類に分けられる。ヘビとペンギンは特徴オをもち，サケとサンショウウオは水中に卵を産む。クジラは特徴カをもつ。　キ，ク：

体の表面がうろこでおおわれているのはサケとヘビで，クジラやサンショウウオの体の表面にはウロコはない。ペンギンの体は羽毛でおおわれている。

(4) **イ**，**エ**，**キ**(順不同)が正解。サケをはじめとする魚類の特徴は，(3)で述べたように，変温動物，一生エラ呼吸をおこなう，卵生である。また，体の表面がうろこでおおわれている。

(5) A：**オ**，C：**イ**が正解。(3)より，動物Ⅴはサケ(b)であり，サケがもつ特徴C，Dが，(4)より，イ，エ，キのいずれかである。それぞれの特徴をもつ動物a～eの数は，イが3つ，エが1つ，キが2つなので，特徴Cがイ，特徴Dがキだとわかる。さらに，特徴Dをもつもう1つの動物Ⅱはヘビ(e)である。ヘビがもつ特徴はイ，ウ，オ，キなので，残った特徴Aはオだとわかる。

(6) **ウ**が正解。(5)に続き，残りのペンギン，クジラのうち特徴Aをもつ動物Ⅰはペンギン(d)，もたない動物Ⅳはクジラ(a)である。最終的に表1は下のようになる。

		動物				
		d ペンギン (鳥類)	e ヘビ (ハチュウ類)	c サンショウウオ (両生類)	a クジラ (ホニュウ類)	b サケ (魚類)
特徴	セキツイ動物	○	○	○	○	○
	オ 陸上に卵を産む	○	○	×	×	×
	ウ 肺呼吸の時期あり	○	○	○	○	×
	イ 変温動物	×	○	○	×	○
	キ うろこがある	×	○	×	×	○

(7) **イ**が正解。(2)より，カメはヘビと同じハチュウ類である。カメの甲羅《こうら》がうろこにあたる。

［Ⅱ］

(8) **ア**が正解。節足動物に共通する特徴は，節のあるあしをもつことと，体の外側をおおうかたい殻である外骨格をもつことである。

(9) (i) **ア**，**イ**，**ウ**(順不同)が正解。オスとメスの間に障害となるものは何もない状況なので，直接触れないとわからない触覚以外はすべて可能性がある。

(ii) **イ**，**ウ**(順不同)が正解。＜実験2＞で，オスからは透明なガラス容器ごしにメスの姿が見えている。オスは反応しなかったので，視覚をもとにしてメスに近づいたわけではないことがわかる。また，＜実験3＞でオスは反応したので，(i)と同様に触覚をもとにしているわけではない。可能性として考えられるのは聴覚と嗅覚で，これらは＜実験2＞，＜実験3＞の結果とも矛盾しない。

(10) (i) **オ**が正解。オスは強い刺激を受けた側の触角の方向へと進み続ける習性がある。オスが体をメスに対し右に傾けた場合，左(A)の触角をメスに向け，右(B)の触角より強い刺激を受けるようになる。オスはその刺激の方向へと動き，メスに対し左(C)の方向へ進む。ところが左(C)へ進みすぎると，今度は右(D)の触角の方が強い刺激を受けるようになり右(D)へ進むことになる。こうした動きを繰り返すので，オスは体を左右交互にふるようにしながら歩きメスに近づくことになる。

(ii) **ウ**が正解。オスは右の触角のみで刺激を受けることになり，右の方向へと進み続ける。常に右へ右へと進もうとすれば，右回りに回転するように動くことになる。

【4】 気象とその変化

（日本付近の天気図，風が吹くメカニズム）

［Ⅰ］

(1) **ウ**が正解。天気図アは北海道に低気圧があり，天気図イは沖縄に前線がかかっている。天気図エでは，朝鮮半島に中心をもつ低気圧からのびた前線が近畿から九州地方にかけてかかっている。よって，ア，イ，エの日の日本各地の天気が図1のような「全国で一日中晴天」となるとは考えにくい。一方，天気図ウは東シナ海に中心をもつ大きな高気圧が日本列島全体をおおっていることから，全国的な晴天になる可能性が高い。

なお，天気図ウは2019年5月24日のものであり，その日の新聞の朝刊の天気予報欄は図1のようになっているものが多かった。ちなみに，新聞の天気予報欄において全国で一日中晴天と予想される日は数年に一度ある。その際は，天気図ウのような移動性高気圧などが日本列島全体をおおっていることが多い。

(2) **ウ**が正解。真夏日は「最高気温が30度以上」の日であるから，図1であげられた都市では，東京，名古屋，大阪，高松，福岡，鹿児島の6都市が真夏日に該当する。

ア:気象庁の管区気象台と地方気象台は，図1の13都市以外にも置かれているので，問題文で与えられた条件だけでは適切かどうか判断できない。　イ：夏日は「最高気温が25度以上」の日であるから，札幌のみが夏日となっていない。　エ：熱帯夜は「最低気温が25度以上」の日であるから，図1のすべての都市で熱帯夜ではない。なお，天気予報における「(予想）最低気温」は0～24時ではなく0～9時の最低気温をさすこともある。後者の場合，この日の各都市が熱帯夜であったかどうかは翌日朝の最低気温によって判定する。

［Ⅱ］

(3) **梅雨(前線)**が正解。6月の天気図に見られる特徴的な停滞前線は，梅雨《ばいう》前線とよばれている。

(4) **イ**が正解。梅雨前線は北側からの湿った冷たい空気(ア)と，南側の湿った暖かい空気(ウ)の間で発達する。また，この梅雨前線の影響で，ところにより集中豪雨がもたらされることもある(エ)。一方，この梅雨前線が見られる時期を「梅雨《つゆ》」というが，梅雨が明けるのは地方や年によって異なり，必ずしも7月に明けるとは限らない。

(5) a：**太平洋(高気圧)**もしくは**小笠原(高気圧)**，b：**季節(風)**が正解。梅雨が明けると日本列島の季節は夏となる。日本における夏は，太平洋高気圧が勢力を拡大していく。このとき，この高気圧から大陸に向けて風が吹く。暖かい時期に海から陸，寒い時期に陸から海へ吹く風を季節風という。

［Ⅲ］

(6) **ア，イ，エ**(順不同)が正解。台風は「北西太平洋または南シナ海に存在する最大風速17.2 m/s以上の熱帯低気圧」である。したがって，ア，イ，エすべての条件を満たす必要がある。　ウ：7～10月以外のときでもア，イ，エを満たしていれば台風となる。

(7) **1012[hPa]**が正解。天気図において，等圧線は4 hPaごとに引かれ，20 hPaごとに太線になっている。図3の左上の1032 hPaの高気圧から東に向かうにつれて気圧は下がり，北緯40度・東経115度付近にある太い等圧線が1020 hPaで，北緯40度・東経120度の地点にかかっている等圧線は1012 hPaであると判断できる。

また，朝鮮半島北側に2つある低気圧から推測することもできる。いずれの低気圧も，中心からもっとも近い等圧線は，2 hPaごとにひかれる点線になっていることに注意する。

(8) a：**南**，b：**高潮**が正解。北半球においては，低気圧を中心に反時計回り（左回り）の風が吹く。したがって図3の台風においても，台風の中心に対して反時計回りの風が吹いていることになる。この風の影響で，台風の東側では，湿った暖かい空気が南から北上する。これにより，台風の東側にある前線が活発化し，集中豪雨がもたらされることがある。また，台風は気圧が低いので，それにより吸い上げられた海水が陸に打ち上げられることで高潮が発生する可能性がある。台風の東側では特に，高潮に警戒する必要がある。

［Ⅳ］

(9) a：**西高東低**，b：**シベリア(高気圧)**が正解。日本列島においては，冬に大陸側に大きな高気圧があり，東側のオホーツク海に低気圧があることが多い。このような気圧配置を「西高東低」という。このとき，シベリア高気圧から（日本海から日本列島に向けて）乾いた冷たい風が吹きつける。

(10) **ア**が正解。日本海にはシベリア高気圧から乾いた冷たい風が吹きつけられる。また，温度の高い南から北へ流れる対馬海流があることで，この風に海面から水蒸気が供給される。これにより，日本海には筋状の雲が形成され，日本列島の日本海側に大雪をもたらす。

社会　　解答

【1】	(1)	NAFTA	(2)	カ	(3)	ウ	(4)	ウ	(5)	エ
	(6)	ア	(7)	1	モノカルチャー経済	2	ウ			

【2】	(1)	オ	(2)	ウ	(3)	ア	(4)	ア
	(5)	1	エ	2	エ	(6)	資源ナショナリズム	

		誤りの記号	正しく訂正した語句					
【3】	(1)	エ	本能寺の変	(2)	足利義昭			
	(3)	関白	(4)	エ	(5)	石田三成		
	(6)	イ	(7)	ウ	(8)	譜代大名	(9)	ウ
	(10)	イ	(11)	エ	(12)	ア	(13)	ペリー

【4】	(1)	ウ	(2)	ヘレニズム	(3)	エ
	(4)	フランシスコ＝ザビエル（ザビエル）	(5)	ア		
	(6)	野口英世	(7)	プロレタリア文学（文芸）		

【5】	(1)	1	ア	カ	2	公衆衛生				
	(2)	1	48	2	イ	3	エ			
	(3)	1	ア，イ，エ，オ	2	イ	3	ウ	(4)	新聞 エ	インターネット オ
	(5)	ア	(6)	エ	(7)	男女共同参画社会基本法				
	(8)	1	ユニバーサルデザイン	2	ウ					

＜配点＞

【１】　　　　　　　各2点×　8＝16点
【２】　　　　　　　各2点×　7＝14点
【３】(1)完答　　　各2点×13＝26点
【４】　　　　　　　各2点×　7＝14点
【５】(3)の1, (4)完答　各2点×15＝30点
　　　　　　　　　　合計100点

＜領域と出題＞

領　域　名		設問	配点
01	南北アメリカ	【１】	16点
02	工業／資源・エネルギー	【２】	14点
03	近世(安土桃山・江戸時代)	【３】	26点
04	文化史	【４】	14点
05	現代の社会生活	【５】	30点
合　計			100点

＜解説＞

【１】 南北アメリカ

(1) **ＮＡＦＴＡ**が正解。NAFTA(北米自由貿易協定)はNorth American Free Trade Agreementの略称である。アメリカ合衆国・カナダ・メキシコの3か国の経済協定で，1992年に調印し1994年に発効された。関税や非関税の障壁を撤廃し，自由貿易市場の形成を目的とした協定である。この協定を締結した結果，メキシコの経済は発展し，3か国の間の貿易は拡大している。

(2) **カ**が正解。Xの気象データはシアトルである。シアトルは北海道より緯度が高いが，夏は降水量が少なく乾燥し，冬は比較的暖かく降水量が多いことが特徴的な地中海性気候である。Yの気象データはサンディエゴである。サンディエゴはステップ気候に属している。ステップ気候は砂漠気候よりやや降水量が多いが，蒸発量も多いため樹木が育たず，丈の低いステップと呼ばれる草原が広がる乾燥気候である。Zの気象データはニューオリンズである。ニューオリンズは鹿児島県南部に位置する屋久島とほぼ同じ緯度で，温暖湿潤気候に区分される。季節風の影響などで夏は降水量が多く，気温の年較差が比較的大きいことが特徴である。

(3) **ウ**が正解。アメリカ合衆国の北緯37度以南の地域はサンベルトと呼ばれ，航空宇宙産業やICT産業などの先端技術産業が発達している。サンフランシスコの南東に位置するサンノゼ周辺にはICT産業に関連する企業などが集まっており，シリコンバレーと呼ばれている。アについて，五大湖で最も面積が大きいのは，カスピ海に次いで世界で2番目に面積が大きいスペリオル湖である。また，デトロイトは五大湖のヒューロン湖とエリー湖の間に位置する。イについて，アパラチア山脈は古い山地帯であり，石炭が豊富である。この山脈の西麓にあるアパラチア炭田はアメリカ合衆国の東側に位置するアメリカ合衆国最大の炭田である。アパラチア山脈に近いピッツバーグでは，このアパラチア炭田で採掘される石炭を利用しているため，新しい山地帯で石炭が豊富でないロッキー山脈周辺の炭田から大陸横断鉄道などで石炭をわざわざ運ぶことはありえないと判断できる。ちなみに，メサビ鉄山は五大湖のスペリオル湖の北西部沿岸周辺にあるアメリカ合衆国最大の鉄鉱山で，そのほとんどは直接地表から鉱産物を削り取る露天掘りで採掘作業を行っている。

(4) **ウ**が正解。アメリカ合衆国のミシシッピ川流域の南部では，綿花栽培が盛んで過去には多くの黒人奴隷が使われた。1位のインドでは，デカン高原やパンジャブ州を中

心に綿花栽培が行われてきた。アは小麦の生産量を表したものである。小麦は主要穀物であるため人口の多い国が上位にある。イはとうもろこしの生産量を表したものでアメリカ合衆国が1位，2位は中国になる。アメリカ合衆国で生産されるとうもろこしの約40%は飼料用として栽培されている。エは茶の生産量で1位の中国では南部の地域，2位のインドでは北東部のアッサム・ダージリン地域で栽培されている。4位のスリランカがグラフを見分ける1つのポイントになる。スリランカは茶の銘柄でもあるセイロンと呼ばれていた時期があり，現在もこの国の主たる島をセイロン島と呼ぶ。

(5) **エ**が正解。19世紀頃，ブラジルのアマゾン川中流域に位置するマナオスを中心に森林が切り開かれ農地開拓が始まり，ゴムなどの大農園がつくられた。20世紀後半になると経済発展のために森林を切り開き，ブラジル高原の北側にある世界有数の埋蔵量を有するカラジャス鉱山と大西洋岸に位置する都市サンルイスを結ぶカラジャス鉄道が建設され，良質な鉄鉱石を輸出するための貴重な交通手段となった。アについて，アルゼンチンを流れるラプラタ川流域に広がる草原はセルバではなくパンパと呼ばれる。パンパの東部は年降水量が500mm以上の地域で小麦・とうもろこしなどの栽培が盛んであり，肉用牛を中心とした牧畜も行われている。西部は年降水量が500mm未満の地域で牧羊が盛んな地域である。イについて，南アメリカ州の先住民とヨーロッパ系移民との混血は，ムラートではなくメスチソ(メスチーソ)である。ムラートは南アメリカ州のヨーロッパ系移民とアフリカ系移民との混血のことであり，ブラジルや西インド諸島で割合が高い。ウについて，マニオクとも呼ばれるイモであるキャッサバの南アメリカ州における主産国はチリではなくブラジルである。キャッサバは主に熱帯で栽培され，地中に長い根のような茎ができる根茎作物である。食用としてタピオカと呼ばれるでんぷん質の粉が利用されるほか，織物の糊《のり》の原料にもなる。毒を持つ種類もあり，利用する際は工夫が必要である。

(6) **ア**が正解。原油の割合が他国と比べてかなり高いことからベネズエラと判別できる。ベネズエラは石油輸出国機構(OPEC)に加盟している原油輸出国でマラカイボ湖周辺の油田を中心に原油の採掘が行われ，世界最大の原油埋蔵国ともいわれている。原油の輸出に経済が依存し製造業が発展せず，国内経済が原油価格に左右され不安定な経済状況に陥っている。また，イはチリ，ウはアルゼンチン，エはボリビアの輸出品目を表すグラフである。

(7) 1. **モノカルチャー**(経済)が正解。1つの国の経済が特定の鉱産資源や農産物の輸出に依存する経済体制のことである。この経済体制は，天候や国際情勢などの影響を受けやすく，年によって生産量や国際価格が変動するため国の経済が安定しないという欠点を持っている。主にスリランカの茶やキューバの砂糖などもその代表例である。

2. **ウ**が正解。Xは誤りの文である。エクアドルは産油国で石油輸出国機構(OPEC)加盟国の1つでもあり，エクアドルの輸出額は，1位＝原油，2位＝魚介類，3位＝野菜・果実である(統計は『世界国勢図会 2018/19』による)。また，メジャーとは巨大な資本を持ち，石油の採掘や輸送，販売などを行う国際的な企業を指す。Yの文は正しい。バイオエタノールとは，さとうきびやとうもろこしなどの植物原料からつくられるアルコール燃料のことで，ガソリンに混ぜて自動車の燃料として使用される。二酸化炭素を吸収し光合成を行う植物を原料としているため，燃焼させても大気中の二酸化炭素の量は増加しないと考えられ，地球温暖化対策のための代替エネルギーとして注目されている。

【２】工業／資源・エネルギー

(1) **オ**が正解。第二次世界大戦前の日本では繊維工業などの軽工業が中心で，繊維製品が輸出額の半分以上を占めていたが，現在は一般機械や集積回路，電気回路用品などの電気機械に加え，自動車などの輸送機械が輸出品目の約6割を占めていることから，輸出の表中Aには機械類，Bには自動車があてはまり，残ったCが精密機械であると考えることができる。

(2) **ウ**が正解。三重県鈴鹿市を三重県四日市市に変えれば正しい文になる。中京工業地帯は愛知県の内陸部に位置する豊田市を中心に自動車工業が盛んであるが，自動車工場は伊勢湾沿いの愛知県東海市にある製鉄所や三重県四日市市の石油化学コンビナートなどと一体化して発達し，自動車生産を支えている。なお，中京工業地帯の工業出荷額等は，京浜・中京・阪神・北九州工業地帯の四大工業地帯のうち45%以上を占めており，日本最大の工業地帯となっている（統計は『日本国勢図会 2019/20』による）。

(3) **ア**が正解。表中のイは南北アメリカ，ウはヨーロッパ，エはアジア・太平洋地域である。1980年代後半，世界における日本の半導体産業の割合は50%以上を占めていたが，その後日米貿易摩擦や韓国の成長などの影響で日本は徐々に後退している。

(4) **ア**が正解。輸出とは原則として国内で生産したものを海外に売ることであるから，国内での生産台数は常に海外への輸出台数を上回る。また，日本が海外で自動車の生産を始めたのは1980年代前半からだが，これは日本がアメリカ合衆国に大量の自動車を輸出したことに伴って貿易摩擦が起こり，その対策としてアメリカ合衆国で現地生産を始めたことがきっかけである。その後2007年には海外での生産台数が国内での生産台数を上回り，それが現在まで継続している。イについて，自動車工場は大きく組み立て工場と部品工場に分かれるが，組み立て工場は組み立てる場所や完成した大量の自動車を置いておく場所が確保できれば必ずしも臨海部である必要はなく，現に自動車の生産が盛んな愛知県豊田市は愛知県のほぼ中央に位置し，群馬県太田市は内陸部にある。また，部品工場は組み立て工場に部品の供給をしやすいよう，組み立て工場の近くにあるが，同様に臨海部である必要はない。ウについて，鉄鉱石と石炭は海外からの輸入に依存しているが，日本の石灰石の自給率はほぼ100%であり，不純物の除去などに使われている。エについて，日本の古い自動車が海外で数多く使用されているのは正しいが，これは日本の自動車の耐用年数が長いことや故障が少ないことなどが主な理由である。日本では2002年に自動車リサイクル法が制定され，所有者や解体業者，自動車メーカーなどに自動車のリサイクルに関連する役割を規定したが，それ以前から鉄板やガラスなどを砕くなどして再利用することは行われている。

(5) 1. **エ**が正解。日本の発電は火力が80%を超えている。その際に液化天然ガスや石炭を使用することから，エは日本の液化天然ガスの輸入割合を表しているので正解となる。アはオーストラリア・ブラジルの順で鉄鉱石の輸入割合を表す。イはカナダ・アメリカ・ロシアの順で木材の輸入割合を表す。ウは中国・ニュージーランド・オーストラリアの順で羊毛の輸入割合を表す。

2. **エ**が正解。aは水力発電の割合が60%を超えていることからブラジルを表す。ブラジルは豊富な水資源を利用し水力発電の割合が高い。bは原子力発電の割合が70%を超えていることからフランスを表す。フランスは原子力発電を中心にエネルギー政策を進めている。cは火力発電，原子力発電の割合が高いことからアメリカ合衆国と判別できる。dは火力発電の割合が70%を超え原子力発電の割合が低いので中国と判別できる。中国は豊富な資源・エネルギーを利用して火力発電を中心にエネルギー政策を行っている。eは地熱・新エネルギーの割合が約20%と大きいのでドイツである。ドイツは2022年までに原子力発電からの完全撤退を目指している。

(6) **資源ナショナリズム**が正解。本来のナショナリズムとは，自分たち国民や国家が大切でほかの民族や国家を受け入れないという考え方である。一方，資源ナショナリズムとは，資源を有する国がその資源を自国で管理し，利益を得る権利を主張することである。外国資本が開発した鉱山・油田の国有化，石油輸出国機構(OPEC)の結成がその例である。

【３】 近世(安土桃山・江戸時代)

(1) 誤りの記号＝**エ**・正しい語句＝**本能寺の変**(完答)が正解。応天門の変は866年に大納言の伴善《とものよし》男《お》が左大臣源《みなもとの》信《まこと》の失脚をねらって息子に応天門に放火させたとして伊豆に流罪となった事件。藤原氏の他氏排斥の例とされる。

(2) **足利義昭**が正解。足利義昭は第13代将軍足利義輝の弟。兄義輝が松永久秀らに殺害されると，越前の朝倉氏を頼り，次いで織田信長を頼った。信長に擁されて京都に上ると，第15代将軍となったが，後に信長と対立して1573年に追放され，室町幕府は滅びた。

(3) **関白**が正解。関白は天皇成人後も天皇に代わって政治を指導する令外の官。秀吉は1585年に前関白である近衛《このえ》前久《さきひさ》の養子となって関白に任じられた。ちなみに，秀吉が1582年から行った検地は太閤検地と呼ばれるが，当初，この「太閤」とは，摂政や太政大臣に対する敬称として使われたもので，後に関白を辞職した者を指すようになった。

(4) **エ**が正解。豊臣秀吉は農民一揆を防止し，農民を農業に専心させるために刀狩令を出したとされる。アについて，秀吉は織田信長の楽市楽座の政策を継承し，座の特権を排した。イについて，バテレン追放令で追放されたのは，バテレンすなわちキリスト教の宣教師である。ウについて，太閤検地では統一されたますやものさしを使って全国の田畑の面積や土地のよしあしを調べ，収穫量を石高で表した。ちなみに貫高とは，年貢の収納額を銭に換算して表したものを指す。

(5) **石田三成**が正解。石田三成は豊臣秀吉に仕えた家臣で，秀吉が定めた職である五奉行の1人だった。豊臣秀吉の死後，徳川家康との対立を深め，徳川家康が上杉景勝の居る会津に遠征して京阪を留守にした隙を突いて，毛利輝元を総大将に擁して挙兵したが，関ヶ原の戦いで敗れ，捕らわれて刑死した。

(6) **イ**が正解。Xは正しい文である。豊臣秀吉(1598年死去)の後継者だった息子の秀頼は1615年の大阪夏の陣の際に大阪城で自害し，豊臣家は滅びた。Yは誤りの文である。幕府が禁教令を出したのは直轄領(幕領)に出した1612年が最初であり，翌年には禁教令が全国に及んだが，これらはいずれも1614～1615年の2度にわたる大阪の陣より前のことであり，大阪の陣とは無関係である。

(7) **ウ**が正解。武家諸法度は第2代将軍徳川秀忠の代に定められた後，将軍の代替わりごとに定められ，その間に改訂が加えられた。第3代将軍徳川家光の代に参勤交代の制度化が盛り込まれたのはその代表例である。アについて，最初の武家法は鎌倉時代に制定された御成敗式目(貞永式目)である。武家諸法度は御成敗式目の系譜を引く武家法とされる。イについて，一国一城を定めたのは一国一城令である。エについて，生類を憐れむということは生類憐みの令で定められていたものである。

(8) **譜代大名**が正解。譜代大名は関ヶ原の戦い以前から徳川氏に臣従した大名で，禄高は概ね外様大名より小さかったが，国内の要地に配置され，旗本とともに幕府の役職に就いて幕政を運営することができた。老中や若年寄も譜代大名から任命されている。

(9) **ウ**が正解。江戸時代の村は，室町時代の惣村のように自治を許された代わりに年貢の徴収を請け負わされた。村政に参加できたのは，村方三役を中心とした本百姓であった。また，租・庸・調は律令体制下での税制である。江戸時代には田畑・屋敷に課された本《ほん》途《と》物成《ものなり》(本年貢，米納が原則)，雑税の小《こ》物成《ものなり》，村高に対して課される付加税の高《たか》掛《がかり》物《もの》，労役である夫役などが課された。

(10) **イ**が正解。Xは正しい文である。Xの町掟は町法とも呼ばれる町が独自に定めた掟であり，町はこれによって自治的に運営されていた。なお，Yは誤りの文である。家持は町に持ち家を持つ町人(「町人」は都市に住む商工業者を指すこともあり)のことであるが，数は少数であり，家借や店借などが多数を占めた。また，家持は町政に参加できたが，家借や店借などは参加できなかった。

(11) **エ**が正解。大阪の陣の後，大阪は幕府の直轄領となり，大阪城が再建されて留守を預かる大阪城代が置かれた。アについて，大老は非常設の役職で譜代大名のうち井伊氏・酒井氏・土井氏・堀田氏など禄高10万石以上の者1名が置かれた。老中は常設の役職で禄高2万5000石以上の譜代大名の中から4～5名が任命された。イについて，六波羅探題は鎌倉時代に置かれた役職・官署である。江戸時代には京都所司代が置かれた。ウについて，侍所・引付衆は鎌倉時代に置かれた役職である。江戸時代には大目付が大名を監察した。

(12) **ア**が正解。公事方御定書は幕府の成文法で，上下2巻からなり，1742年に完成した。なお，イは田沼意次《おきつぐ》の政治である。ウの株仲間の解散は天保の改革の頃のことである。エは寛政の改革の頃のことで，昌平坂学問所で朱子学以外の学問を教えることを禁じたことを寛政異学の禁と呼ぶ。

(13) **ペリー**が正解。ペリーはアメリカ東インド艦隊司令長官で，1853 年に相模国の浦賀沖に来航し，久里浜に上陸して国書を渡して帰り，1854 年に再来航して日米和親条約を締結した。

【4】 文化史

(1) **ウ**が正解。鑑真は唐から日本に渡海した僧侶。渡航に失敗する中，盲目となり，6 度目の航海で日本に渡航することに成功し，754 年に平城京に入り戒律を伝えた。なお，アの行基は渡来人系の僧侶で，政府の要請を受けて東大寺大仏の造営に協力した。イの最澄は平安時代に唐へ渡り日本に天台宗を伝えた僧侶である。エの親鸞は鎌倉時代に浄土真宗を開いた僧侶である。

(2) **ヘレニズム**が正解。ヘレニズム文化とは，アレクサンドロス大王の東方遠征からプトレマイオス朝エジプトの滅亡まで約 300 年を指すヘレニズム時代の文化である。

(3) **エ**が正解。御伽草子は室町時代の庶民的な短編物語である。なお，アの説明は寝殿造のものだが，これは平安時代の国風文化の頃の建築様式である。校倉造は断面が三角形や台形の木材を井の字型に組み上げて壁をつくる建築様式で奈良の東大寺正倉院宝庫が代表的な例である。イについて，法然は浄土真宗ではなく浄土宗を開いた。また，運慶・快慶は東大寺南大門の金剛力士像をつくった。ウについて，書院造の書斎である同仁斎《どうじんさい》を持つのは足利義政が造営した東山山荘の東求堂《とうぐどう》である。また，観阿弥・世阿弥を庇《ひ》護したのは足利義満である。足利義教は足利義満の子で義政の父にあたる第 6 代将軍である。

(4) **フランシスコ＝ザビエル(ザビエル)**が正解。フランシスコ＝ザビエルは，スペイン出身で，イグナティウス＝ロヨラとともにイエズス会を創設し，布教のためにインドのゴアに渡航した後，1549 年に日本の鹿児島に来着し，以後，山口・京都・豊後府内などでキリスト教を布教した。

(5) **ア**が正解。千利休(千宗易)は堺の豪商の出身で，侘び茶を完成させた茶道の大成者として知られる。織田信長や豊臣秀吉に茶道で仕えたが，豊臣秀吉の怒りを買い切腹を命じられた。イについて，尾形光琳は画家であり，代表作に『紅白梅図屏風』がある。『東海道中膝栗毛』は十返舎一九の作品，『南総里見八犬伝』は滝沢馬琴の作品である。ウについて，小林一茶は江戸時代の化政文化の頃の俳人で『おらが春』などを残した。俳諧を芸術の地位まで引き上げ，俳諧紀行文である『野ざらし紀行』や『奥の細道』などの作品を著したのは松尾芭蕉である。エについて，『古事記』の注釈である『古事記伝』を著したのは葛飾北斎でなく本居宣長である。葛飾北斎は化政文化の頃の浮世絵師で風景版画の『富嶽三十六景』が代表作である。

(6) **野口英世**が正解。野口英世は福島県出身で，北里柴三郎の下で細菌学を学び，アメリカに渡ってロックフェラー医学研究所に入った。エクアドルで黄熱病の研究をし，一度ニューヨークに戻った後，アフリカに渡って研究をする中で黄熱病に感染して病没した。

(7) **プロレタリア文学(文芸)**が正解。プロレタリア文学は，労働者の解放などを目指して大正時代から昭和時代初期を中心に著された，労働者などの無産階級（資産を持たない階層）の生活苦などを描いた文学であり，問題文にある小林多喜二の『蟹《かに》工船』のほかに，葉山嘉樹の『海に生くる人々』や，徳永直《すなお》の『太陽のない街』などがある。

【５】 現代の社会生活

(1) 1. **ア，カ**(順不同)が正解。アについて，生存権は大日本帝国憲法では規定がなく，日本国憲法で初めて保障された権利であり，これを契機に社会保障が本格的に整備されるようになった。カについて，雇用保険は被保険者が保険料の一部を負担するが，週に一定以上の労働時間があるなどの労働者に加入義務があり，すべての労働者が加入するわけではない。そして雇用保険の保険料を負担してきた労働者には自己都合か否かにかかわらず給付金が支払われる(ただし一般に自己都合の場合は企業の倒産などの場合より給付額は少ない)が，保険料の負担がなかった労働者には自己都合でない場合でも支払われない。イについて，社会保障制度の4部門とは，社会保険・社会福祉・公衆衛生・公的扶助を指すが，このうち，国の歳出額が最も大きいのは社会保険である。ウについて，社会保険には，介護保険・医療保険・年金保険・雇用保険のほかに，労働者の労働業務による傷病や傷害，死亡などの際に給付される労働者災害補償保険(労災保険)を含めて5種類がある。また，国の歳出額が最も大きいのは年金保険で，次いで医療保険となっている。エについて，介護保険料を負担するのは30歳以上ではなく40歳以上の国民である。また，ホームヘルパーが介護サービスを行うのは正しいが，介護サービスの計画を立てるのはホームヘルパーではなくケアマネージャーである。オについて，1961年の国民年金の実施によって，20歳以上60歳未満のすべての国民が年金制度に加入するしくみが確立した。従来は自営業者などが加入する国民年金，企業の雇用者などが加入する厚生年金，公務員などが加入する共済年金がそれぞれ独立して運営されていたが，今から33年前の1986年に国民年金法が改正され，すべての国民が国民年金(基礎年金ともいう)に加入する制度が導入された。ちなみにこの制度では，厚生年金や共済年金は国民年金に上積みして給付される形をとるが，2015年に共済年金は厚生年金に一元化された。

2. **公衆衛生**が正解。先の1の解説にもあるように，公衆衛生は社会保障制度の4部門の1つであり，伝染病などの傷病の予防や，寿命の延長などを目的として，医療サービスの提供などを行っている。問題文にある「⊕」という地図記号は保健所を指しており，公衆衛生の実施機関として予防接種，衛生思想の普及，健康相談などを行っている。

(2) 1. **48**が正解。アには40，イには8があてはまるので，40＋8＝48となる。労働基準法は賃金や労働時間など労働条件の最低基準を定めたもので，労働時間についてはアの1週間に40時間以内，イの1日8時間以内という労働時間の制限のほかに，毎週少なくとも

1回の休日を与えることや，時間外・休日・深夜労働に対しては通常の賃金の25%以上50%以下の割増賃金を支払うことなどが定められている。

2. **イ**が正解。労働組合法では，労働組合が正当な労働運動を行うことを認めているだけでなく，使用者が労働組合に対して介入するなどの妨害行為を不当労働行為として禁止しており，選択肢のア，ウ，エはいずれも不当労働行為にあたるものである。また，不当労働行為の1つとして，労働組合の運営の費用を使用者が拠出することを禁じている。これは使用者が労働組合に便宜を図ることで，使用者に対する労働組合の運動をしづらくする恐れがあるためである。したがって，イにあるように，使用者が労働組合の運営の費用の拠出を拒否することは，労働組合に対して使用者は介入していないため，不当労働行為にはあたらない。

3. **エ**が正解。ア，イ，ウはすべて正しい。アについて，15歳以上人口に占める非労働力人口の割合は，1990年が3657 ÷ 10089 × 100 = 約36.2%で，同様に計算すると，2000年が約37.4%，2010年が約40.3%，2016年が約39.9%，2017年が約39.4%，2018年が約38.4%であり，2010年が最も高く，1990年が最も低い。また，男女合わせた完全失業率が最も高いのは表にあるように2010年の5.1%で，最も低いのは1990年の2.1%である。したがって，どちらも2010年が最も高く，1990年が最も低いので正しいとわかる。ちなみに，15歳以上人口に占める非労働力人口の割合を求める際，15歳以上人口を各年で比べると1990年の10089以外はほとんど変わらないため，1990年の3657 ÷ 10089 × 100と，非労働力人口が1990年を除いて最も小さい2000年の4057 ÷ 10836 × 100を計算して1990年の方が商が小さいことがわかれば，非労働力人口の数字の大きさから2010年の割合が最も大きいと判断できるだろう。イについて，完全失業率は男子・女子ともに2010年までは上昇しているが，その後下落しているため正しい。ウについて，男女合わせた労働力人口比率は，2010年だけが59.6%で60%を下回っているが，ほかの年度はすべて60%以上である。また，労働力人口比率の男女の割合の差は，1990年と2000年が27.1%，2010年は23.1%，2016年は20.1%，2017年は19.4%，2018年は18.7%となっている。差が最も小さい2018年でも18.7%の大きな差があるものの，1990年と同じ数値であった2000年以降は差が縮小しており，全体を通しても差が縮小する傾向にあると言える。

(3) 1. **ア，イ，エ，オ**(順不同・完答)が正解。家計の支出には，モノやサービスの購入の支出である消費支出，租税や社会保険料の支出である非消費支出，預貯金や株式の購入費用や生命保険の掛け金などの支出である貯蓄がある。アとオは貯蓄，イとエは消費支出であり，ウだけが非消費支出なので，ウ以外のア，イ，エ，オが正解となる。

2. **イ**が正解。情報公開法は，国や地方公共団体に対して情報の公開を義務づけたもので，企業を対象にするものではない。また，食品表示法によって原材料や添加物の表示などが義務づけられているが，製法についての公開義務はない。

3. **ウ**が正解。ウは誤りの文である。キャッチ＝セールスとは，道など屋外で声を掛け，近くにある事務所や営業所に連れていって，モノやサービスの契約をさせる商法である。ウの文にある，電話や手紙などで呼び出す商法はアポイントメント商法(アポイントメント＝セールス)である。

(4) 新聞＝**エ**，インターネット＝**オ**(完答)が正解。広告費は，1990年代後半まではアのテレビやエの新聞が大きな割合を占めていたが，2000年代に入ってインターネットが本格的に普及するようになると，新聞の割合が低下する一方で，インターネットの割合が大きく伸びた。なお，イは雑誌，ウはラジオを表している。

(5) **ア**が正解。X，Yともに正しい文である。Xについて，終身雇用制度や年功序列賃金制度は，企業にとっては社員教育や技術の継承などを行いやすく，また労働者にとっては生活が安定して人生設計が立てやすいなどのメリットがあった。近年は非正規雇用の労働者の割合が増加したことなどにより，これらの慣行は減少傾向にある。Yについて，日本の労働組合は企業別の割合が高かったが，業界別の労働組合の場合，個々の企業の業績と業界全体の業績が必ずしも一致するとは限らないため，場合によっては企業の運営に大きな支障となる可能性もある。したがって企業別の労働組合は，Yの文にあるように労働組合側が業績に応じた交渉をしやすかっただけでなく，企業にとっても都合が良かった。

(6) **エ**が正解。X，Yともに誤りの文である。Xについて，情報リテラシーとは，テレビや新聞などさまざまなメディアから得られる情報をきちんと取捨選択する能力を指す語句である。Xにある情報格差を意味する語句はデジタル・デバイドが正しい。Yについて，三大都市圏は東京都・大阪府・愛知県をそれぞれ中心とする地域であるのは正しいが，大阪府は人口が減少している。また，現在の人口増加率の上位は東京都・沖縄県・埼玉県・神奈川県・愛知県の順であり，愛知県は5位である。また，限界集落は高齢者が占める割合が3割ではなく5割を超える地域を指す。

(7) **男女共同参画社会基本法**が正解。1979年に国際連合総会で採択された女子差別撤廃条約を批准《ひじゅん》(国として認めること)したことを契機に1985年に男女雇用機会均等法が制定された。これは採用や昇進など，雇用に関する男女差別を禁止する法律であった。その後，雇用だけでなくさまざまな環境で男女がともに活躍できる社会をつくっていくことを基本理念とする男女共同参画社会基本法が1999年に施行された。

(8) 1. **ユニバーサルデザイン**が正解。下線部⑧にある，高齢者や障がい者が健常者と同じように暮らせる社会こそが普通の社会であり，そのような社会をつくることを目指していこうとする考え方をノーマライゼーションという。またそのような考え方に基づいて，普通の生活を営む上で妨げとなる障壁がない社会をつくっていこうという考え方をバリアフリーという。そしてこれらの考え方が広がる中で，問題文にあるように，すべての人が使いやすいように設計(デザイン)したり，使いやすいように環境を整えていこうという考え方であるユニバーサルデザインという言葉が生まれた。

2. **ウ**が正解。字を拡大したり，漢字にふりがなをふっても，そもそも日本語に詳しくない外国人などには書かれている内容を伝えることが難しいため，誰でも利用しやすいように設計したり環境を整えるというユニバーサルデザインの理念に合わない。空港では，駅などに見られるように英語や中国語など複数の言語で並記する必要がある。

置き、(ときどき)里に出て食べ物などを求めてきて食べさせながら、長い年月暮らしていた。(ある日)この男が出かけたので、(女は)ただ一人物も食べないで山の中にいたので、この上もなく心細く思われた。この男が、物を求めに出かけてしまったまま、三、四日帰ってこなかったので、待ちこがれて外に出て、山中のわき水があるところに行って姿を映してみると、自分の以前の面影でもなく、(見慣れぬ)恐ろしい様子になってしまっていたのだった。鏡もなかったので、顔がどのようになったかも知らないでいたが、突然見たところ、たいそう恐ろしい様子になっていたのを、たいそう恥ずかしく思った。そこで(女が歌を)詠んだのだった。

安積山の姿まで映って見える山の井戸が浅いように、浅い心であの人を思っていたのでしょうか(いやそんなことはありません)。

と詠んで、木に書きつけて、粗末な小屋に来て死んだのだった。男は、あれこれと物などを求めて持ってきたが、(女が)死んでうつぶせになっていたので、たいへん驚きあきれたことだと思った。山の井戸のそばの木に書いてあった歌を見て帰って来て、この歌のことを思い詰めて死んでしまい、(女の)かたわらに伏して死んでいたそうだ。(これは)世間に伝わる古い昔話なのである。

……思ふものかは」という五七五七七の和歌である。したがって省略されているのは「歌」である。歌に続く部分に「山の井なりける歌を見て」とあることからも明らかである。

問七　歌中の人物関係をつかむ問題。「人を思ふ」とは誰が誰を思っているのか。この歌の作者は今までの流れ（＝**問五**の解説など）を思い起こしてほしいのだが、「むすめ」である。「むすめ」が「浅い心であの人を思っていたのではない」（→深くあの人を思っていた）と、誰かを思っていることを詠んだ歌なのである。それが誰かというと、「男」である。「むすめ」は「年月を経」るうちに「男」のことを深く思うようになっていったと考えられる。「男」とは「内舎人」のことなので、正解はイである。ちなみに「あさく」は、――線⑥の直前の「山の井の」を受けて、「山の井が浅い」という意味が掛けられていることにも注意したい。

問八　内容理解の問題。「当てはまらない」ものを選ぶことに注意。アは「陸奥の国へ……逃げていにけり。……庵をつくりて、この女を据ゑて」という内容に合致する。イが正解。「食べ物をさがし求め」て出かけたのは「男」で、「女」は〈男を待ちわびて〉外に出たのである。ウは最後のところに「山の井なりける歌を見て帰り来て、これを思ひ死にに、かたはらにふせりて死にけり」とある。エもオも、はじめの部分の「このむすめを見てけり……よろづのことおぼえず。心にかかりて、……」や「帝に奉らむとてかしづき給ひけるを」という内容に合致する。

問九　文学史の問題。『大和物語』は平安時代の歌物語なので、歌物語を選ぶ。エの『伊勢物語』が、平安時代に成立した歌物語である。アの『源氏物語』は平安時代の物語だが、歌物語ではない。イの『宇治拾遺物語』は鎌倉時代の、ウの『今昔物語集』は平安時代の、いずれも説話集である。オの『竹取物語』は平安時代の伝奇物語である。文学史の問題は、作品、作者名（わかっている場合）、ジャンル、成立年代をセットで覚えるようにしよう。

【現代語訳】

昔、大納言が、たいそう美しい娘を持っていらっしゃったのを、帝に差し上げようと思って大切に育てていらっしゃったが、大納言のおそば近くにお仕え申し上げていた内舎人であった人が、どのようにして見たのだろう、この娘を見たのだった。容姿が、たいそう美しいのを見て、ほかのすべてのことを思うひまもなく、恋しく思われて、夜も昼もたいそう悩ましく病気になりそうに思われたので、「ぜひ、申し上げたいことがあるのです」と絶えず言い寄っていたところ、「変ですね。何事でしょうか」といって外へ出たところを、（男は）あらかじめ用意していたので、突然抱いて、馬に乗せて、陸奥の国へ、夜も昼も休みなく、逃げていった。安積の郡の、安積山というところに粗末な小屋を作って、この女を

問三　語句の意味の問題。――線②より前に着目すると、「内舎人にてありける人」が〈大納言の娘〉に、「ぜひ、申し上げたいことがある」と話しかけている場面であることがわかる。よく知らない男が急に話しかけてきたので、「あやし。なにごとぞ」と言ったわけである。したがって正解はアの「疑わしい」である。そもそも〈大納言の娘〉は、父である「大納言」が「帝に奉らむ」（＝帝に差し上げよう）と思って、大切に育ててきた人である。この時代は身分の高い女の人は家族以外に顔を見せない習慣になっていた。たまたま「内舎人」が顔を見て恋をしてしまったのである。いつも部屋の奥にいる「むすめ」を何とか外に出すために、「内舎人」が声をかけてきたのを、「むすめ」が不審に思って外に出てきたところを、内舎人にさらわれてしまう、という文脈である。

問四　古文の流れから内容をつかむ問題。――線③に続く文に着目すると、「ただ一人物も食はで山中にゐたれば」（＝ただ一人物も食べないで山の中にいたので）とあるので、――線③は〈娘がたった一人になってしまった〉理由を示していると見当がつく。すると〈男がいる〉という意味のア・ウは当てはまらない。イとオは仮定の形なので、あとの「山中にゐたれば」（＝山の中にいたので）とうまくつながらない。したがって正解はエである。「いぬれば」の「いぬれ」は「いぬ」（＝行ってしまう）という意味の動詞の已然形である。「ば」には二とおりの意味があることに注意しよう。〈……から〉・〈……ので〉と理由を表すものと、〈もし……ならば〉と仮定を示すものである。文の流れによって判断できるようにしたい。

問五　文脈理解の記述問題。――線④は〈たいそう恥ずかしく思った〉という意味である。何が恥ずかしかったのか、まずは前の文脈をたどってみる。「内舎人」にさらわれた「むすめ」は〈安積山の庵〉に「内舎人」と一緒に住んで長い年月が経った。「男」（＝内舎人）が「食べ物などを求めて」里に行っている間は「むすめ」は「山中」でたった一人で「男」を待った。ある時待ちくたびれて「山の井に行きて」自分の「影」（＝姿）を見たという場面である。「わがありしかたちにもあらず、あやしきやうになりにけり」（＝自分の以前の面影でもなく、恐ろしい様子になってしまっていたのだった）・「にはかに見れば、いと恐ろしげなりけるを」（＝突然見たところ、たいそう恐ろしい様子になっていたのを）などが理由と見当がつく。〈自分の姿が恐ろしくなっていた〉ことに対する〈はずかしさ〉であることを押さえよう。そしてそれに気づくきっかけとなったのが〈「山の井」をのぞいたこと〉であることもふまえて、字数に合わせて整理しよう。

問六　文脈理解の問題。**問五**にあったように〈たいそう恥ずかしく思った〉「むすめ」は何をしたのかというと「さてよみたりける」（＝そこで詠んだのだった）となる。詠んだのは次行の「あさか山み』である。こういう『軽み』が、人麻呂流の荘重な儀式歌の世界を脱して」とあるので、本文では〈人麻呂→黒人〉という流れである。しかし、ウは〈黒人に影響を受けた人麻呂〉となっている。また、ウの「人麻呂流の荘重な儀式歌がその後の萬葉の歌の主流となった」という部分も本文からは読み取れない。

エが二つ目の正解。最終段落の一つ前の段落の内容に一致する。

オは「他の自然と比べれば川の姿の変化は少ない方だ」という部分が不適切。最終段落二文目に、「川の姿ほど人間文化の発達とともに、変えられたものも少ないだろう」とある。これは〈人間文化の発達とともに、川ほど姿を変えられたものは少ない〉、つまり〈他の自然のなかで、川の姿が最も変えられた〉という意味である。

【四】 古文の読解

《出典》『大和物語』百五十五「山の井の水」より

『大和物語』は平安時代に成立した歌物語。作者未詳。一七三段からなる。前半は和歌中心、後半は伝説に取材した散文中心の歌物語となっている。

＊問題作成の都合上、表記や表現を一部改変したところがある。

問一 主語をとらえる問題。——線①は「持っていらっしゃった」という意味である。——線①の直前に「むすめいとうつくしうて」とあるので、「むすめ」を「持っていらっしゃった」と見当がつくだろう。「娘を持っていらっしゃった」のは誰かというと、その前に「大納言の」とあるので、アが正解である。「大納言の」の「の」は主語を表す格助詞である。古文ではよく使われるので注意しよう。また「もちたまうたりける」には、尊敬を表す「たまう」が使われていることに着目しよう。ここから身分が高い人が主語になることがわかるだろう。

問二 係り結びの問題。「ぞ」・「なむ」・「や」・「か」・「こそ」という係助詞があると、文末は係り結びになって終止形にならない。「ぞ」・「なむ」・「や」・「か」の結びは連体形、「こそ」の結びは已然形になる決まりである。□の直前に「なむ」があるので、連体形であるエが正解となる。

中で考えている〉ということが読み取れる。そこで、本文に書かれている内容が「昔の地形」についてなのか、「今の地形」についてなのかを読み分けていく必要がある。

また**問五**で考察したことから、

昔の地形……比良川に水が流れていた
今の地形……比良川に水が流れていない

という内容も押さえておく。つまり、〈比良川に水が流れていた昔の地形〉を筆者が〈頭の中で考えている〉部分をさがせばよい。

これに該当するのは、最終段落四文目の

「比良川だって、表比良の山々の水を集めて、山麓の樹々の根元を浸しながら、湖水に注いでいたのだろう。私は比良川の昔の三角洲として、かりに雄松崎・比良河口・北比良の三地点を結ぶ線を空想してみた」

である。ここに「比良川だって……水を集めて……湖水に注いでいた」・「私は……空想してみた」とあるので設問条件に該当し、ここが答えとなる。なお、本文最後から三段落目の五・六文目には「だが、湖西地方には……が開けていただろう」とあり、ここを答えにした人もいたかもしれない。しかしここは「昔の地形を」「頭の中で組み立てて」いる部分とはいえないので、答えとしては不適切である。

問七　直後の「に付される」につながる表現はエの「一笑」。〈一笑に付す〉で〈笑って問題にしない、馬鹿にして相手にしない〉という意味である。アの「冷笑」は〈馬鹿にして笑うこと〉、イの「微笑」は〈ほほえむこと〉、ウの「苦笑」は〈他人や自分の行動や置かれた状況の愚かさに仕方なく笑うこと〉、オの「失笑」は〈思わず笑い出してしまうこと〉という意味。〈軽蔑して笑う〉という意味ではないことに注意する。ちなみに、〈失笑を買う〉だと〈愚かな言動のために相手から軽蔑されて笑われる〉という意味になる。

問八　アは「筆者たちが比良の湊を訪ねたのは、昔から知られていた美しい風景にあこがれていただけでなく」という部分が不適切。本文三段落の最後から二文目に「だが、私たちはそのとき、風景にあこがれて行ったわけではない」とある。

イが一つ目の正解。カメラという語が書かれた三つの部分をまとめた内容である。「萬葉にうたわれた比良の湊をたずね、カメラに収めるのが目的だった」（本文三段落の最終文）・「私たちは比良川の川口の白い川床を見ながら、どこをカメラに収めるべきか、途方にくれた。すぐかたわらには、海水浴客たちの雑踏がある」（――線③の前）・「私たちは北比良まで引き返して、浜辺にかかっている船をともかくカメラに収めた」（――線④の後ろ）という内容に一致している。

ウは「それに影響を受けた人麻呂流の荘重な儀式歌」という部分が不適切。――線④の前の段落を読むと、「黒人の発見した『軽

「私たちは比良川の川口の白い川床を見ながら、どこをカメラに収めるべきか、途方にくれた」

とある。ここから、〈行方不明になってしまっている比良の湊〉は「白い川床」であることが読み取れる。では「白い川床」とはどのような意味なのか。これは、さらに一つ前の段落に書いてある。

「白い川床があるばかりで、水は流れていない。ふだんは水の流れていない川が、近江には多い……」

ここから「白い川床」＝「水の流れていない川」と読み取れる。このことは本文の最後に書かれている「今は涸れはてた比良川」という表現からも読み取れる。したがって、——線④の説明として、a〈現在の比良川には水が流れていない〉ことを述べればよい。これが第一のポイントとなる。

次に、その理由を考える。これは——線⑤の次の段落が参考になる。

「西には雄偉な比良の山脈が……表比良の斜面は急崖になって、湖水へなだれている。それに表比良はおもに花崗岩からできていて、湖岸の白砂は花崗岩によるものである。表比良の水が一直線に琵琶湖へ流れたら、比良川は水をたたえているひまもないだろう。山上には樹木はない。山麓はすべて開拓されている。だが、水は流れなければならぬ。春の雪解けのとき、夏の梅雨どき、秋の台風のとき——。一どきに流れこんでしまえば、あとは白い蛇のような川床をさらしているだけである」

ここには比良川に水が流れていない理由が二つ書かれている。

一つ目は、

> 斜面が急崖になっている ＋ 花崗岩からできている
> ↓
> 水が一直線に琵琶湖に流れて、水をたたえられない

ここを、b〈花崗岩からできた表比良の斜面は急崖だ〉などとまとめる。

二つ目は、

> 山上には樹木がなく、山麓は開拓されている
> ↓
> 水は一どきに流れこんでしまい、あとは流れていない

ここを、c〈樹木がない山上から開拓された山麓に水が一どきに流れこむ〉などとまとめる。以上、a・b・cの三ポイントを形に合うようにまとめて書けばよい。

問六 ——線⑤の前後を読むと、

「私は昔の地形を、できるだけ頭の中で組み立ててみようとした。萬葉地理を考える場合、今の地形との変化を頭に入れておくことは、ことに大事なことである」

とある。ここから、筆者は〈昔の地形と今の地形の変化〉を〈頭の

読み取れるので、〈武奈が岳＝西近江＝裏近江〉となり、イは二つ目の正解となる。「湖岸にあまり平地が開けていない」という部分からも、武奈が岳は裏近江であることがわかる。また、この部分から、エの「伊吹」が答えでないこともわかる。

ウの「安曇川三角洲地帯」は最終段落の二つ前の段落にある。

「西近江の歌が、萬葉に多いのは、ここが畿内から北陸へ越える重要な交通路だったからである。……だが、湖西地方には、当時原生林が鬱蒼としていただろう。その途中、線のなかの点として、泊り泊りに漁村の聚落が開けていただろう。もっとも安曇川三角洲地帯の洪積平野には……」

この段落は西近江の当時の交通路を筆者が推測している内容である。ここから〈西近江＝湖西地方＝安曇川三角洲地帯〉となり、ウは三つ目の正解となる。

エとオは前述のとおり「裏近江」ではないので、正解はア・イ・ウの三つである。

問三　――線②「流れていない」の「ない」は直前の〈いる〉という動詞を打ち消す助動詞なので、助動詞の「ない」をさがせばよい。ウの「かなわない」は直前の「かなう」という動詞を打ち消す助動詞なので、これが正解。アの「縁のない」は形容詞である。イの「少ない」、エの「ぎこちない」、オの「つまらない」は形容詞の一部である。

問四　――線③の前後を読むと、

「すぐかたわらには、海水浴客たちの雑踏がある。萬葉のカメラ紀行としては、あまりにもモダーン過ぎる景色なのである」

とあり、ここから

・近くに「海水浴客たち」が大勢いて、
・「モダーン過ぎる景色」（＝現代的な景色）だ。

という情報を読み取れる。

これらのことが書かれているのは最初から二つ目の段落である。

「もっとも近江舞子あたりまでは、海水浴客でひどく賑っていて、赤や青や黄の、きらきらしい原色風景を展開している」

――線③の言い換え表現で二十字以内という設問条件に該当するのは、「赤や青や黄の、きらきらしい原色風景」となる。

問五　まず――線④の意味を考えるために、その前後を読む。

「だが、この比良の湊が、現在行方不明になってしまっているということは、来て見て始めて実感した。私たちは北比良まで引き返して、浜辺にかかっている船をともかくカメラに収めたが……」

――線④とはどういう意味なのか。「行方不明」という擬人的な表現の意味を考える必要がある。――線③を含む段落を読むと、

【三】　随筆文の読解

《出典》山本健吉「萬葉の旅心」(作品社『日本の名随筆　62　万葉・二』所収)

　筆者は文芸評論家。一九〇七年生まれ、一九八八年没。著作に『芭蕉《ばしょう》　その鑑賞と批評』・『正宗《まさむね》白鳥　その底にあるもの』など。

＊問題作成の都合上、文章を一部改変したところがある。

問一　『万葉集』は奈良時代成立で、約四五〇〇首のうち四七三首が大伴家持の歌である。ちなみに、三大和歌集とされているのは『万葉集』・『古今和歌集』(平安時代成立、撰者《せんじゃ》は紀貫之ら)・『新古今和歌集』(鎌倉時代成立、撰者は藤原定家ら)である。また、江戸時代の国学とは日本独自の精神文化を研究した学問であり、その代表的人物に『万葉集』を研究した賀茂真淵と、『古事記』を研究した本居宣長《もとおりのりなが》などがいる。

　新元号である令和の出典は『万葉集』なので、『万葉集』の文学史的知識は持っておくべきだ。

問二　まず、「裏近江」がどこを指しているのかを、――線①の後ろから読み取っていく。

　「裏近江――という言葉があるかどうか知らない。西近江とか北近江とかいった言葉の方がよいかもしれない。……だがそれは、広い平地の開けた琵琶湖の南岸や東岸に比べて、いかにも裏近江といってみたくなるような、ひっそりした土地がらであった」

　この部分からオの「琵琶湖の南岸」が答えでないことがわかる。

　次に各選択肢の言葉を本文からさがしていく。アの「雄松崎」は――線①の次の段落から読んでいくとよい。

　「もっとも近江舞子あたりまでは、海水浴客でひどく賑っていて、赤や青や黄の、きらきらしい原色風景を展開している。私の期待がそらされたといっても、私が知らなかっただけのことである。

　雄松崎で交わる南北二つの白砂青松の砂丘に、舞子の名を冠して、海水浴場としてにぎわうようになったのは……」

　ここから、〈近江舞子は海水浴客で賑わっていて、ひっそりした土地がらだろうという私の期待がそらされた〉と読み取れる。つまり、〈近江舞子＝裏近江〉であり、〈雄松崎＝舞子〉なので、アは一つ目の正解となる。

　イの「武奈が岳」は――線⑤の次の段落にある。

　「西には雄偉な比良の山脈が南北に走り、ことに奥比良の武奈が岳はその主峰としての威容を持っている。近江では、東の伊吹と相対峙して、もっとも高い山である。湖岸にあまり平地が開けていないから……」

　ここから〈近江には、東の伊吹(山)と西の武奈が岳がある〉と

問七　〈独創性をもつ人間と、模倣しかできない人工知能を分断する発想〉はなぜ「近代的」といえるのか。その理由を本文からさがす。

まず、――線③の次の段落で、「オリジナルな思いを表現した作品」と考えることを「近代特有の観念」だとするロラン・バルトの主張を紹介している。

また、次の小林秀雄の引用部では「二人を引き離して了つたのは、ほんの近代の趣味に過ぎない」とあり、「二人」とは創造と模倣を指しているので、この部分から「独創と模倣を明確に区別したのは近代」であると読み取れる。

筆者自身も［A］の直後の部分で、「創造と模倣の区別は、簡単にできるのでしょうか」と述べていて、創造と模倣を区別する近代的な発想に異を唱えていることがわかる。正解はア。他の選択肢の内容はすべて本文には書かれていない。

問八　アは「画家のエピゴーネンを生み出すことは簡単であると強く主張している」という部分が不適切。「エピゴーネンを生み出す」という内容については、本文では一般的に考えられる反論として書かれている。つまり、「エピゴーネンを生み出す」という内容は筆者の主張ではない。

イは「文学は人間が作るものだという近代的作者像」という内容が本文に書かれていない。また、「人工知能こそが芸術に向いている」という内容も不適切だ。筆者は〈人工知能も芸術作品を創造できる〉と主張しているが、イのように「人工知能こそが」とまでは述べていない。

ウが正解。『物語の構造分析』（ロラン・バルト）の引用部とその直後の段落から、「芸術作品は一つのオリジナルなものではなく、複数の引用から構成されたものだ」という内容を読み取ることができる。

エは「どんなに素晴らしい画家でさえも批判されてしまう不条理さ」という部分が不適切。まず、『ピカソ　剽窃の論理』（高階秀爾）の引用部からは高階秀爾氏がピカソを「批判」しているとは読み取れない。また、批判されることを「不条理」（＝道理に合わないこと）と筆者が考えていることも本文から読み取れない。

オは「芸術に独創性は存在しないことを明らかにしている」という部分が不適切。最終段落の一文目に「芸術の独創性をこのように理解できるならば」とあるように筆者は独創性の存在を否定しているわけではない。

段落の一文目に書かれた「人工知能の場合でも、言ってよければ、独創性をいくらでも発揮できる」という内容が、――線③「こうした発想」(＝人工知能には創造できないという発想)を打ち消す内容となっているからだ。

> こうした発想はきわめて偏見に満ちた考えではないでしょうか。
>
> ＝
>
> そうであれば、人工知能の場合でも、言ってよければ、独創性をいくらでも発揮できるのではないでしょうか。

したがって、「そうであれば」が指している内容、つまり、この前に書かれた内容が答えの材料になる。

「そもそも、独創性を考えるとき、すべての要素で他とはまったく異なっている、と見なすことはできません。大部分の要素が他と同じでも、いくつかの要素で違っていれば、独創的になります。あるいは要素は同じでも、その組み合わせを変えていれば、独創的になるのです」

この部分を設問条件である「独創性とは何か」を明らかにするようにまとめると、c〈独創性は要素や組み合わせを変えることで作り出せる〉という答えの要素が作れる。以上によりa・b・cの三要素を本文から作れるが、このままでは人工知能に触れていない解答になってしまうので、〈その作業は人工知能でも行える〉などの要素を追加して解答を作るとよい。

問五 A の前後の内容をまとめると、

> オリジナルとコピーはまったく対立したものである(一般論)
>
> A
>
> オリジナルとコピーははっきりと分断できるものではない(筆者の主張)

となり、A に入る語は逆接だとわかる。

また、C の前後の内容をまとめると、

> そうした変更がどう評価されるか (抽象的な内容)
>
> C
>
> ピカソの場合を考えてみましょう (具体的な内容)

となり、C に入る語は例示だとわかる。

問六 B にどんな内容が入るかを考えるために、B の後の段落を読むと、

「いかなる芸術家も、最初から独創的な作品を生み出したわけではありません。その前に、他の人々の作品を模倣し、よく言えば作風を取り入れ、悪く言えば盗み出すのです」

とある。〈独創的な作品を生み出す前に、他の人々の作品を模倣する〉と書かれている。つまり、「模倣」が「独創」を生み出すということだ。正解はイの「模倣は独創の母である」。

る」の連用形。直後に助動詞「ます」があることからも、連用形であることが判断できる。

ア「来れ(ば)」はカ行変格活用動詞「来る」の仮定形、イ「する(。)」はサ行変格活用動詞「する」の終止形、エ「歩く(こと)」は五段活用動詞「歩く」の連体形、オ「起き(ない)」は上一段活用動詞「起きる」の未然形である。

問三　この設問文に対応している表現を本文からさがしていくと、最終段落の二文目に見つけられる。

> 人工知能のこのような（＝レンブラントの作風を忠実に再現している）段階のことを何と表現しているか。
>
> ＝
>
> レンブラント風の絵画は、人工知能の修学時代であり、熱心に模倣する段階といえます。

ここから五字以内で抜き出すので、答えは「修学時代」となる。

問四　まず、――線③の「こうした発想」の内容を確認すると、直前の「しょせん人工知能は模倣するだけであって、その技術がどんなに向上しても、新たな創造は不可能だ」を指していることがわかる。これを筆者は「偏見に満ちた考え」だと述べている。したがって、〈人工知能は模倣だけで創造はできないという考えが誤っている理由〉が書かれている部分を本文からさがせばよい。

まず、――線④周辺に注目する。なぜなら、この部分が――線③「こうした発想」の同意表現となっているからだ。

> こうした発想はきわめて偏見に満ちた考えではないでしようか。
>
> ＝
>
> だとすれば、人間のみが独創性をもち、人工知能は模倣しかできないと考え、人間と人工知能を分断するような近代的な発想は、そろそろ限界がきているのではないでしょうか。

したがって、「だとすれば」が指している内容、つまり、この前に書かれた内容が答えの材料になる。

「はたしてオリジナルとコピーを、それほどはっきりと分断できるのでしょうか。創造と模倣の区別は、簡単にできるのでしようか。

〈中略〉

いかなる芸術家も、最初から独創的な作品を生み出したわけではありません。その前に、他の人々の作品を模倣し、よく言えば作風を取り入れ、悪く言えば盗み出すのです」

この部分を設問条件である「創造と模倣の関係」を明らかにするようにまとめると、a〈創造と模倣は明確に区別できない〉・b〈模倣なしでは創造できない〉という答えの二要素が作れる。

次に、――線④の二つ後の段落に注目する。なぜなら、この

〈出題と領域〉

	領域名	設問	配点
01	漢字の読み書き	【一】	16点
02	論説文の読解	【二】	27点
03	随筆文の読解	【三】	27点
04	古文の読解	【四】	30点

解説

【一】　漢字の読み書き

(1)「容易」とは、簡単に行えること、という意味。(2)「供える」とは、神仏や高貴な人などに物をささげること。「備える」(=将来の出来事に対処できるように前もって準備しておくこと)という同訓異字に注意が必要。(3)「恩赦」とは、確定した刑の全部または一部をなくす、という意味。(4)「明鏡止水」とは、邪念がなくて澄み切って落ち着いた心を表す言葉。(5)「諭す」は「さとす」と読み、目下の者に物事の道理を言い聞かせてわからせる、という意味。(6)「統べる」は「すべる」と読み、一つにまとめて支配する、という意味。(7)「出色」は「しゅっしょく」と読み、目立って他より優れていること、という意味。(8)「泰然自若」は「たいぜんじじゃく」と読み、落ち着いていてどんなことにも動揺しない様子を表す言葉。

【二】　論説文の読解

《出典》岡本裕一朗『人工知能に哲学を教えたら』(ＳＢクリエイティブ)

筆者は哲学・倫理学者。一九五四年生まれ。著作に『フランス現代思想史　構造主義からデリダ以後へ』・『いま世界の哲学者が考えていること』など。

＊問題作成の都合上、文章を一部改変したところがある。

問一　設問の脱文は「ここで『テキスト』と呼ばれているものを、文学作品だけに限定せず、あらゆる芸術作品にまで広げることにしましょう」とあるので、脱文の前には〈文学作品に対して「テキスト」と表現している内容〉が、脱文の後には〈あらゆる芸術作品についての内容〉が書かれていると推測できる。それらの内容を本文からさがせばよい。

すると、ロラン・バルトの『物語の構造分析』の引用文に「テキスト」という語があり、その直後の文に「芸術作品もまた」という語句があることに気づく。したがって、脱文をその間に挿入すればよい。

問二　――線①「描い」は五段活用の動詞である「描く」の連用形。この問題は活用形が問われているので、選択肢の中から連用形のものをさがす。正解はウ。「受けます」は下一段活用動詞「受け

国語

解答

【一】

(1)	(2)	(3)	(4)	(5)	(6)	(7)	(8)
容易	供える	恩赦	明鏡止水	さとす	すべる	しゅっしょく	たいぜんじじゃく

【二】

問一　すると、芸

問二　ウ

問三　修学時代

問四　（例）創造と模倣は明確に区別できず、模倣なしでは創造できないという関係にあり、独創性は要素や組み合わせを変えることで作り出せて、それは人工知能にもできるから。

問五　オ

問六　イ

問七　ア

問八　ウ

【三】

問一　Ⅰ　ア　Ⅱ　カ　Ⅲ　ク

※問一はⅠ～Ⅲすべて正解で得点。

問二　ア・イ・ウ

※問二は完答。順不同可。

問三　ウ

問四　はじめ　赤や青や黄　終わり　い原色風景

※問四ははじめと終わり両方正解で得点。

問五　（例）花崗岩からできた表比良の斜面は急崖で水が一直線に琵琶湖に流れ、樹木がない山上から開拓された山麓に水が一どきに流れこむために、現在の比良川の川口には水が流れていないということ。

問六　はじめ　比良川だっ　終わり　してみた。

※問六ははじめと終わり両方正解で得点。

問七　エ

問八　イ・エ

※問八は完答。順不同可。

【四】

問一　ア

問二　エ

問三　ア

問四　エ

問五　（例）山の井をのぞいて、自分の姿が以前と違って、たいそう見苦しく恐ろしい様子になっているのに気づいたから。

問六　歌

問七　イ

問八　イ

問九　エ

〈配点〉

【一】　各2点×8＝16点

【二】　問一～三　各3点×3＝9点　問四　6点　問五～八　各3点×4＝12点

【三】　問一～四　各3点×4＝12点　問五　6点　問六～八　各3点×3＝9点

【四】　問一～四　各3点×4＝12点　問五　6点　問六～九　各3点×4＝12点

合計100点

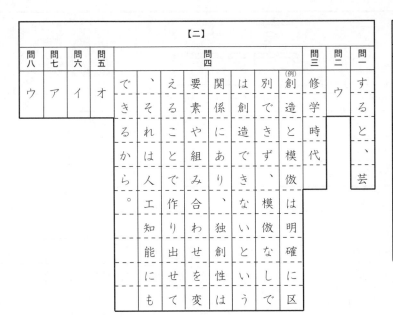

英語

解答

【1】

問1	ウ	問2	2番目の語	too	6番目の語	one						
問3	あなたにはあまり時間がない。だから，数日でやりたいことのすべてができるというわけではない。											
問4	ウ	問5	イ	問6	イ	問7	ア	問8	エ	問9	ウ	カ

【2】

問1	(1)	A	キ	B	オ	(4)	A	イ	B	ア	問2	nephew			
問3	(3)	family	(8)	owner	問4	①	ウ	②	エ	③	ア	④	ウ	⑤	イ
問5	(5)	今夜，私がガールフレンドとのデートがあるにもかかわらず，私をパリに送ることは不公平だ。													
	(7)	スーツケースは私の前の席に置けるし，スーツケースは人と違って脚がない。だから，自分の脚を伸ばすためのいっぱいの余地がある。													
問6	エ	問7	イ												
問8	仕事で必要なスーツケースをモニカのものと間違えた上に，自分が女友達のヘレンに嫌われていた　から。														
問9	ウ	エ	ク												

【3】

問1	1	イ	2	ウ	問2	A	オ	B	ア	
問3	family	問4	favorite	問5	エ	問6	ウ	→ ア	→ イ	
問7	8a	イ	8b	ウ	問8	エ	問9	オ		

【4】

1	A	エ	B	イ	2	A	ア	B	カ	3	A コ　B シ
4	A	ケ	B	キ	5	A	オ	B	サ		

【5】

1	ウ	2	イ	3	イ	4	ア	5	エ

※　上記の解答以外の答えにも点を与える場合がある。

＜配点＞

【1】	問1,問2,問4～問9	各2点×9＝18点
	問3	3点
		（小計21点）
【2】	問1～問4	各2点×10＝20点
	問5,問8	各3点×3＝9点
	問6,問7,問9	各2点×5＝10点
		（小計39点）
【3】	問1～問6,問8,問9	各2点×9＝18点
	問7	各1点×2＝2点
		（小計20点）
【4】		各1点×10＝10点
【5】		各2点×5＝10点
		合計100点

＜領域と出題＞

	領　域　名	設問	配点
01	対話文読解問題	【1】	21点
02	長文読解問題1	【2】	39点
03	長文読解問題2	【3】	20点
04	連立完成問題	【4】	10点
05	適語選択問題	【5】	10点
合　計			100点

＜解説＞

【1】対話文読解問題

［全訳］

ジャニス・バートンはシアトルの大学生です。彼女は大学で観光学を学んでいます。シアトルからの長時間のフライトを経て，彼女は今，観光と買い物が目的で，母親と一緒にニューヨークを訪れています。彼女のおばのスーザンは，現在ニューヨークに住んでいます。スーザンはマンハッタンにあるマリアホテルに勤務しています。ジャニスと母親はそのホテルに宿泊しています。二人は今，ミッドタウンの店にいます。

ジャニス　　：このドレス買っていいかしら？ これと同じ物はなかなか見つからないわよ。

バートン夫人：そんなものはシアトルでも買えるわよ。服ばかりにお金を使い過ぎないことね。明日はスーザンおばさんと一緒にスタテン島に行くのを忘れないでね。

ジャニス　　：えー！ママ，私たちと一緒に行かないの？

バートン夫人：行かないわよ。私，そこへは1度行ったことがあるのよ。その代わりにミュージカルの劇場に行くの。ブロードウェイのミュージカルは素晴らしいって聞いてるわ。

ジャニス　　：私も行きたいな。ミュージカルにはとても興味があるのよ。

バートン夫人：ニューヨークで多くの場所を訪れたいというあなたの気持ちはわかるわ。でも，あまり時間がないので，数日でやりたいことのすべてができるというわけではないのよ。

ジャニス　　：わかった。私はここニューヨークで何か素敵な物を買うことにするわ。これって素敵な赤のスカートじゃない？

バートン夫人：いいえ，あのスカートの方がよさそうだわ。

ジャニス　　：あら，ママ！あのスカートは私のような若い女性には似合わないわ。ちょっと時代遅れね。それはスーザンおばさんに買ってあげるわ，だって，おばさんはダークブラウンの服がお気に入りだからね。

バートン夫人：それは少しおばさんに失礼だわ。彼女はまだ28歳よ。

ジャニス　　：あら，そうなの？おばさんにはどこか大人の雰囲気があるから，実年齢よりずっと上に見えるわ。いいわ，ママ。自分用に買うのと同じスカートをおばさんにあげるわ。

バートン夫人：でも，あのスカートを買わないで出るのはもったいないわ。私が自分用に買うことにする。

ジャニス　　：そうよ。欲しい物は何でも買うべきよ。ところで，買い物が済んだら，どこかでひと休みしない？ 私，のどが渇いてお腹がペコペコなの。

バートン夫人：そうしましょう。一日中街を歩き回ったからね。私は足がすごく痛いわ。

ジャニス　　：ひと休みしたら，５番街にある全てのブティックに行きたいわ。

バートン夫人：まあ，ジャニス，あなたって何てエネルギッシュなの！若いって素晴らしいわ。でも，私はもうくたくたよ。先にホテルに戻るわね。

問１　語の定義

下線部(1)の sightseeing は「観光」という意味である。観光の定義は，「興味や娯楽目的で，ある場所を訪れること」なので，**ウ**の「タイで古い寺院を訪れること」が当てはまる。他の選択肢の意味 ア「フランスで国際会議に出席すること」，イ「ドイツに留学すること」，エ「ブラジルで世界のスポーツの祭典に参加すること」

問２　整序

下線部(2)の日本語の意味「これと似た物を見つけるのはとても難しい」

正しく並べ替えた英文　[It’s too difficult to find one like this].

２番目にくる語 **too**, ６番目にくる語 **one**

＜ It is ～ to... ＞「…することは～だ」の構文になり，副詞 too「とても，あまりに～過ぎる」は形容詞 difficult の前にくる。one は名詞の繰り返しを避ける場合に用いる代名詞で，直前の文の dress を指している。like は前置詞で「～のような，～に似た」という意味。

問３　和訳

下線部(3) you don’t have much time, so you can’t do everything you want in a few days の日本語訳。

正解例　**あなたにはあまり(多くの)時間がない。だから，数日でやりたいことのすべてができるというわけではない(。)**

you don’t have much time は「あなた(に)はあまり(多くの)時間がない」とする。その後の接続詞 so「だから，それで」につながる文は，否定文に every で始まる語があるので，「すべてが～というわけではない」と部分否定の意味になる。everything の後は関係代名詞の目的格 that が省略された形で，you want 以下は前の everything を修飾する形容詞節である。in a few days は「数日［２，３日］で」となる。

（比較）　完全否定　I don’t know anything about him.「私は彼について何も知らない。」

部分否定　I don’t know everything about him.「私は彼についてすべてのことを知っているわけではない。」

問４　適語選択

空所４を含む文は，「あのスカートは自分のような若い女性には似合わないので，スーザンおばさんに買ってあげる」というジャニスの発言を受けたもの。バートン夫人はその後で「彼女[スーザンおばさん]はまだ 28 歳よ。」と言っていることから，この時のバートン夫人の気持ちとしては「まだ 28 歳のおばさんを若い女性として扱わないのは，少し失礼だ」と判断することができる。したがって，空所４に入る語は**ウ**が最も適切である。impolite「失礼な」は polite「丁寧な，礼儀正しい」の反意語である。

問５　心情把握

下線部(5)は「あの(良さそうなダークブラウンの)スカートを買わないで，立ち去ることはできない。」という意味。これは，「買わないともったいない，買わないわけにはいかない」という気持ちから出た言葉なので，**イ**が最も適切。なお，この下線部(5)のような否定語が２つある文は＜二重否定の文＞といい，肯定の内容を表す。

（例）　I never eat breakfast without reading a newspaper.「私は新聞を読まないで朝食を取ることはない。」

＝ When I eat breakfast, I always read a newspaper.「朝食を取る時は，私はいつも新聞を読む。」

問６　適語選択

下線部(6)の somewhere「どこかへ」の具体的な内容は，その直後の I’m thirsty and starving. を手掛かりにする。thirsty は「のどが渇いた」，starving は hungry よりももっと大げさな表現で，「ものすごく空腹だ」という意味になる。よって，**イ**の「レストラン」が最も適切。なお，starve は動詞で「餓死する，飢える」という意味で，starve to death「餓死する」という表現もある。

問７　英文解釈

下線部(7)の My feet are killing me. は，日常会話において使われる表現で，「(歩き過ぎて) 足が棒になる[痛い]」という意味である。文脈から判断して答えを選ぶ場合は，killing me といったやや大げさな語句に惑わされないようにしたい。よって，**ア**の「私は足にとても痛みを感じる。」が最も適切。他の選択肢の意味 イ「私が歩いてそこに行くのに長時間かかる。」，ウ「私の(両)足はだれかに強く蹴《け》られた。」，エ「私は両足を骨折して死にそうだ。」

問８　適文選択

直前の I’m very tired「私はとても疲れた」から判断すると，空所８に入る文は**エ**「私は先にホテルに戻る。」が最も適切。他の選択肢の意味 ア「私はすぐにシアトルに戻る。」，イ「私はあなたの代わりに，５番街にある全てのブティックに行く。」，ウ「私も５番街に行く。」

問９　内容真偽

各英文の意味と本文の内容と一致する[しない]点は次の通り。

ア.「ジャニスはアメリカのシアトル出身で，ニューヨークの大学に通っている。」

本文の冒頭文に，「ジャニスはシアトルの大学生だ。」と書かれているので，本文の内容と一致しない。

イ.「スーザンはバートン夫人とジャニスと一緒にマリアホテルに滞在している。」

本文の冒頭文に，「スーザンはニューヨークに住んでいて，マンハッタンのマリアホテルで働いている」とあるので，本文の内容と一致しない。

ウ.「バートン夫人は自分の娘を連れずにミュージカルを見に行く予定だ。」

対話文中に,「会話の翌日，ジャニスはおばのスーザンとスタテン島に行く予定であり，バートン夫人は二人と別行動でミュージカルの劇場に行く」とあり，本文の内容と一致する。

エ.「最終的に，ジャニスは自分のおばにダークブラウンのスカートを買うことにした。」

対話文中のジャニスの発言に,「自分用に買うのと同じ(赤い)スカートをおばさんに買ってあげる」とあり，本文の内容と一致しない。

オ.「バートン夫人はスタテン島を訪れたいと思っている，なぜなら，彼女は１度もそこへ行ったことがないからだ。」

対話文中のバートン夫人の発言に,「私はそこ[スタテン島]へ１度行ったことがある」とあるので,本文の内容と一致しない。

カ.「ジャニスの意見では，スーザンは実際の年齢よりも上に見えるということだ。」

対話文中のジャニスの発言に,「おばさんには大人の雰囲気があるので，実年齢よりずっと上に見える」とあるので，本文の内容と一致する。なお，カの後半部分 Susan looks older than she really is の than 以下は,for one's age「年齢の割に」を使って，Susan looks old for her age. と書き換えることができる。

【２】 長文読解問題１(物語文)

[出典]

"*The Wrong Bag*" *A. G Eyre*

問題作成上，やむを得ない事情から，一部改変，省略した箇所がある。

[全訳]

マーク・スタントンはイギリス人の若者だった。彼はイギリスにある船会社のロンドン事務所で働いていた。その事務所の所長はブランド氏で，彼はマークのおじであった。奇妙なことに，マークは自分のおじと親しく話すことはなかった。

ある日，マークはブランド氏に所長室へ来るように言われた。マークは部屋のドアの所まで来て，ドアをノックした。

「入りたまえ，スタントン。」とブランド氏は言った。マークはブランド氏の妹の息子であったが，職場では，ブランド氏は彼をけっして「マーク」とは呼ばなかった。マークが部屋に入ると，ブランド氏は「ここに座れ。君は今朝また遅刻したな。君に伝えることがあるんだ。」と言った。

マークはブランド氏の前に座った。彼は職場では勤勉な所員ではなかった。彼はいつも仕事をしないで時計を眺めていた。夕方，事務所が終業すると，彼は真っ先に事務所を出て行った。彼はガールフレンドと一緒に酒を飲んだり，踊ったりすることしか興味がなかった。彼はいつも酒を飲み過ぎて，ガールフレンドのために大金を使った。

彼の所属する課に新人の女性所員がいた。彼女の名前はモニカ・ウィンスキーといった。彼女は人見知りする性格であったが，とてもきれいな女性だった。マークはいつか彼女とデートをしたいと思っていた。彼女は現在，住むアパートがなかったので，ここ数日は友達の家に泊まっていた。

「よく聞くんだ，スタントン。」とブランド氏は言った。「隣の部屋のドアの内側にスーツケースがある。それはウィンスキーさんの机のそばだ。そのスーツケースの中には新種の船に関するたくさんの重要書類が入っている。君はなるべく早く，それをパリ事務所に持って行くんだ。その書類はフランス政府との取引の際に必要なものだ。スーツケースは今，カギがかかっているが，ダイヤル番号248で開けることができる。至急ヴィクトリア駅へ向かってくれ！午前10時発のパリ行きの列車に乗るんだ。」

「なぜ，飛行機でパリに行けないんですか。そちらの方が早く着きますよ。僕は今夜，ガールフレンドのヘレンと一緒にサボイホテルでのダンスパーティーに行く予定があるんです。」とマークが言った。「今日はパリ行きの飛行機はすべて満席でチケットの予約が取れなかったんだ。」とブランド氏が答えた。

「パリに行く人は他にだれかいないんですか。今夜ガールフレンドとデートの約束があるのに，僕をパリに行かせるなんてあんまりですよ。」とマークが言った。

「いいか，スタントン。」とブランド氏は怒《ど》鳴《な》った。「私は君の母親を喜ばせようと，君に仕事のチャンスを与えたんだ。もし，君が今日の午後，スーツケースを持ってパリへ行かなければ，我々の会社はもうこれ以上君をここに置いとかないぞ。さっさと社用車を運転して駅へ急ぐんだ！」

マークは仕方なく隣の部屋に行き，モニカの机の近くに置いてあるスーツケースを手に持った。彼がヴィクトリア駅へ向かって事務所を出る時，モニカはマークに何かを伝えようとした。それは彼女にとっては手遅れだった。駅へ行く途中で，何度も事務所から電話の着信があったが，彼はあまりに急いでいたので，電話に出られなかった。おまけに，彼は車から出る時，愚かなことに携帯電話を置き忘れてしまい，それでもはや，携帯電話で通話はできなかった。

ヴィクトリア駅に着いて，マークは列車に乗り，窓側の席に座った。彼の正面の席にはまだだれも座っていなかったので，そこにスーツケースを置いた。ある男女が彼の席の近くに来た時，マークとスーツケースを見て，「私たちはある男性から座席を取っておくように頼まれているんです。座席の荷物をどかして下さい。」と言った。その後，その男女はマークの後ろの席に座った。

しかしながら，その男の人は現れなかった。列車が出発した時，マークは静かに笑い，「これで気兼ねなく寝られるぞ。スーツケースは前の席に置けるし，おまけに人と違って脚もない。だから，脚を伸ばすには十分なスペースがある。」と思った。

まもなく，車掌が乗客の切符を調べるために車両を通ってやって来た。車掌はマークの席のそばに来て，「それはだれのスーツケースですか。」と言った。

「僕は知りません。きっと，だれかが食堂車で食事を取るために置いたままにしているんだと思います。」とマークが答えた。なぜ彼はうそをついたのか？ その理由は，列車が走行中は原則として，乗客は座席に荷物を置くことを禁止されているからだ。

幸い，車掌はスーツケースについてそれ以上訊《き》かないで去って行った。マークはすぐに眠りに入った。

およそ2時間半後，列車はパリ北駅に着いた。マークは目を覚ました。警察官と税関職員が彼の席の近くに立っていた。

「もしあれがだれのスーツケースかわからなければ，処分しなければいけないですね。」

と警察官は税関職員に言った。マークはこの言葉を聞いて,「ああ,それは僕のスーツケースです。仕事でパリまで持って行くところです。」と言った。

「それは本当ですか。どうやってそのスーツケースがあなたのものであることを証明できますか。私はあなたのおっしゃることが信じられませんが。」と税関職員は言った。

警察官はマークの方を見て,「誠に気の毒だが,私に同行してもらう。」と言った。

マークは警察官の後について駅の一室に入っていった。その部屋の中で,警察官は彼に多くの質問をして,「スタントンさん,直ちにスーツケースを開けなさい。」と言った。そこで彼は,ブランド氏から教えられたダイヤル番号で開けようとしたが,開けることができなかった。カギ自体が壊れているのではないかと思った。「お巡りさん,ドライバーを貸していただけないでしょうか。」とマークは言った。警察官はマイクの顔を不審そうに見て,しばらくどうしたらよいか思案した。そして,マークにドライバーを手渡した。スーツケースのカギを壊して開けると,マークは中に女性ものの衣服や化粧品が入っているのを見て,ショックを受けた。さらに,衣服の中に1通の封筒があるのを見つけた。封筒の中には1枚の手紙があり,そこには次のように書かれてあった。

大好きなモニカへ

昨夜はよく眠れましたか。今日は早く家を出なければならなかったので,あなたに置き手紙をしました。昨日,あなたはブランドさんの事務所で働いていると私に言いましたね。その事務所には,マーク・スタントンという若い男性がいるでしょ?私は彼の良くない行動について聞きました。彼は真面目に働かないくせに,たくさんの女性とお酒を飲んだり,踊ったりすることが好きなんです。あなたは彼のことを信用してはいけないと思います。なぜって,彼は本当のことを言わないからです。彼に対しては用心するべきだとあなたに忠告しておきます。

あなたの大親友のヘレンより

マークは二重にショックを受けた。

問1　整序

下線部(1)の日本語の意味

「マークはブランド氏に所長室へ来るように言われた。」

正しく並べ替えた英文 [Mark was told to come to the manager's room] by Mr. Brand.

正解　**Aキ　Bオ**

「人が…するように言われる」は ＜tell 人 to ... ＞の受け身の形である＜人 is told to ... ＞で表す。

下線部(4)の日本語の意味

「君はなるべく早く,それをパリ事務所に持って行かなければならない。」

正しく並べ替えた英文　You [must take it to our Paris office as soon as possible].

正解　**Aイ　Bア**

主語 You の後は助動詞 must「～しなければならない」が来て,その後は＜ take 人[物] to 場所＞「人[物]を場所へ連れて[持って]行く」の語順になる。「できるだけ[なるべく]～」は as ～ as possible となる。

問2　同内容語句(適語補充)

下線部(2)は「ブランド氏の姉[妹]の息子」という意味なので,空所に当てはまる,n で始まる語は **nephew**「甥《おい》」である。niece「姪《めい》」と区別して覚えておきたい。

(例)　Tomoko is my brother's daughter, that is, she is my niece.「友子は私の兄の娘です,つまり,彼女は私の姪です。」

問３　書き換え（適語補充）

下線部(3)の日本語の意味

「職場[事務所内]では，ブランド氏は彼をけっして『マーク』とは呼ばなかった」

書き換えた英文の意味

「職場[事務所内]では，ブランド氏は彼をいつも名字で呼んだ」

本文中でも，ブランド氏は first name「名前」の Mark と呼ばずに，名字の Stanton と呼んでいることから，family name「名字」の **family** が空所に当てはまる。

下線部(8)の日本語の意味

「あれがだれのスーツケースなのかわからなければ」

書き換えた英文の意味

「あのスーツケースの持ち主を見つけることができなければ」

空所に当てはまる語は，動詞 own「所有する」の派生語である，「所有する人，持ち主」という意味の **owner** になる。

問４　語（句）同内容選択

下線部①の diligent は「勤勉な，仕事熱心な」という意味。これと同じ内容の語は**ウ**の hardworking である。他の選択肢の意味 ア「賢明な」，イ「有能な」，エ「役に立たない」

下線部②の department は「部[課]」という意味。これと同じ内容の語は**エ**の section である。他の選択肢の意味 ア「地域」，イ「団体」，ウ「店」

下線部③の book は「予約する」という意味の動詞。これと同じ内容の語は**ア**の reserve である。他の選択肢の意味 イ「写す」，ウ「売る」，エ「取り消す」

下線部④の behavior は「行動」という意味。これと同じ内容の語は**ウ**の action である。他の選択肢の意味 ア「考え」，イ「顔つき」，エ「技能」

下線部⑤の watch out for ～は「～に気をつける」という意味。これと同じ内容の語句は**イ**の be careful of である。他の選択肢の意味 ア「～に夢中だ」，ウ「～に申し訳ない」，エ「～に有用だ」

問５　和訳

下線部(5) It's unfair to send me to Paris though I have a date with my girlfriend tonight の日本語訳。

正解例　**今夜，私がガールフレンドとのデートがあるにもかかわらず，私をパリへ送ることは不公平だ(。)**

＜ It is ～ to... ＞「…することは～だ」の構文になる。unfair は「不公平だ，不当だ，ひどい」等とする。though は逆接の接続詞で「～にもかかわらず」，「～であるけれども」等とする。have a date with ～は「～とのデート（の約束）がある」という意味。

下線部(7) The suitcase can be on the seat in front of mine and unlike a man, it has no legs, so there is a lot of room for my legs. の日本語訳。

正解例　**スーツケースは私の（席の）前の席に置けるし，スーツケースは人と違って脚がない。だから，自分の脚を伸ばすためのいっぱいの余地[空間]がある。**

文中の it は前の The suitcase「（その）スーツケース」を指している。in front of ～は「～の前[正面]に」という意味。unlike ～は「～と違って」という意味で，like ～「～と同様に」の反対の意味。この man は「人，人間」と訳す。room は不可算名詞で，「余地，空間，スペース」という意味になる。

（例）　Please make room for a lot of passengers to be seated in the train.「列車内では多くの人がお座りになるために，席を詰め合うようにお願いします。」

(make room for～「～に場所を空ける」)

問6　内容把握(不適切文選択)

下線部(6)のモニカがマークに伝えようとした具体的な内容は，本文の結末(ヘレンがモニカに宛てた手紙文の内容)まで読むとはっきりする。つまり，急いでいたマークは，うっかりモニカのスーツケースを会社の重要書類が入ったスーツケースと間違えて持って行ってしまったということである。したがって，**エ**の「そのスーツケースのカギは故障しています。」のみモニカがマークに伝えようとした内容に当てはまらない。Something is wrong with ～. は「～は具合が悪い[故障している]」という意味。なお，本文中に「彼女[モニカ]は現在，住むアパートがなかったので，ここ最近は友達(その中の1人はヘレン)の家に泊まっていた。」とあるので，モニカは身の回りのものを入れたスーツケースを持って出勤していたことが推測される。

問7　心情把握

下線部(9)の直前の文「警察官はマイクの顔を不審そうに見て，しばらくどうしたらよいか思案した。」という内容から，警察官はマイクのことを疑っていながらも，スーツケースを開ける道具をマイクに手渡すことによって，真偽をはっきりさせたいという意思がうかがえる。したがって，最も適切な文は**イ**となる。アは「スーツケースの中には危険な物が入っていると確信していた」，ウは「マークの主張を信じていた」，エは「(マークを)逮捕しようと思った」という点が理由として不適切。

問8　内容説明

下線部(10)「マークは二重にショックを受けた。」の具体的な理由は，マークが事務所長のブランド氏から託された重要書類の入ったスーツケースをモニカのものと間違えて持って行ったからであり，さらにそのスーツケースの中に1通の手紙があり，それはマークの女友達のヘレンが，マークの職場の同僚でひそかに好意を持っていたモニカに宛てたもので，自分のことが悪く書かれていたからである。以上の内容を35字以上45字以内の日本語にまとめる。

正解例　**仕事で必要なスーツケースを[モニカ]のものと間違えた上に，自分が女友達の[ヘレン]に嫌われていた**(から。) 44字

問9　内容真偽

各英文の意味と本文の内容と一致する[しない]点は次の通り。

ア.「ある日，ブランド氏はマークを自宅に呼んだ。このことの主な目的は，マークに二度と仕事に遅れないように注意することだった。」

本文中に，ブランド氏がマークの仕事の遅刻を注意する発言があるが，マークを自室へ呼んだ主な目的は，マークに会社の重要書類をパリ事務所に持って行くように伝えることなので，本文の内容と一致しない。

イ.「モニカはブランド氏の事務所の美人女性従業員で，マークとは何度もデートをした。」

前半部分は本文の内容と一致するが，後半部分が本文と一致しない。本文では，マークにはモニカとデートをしたいという願望はあるが，まだ1度もしたことがないと読み取れる。

ウ.「ブランド氏はマークに重要な仕事を与えた，それは彼の妹に自分の息子の自慢をさせたいという理由からであった。」

マークに重要な仕事を命じた際に，ブランド氏の発言の中に「君の母親[ブランド氏の妹]を喜ばせる[満足させる]ために」とあり，本文の内容と一致する。本文中の

動詞 please ～は「～を喜ばせる，満足させる」という意味。be proud of ～ で「～を誇りに思う，～を自慢する」という意味になる。

（例） The referee is proud of being fair to all the players.「その審判はすべての選手に対して公平であることを誇りに思っている。」

エ.「ブランド氏がマークに列車でパリに行くように言った時，マークは飛行機で行きたいと主張した。」

マークの発言の中に，「なぜ(私は)飛行機でパリに行けないんですか。そちらの方が早く着きますよ。」とあり，本文の内容と一致する。insist on ～ ing で「～することを主張する」という意味になる。

（例） She insisted on attending the meeting strongly.「彼女はその会議に出たいと強く主張した。」

オ.「マークはスーツケースを自分の席の前の席に置くことができなかった，なぜなら，列車の車掌が彼にそうしないように言ったからだ。」

本文では，マークはスーツケースを自分の前の席に置いて，ゆったりと脚を伸ばして眠ったという内容が書かれているので，本文の内容と一致しない。また，車掌がマークの前の席に置かれているスーツケースがだれのものかをマークに尋ねたことは書かれているが，置かないように注意した，という記述はない。

カ.「列車がパリの駅に着いた時，警察官と税関職員はマークの座席の近くに来た。彼らはマークに乗客が座席の上に自分の荷物を置くことは法に反することだと言った。」

最初の文は本文の内容と一致するが，後の文については，警察官と税関職員はマークにそのようなことは言っていないので，本文の内容と一致しない。文中の against は，「～に反(対)して」という意味の前置詞。

（例） I'm <u>against</u> your opinion.

「私はあなたの意見に<u>反対</u>です。」

⇔ I'm <u>for</u> your opinion.

「私はあなたの意見に<u>賛成</u>です。」

キ.「マークはスーツケースを開けることができなかった，なぜなら，スーツケースのダイヤル番号を忘れたからだ。」

マークがスーツケースを開けることができなかった理由は，間違ったスーツケースを持って行ってしまったからで，本文中にも「ブランド氏から教えられたダイヤル番号でそれ[スーツケース]を開けようとした」とあり，ダイヤル番号を忘れたわけではないので，本文の内容と一致しない。

ク.「スーツケースの中には，衣服や化粧品，それに1通の手紙が入っていた。その手紙はヘレンが書いたもので，その中には，マークが信用に値しない人物であることが書かれていた。」

最初の文は本文の内容と一致する。本文中のヘレンがモニカに宛てた手紙文にも「あなたは彼[マーク]のことを信用してはいけない」とあるので，後の文の内容も本文の内容と一致する。

【3】 長文読解問題2（伝記文）

［出典］

"An Autobiography" Lee Iacocca

問題作成上，やむを得ない事情から，一部改変，省略した箇所がある。

［全訳］

私の父，ニコラ・アイアコッカは1902年に12歳でイタリアから出航し，このアメリカに到着した——貧しくて，1人ぼっちで，びくびくしていた。彼は，この地に着いたときに確信した唯一のことは地球が丸いということだったとよく語ったものだった。そしてそれは，クリストファー・コロンブスというもう1人のイタリア人少年が考えたことと全く同じだった。

船がニューヨーク港に入るとき，父が窓の外を見ると，何百万人もの移民にとって大きな希望の象徴である自由の女神が見えた。2度目の渡航で再びその像を見たとき，彼はアメリカの新しい市民になっていた——同行者は母親と若い妻アントワネットだけだったが，近くには‘希望’も立っていた。ニコラとアントワネットにとってアメリカは自由——なりたいものには何にでもなれる自由——の国だった。それを心から望み，それを求めようと厭《いと》わず努力する限りにおいて。

これは父が家族に与えた唯一の教訓だった。私も自分の家族にその教訓を与えてきたつもりだ。私がペンシルベニア州アレンタウンで育ったとき，私たちの家族はとても親密であり，まるで4つの部分からなる1人の人間のようだった。

私の父はいろいろなことで忙しかったようだが，いつも私たちのために時間を割いてくれた。母は手間暇かけて私たちの大好物を作ってくれた——ただ私たちを喜ばせるために。今日に至るまで，私が行くと必ず母は私のお気に入りの2つの料理——小さな子牛のミートボールが入ったチキンスープとリコッタチーズを詰めたラビオリ——を作ってくれる。世界中のナポリ料理の達人の中でも母は間違いなく最高レベルの1人である。

父と私はとても仲が良かった。私は父を喜ばせることが大好きで，私が何かを達成すると父はいつもそれをとても誇らしく思ってくれた。私が学校で綴《つづ》りのコンテストに優勝したときも，彼は有頂天になった。その後の人生で私が昇進を果たすたびに，私はすぐに父に電話をかけ，彼は彼で友人全員にそのニュースをすぐに伝えたものだった。フォード社で私が新車を出すたび，彼はまっ先に運転したがった。1970年，私がフォード自動車会社の社長に任命されたときには，どちらが興奮していたかわからないほどだった。

多くの生粋《きっすい》のイタリア人同様，父は自分の感情と愛情を率直に表す人だった——自宅だけでなく，人前でも。そしてその点では私も同類だ。私の友人たちの多くは決して父親を抱きしめることをしない。その理由は，自立した強い人間に見えないことを恐れるからだと思う。しかし，私は事あるごとに父を抱きしめ，キスをした。

父は始終動き回っている独創的な人物で，いつも新しいことに挑戦した。ある時などイチジクの木を何本か購入し，アレンタウンの過酷な気候の中でそれらを育てる方法を実際に見つけたりもした。彼はまた，町で最初のオートバイ——中古のハーレー・ダビッドソン——購入者になり，小さなわが街の未舗装道路を走り回っていた。残念なことに，父とそのオートバイはあまり相性が良くなかった。彼がそこから転落するようなことがたびたびあり，彼はついにそれを手放した。その結果，彼はタイヤが4つついていないどんな乗り物も信頼することは二度となかった。

そのひどいオートバイのせいで，私は育ちざかりのころ，自転車を持つことを許されなかった。自転車に乗りたいときはいつも友達から借りなければならなかった。一方で，父は私が16歳になるとすぐに，車の運転を許してくれた。このため，私はアレンタウンでただ1人，三輪車から直接フォードに進んだ子供ということになった。

問１　文脈把握・適語選択

1．正解は**イ**。筆者の父親がイタリアからアメリカに渡航したときの地球に対する印象としては，直後に，「クリストファー・コロンブスというもう１人のイタリア人少年が考えたことと全く同じ」とあることから，round「丸い」とするのが適切である。

2．正解は**ウ**。空所２を含む段落の第１文で，筆者は，ニューヨーク港の自由の女神のことを「何百万人もの移民にとって大きな希望の象徴」と表現している。したがって，２度目の渡航時，ニューヨーク港で自由の女神を見たとき，筆者の父親の傍《かたわ》らにあったものとしては，自由の女神に象徴されるhope「希望」がふさわしい。

問２　語句整序

正解はAが**オ**，Bが**ア**。

正しく並べ替えた英語：the freedom [to become anything you wanted to be]

①　the freedom「自由」を修飾する形として形容詞的用法のto不定詞を用いて，the freedom to become anythingと表す。

②　先行詞anythingを形容詞節「あなたがなりたい」が修飾する形にする。関係代名詞thatを使えば，anything that you wanted to beとなるが，関係代名詞の後にS＋Vがくるとき，その関係代名詞は省略することができ，本問では省略する。

問３　文脈把握

正解は**family**。直前にThis was the single lesson my father gave to his family.「これ[＝アメリカには努力さえすればなりたいものには何にでもなれる自由があること]は父が家族に与えた唯一の教訓だった」とある(lessonの後に関係代名詞が省略されている)。I hope I have done as well with my own.は，as wellが「…も同様に」，withが「(感情・態度の対象を導いて)…に対して」，ownが代名詞で「自分のもの」の意なので，「私は自分のものに対しても同様のことをしてきた，と思う」という意味になる。ここで言う「自分のもの」とは，前文に照らせば「自分の家族」を意味することがわかり，my own＝my own familyとなる。なお，筆者から見た「自分の家族」とは「自分の子供」を指す。

＜参考＞　ownには様々な品詞と意味がある。

①　動詞として，「…を所有する」の意(owner「所有者」はこのownの「人」を表す形。【２】の問３(8)参照)。

（例）　She *owns* two shops.「彼女は店を２軒所有している」

②　形容詞として「…自身の」の意(所有格の後ろに置かれ，その意味を強めるはたらきをする)。

（例）　Many Americans go to work in their *own* cars.「多くのアメリカ人は自家用車で職場に通う」

③　代名詞として，「自分のもの」の意(所有格の後ろに置かれる)。

（例）　We can buy pasta at the convenience store, but she wants to make her *own*.「私たちはコンビニでパスタを買えるが，彼女は自分のを作りたいと言っている」

問４　文脈把握・適語補充

正解は**favorite**。直前にMy mother went out of her way to cook the foods we loved「母は手間暇かけて私たちの大好物を作ってくれた」という文がある(go out of one's way to ... で「わざわざ…する」。また，the foodsの後に関係代名詞が省略されている)。したがって，ここは「私のお気に入りの２つの料理」

となるように，favorite[favourite]「お気に入りの；一番好きな」を入れる。

問５　英文解釈・心情把握

正解は**エ**。この段落は，父親が息子である筆者の活躍を喜ぶ様子が描かれている。下線部(5)は，筆者が，フォード自動車会社の社長に自分が任命されたときのことを回顧して，「私たちのどちらが，より興奮していたかわからない」と述べたものである。社長に任命された当人が一番興奮しているのが当然の話であるが，それを敢えて「どちらが，より興奮していたかわからない」と述べているのは，当人と同じくらい父親も興奮していた，ということを伝えたいからである。したがって，これと同じ内容を表すのは，エ「父は私と同じくらい興奮していた」である。 他の選択肢の意味：ア「私は父がどれほど興奮していたか知らない」，イ「私はどのニュースが父を興奮させたのか知らない」，ウ「父は私ほど興奮していなかった」

問６　文整序

正解は，**ウ→ア→イ**。

ア，イ，ウの意味を以下に示す。

ア 「その理由は，自立した強い人間に見えないことを恐れるからだと思う」

イ 「しかし，私は事あるごとに父を抱きしめ，キスをした」

ウ 「私の友人たちの多くは決して父親を抱きしめることをしない」

まず，内容面から考えていく。直前の２文に「父は自分の感情と愛情を率直に表す人だった…その点では私も同類だ」とある。したがって，空所７には，「私」［＝筆者］も自分の感情と愛情を率直に表す人間であることを述べるように文を並べていけばよい。次に，話を展開する上でキーワードになる語に注意を払う。アの the reason はウで述べられていることの「理由」と考えられるので，ウ→アの順になると判断することができる。また，イの But はこの前後に互いに対立する内容がくることを示しており，ウとイがそれらに該当する。そして，その２つの間にアが入ると考えられる。以上から，ウ→ア→イの順に決まる。

問７　適語句選択

正解は 8-a が**イ**，8-b が**ウ**。

8-a. 直後に「父とそのオートバイはあまり相性が良くなかった」とある(get along well (with...)「(…と)仲よくやっていく；相性が良い」という意味)。これは望ましくない状況を表しているので，イの Unfortunately「残念なことに；不幸にも」を入れるのが適切である。

8-b. 直前で，筆者の父親はオートバイからたびたび転落したので，ついにそれを手放したことが述べられている。空所 8-b の後の「彼はタイヤが４つついていないどんな乗り物も信頼することは二度となかった」は，オートバイを嫌悪する感情を父親が持った結果生じた事態と考えることができるので，ウの As a result「その結果」を入れる。他の選択肢の意味：ア「面白いことに」，エ「最初」

問８　文脈把握・適語選択

正解は**エ**。

まず，人が子供から大人になる過程で使用する乗り物は，成長段階に合わせて tricycle「三輪車」→ bicycle「自転車」→ motorcycle「オートバイ」→ car「車」という順になることを押さえておく。次に，父親は自分がオートバイに懲りたため，二輪車である自転車とオートバイを息子に使わせず，そのため息子の乗り物は，自転車とオートバイを省いて，「三輪車」から「車」へ直接進んだ，という内容になると予想する。正解はエ。文意は次のとおりである。「そのひどい(9-a. オートバイ)のせいで，私は育ちざかりの頃，(9-b. 自転車)を持つことを許されなかった。(9-b. 自転車)に乗りたいときはいつも友達から借りなければならなかった。一方で，父は，私が16歳になるとすぐに，(9-c. 車)の運転を許してくれた。このため，私はアレンタウンでただ1人，(9-d. 三輪車)から直接フォードに進んだ子供ということになった」

なお，この段落における語句の意味は次のとおり。because of ...「…のせいで」，allow O to -「Oに－することを許す」(be allowed to -はその受け身形)，on the other hand「一方で」，let O -「Oに－することを許す」(使役動詞構文)，turn ...「…歳になる」This ... the only kid は This(S) made(V) me(O) the only kid(C)の第5文型。

問9　内容真偽

正解は**オ**。

ア.「筆者の父親は20世紀にイタリアで生まれた」

第1段落第1文に「1902年に12歳でイタリアから出航し」とあることから，生まれた年は1890年とわかり，これは19世紀であることから，本文の内容と一致しない。

イ.「筆者の父親は若いとき二度大西洋を渡ったが，両方の航海において彼は，貧しくて，1人ぼっちで，びくびくしていた」

第2段落に，2回目の航海のときは同行者がいた，とあることから，本文の内容と一致しない。

ウ.「筆者がアレンタウンで育ったころ，家族はお互いに仲が悪く，一家は4つに分離していた」

be on bad terms with ...「…と仲が悪い」，be separated into ...「…に分離している」

第3段落最終文に our family was so close that it sometimes felt as if we were one person with four parts「私たちの家族はとても親密であり，まるで4つの部分からなる1人の人間のようだった」とあるので，本文の内容と一致しない。なお，< as if S＋V >は「まるで，～が…であるかのように」という意味。we were one person with four parts「4つの部分からなる1人の人間」は4人の家族の結束が固いことを表す。

エ.「筆者は学校で綴りのコンテストに優勝し，父親も学校で綴りのコンテストでクラスのトップになったことがあった」

第5段落参照。When I won a spelling contest at school, he was on top of the world. は「私が学校で綴りのコンテストに優勝したときも，彼は有頂天になった」という意味なので，本文の内容と一致しない。on top of the world は「有頂天になって；意気揚々として」という意味であることを文脈から推測する。

オ.「ハーレー・ダビッドソンで苦い経験をした後，筆者の父親が唯一信頼できる乗り物は車だった」

第7段落最終文の he never again trusted any vehicle with less than four wheels は「彼はタイヤが4つついていないどんな乗り物も信頼することは二度となかった」という意味。タイヤが4つついていないどんな乗り物も信頼しない，とは車しか信頼しないことを意味する。したがって，本文の内容と一致する。なお，bitter は「苦い」，less than ... は「…より少ない」という意味。

【4】 連立完成問題

1．上の英文　Soccer is (A. less) attractive to me than baseball.「サッカーは私にとって野球より魅力を感じるものではない。」

下の英文　I'm more (B. interested) in baseball than soccer.

「私はサッカーより野球の方に興味がある。」

まず，上の英文では soccer が主語で，than の後が baseball になっていることに着目する。さらに，下の英文では優勢比較の more があり，than の直後が soccer と上の英文と異なっていることに着目する。したがって，上の英文は否定の意味を表す劣勢比較 less「A は B ほど～でない」を用いた文になると判断できる。空所 A には**エ**の less が入る。下の英文の空所 B には，**イ**の interested「興味がある」が入ると判断できる。

2．上の英文　It isn't easy for even a good actor to cause the (A. audience) to have feelings of admiration.

「(演技の) 上手な俳優でさえも，観客を称賛の気持ちにさせることは簡単ではない。」

下の英文　Even a good actor can't easily (B. move) the people watching or listening to his performance.

「(演技の) 上手な俳優でさえも，簡単には自分の演技を見たり聴いたりする人々を感動させることはできない。」

まず，上の英文の空所 A に入る語は，下の英文の the people watching or listening to his performance「彼 [上手な俳優] の演技を見たり聴いたりする人々」に当たる**ア**の集合名詞 audience「観客，聴衆」が適切。

< cause 人 to 不定詞>は，「人が～するように (誘導) する，人に～させる」という意味，admiration「称賛」は動詞 admire「称賛する」の名詞形である。

下の英文の空所 B に入る語は，上の英文の cause ～ to have feelings of admiration「～に称賛の気持ちを持たせる」から，**カ**の move「(人の) 心を動かす，感動させる」が適切。

(例)　I was *moved* to tears to watch the movie.「私はその映画を見て，感動して涙を流した。」

3．上の英文　Humans can travel to the moon (A. thanks) to a spacecraft.

「宇宙船のおかげで，人類は月旅行をすることができる。」

下の英文　A spacecraft makes (B. it) possible for humans to travel to the moon.「宇宙船は，人類が月旅行をすることを可能にする。」

上の英文の空所 A に入る語は，thanks to ～「～のおかげで」という形から**コ**の thanks になると判断できる。この thanks to と同じような意味の熟語には，due [owing] to ～「～のせいで，～が原因で」がある。

(例)　The baseball team lost the final game due to Jackson's error.「その野球チームはジャクソンのエラーのせいで決勝戦に敗れた。」

下の英文は，< make ＋ O ＋ C >「O を C にする」の第 5 文型の文であるが，C 部分は形容詞 possible「可能な」で，O 部分は，真の目的語である不定詞 to travel ... になる。したがって，空所 B には，仮 [形式] 目的語の it が入るので，**シ**を選ぶ。for humansは不定詞 to travel ... の意味上の主語になる。

（形式目的語 it の類例）

I found it dangerous to climb the mountain alone.「私はその山に１人で登るのは危険だとわかった。」

４．上の英文　Dr. Sawamura examines a lot of (A. patients) at the clinic in this village.「この村では，沢村医師が多くの患者を診療所で診察している。」

下の英文　A lot of sick people visit the clinic to (B. see) Dr. Sawamura in this village.「この村では，多くの病気の人々が沢村医師の診察を受けるために診療所を訪れる。」

上の英文の空所Aに入る語は，下の英文の sick people「病気の人々」を１語に置き換えた**ケ**の名詞 patients「患者(たち)」が適切。なお，形容詞 patient は「我慢[忍耐]強い」という意味になる。

（例）　Mr. Smith was patient with his students.「スミス先生は自分が担任する生徒たちに忍耐強く接した。」

下の英文の空所Bに入る語は，主語が「多くの病気の人々」なので，述語部分は「沢村医師の診察を受けるために診療所を訪れる」になると判断できるので，上の英文の examine(s)「診察する」に対する，**キ**の see「診察を受ける」が適切。

５．上の英文　Her honest attitude toward the poor children was perfect enough to (A. respect).

「貧しい子供たちに対する彼女の誠実な態度は，尊敬に値するほど十分に完璧だった。」

下の英文　Her honest attitude toward the poor children left (B. nothing) to be desired.「貧しい子供たちに対する彼女の誠実な態度は，申し分のないものだった。」

上の英文の空所Aに入る語は，perfect enough to ...「…するのに(十分)完璧だ」の後にくる動詞として最も適切な**オ**の respect「尊敬する」を選ぶ。なお，＜～ enough to ... ＞の構文に意味上の主語＜ for 人＞が入るときは，＜～ enough for 人 to ... ＞の語順になる。

（例）　This book is easy enough for young children to read.「この本は幼い子供が読むのに(十分に)易しい。」

下の英文の空所Bに入る語は，上の英文の perfect「完璧な，非の打ち所がない」から，leave nothing to be desired「申し分ない[望むべきものは何も残さない]」となり，**サ**の nothing を選ぶ。

【５】 適語選択問題

１．英文の意味　「ジャックは時間に几《き》帳面《ちょうめん》ではない。彼は時間に間に合って仕事に来たことがない。」

punctual は「時間に正確[几帳面]な」という意味の形容詞である。in time で「(時間に)間に合って」という意味になるので，空所に入る語は**ウ**が適切。なお，on time は「時間通りに，定刻に」となり，意味が異なる。

（例）　駅に午前 10 時に集合の場合

He arrived at the station at 9 : 55.

→ He arrived there in time.

He arrived at the station at 10 : 00.

→ He arrived there on time.

ア．in turn「順番に」，イ．in case「万一

の場合に」，エ．in sight「見える所に」

2．英文の意味「そのニュース速報は日本人にとって驚くべきものだったので，多くの人々がその号外を求めて街中にやって来た。」

空所に入る語は，直後の for を伴って，「求める，要望する」という意味になる**イ**の ask が適切。breaking news は「ニュース速報，臨時ニュース」という意味で，extra edition は「(新聞などの)号外」という意味。ウ．prepare for ～「～を準備する」，エ．stand for ～「～を表す」。

3．英文の意味「木原さんは子供の頃からずっと計算が得意だ。それで，彼女は現在，職場で簿記の仕事をしている。つまり，全てのお金の出納を記録している。」

2つめの文の bookkeeping は「簿記」という意味であるが，この語の具体的な定義は，;(セミコロン)の後に書かれている。つまり，「受け入れ及び払い出された全てのお金を(帳簿に)記録する」ということである。これに最も関連する語は，**イ**の calculating「計算」である。他の選択肢の意味 ア．reading「読書」，ウ．knitting「編み物」，エ．handwriting「手書き，書写」

(例)　He is good[poor] at handwriting.

「彼は字が上手[下手]だ。」

4．英文の意味「私のクラスメートのスティーブは，クラスのだれ1人知らない単語や慣用句の意味を詳細に説明することができる。みんなは彼のことを生き字引き[物知り]だと思っている。」

文中の「だれも知らない単語や慣用句の意味を説明できる」という内容から，「生き字引き→歩く辞書」となり，**ア**の dictionary「辞書」が適切。

(類例)　Some people call Clark a bookworm.

「一部の人はクラークを本の虫[読書好き]と呼んでいる。」

5．対話文の意味

A：「川田楽器店で，良いギターを見つけたよ。5万円するんだ。でも今，僕が払えるお金は3万円までなんだ。残りを貸してくれないか？月末には返すからさ。」

B：「ごめんよ，君が望んでいる半分の額しか貸せないね。」

A：「わかった。じゃあ4万円で買える別のギターにするよ。君が今，貸せるだけのお金を借りてもいい？」

B：「いいよ。月末までには返してくれよ。」

Aの発言で，5万円のギターを買うのにあと2万円足りないので，その金額をBに借りようすることを読み取る。さらに，Bの発言でAが要求する金額の半額，つまり1万円しかBはAに貸せないことを読み取る。最後のAの発言にある「君が今，貸せるだけのお金」，つまり1万円をBから借りて，自分の持っている3万円と合わせた金額のギターを買うことにしたので，そのギターは4万円であることがわかる。よって，空所に入る語は**エ**の forty が適切。なお，英語の数字は thousand「1千」と million「百万」の間の単語はないので，thousand を使って，「1万」は ten thousand，「10万」は (a) hundred thousand とする。さらに，million「百万」と billion「10億」の間の単語はないので，million を使って，「1千万」は ten million，「1億」は (a) hundred million とする。

数　学

解　答

【1】	(1)	3	(2)	$x=$　$1,\ 15$
	(3)	$-9-3\sqrt{2}$	(4)	$(x+1)^2(x-1)$

【2】	(1)	$2\sqrt{6}$	(2)	$x=$　4
	(3)	9	(4)	52　度

【3】	(1)	18	(2)	$-1-\sqrt{13}$
	(3)	$(\ -2\ ,\ 0\ )$		

【4】	(1)	$\dfrac{2\sqrt{3}\,a}{3}$	(2)	$\dfrac{\sqrt{6}\,b}{12}$
	(3)	$\dfrac{4\pi}{81}$		

【5】	(1)	81	(2)	28　通り
	(3)	17　通り		

【6】	(1)	ア	イ	(2)	81
		ABC	ACD		
	(3)	$5\sqrt{10}$			

【配点】 5点×20＝100点満点（ただし，【6】(1)は完答）

＜領域と出題＞

	領域名	設問	配点
01	計算問題	【1】	20 点
02	小問集合	【2】	20 点
03	関数（$y = ax^2$）	【3】	15 点
04	空間図形	【4】	15 点
05	場合の数	【5】	15 点
06	平面図形	【6】	15 点
合計			100 点

＜解説＞

【1】

(1) $-\dfrac{21ab}{5} \div (-14a^2bc) \times 10ac = \dfrac{21ab \times 10ac}{5 \times 14a^2bc} = \underline{3}$

(2)
$$3(2-3x)-(x-4)(3-x)=3$$
$$6-9x-(3x-x^2-12+4x)=3$$
$$6-9x-3x+x^2+12-4x-3=0$$
$$x^2-16x+15=0$$
$$(x-1)(x-15)=0$$
$$\underline{x=1,\ 15}$$

(3) $\left(\sqrt{2}-3\right)\left(5+\sqrt{18}\right)+\dfrac{4}{\sqrt{8}}$

$=\left(\sqrt{2}-3\right)\left(5+3\sqrt{2}\right)+\dfrac{4}{2\sqrt{2}}$

$=5\sqrt{2}+6-15-9\sqrt{2}+\sqrt{2}$

$=\underline{-9-3\sqrt{2}}$

(4) x^3+x^2-x-1

$=(x^3+x^2)-(x+1)$

$=x^2(x+1)-(x+1)$

$=(x+1)(x^2-1)$

$=(x+1)(x+1)(x-1)$

$=\underline{(x+1)^2(x-1)}$

【2】

(1) 点 C から直線 AB に垂線をひき直線 AB との交点を H とする。

$\angle\mathrm{HCB} = 180^\circ - (45^\circ + 90^\circ) = 45^\circ$

$\angle\mathrm{ACH} = 75^\circ - 45^\circ = 30^\circ$

$\angle\mathrm{HAC} = 180^\circ - (90^\circ + 30^\circ) = 60^\circ$

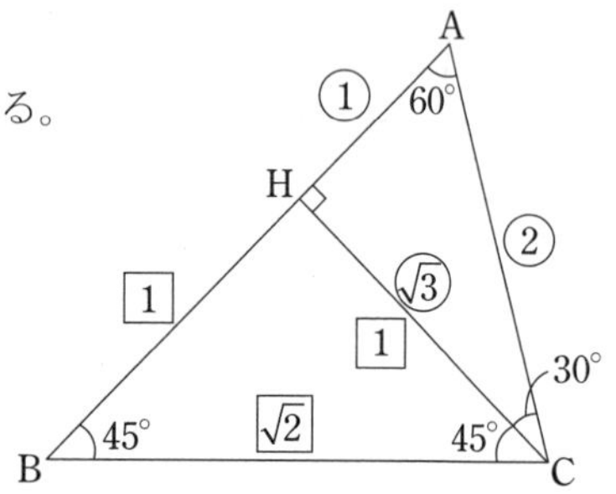

△AHC の内角は 30°，60°，90° なので

$AH : AC : CH = 1 : 2 : \sqrt{3}$

よって，$CH = AC \times \dfrac{\sqrt{3}}{2} = 4 \times \dfrac{\sqrt{3}}{2} = 2\sqrt{3}$

△HBC の内角は 45°，45°，90° なので

$BH : CH : BC = 1 : 1 : \sqrt{2}$

よって，$BC = CH \times \sqrt{2} = 2\sqrt{3} \times \sqrt{2} = \underline{2\sqrt{6}}$

(2) x 点以外を小さい順に並べると

2，3，3，3，5，6，6，7，9

9 人の合計点は，$2 + 3 + 3 + 3 + 5 + 6 + 6 + 7 + 9 = 44$(点)になる。

生徒は全員で 10 人なので，中央値は小さい順に並べたときの 5 番目と 6 番目の点数の平均値になる。x の値によって中央値が変わるため，x の値に着目して場合分けをする。

$0 \leqq x \leqq 3$ のとき 5 番目と 6 番目はそれぞれ 3 点と 5 点で，中央値は $(3 + 5) \div 2 = 4$(点)になる。10 人の平均値が中央値より 0.3 点高いことより $x = (4 + 0.3) \times 10 - 44 = -1$ となり，$0 \leqq x \leqq 3$ の条件に矛盾する。

$x = 4$ のとき，5 番目と 6 番目はそれぞれ 4 点と 5 点，中央値は $(4 + 5) \div 2 = 4.5$(点)になるから，$x = (4.5 + 0.3) \times 10 - 44 = 4$ となり，$x = 4$ の条件に矛盾しない。

$x = 5$ のとき，5 番目と 6 番目はそれぞれ 5 点と 5 点，中央値は $(5 + 5) \div 2 = 5$(点)になるから，$x = (5 + 0.3) \times 10 - 44 = 9$ となり，$x = 5$ の条件に矛盾する。

$6 \leqq x \leqq 10$ のとき，5 番目と 6 番目はそれぞれ 5 点と 6 点，中央値は $(5 + 6) \div 2 = 5.5$(点)になるから，$x = (5.5 + 0.3) \times 10 - 44 = 14$ となり，$6 \leqq x \leqq 10$ の条件に矛盾する。

よって，求める x の値は $\underline{4}$ である。

(3) $x^2 + 6x - 3 = 0$ に $x = p$，q をそれぞれ代入して変形すると

$p^2 + 6p - 3 = 0 \qquad p^2 + 6p = 3$ ……①

$q^2 + 6q - 3 = 0 \qquad q^2 + 6q = 3 \qquad 2q^2 + 12q = 6$ ……②

①，②を問題の式に代入すると

$p^2 + 6p + 2q^2 + 12q = 3 + 6 = \underline{9}$

(4) △ABC において中点連結定理より NM//AB なので，同位角が等しく ∠MNC = ∠BAC = 88°

よって，∠HNC = ∠MNC + ∠MNH = 88° + 12° = 100°

点 N は直角三角形 HAC の斜辺 AC の中点なので，3 点 H，A，C から等しい距離にあり NH = NC である。よって，△NHC は二等辺三角形であり，底角が等しい。△NHC の内角の和より，∠NCH = (180° − 100°) ÷ 2 = 40°

したがって，△ABC の内角の和より

∠ABC = 180° − (88° + 40°) = $\underline{52°}$

【3】

(1) 点Aは放物線$y=\frac{1}{2}x^2$上の点なので，$y=\frac{1}{2}x^2$にx座標の-4を代入して，

y座標は$y=\frac{1}{2}\times(-4)^2=8$　　よって，A$(-4,\ 8)$

直線lは傾きが-1でA$(-4,\ 8)$を通るから，切片をbとして，直線lの式を求める。

$y=-x+b$に$x=-4$，$y=8$を代入して，$8=-(-4)+b$

これを解いて$b=4$になる。よって，直線lの式は$y=-x+4$である。

放物線$y=\frac{1}{2}x^2$と直線$y=-x+4$の交点A，Bの座標は，これらの式を連立方程式としたときの解になるので

$$\frac{1}{2}x^2=-x+4 \qquad x^2+2x-8=0 \qquad (x+4)(x-2)=0 \qquad x=-4,\ 2$$

点Bのx座標は正なので2である。

直線lとy軸との交点をEとすると，E$(0,\ 4)$である。ここで，線分CEを△ACEと△BCEの底辺とすると，高さはそれぞれ点A，Bからy軸までの距離になる。

△ABCの面積は△ACEと△BCEの面積の和になるから

$$\begin{aligned}\triangle ABC &= \frac{1}{2}\times(10-4)\times\{0-(-4)\}+\frac{1}{2}\times(10-4)\times(2-0)\\ &=\frac{1}{2}\times 6\times(4+2)\\ &=\underline{18}\end{aligned}$$

(2) (1)と同様に，直線lとy軸との交点をEとすると

$$EC:EO=\triangle ABC:\triangle ABO=2:3$$

よって，$EO=CO\times\frac{3}{2+3}=10\times\frac{3}{5}=6$

直線lの切片が6なので，直線lの式は$y=-x+6$

放物線$y=\frac{1}{2}x^2$と直線$y=-x+6$の交点A，Bの座標は，これらの式を連立方程式としたときの解になるので

$\frac{1}{2}x^2=-x+6$　　$x^2+2x-12=0$　　解の公式を利用して

$$x=\frac{-2\pm\sqrt{2^2-4\times1\times(-12)}}{2\times1}=\frac{-2\pm\sqrt{52}}{2}=\frac{-2\pm2\sqrt{13}}{2}=-1\pm\sqrt{13}$$

点Aのx座標は負なので，点Aのx座標は$\underline{-1-\sqrt{13}}$である。

(3) 平行四辺形ADBCの対角線CDと対角線ABの交点をMとする。平行四辺形の対角線はそれぞれの中点で交わるので，点Mは対角線CDと対角線ABのそれぞれの中点になる。

点Dのx座標をdとすると，点Mのx座標は，点C，Dのx座標より$\frac{0+d}{2}=\frac{d}{2}$ ……①と表せる。

また，点A, Bのx座標をそれぞれa，bとすると，点Mのx座標は$\frac{a+b}{2}$ ……②と表せる。

点A，Bの座標が$A\left(a,\ \frac{1}{2}a^2\right)$，$B\left(b,\ \frac{1}{2}b^2\right)$，直線$l$の傾きが－1より

$$\frac{\frac{1}{2}b^2-\frac{1}{2}a^2}{b-a}=-1$$

$$\frac{b^2-a^2}{2(b-a)}=-1$$

$$\frac{(b+a)(b-a)}{2(b-a)}=-1$$

$$\frac{a+b}{2}=-1\cdots\cdots③$$

②，③より，点Mのx座標は－1とわかる。

①より，$\frac{d}{2}=-1$　　$d=-2$

よって，D(－2，0)

【4】

(1) 球面上に立方体のすべての頂点があるとき，この立方体は球に内接するという。このとき，立方体の対角線の中点と球の中心が一致しているので，立方体の対角線の長さは，球の直径と等しく$2a$である。

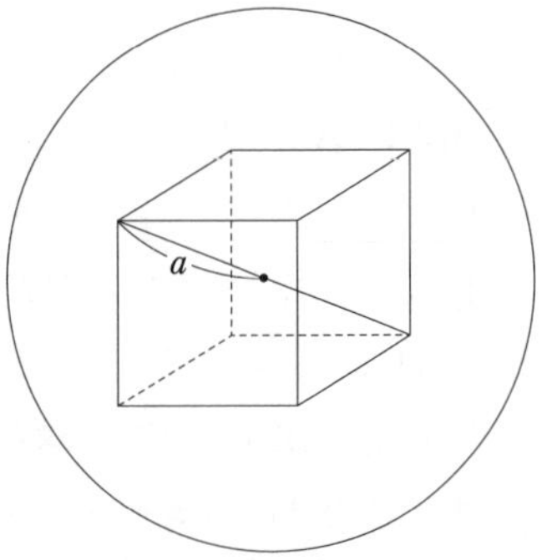

立方体の1辺の長さをxとおくと，対角線の長さ(※)は，

$\sqrt{x^2+x^2+x^2}=\sqrt{3x^2}=\sqrt{3}\,x$ ($x>0$より)

したがって，$\sqrt{3}\,x=2a$　　$x=\frac{2\sqrt{3}\,a}{3}$

よって，立方体の1辺は$\frac{2\sqrt{3}\,a}{3}$

※(直方体の対角線の長さ)$=\sqrt{(\text{たて})^2+(\text{横})^2+(\text{高さ})^2}$を利用している。

(2) 問題の正四面体の各頂点を右図のようにA，B，C，Dとし，辺CD，ABの中点をそれぞれM，Nとする。

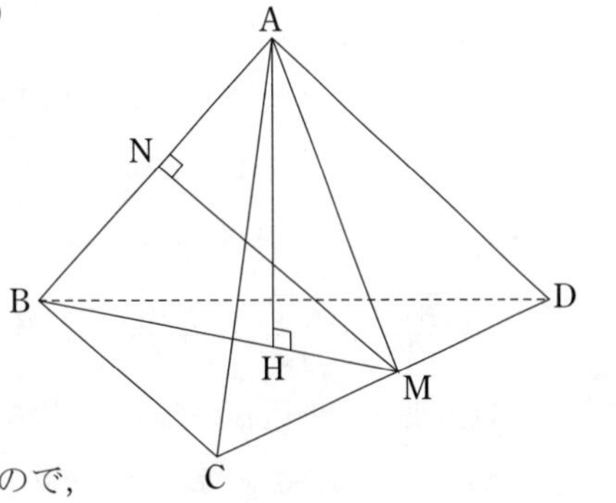

面BCDを正四面体A－BCDの底面とみると頂点Aから底面BCDにひいた垂線AHが高さになる。

線分AM，BMはどちらも1辺の長さがbの正三角形の高さになるので

$$AM=BM=b\times\frac{\sqrt{3}}{2}=\frac{\sqrt{3}\,b}{2}$$

よって，△MABはAM＝BMの二等辺三角形になるので，∠MNA＝90°である。△MNAにおいて三平方の定理より

$$MN=\sqrt{AM^2-AN^2}=\sqrt{\left(\frac{\sqrt{3}\,b}{2}\right)^2-\left(\frac{b}{2}\right)^2}=\sqrt{\frac{3b^2-b^2}{4}}=\sqrt{\frac{b^2}{2}}=\frac{\sqrt{2}\,b}{2}$$

ここで，△MAB の面積を利用して線分 AH の長さを求める。

$$\frac{1}{2}\times \mathrm{BM}\times \mathrm{AH}=\frac{1}{2}\times \mathrm{AB}\times \mathrm{MN}$$

$$\frac{1}{2}\times \frac{\sqrt{3}\,b}{2}\times \mathrm{AH}=\frac{1}{2}\times b\times \frac{\sqrt{2}\,b}{2}$$

$$\mathrm{AH}=\frac{\sqrt{2}\,b}{\sqrt{3}}=\frac{\sqrt{6}\,b}{3}$$

$\triangle \mathrm{BCD}=\frac{1}{2}\times b\times \frac{\sqrt{3}\,b}{2}=\frac{\sqrt{3}\,b^2}{4}$ より，正四面体 A－BCD の体積は

$$\frac{1}{3}\times \frac{\sqrt{3}\,b^2}{4}\times \frac{\sqrt{6}\,b}{3}=\frac{\sqrt{2}}{12}b^3$$

正四面体 A－BCD のすべての面に接する球(内接球)の中心を O とする。合同な 4 つの三角錐 O－BCD，O－ACD，O－ABD，O－ABC の体積の合計が正四面体 A－BCD の体積であり，正四面体 A－BCD の各面をそれぞれの底面としたときのそれらの三角錐の高さが内接球の半径である。よって，内接球の半径を r とすると

$$\frac{1}{3}\times \frac{\sqrt{3}\,b^2}{4}\times r\times 4=\frac{\sqrt{2}}{12}b^3$$

これを解いて，$r=\underline{\frac{\sqrt{6}\,b}{12}}$

(3) 右の図のように，半径 a の球に内接する立方体 ABCD－EFGH を考える。立方体の 4 頂点 B，D，E，G を頂点とする立体は正四面体である。また，立方体の 8 頂点はすべて球の表面上にあるので，4 頂点 B, D, E, G はすべて球の表面上にある。したがって，正四面体 BDEG はこの球に内接している。このとき，半径 a の球に内接する立方体の 1 辺の長さは，

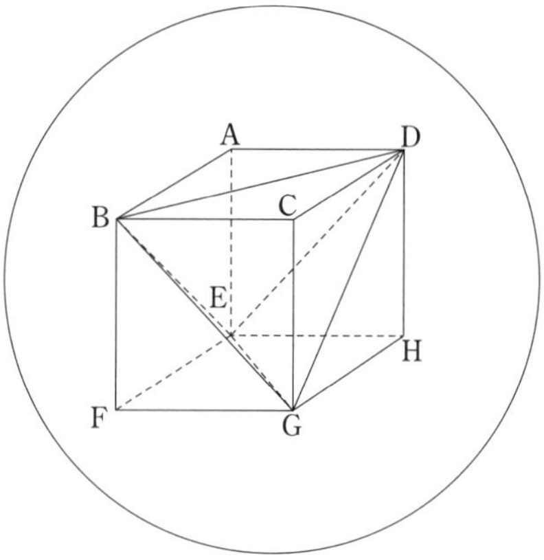

(1) より $\frac{2\sqrt{3}\,a}{3}$

直角二等辺三角形 BCD の 3 辺の長さの比は

BC : CD : BD ＝ 1 : 1 : $\sqrt{2}$ なので

$$\mathrm{BD}=\mathrm{BC}\times\sqrt{2}=\frac{2\sqrt{3}\,a}{3}\times\sqrt{2}=\frac{2\sqrt{6}\,a}{3}$$

これが半径 a の球に内接する正四面体の 1 辺の長さである。

(2) より，1 辺の長さが b の正四面体の内接球の半径は $\frac{\sqrt{6}\,b}{12}$

これに $b=\frac{2\sqrt{6}\,a}{3}$ を代入すると

$$\frac{\sqrt{6}\,b}{12}=\frac{\sqrt{6}}{12}\times\frac{2\sqrt{6}\,a}{3}=\frac{a}{3}$$

以上より，半径 a の球に内接する正四面体に，さらに内接する球の半径は $\frac{a}{3}$ であることがわかった。このことは，半径 a の球に内接する正四面体に，さらに内接する球の半径は，もとの球の半径のちょうど $\frac{1}{3}$ であることを意味している。

半径が $\frac{1}{3}$ になると，体積は $\left(\frac{1}{3}\right)^3=\frac{1}{3^3}$ になることに注意をして，次々と球の体積を求めていく。

1 個目の球の体積は，$\frac{4}{3}\pi\times 81^3=\frac{4}{3}\pi\times(3^4)^3=\frac{4}{3}\pi\times 3^{12}=4\pi\times 3^{11}>1$

2 個目の球の体積は，$4\pi\times 3^{11}\times\frac{1}{3^3}=4\pi\times 3^8>1$

3 個目の球の体積は，$4\pi \times 3^8 \times \frac{1}{3^3} = 4\pi \times 3^5 > 1$

4 個目の球の体積は，$4\pi \times 3^5 \times \frac{1}{3^3} = 4\pi \times 3^2 > 1$

5 個目の球の体積は，$4\pi \times 3^2 \times \frac{1}{3^3} = \frac{4\pi}{3}$

$\pi > 3$ より $\frac{4\pi}{3} > \frac{4}{3} \times 3 > 1$ なので，この球の体積も 1 より大きい。

6 個目の球の体積は，$\frac{4\pi}{3} \times \frac{1}{3^3} = \frac{4\pi}{81}$

$\pi < 4$ より $\frac{4\pi}{81} < \frac{4}{81} \times 4 = \frac{16}{81} < 1$ なので，この球の体積は 1 より小さい。

よって，はじめて体積が 1 より小さくなったときの球の体積は $\underline{\frac{4\pi}{81}}$

【5】 0 は百の位の数としては使えないことに注意する。

(1) 3 枚とも異なる数字が書かれたカードを使う場合，百の位の数の決め方が 1，2，3，4 の 4 通りあり，それぞれに対して十の位の数の決め方が [4] 通りずつあり，十の位の数それぞれに対して一の位の数の決め方が [3] 通りずつある。よって，3 枚とも異なる数字が書かれたカードを使う場合，$4 \times$ [4] $\times$ [3] $=$ [48] (通り) の自然数ができる。

次に，同じ数字が書かれたカードを 2 枚使う場合について考える。{0，1，1}を使うときは 101，110 の 2 通り，{1，1，2}，{1，1，3}，{1，1，4}を使う場合は，それぞれ [3] 通りずつできるので，1 が書かれたカードを 2 枚使う場合は $2 + 3 \times 3 =$ [11] (通り) の自然数ができる。同様に 3 が書かれたカードを 2 枚使う場合，4 が書かれたカードを 2 枚使う場合もそれぞれ [11] 通りずつできるので，同じ数字が書かれたカードを 2 枚使う場合は $11 \times 3 =$ [33] (通り) の自然数ができる。

同じ数字が書かれたカードを 3 枚使う場合はないので，以上より 3 けたの自然数は全部で $48 + 33 =$ [ア 81] (通り) できる。

よって，アの空欄にあてはまる数は <u>81</u> である。

(2) 自然数 a の各位の数の和が 3 の倍数のとき a は 3 の倍数である。

よって，和が 3 の倍数になるような 3 つの数の組み合わせを考えると {0，1，2}，{0，2，4}，{0，3，3}，{1，1，4}，{1，2，3}，{1，4，4}，{2，3，4}の 7 組である。

{0，1，2}を並べると，102，120，201，210 の 4 通りの 3 の倍数ができる。同様に，{0，2，4}を並べても 4 通りの 3 の倍数ができる。

{1，2，3}を並べると，123，132，213，231，312，321 の 6 通りの 3 の倍数ができる。同様に，{2，3，4}を並べても 6 通りの 3 の倍数ができる。

{1，1，4}を並べると，114，141，411 の 3 通りの 3 の倍数ができる。同様に，{1，4，4}を並べても 3 通りの 3 の倍数ができる。

{0，3，3}を並べると，303，330 の 2 通りの 3 の倍数ができる。

以上より，求める 3 の倍数は，$4 \times 2 + 6 \times 2 + 3 \times 2 + 2 =$ <u>28(通り)</u>できる。

(3) 3 の倍数であり 2 の倍数でもある数が 6 の倍数である。したがって，(2) で考えた 3 の倍数の組み合わせにおいて，一の位の数が偶数であるように並べたとき 6 の倍数ができる。

{0, 1, 2}の場合は，102, 120, 210 の 3 通り

{0, 2, 4}の場合は，204, 240, 402, 420 の 4 通り

{0, 3, 3}の場合は，330 の 1 通り

{1, 1, 4}の場合は，114 の 1 通り

{1, 2, 3}の場合は，132, 312 の 2 通り

{1, 4, 4}の場合は，144, 414 の 2 通り

{2, 3, 4}の場合は，234, 324, 342, 432 の 4 通り

以上より，求める 6 の倍数は，$3 + 4 \times 2 + 1 \times 2 + 2 \times 2 =$ 17(通り)できる。

【6】

(1) ［証明］ △AFC と△ACD において

∠FAC ＝∠ CAD （共通） ……①

∠AFC ＝∠ ア ABC （ $\overset{\frown}{AC}$ に対する円周角 ） ……②

∠ ア ABC ＝∠ ACB(ACD) （ 二等辺三角形の性質 ） ……③

②，③より

∠AFC ＝∠ イ ACD ……④

①，④より，2 組の角がそれぞれ等しいので

△AFC ∽△ACD

よって，アには ABC，イには ACD があてはまる。

(2) △DAC と△DBF において

∠DAC ＝∠DBF （円に内接する四角形の性質）

∠ADC ＝∠BDF （共通）

2 組の角がそれぞれ等しいので，△DAC ∽△DBF

AD : BD ＝ CD : FD より $AD \times FD = BD \times CD$ ……⑤

△DCE と△DEB において

∠DCE ＝∠DEB （接線と弦のつくる角の性質）

∠CDE ＝∠EDB （共通）

2 組の角がそれぞれ等しいので，△DCE ∽△DEB

CD : ED ＝ ED : BD より $BD \times CD = ED^2$ ……⑥

⑤，⑥より，$AD \times FD = ED^2 = 9^2 = 81$

(3) (1) より，AF : AC ＝ AC : AD なので

$AF \times AD = AC^2 = 13^2 = 169$ ……⑦

$AF = AD - FD$ なので，⑦に代入して

$(AD - FD) \times AD = 169$

$AD^2 - FD \times AD = 169$

(2)より，$AD \times FD = 81$ なので

$$AD^2 - 81 = 169$$

$$AD^2 = 250$$

$AD > 0$ より，$AD = \underline{5\sqrt{10}}$

理科　解答

【1】

(1)	等速直線運動
(2)	慣性
(3)	垂直抗力
(4) 糸A	1.73 N
(4) 糸B	1.73 N
(5)	ウ
(6)	ア
(7)	ア
(8)	オ
(9)	ウ
(10)	ウ
(11)	ウ

【2】

(1)	硫化物イオン
(2)	NO_3^-
(3)	8 個
(4)	イ
(5)	0.70 V
(6) 金属	ア　イ
(6) 電圧	1.55 V
(7) ①	Fe
(7) ②	Al
(7) ③	Mg
(7) ④	Zn
(8)	イ
(9)	イ
(10) ①	水酸化物イオン
(10) ②	塩化物イオン
(11)	3.20 g
(12)	4 : 1

【3】

(1)	ア
(2)	クローン
(3)(i)	受粉
(3)(ii) 花粉管	精細胞
(3)(ii) 胚珠	卵細胞
(3)(iii)	種子
(4)	カ
(5)	ア
(6)	エ
(7)(i)	28 %
(7)(ii)	19 %
(8)	オ
(9)	エ

【4】

(1) ②	惑星
(1) ③	衛星
(2)(i)	北
(2)(ii) 東京	ウ
(2)(ii) アデレード	カ
(3)	ア
(4)(i)	ア
(4)(ii)	キ
(5)(i)	0.6 度
(5)(ii)	ウ
(6)(i)	オ
(6)(ii)	イ
(6)(iii)	オ

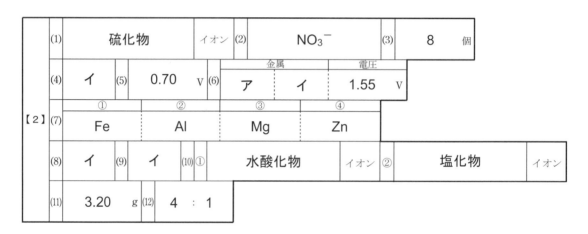

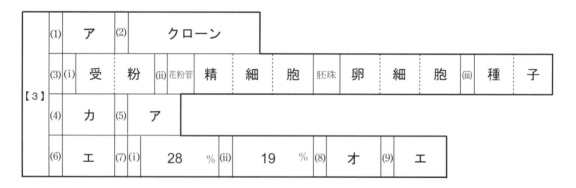

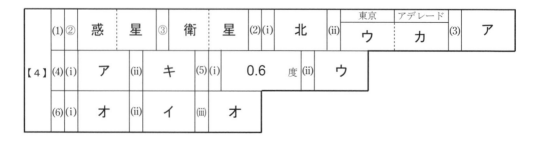

<配点>

【１】　　　　　　　　各 2 点× 12 = 24 点
【２】 ※(6)，(7)完答　各 2 点× 13 = 26 点
【３】　　　　　　　　各 2 点× 13 = 26 点
【４】 ※(2)(ii)完答　　各 2 点× 12 = 24 点

<領域と出題>

領　域　名		設問	配点
01	運　動 (力のつり合い，力と運動)	【１】	24 点
02	水溶液とイオン (電解質，電池)	【２】	26 点
03	生命の連続性 (細胞分裂，生殖，遺伝と遺伝子)	【３】	26 点
04	地球の自転・公転 (日周運動，年周運動)	【４】	24 点
合　計			100 点

<解説>

【１】 運動(力のつり合い，力と運動)

［Ⅰ］

(1) **等速直線運動**が正解。運動している物体に力がはたらいていない，または，その物体にはたらく力がつり合っているとき，その物体はそのままの速さでまっすぐ進む。これを等速直線運動という。

(2) **慣性**が正解。物体に力がはたらいていない，または，物体にはたらく力がつり合っているとき，その物体が静止している場合は静止し続け，その物体が運動している場合は等速直線運動をし続ける。このような物体の性質を慣性といい，このことを慣性の法則という。

(3) **垂直抗力**が正解。水平な床に置いた物体が静止しているとき，この物体は床を下向きに押す。その反作用として床が物体を上向きに押し返す。この床が物体を押し返す力を垂直抗力という。このとき，物体には下向きに地球からの重力がはたらき，上向きに垂直抗力がはたらく。この 2 つの力がつり合うので，静止し続けることになる。

(4) 糸 A : **1.73[N]**，糸 B : **1.73[N]** が正解。下図のように，おもりと糸 A，糸 B の 3 つが交わる点を O とする。地球がおもりを下向きに引っぱるのに対し，糸 A と糸 B がおもりを斜め上に引っぱることで力がつり合うようになり，おもりは静止し続ける。糸 A，糸 B がおもりを引く力はそれぞれ下図の矢印 OC，OD で表され，同じ大きさとなる。これらの合力が矢印 OE に等しくなり，これが，おもりの重力を表す矢印 OF と同じ大きさで，逆向きであればよい。おもりの質量が 300 g だから，矢印 OF で表される力の大きさは 3 N である。よって矢印 OC で表される力の大きさは，30°・60°・90° の直角三角形を考えると，

$3\,\mathrm{N} \times \frac{1}{2} \times \frac{2}{\sqrt{3}} = \sqrt{3}\,\mathrm{N} \fallingdotseq 1.73\,\mathrm{N}$ となる。

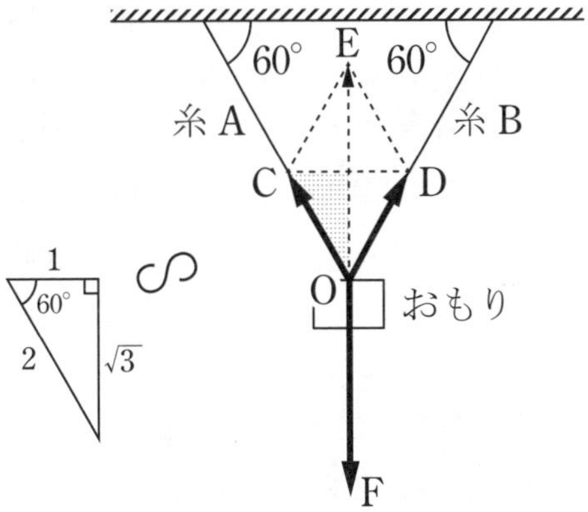

［Ⅱ］

(5) **ウ**が正解。摩擦のないレールの BC 間を台車が移動しているとき，台車には下向きに地球からの重力がはたらき，レールから上向きに垂直抗力がはたらく。この 2 つの力がつり合っているので，台車は等速直線運動をする。

(6) **ア**が正解。台車が AB 間を移動しているとき，台車には，地球からの重力が下向きにはたらき，レールからの垂直抗力がレールに垂直な向きにはたらく。これらの合力

は0にはならず，レールに平行で右下向きの力となる。よって，AB間を移動しているときは，台車には一定の力がはたらき続け，その力の大きさに比例する加速度の大きさは一定の値になる。

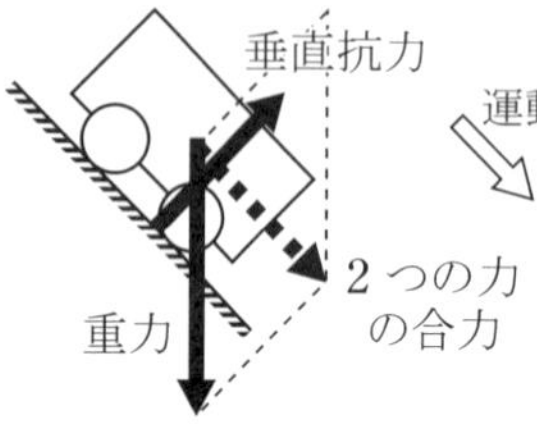

(7) **ア**が正解。(5)より，BC間が摩擦のないレールのとき，台車は等速直線運動をする。よって，BC間を移動しているときは，台車の速さは一定となる。

(8) **オ**が正解。台車がCD間を点Cから点Dの方向に移動しているとき，台車には，地球からの重力が下向きにはたらき，レールからの垂直抗力がレールに垂直な向きにはたらく。これらの合力は，レールに平行で左下向きの力となる。よって，台車には一定の力がはたらき続け，(6)と同様に加速度の大きさは一定の値になる。本問では，台車にはたらく力が運動方向と逆向きなので，台車の速さは一定の割合で小さくなる。また点Cから台車までの距離は，時間が経つにつれ遠ざかっていくが，その遠ざかり方が時間とともに小さくなる。したがって，時間とともに増加するイ・エ・オのグラフのうち，オのようなグラフとなる。

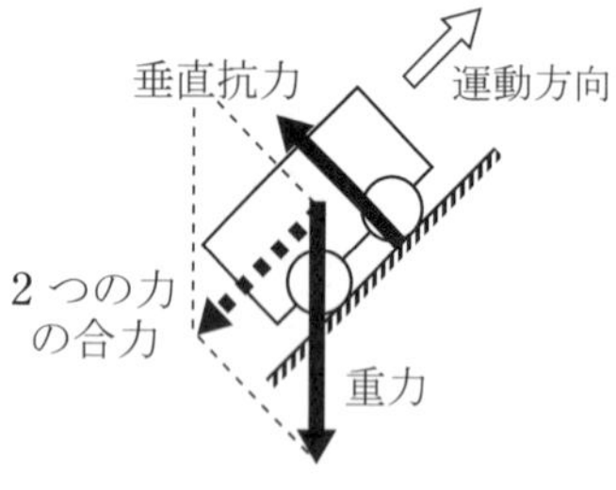

(9) **ウ**が正解。点Aから点Dまでの運動における台車の力学的エネルギーを考える。点B(C)で台車のもっている位置エネルギーを0とすると，点Aでもっていた位置エネルギーがBC間ではすべて運動エネルギーに変わる。そして，点Cからレールを上っていくと，運動エネルギーが小さくなり位置エネルギーが大きくなる。(8)のように点Dの高さが点Aの高さと同じであれば，台車がちょうど点Dに到達するときに運動エネルギーがすべて位置エネルギーに変わる。しかし本問では，BCから点Dまでの高さが点Aまでの高さの半分であるので，点Dにあるときの台車のもつ位置エネルギーは点Aにあるときの半分までしか減少しない。力学的エネルギーは保存されるので，点Dにあるときの台車のもつ運動エネルギーは0にならない。よって，点Dに到達しても台車の速度は0にならず，点Dで台車がレールから飛び出すこととなる。

	A		B		C		D
位置エネルギー	①	↘	0	→	0	↗	$\frac{1}{2}$(○囲み)
運動エネルギー	0	↗	①	→	①	↘	$\frac{1}{2}$(○囲み)
力学的エネルギー	①	→	①	→	①	→	①

(10) **ウ**が正解。摩擦のあるレールのBC間を台車が移動しているとき，台車には下向きに地球からの重力，上向きにレールからの垂直抗力がはたらく他，運動方向の逆向きに摩擦力がはたらく。台車にはたらく力は，(5)に摩擦力が加わった3つである。

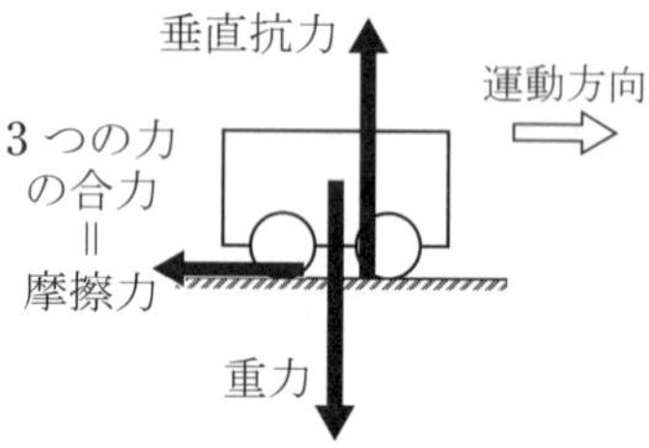

(11) **ウ**が正解。摩擦力は運動している物体に対してはつねに同じ大きさではたらくので，(6)と同様に加速度の大きさは一定の

値になる。よって，台車の速さは一定の割合で小さくなっていく。

【2】 水溶液とイオン(電解質，電池)

［Ⅰ］

(1) **硫化物(イオン)**が正解。陽イオンの名称は「元素名＋イオン」が一般的であるが，陰イオンは少し異なる。たとえば，1個の原子からできるイオンは，酸化物イオン(O^{2-})，塩化物イオン(Cl^-)，硫化物イオン(S^{2-})など，「〜化物イオン」という。また，原子団（複数個の原子の集まり）からできるイオンは，硫酸イオン($SO_4{}^{2-}$)，炭酸イオン($CO_3{}^{2-}$)など，「〜酸イオン」という名称のものが多いので注意すること。

(2) **$NO_3{}^-$**が正解。硝酸の化学式はHNO_3で，電離して水素イオン(H^+)，硝酸イオン($NO_3{}^-$)ができる。

(3) **8(個)**が正解。原子は，プラスの電気を帯びた原子核と，その周りを飛び回るマイナスの電気を帯びた電子からできている。そのうち原子核は，プラスの電気を帯びた陽子と，電気を帯びていない中性子でできている。

このナトリウム原子について，陽子と中性子の数の和が23個，陽子は中性子より1個少ないから，陽子の数は$(23 - 1) \div 2 = 11$(個)である。原子内の陽子と電子の数は等しいので，電子も11個ある。ナトリウムイオンは，ナトリウム原子が電子を1個放出したものなので，電子を$11 - 1 = 10$(個)もつ。同様にこの塩素原子について，陽子の数は$(35 - 1) \div 2 = 17$(個)であり，電子も17個もつ。塩化物イオンは，塩素原子が電子を1個受けとったものなので，電子は$17 + 1 = 18$(個)ある。したがって，このナトリウムイオンとこの塩化物イオンのもつ電子の個数の差は，$18 - 10 = 8$(個)となる。

［Ⅱ］

(4) **イ**が正解。食塩水(ア)は，溶質の塩化ナトリウムが$NaCl \rightarrow Na^+ + Cl^-$と電離しているので，電気を通す。同様に塩酸(ウ)は，溶質の塩化水素が$HCl \rightarrow H^+ + Cl^-$，水酸化ナトリウム水溶液(エ)は，溶質が$NaOH \rightarrow Na^+ + OH^-$と電離しているので，電気を通す。砂糖水(イ)は，溶質の砂糖($C_{12}H_{22}O_{11}$)がほとんど分子のまま溶けていて電離していない。したがって電気をほとんど通さないので，電解質として適さない。

(5) **0.70[V]**が正解。データ1より，マグネシウム板を－極，鉄板を＋極に用いると電池ができる。これは，鉄よりマグネシウムの方がイオンになりやすいため，マグネシウム板で$Mg \rightarrow Mg^{2+} + 2⊖$（以下，⊖は電子を表す）という反応がおき，電子がマグネシウム板から導線を通って鉄板に移動する（電流は鉄板からマグネシウム板に流れる）からである。＋極では$2H^+ + 2⊖ \rightarrow H_2$という反応がおきる。イオンになりやすい順は－極になりやすい順である。

同様に，データ2の電子の移動する方向から，鉄より亜鉛の方がイオンになりやすいことがわかり，データ4の金属がとけ出してイオンになる電極が－極であることから，銅より鉄の方がイオンになりやすいことがわかる。イオンになりやすい順は亜鉛，鉄，銅となり，図2と同様の図をかくと次のページのようになる。したがって，亜鉛板を－極，銅板を＋極に用いると電池ができ，発生する電圧の値は＜性質＞より，$0.55\,V + 0.15\,V = 0.70\,V$となる。

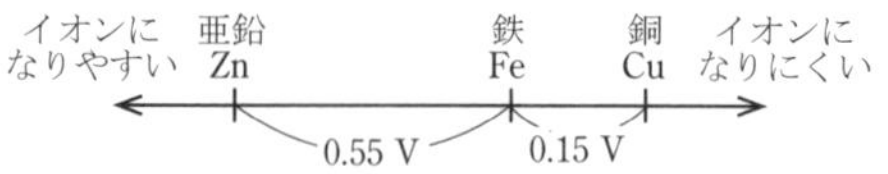

(6) 金属：**ア**，**イ**（順不同），電圧：**1.55[V]** が正解。データ3の電流の流れる方向から，亜鉛よりマグネシウムの方がイオンになりやすい。これとデータ5と＜性質＞より，イオンになりやすい順はマグネシウム，アルミニウム，亜鉛である。

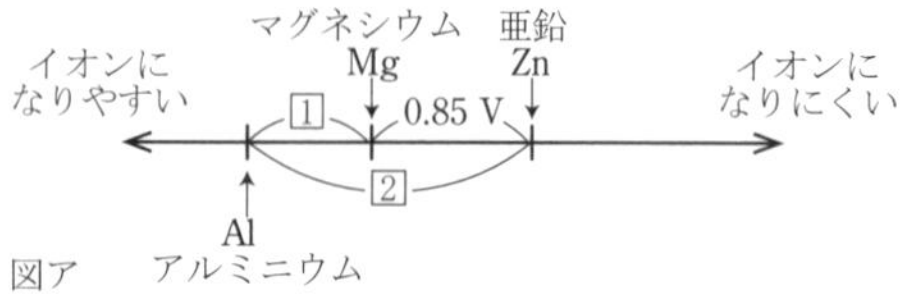

図ア

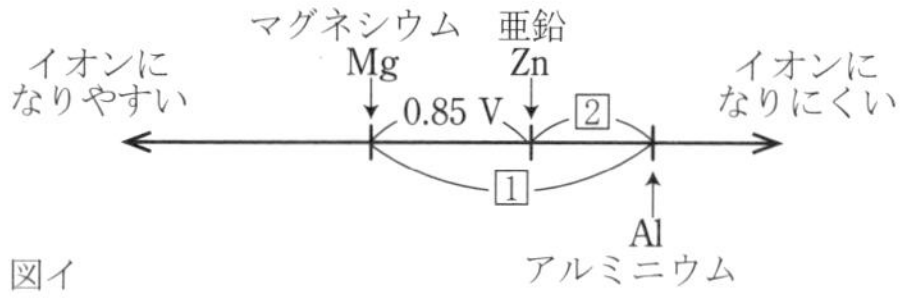

図イ

なぜなら，図アのようにアルミニウムがマグネシウムよりイオンになりやすいとすると，1（アルミニウムとマグネシウムの電池の電圧）が2（アルミニウムと亜鉛の電池の電圧）より 0.85 V 低くなり，図イのようにアルミニウムが亜鉛よりイオンになりにくいとすると，1が2より 0.85 V 高くなり，いずれもデータ5に反するからである。

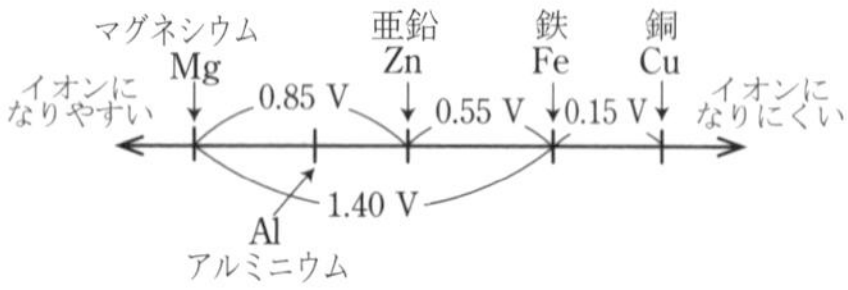

(5)と合わせて図2と同様の図をかくと，上のようになる。したがって，マグネシウム板を－極，銅板を＋極に用いるともっとも高い電圧を発生する電池ができ，電圧の値は，1.40 V ＋ 0.15 V ＝ 1.55 V となる。

(7) ① **Fe**，② **Al**，③ **Mg**，④ **Zn** が正解。(6)の図とデータ5より，アルミニウムと亜鉛を用いて電池ができるとき発生する電圧は (0.85 V － 0.15 V) ÷ 2 ＝ 0.35 V，アルミニウムとマグネシウムを用いて電池ができるとき発生する電圧は 0.35 V ＋ 0.15 V ＝ 0.50 V である。また，アルミニウムと鉄を用いると 0.35 V ＋ 0.55 V ＝ 0.90 V の電池ができる。＋極も－極もアルミニウム板だと電池ができず，電圧は 0 V である。表1のモーターの回り方を並び替えると，よく回る方から①，③，④，②となる。したがって，アルミニウムでない金属は，①は電圧がもっとも高い鉄（化学式 Fe，電圧 0.90 V），③はマグネシウム(Mg，0.50 V)，④は電圧の差が小さい亜鉛(Zn，0.35 V)の順になる。回らなかった②はアルミニウム(Al, 0 V)である。

［Ⅲ］

(8) **イ**が正解。塩酸の電気分解は，化学反応式が $2HCl \rightarrow H_2 + Cl_2$ となり，陽極に塩素，陰極に水素が発生する。水酸化ナトリウム水溶液の電気分解は，水の電気分解と同じで $2H_2O \rightarrow 2H_2 + O_2$ となり，陽極（電極X）に酸素，陰極（電極Y）に水素が発生する。塩化銅水溶液の電気分解は，$CuCl_2 \rightarrow Cu + Cl_2$ となり，陽極（電極C）に塩素，陰極（電極D）に銅が発生する。食塩水の電気分解は，陽極（電極A）には電極Cと同じく塩素，陰極（電極B）には電極Yと同じく水素が発生する。したがって，それぞれの電極において塩酸の電気分解と同じものが発生する。

(9) **イ**が正解。陽極では，陰イオンの塩化物イオンが電子を失い，$2Cl^- \rightarrow Cl_2 + 2\ominus$ となり塩素が発生する。一方陰極では，水分子が電子を受けとり，$2H_2O + 2\ominus \rightarrow H_2 + 2OH^-$ となり，水素が発生する。(4)アより，食塩水には元々 Na^+ と Cl^- があったが，電気分解によって Na^+ は変化せずそのまま残り，Cl^- が減り OH^- が増えていく。これにより Na^+ と OH^- が多い水溶液，つまり水酸化ナトリウム水溶液に近づく。

(10) ①**水酸化物(イオン)**，②**塩化物(イオン)**が正解。　①(9)より，食塩水の電気分解で増えていくイオンはOH^-である。　②塩化銅水溶液は，溶質の塩化銅が$CuCl_2 \to Cu^{2+} + 2\,Cl^-$と電離している。電気分解において，陰極では，銅イオンが電子を受けとり，$Cu^{2+} + 2\ominus \to Cu$となり電極に銅が付着する。2個の電子の移動につき1個のCu^{2+}が減っている。一方陽極では，塩化物イオンが電子を失い，$2\,Cl^- \to Cl_2 + 2\ominus$となり塩素が発生する。ここでは，2個の電子の移動につき2個のCl^-が減っている。

(11) **3.20[g]**が正解。(9)より，電極Bを2個の電子が移動すると，$2\,H_2O + 2\ominus \to H_2 + 2\,OH^-$で1個の水素分子が発生する。(10)②より，電極Dを2個の電子が移動すると，$Cu^{2+} + 2\ominus \to Cu$で1個の銅原子が発生する。電極Bで発生した水素分子をn個とおくと，導線を$2n$個の電子が移動し，電極Dで発生した銅原子はn個である。また，水素原子1個の質量をwとおくと，水素分子1個の質量は$2w$，銅原子1個の質量は$64w$である。よって，電極Bで発生した水素と電極Dで発生した銅の質量比は$(2w \times n) : (64w \times n) = 2 : 64 = 1 : 32$だから，求める銅の質量は$0.10\ g \times 32 = 3.20\ g$となる。

(12) **4：1**が正解。はじめの5分間では，2つの水溶液（食塩水，塩化銅水溶液）の電気分解がおこなわれ，0.20 Aの電流が流れた。2つの水溶液全体（AD間）の合成抵抗は一定で，電圧も一定なので，その後の10分間でも2つの溶液には0.20 Aの電流が流れた。スイッチ2を入れると並列回路になるから，このとき水酸化ナトリウム水溶液には$0.35\ A - 0.20\ A = 0.15\ A$の電流が流れた。よって，電極Xと電極Bに流れた電流の大きさの比は$0.15\ A : 0.20\ A = 3 : 4$である。また電極Xと電極Bに電流を流した時間の比は10分：15分＝2：3である。電極を通過する電子の個数はこれらに比例するので，電極Xと電極Bを通過する電子の個数の比は，(0.15 A × 10分)：(0.20 A × 15分)＝(3 × 2)：(4 × 3)＝ 1：2 となる。

　電極Xを4個の電子が移動すると，$4\,OH^- \to O_2 + 2\,H_2O + 4\ominus$で1個の酸素分子が発生する。(11)より，電極Bを2個の電子が移動すると，1個の水素分子が発生する。電極Xで発生した酸素分子をm個とおくと，電極Xを移動した電子は$4m$個である。すると電極Bを移動した電子は$4m \times 2 = 8m$(個)で，電極Bで発生した水素分子は$8m \div 2 = 4m$(個)である。酸素分子1個の質量は$16w \times 2 = 32w$，水素分子1個の質量は$2w$だから，電極Xで発生した酸素と電極Bで発生した水素の質量比は，$(32w \times m) : (2w \times 4m) = (32 \times 1) : (2 \times 4) = 4 : 1$となる。

【3】 生命の連続性（細胞分裂，生殖，遺伝と遺伝子）

＜文1＞

(1) **ア**が正解。ヒキガエルは無性生殖をおこなわず，有性生殖だけをおこなう。無性生殖には，分裂や栄養生殖などの方法がある。イソギンチャク(ウ)，ゾウリムシ(エ)は分裂によって増殖する。サツマイモ(イ)，タケ(オ)は栄養生殖をおこなう。

(2) **クローン**が正解。無性生殖で生じた遺伝的に同じ性質をもつ個体や，その個体の集団をクローンという。

(3) (i) **受粉**が正解。動物における生殖細胞（精子と卵）の結合や，被子植物における生殖細胞（精細胞と卵細胞）の結合を受精という。それに対し，被子植物において花粉がめしべの柱頭につくことを受粉という。

(ii) 花粉管：**精細胞**，胚珠：**卵細胞**が正解。被子植物では，精細胞と卵細胞が受精して受精卵がつくられる。精細胞は花粉管の中にあり，卵細胞は胚珠の中にある。

(iii) **種子**が正解。被子植物の受精後に，受精卵は細胞分裂をくり返して胚となる。また，イネや小麦，トウモロコシでは，胚の周囲に胚乳とよばれる組織ができる。胚乳は，種子が発芽し胚が成長するときに使う栄養分を貯蔵している。胚や胚乳は胚珠の中にあり，胚珠全体は発達して種子となる。

(4) **カ**が正解。体細胞分裂はアから始まる。アは，染色体（DNA）の複製がおこなわれる時期や，体細胞分裂に向けて準備をする時期が該当するが，図からは判断できない。体細胞分裂が始まると，核全体に広がっていた染色体が太く短くなり，核膜が消え染色体が見えるようになる(エ)。その後，染色体が細胞の中央付近に集まり(イ)，染色体が両端に移動する(カ)。2個の核ができ(オ)，染色体が細長くなり再び核膜が現れる。植物細胞の場合，細胞質の中央部分にしきりができて(カ，オ)細胞質が2つに分かれて，細胞が2つできる(ウ)。動物細胞の場合，細胞質が外側からくびれて細胞が2つに分かれる。このように，ア→エ→イ→カ→オ→ウの順序で体細胞分裂が進行する。ウの細胞は大きくなり，次の体細胞分裂に備えてDNAの複製や準備をおこなう。

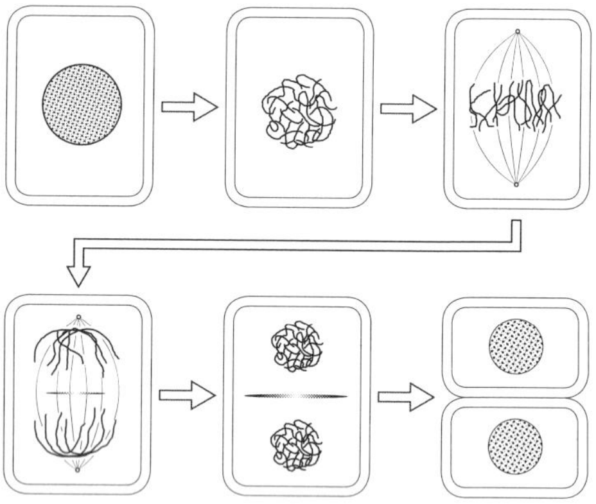

(5) **ア**が正解。モルモットの毛の色を決める遺伝子のうち，優性の形質を表すものをA，劣性の形質を表すものをaとする。仮に茶色が優性，黒色が劣性である(イ)とすると，毛が黒色である両親の遺伝子対はともにaaである。子の遺伝子対はaa，毛は黒色と決まり，これは条件に反する。一方，黒色が優性，茶色が劣性である(ア)とすると，毛が黒色である両親の遺伝子対はAAまたはAa，毛が茶色である子の遺伝子対はaaである。このうち，両親の遺伝子対がともにAaの場合，両親の劣性遺伝子aが引きつがれると，子の遺伝子対がaaとなり，子の毛が茶色になる。

＜文2＞

(6) **エ**が正解。DNAの二重らせん構造は，異なる二本鎖の塩基Aと塩基T，塩基Gと塩基Cが結合して形成されている。ここで，DNAの全塩基数に占める割合について，具体例をあてはめることで各選択肢の式の値を考えてみる。＜文2＞中に登場する個体のDNAのとき，$a = t = 0.3$，$g = c = 0.2$を代入した式の値は次のページの表のようになる。また，$a = 0.4$のDNAのとき，$t = a = 0.4$，$g = c = (1 - 0.4 \times 2) \div 2 = 0.1$となる。これらを代入した式の値は下の表のようになり，2つの例で数値が一致する式はエのみである。

	ア	イ	ウ	エ	オ
$a=0.3$ のとき	1.5	0.66…	0.66…	1	0.4
$a=0.4$ のとき	4	0.25	0.25	1	0.2
一致するか	×	×	×	○	×

実際，どんな a の値に対しても $t=a$，$g=c=\dfrac{1-(a+t)}{2}=0.5-a$ であり，$\dfrac{a+g}{c+t}=\dfrac{a+g}{g+a}=1$ が成り立つ。なお，他の式を a のみで表すと以下のようになり，数値は一定にはならない。

ア：$\dfrac{t}{g}=\dfrac{a}{g}=\dfrac{a}{0.5-a}$

イ：$\dfrac{c}{a}=\dfrac{g}{a}=\dfrac{0.5-a}{a}$

ウ：$\dfrac{g+c}{a+t}=\dfrac{g+g}{a+a}=\dfrac{g}{a}=\dfrac{0.5-a}{a}$

オ：$\dfrac{g+c}{a+t+g+c}=\dfrac{g+g}{1}=2g=1-2a$

(7) (i) **28[%]**が正解。(6)の文字を用いると，$g+c=44\%$ である。塩基AとTの個数の和の割合は $a+t=100\%-44\%=56\%$ だから，$a=56\%\div 2=28\%$ となる。

(ii) **19[%]**が正解。H鎖上の塩基数を N とおくと，H鎖上の塩基Cの個数は $0.25N$ である。よって，対応するL鎖上の塩基Gの個数も $0.25\,N$ である。L鎖上の全塩基はH鎖と同じ N だから，DNAの全塩基数は $2N$ である。このうち塩基GとCの個数の和は $2N\times 0.44=0.88N$ である。塩基の個数について，

(DNAのG，C)＝(H鎖G)＋(H鎖C)＋(L鎖G)＋(L鎖C)

これにわかっているものを代入すると，

$0.88N$ ＝(H鎖G)＋$0.25N$＋$0.25N$＋(L鎖C)

H鎖上の塩基Gと対応するL鎖上の塩基Cは個数が等しくなるから，

(H鎖G)＝(L鎖C)＝$(0.88N-0.25N\times 2)\div 2=0.38N\div 2=0.19N$ が成り立つ。したがって，L鎖上の塩基Cの個数の割合は，$0.19N\div N\times 100=19(\%)$ となる。

＜文3＞

(8) **オ**が正解。遺伝子A，B，Cとも突然変異をおこしていない正常な花では，遺伝子Aのみがはたらく部位1はがくになる。遺伝子Cのみがはたらく部位4はめしべになる。遺伝子Bが突然変異をおこした場合，部位2は遺伝子Aのみがはたらくようになるので，部位1と同じくがくになる。部位3は遺伝子Cのみがはたらくようになるので，部位4と同じくめしべになる。

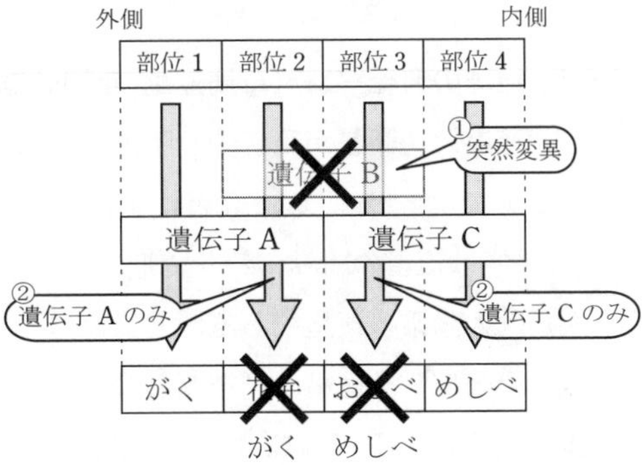

(9) **エ**が正解。遺伝子A，B，Cとも突然変異をおこしていない正常な花では，遺伝子B，次いで遺伝子Aがはたらく部位2が花弁になる。突然変異によりがくになった部位4では，遺伝子Aのみがはたらいている。これは遺伝子Cが突然変異をおこし，代わりに遺伝子Aが補っていることを意味する。同様に，突然変異により花弁になった部位3では，遺伝子B，次いで遺伝子Aがはたらいている。これは遺伝子Bは突然変異をおこさず，遺伝子Cが突然変異をおこし，代わりに遺伝子Aが補っていることを意味する。

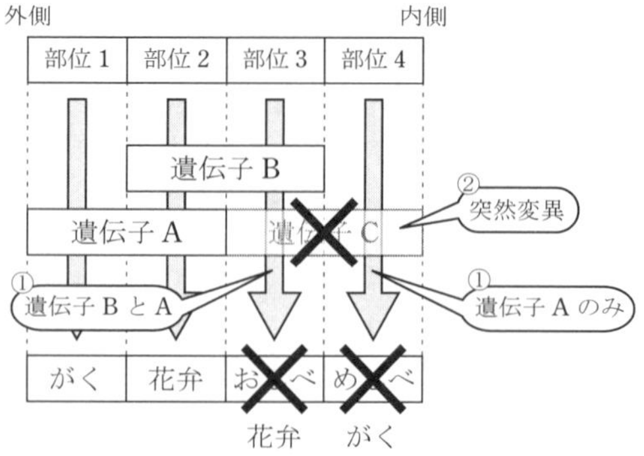

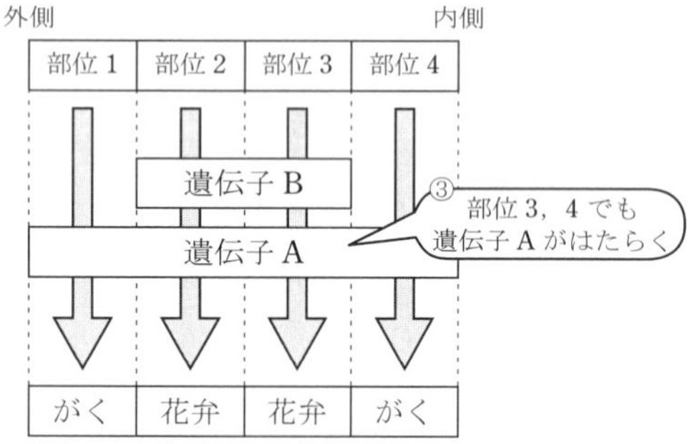

【4】 地球の自転・公転(日周運動, 年周運動)

(1) ②**惑星**，③**衛星**が正解。 ①太陽のように自分で光を出している天体を恒星という。星座は恒星の組み合わせで形成される。太陽は太陽系の恒星である。 ②恒星のまわりを公転し，恒星の光を反射して光る天体を惑星という。地球はじめ金星，木星，土星などは太陽系の惑星である。 ③惑星のまわりを公転する天体を衛星という。月は地球の唯一の衛星である。

(2) (i) **北**が正解。太陽は図 1 の手前から奥へと動いているので，手前が東，奥が西となる。天球の右側は北となる。

(ii) 東京：**ウ**，アデレード：**カ**が正解。北半球の東京では，4 月下旬は春分と夏至の間の期間である。太陽は真東より北寄りからのぼり，真西より北寄りにしずむ。それを表しているのはウの道すじである。南半球のオーストラリア・アデレードでは，太陽は東からのぼり, 日中北の空を通り西へとしずむ。東京での春分の日にはアデレードでも太陽は真東からのぼり, 真西にしずむ。東京での夏至の頃に，アデレードでの太陽の高さはもっとも低くなる。このことから 4 月下旬のアデレードは，選択肢の中でもっとも太陽高度の低い，カの道すじである。

(3) **ア**が正解。太陽系の惑星は，大きさや密度などの共通した特徴から地球型惑星（水星，金星，地球，火星）と木星型惑星（木星，土星，天王星，海王星）に分けられる。地球型惑星は, 主に固体（岩石）から成り，小さいが密度は大きく，衛星はないか少なく，環をもたない。一方木星型惑星は，主に気体から成り，大きいが密度は小さく，衛星の数は多く，環をもつ。 イ：金星は衛星が発見されていない。 ウ：木星も環をもつ。 エ：木星の密度より土星の密度の方がやや小さい。

(4) (i) **ア**が正解。金星は，地球より内側を公転するため，観測できる時刻が限られている。明けの明星，宵《よい》の明星とよばれるように，明け方東の空と夕方西の空に見られる。図 1 は午前 5 時頃の空のようすを表していて，選択肢の 16 方位の中では東南東が東にもっとも近い方位である。

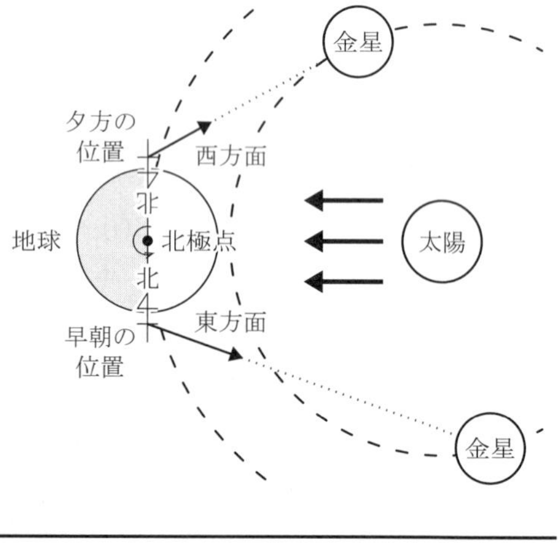

(ii) **キ**が正解。午前5時頃の地球の観測者にとって東南東の方向に見える月は，下図のようになる。

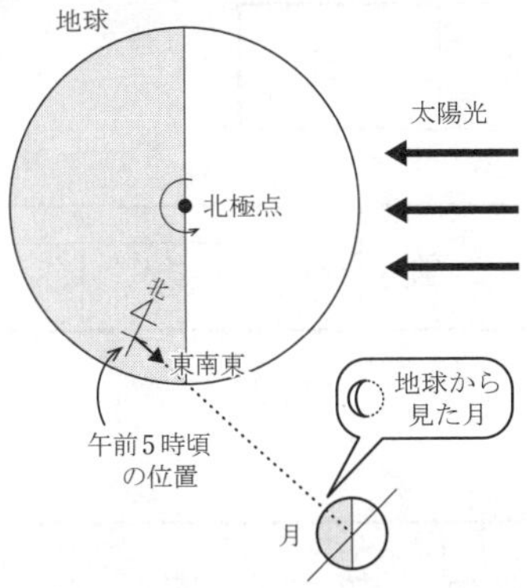

(5) (i) **0.6[度]**が正解。地球は1日あたり360度÷360＝1度公転する。金星は1日あたり360度÷225＝1.6度公転する。1日に地球と金星は1.6度－1度＝0.6度ずつ近づいたり遠ざかったりすることになる。

(ii) **ウ**が正解。金星が午前5時頃再び東南東方向に見えるのは，太陽と地球と金星が同じような位置関係になったときである。0.6度のずれが積み重なって360度になるまでの日数は，360度÷0.6度/日＝600日となる。

(6) (i) **オ**が正解。午前3時頃の地球の観測者にとって南の方向に見える月は，下図のようになる。

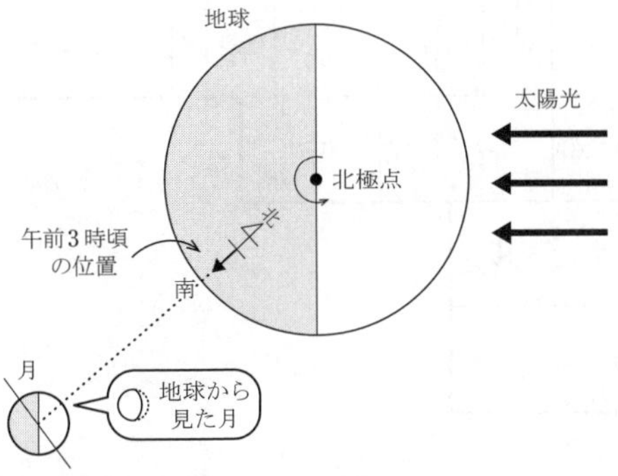

(ii) **イ**が正解。北半球にある東京で南の空の星を同じ時刻に見ると，地球の公転が原因で1ヶ月に30度ずつ西へと位置が動いていく。1日の星の動きでは，1時間に15度ずつ西へと動いていく。これらから，同じ位置（たとえば南中）に星が見える時刻は1ヶ月で2時間ずつ早くなっていく。星座Aが4月の午前3時頃に南中するので，7月にはその2時間/月×3月＝6時間前の午後9時頃に南中する。同様に，10月には午後3時頃に，1月には午前9時頃に南中することになる。7月に，星座が見やすい時刻である午後9時頃に南中する星座Aは，さそり座と考えられる。しし座は春，ペガスス座は秋，オリオン座は冬の夜空に見られる星座である。

(iii) **オ**が正解。たとえば午後6時頃の月に着目すると，新月は西，上弦の月は南に，満月は東の空にある。新月から満月まで約15日かけて約180度位置がずれることになる。同じ時刻に見える月の位置は西から東に180度÷15日＝12度/日 動くことになる。3日後には東に12度/日×3日＝36度動くことになる。また(ii)より，星座は1ヶ月に30度ずつ西へと動いていくので，3日後には30度×$\frac{3日}{30日}$＝3度西へ動く。

社　会　　解　答

【1】

(1)	ウ	(2)	ア	(3)	イ	(4)	カ	(5)	エ	(6)	オ

【2】

(1)	ア	(2)	イ	(3)	抑	制	栽培	(4)	1	根	釧	台地	2	X イ	Y カ
(5)	エ	(6)	X キ	Y ア	(7)	ウ									

【3】

(1)	エ	(2)	十	七	条	の	憲	法	(3)	ウ	(4)	太	政	官	
(5)	イ	(6)	ア	(7)	ウ	(8)	イ	(9)	ウ	(10)	エ	(11)	ウ		

(12)	足	利	義	政	の	将	軍	継	嗣	の
	問	題	や	管	領	の	相	続	争	い
	に	守	護	大	名	が介入して起こった。				
(13)	ウ									

【4】

(1)	ア	(2)	昌平坂学問所	(3)	ウ		
(4)	イ	(5)	ア	(6)	大塩平八郎	(7)	ウ

【5】

(1)	家	計	(2)	1	ウ	2	ア，イ，エ	(3)	ア	均 （市	衡 場）	価格	イ	$A_3 - A_1$		
(4)	I	M	F	(5)	1	ア	2	ア	(6)	イ	(7)	ウ				
(8)	デ	フ	レ	ス	パ	イ	ラ	ル								
(9)	エ	(10)	ア	(11)	ウ	(12)	665	円								

＜配点＞

【１】　各2点× 6＝12点
【２】 (6)完答　各2点× 9＝18点
【３】　各2点×13＝26点
【４】　各2点× 7＝14点
【５】 (2)の2完答　各2点×15＝30点
合計100点

＜領域と出題＞

領　域　名		設問	配点
01	アフリカ・オセアニア	【１】	12 点
02	農　林　水　産　業	【２】	18 点
03	古代～近世の総合問題Ⅰ	【３】	26 点
04	古代～近世の総合問題Ⅱ	【４】	14 点
05	経　　　　　済	【５】	30 点
合　　計			100 点

＜解説＞

【１】アフリカ・オセアニア

(1) **ウ**が正解。太線Ｂは本初子午線の上にあり，ガーナを通っている。アについて，太線Ａ～Ｃは緯度・経度の数字でいうといずれも30度の幅であるが，このうち実際の距離が最も長いのは本初子午線の上にある太線Ｂである。次に長いのは南緯15度の上に引かれている太線Ｃで，北緯30度の上に引かれている太線Ａは最も短い。イについて，地球一周の距離は約40000 kmであるから，太線Ｂの実際の距離は40000÷360×30を計算して，約3333 kmである。

(2) **ア**が正解。あの国はアルジェリアである。イについて，いの国はエジプトであり，この文は黒海を紅海に直せば正しい文となる。ウについて，うの国はエチオピアであるが，この文はケニアについて述べた文である。エについて，えの国はナイジェリアであるが，ナイジェリアの輸出の大部分は石炭ではなく石油が占めている。トランスバール炭田は南アフリカ共和国にある炭田である。

(3) **イ**が正解。①はコンゴ民主共和国，②はボツワナ，③は南アフリカ共和国である。コンゴ民主共和国からザンビアにかけてはカッパーベルトと呼ばれる銅山地帯が広がっており，銅鉱の産出量の多いＸにはコンゴ民主共和国があてはまる。Ｙには南アフリカ共和国があてはまり，南アフリカ共和国の白金(プラチナ)の供給量は１国で世界の７割以上を占めている。Ｚにはアフリカ最大のダイヤモンド産出国であるボツワナがあてはまる。ボツワナはダイヤモンドの採鉱事業が経済の中心となっている国である。

(4) **カ**が正解。Ｘはオークランドの雨温図である。オークランドを含めたニュージーランドは全島が温帯の西岸海洋性気候であり，雨温図は気温・降水量ともに年間を通じての変化が比較的小さなものになっている。Ｙはパースの雨温図である。パースや，問題(5)のウの文にあるようなオーストラリアの人口が多い都市は東部や南東部や南西部のいずれも温帯の地域にある。パースは温帯の地中海性気候であり，雨温図は夏期の降水量が少ないものになっている。Ｚはアリススプリングスの雨温図である。アリススプリングスを含むオーストラリアの中央部は乾燥帯地域が広く分布しており，雨温図は降水量の少ないものになっている。

(5) **エ**が正解。ｄはニュージーランドの南島である。また，文中にある「風」とは偏西風を指している。アについて，ａの島々はキリバスのライン諸島であるが，「かつてはサトウキビのプランテーション労働者として多くの日本人移民が入植した」「アメリカ合衆国の領土である」のはハワイ諸島のことである。また，ライン諸島は日付変更線の西側にあり，カロリン島は世界で最も早く1日を迎える地として知られている。イについて，bはサモア諸島であるが，この文はイスラム教をキリスト教に直せば正しい文となる。オセアニア州の島国はいずれも，主な宗教はキリスト教である。ウについて，cはグレートディバイディング山脈であるが，グレートディバイディング山脈は環太平洋造山帯には含まれていない。

(6) **オ**が正解。オーストラリアは鉱山資源が豊富で，鉱山資源が輸出品の主体となっている国であり，Yには石炭があてはまる。Xには機械類があてはまるが，オーストラリアは他の先進諸国と同様に，輸入品は機械類が多い。Zには肉類があてはまる。オーストラリアは牛や羊の放牧が盛んな国であるが，肉類の輸出額は鉱山資源の輸出額に比べれば小さい。

【2】 農林水産業

(1) **ア**が正解。アの文は，「バブル経済の時期に」の部分が誤りである。この文に述べられている政策は，敗戦後の復興とその後の高度経済成長の時期にかけて木材需要が急増したことに対して行われたものである。1980年代後半のバブル経済の時期にはすでに，外国産の木材が大量に輸入されるようになっている。

(2) **イ**が正解。アについて，庄内平野で栽培されている主な品種は「はえぬき」である。「ひとめぼれ」は宮城県の銘柄米である。ウについて，児島湾干拓地は岡山平野の南部に広がる干拓地である。エについて，佐賀平野は稲作地帯である。また，たたみ表の原料であるい草の生産日本一は熊本県(国内生産量の約99%を占める)である。

(3) **抑制**(栽培)が正解。他の産地からの出荷量が少ないため価格の高い時期に出荷できることが，この栽培方法の利点である。

(4) 1. **根釧**(台地)が正解。根釧台地は，冷涼な気候で，土壌も火山灰であるため農作物の栽培には不向きであった。そのため酪農専業地帯として開拓が進められた。根釧台地の開拓については，1970年代に開始された新酪農村の建設事業も知られている。

2. **X＝イ，Y＝カ**が正解。肉用牛の飼育頭数が第1位であるXは北海道であり，イの「十勝和牛」の「十勝」は十勝平野など北海道の地名である。肉用若鶏の飼育頭数が第3位であるYは岩手県である。カの「南部かしわ」の「南部」は，江戸時代に南部藩の所領だった地域を指す呼称で，岩手県の中北部から青森県にまたがる地域が該当する。南部鉄器は岩手県の伝統工芸品である。アの「米沢牛」は山形県，ウの「松阪牛」は三重県の銘柄牛である。エの「房総ハーブ鶏」は千葉県，オの「つくばしゃも」は茨城県の銘柄鶏である。

(5) **エ**が正解。福島県は全国有数のフルーツ王国で，もも・りんご・日本なしなどの果樹栽培が盛んである。とくにももの生産量は山梨県に次ぐ第2位となっている。アは長野県を表しており，長野県のりんごの生産量は青森県に次ぐ第2位である。イは和歌山県を表しており，和歌山県はみかんとかきの生産量がいずれも全国第1位である。ウは鳥取県を表しており，鳥取県は日本なしの生産が盛んである。二十世紀梨は鳥取県を代表する農産物の1つである。オは熊本県を表しており，熊本県はみかんの栽培が盛んである。熊本県の2017年のみかんの生産量は全国第3位となっている。カは山梨県を表しており，山梨県はぶどうとももの生産量がいずれも全国第1位である。キは愛媛県を表しており，愛媛県のみかんの生産量は全国第2位である。

(6) **X＝キ**，**Y＝ア**(完答)が正解。Xは静岡県の焼津漁港，Yは鳥取県の境漁港の位置を示している。イは福岡県の博多漁港，ウは宮城県の石巻漁港，エは鹿児島県の枕崎漁港，オは北海道の釧路漁港，カは千葉県の銚子漁港について述べた文である。

(7) **ウ**が正解。Xについて，広島県の広島湾は日本最大のかきの産地である。Yについて，ほたてがいの養殖は青森県の陸奥湾や北海道の沿岸各地などで行われている。Zについて，九州の有明海はのりの養殖で知られており，佐賀県・福岡県の他，熊本県も生産量が多い。

【3】 古代～近世の総合問題Ⅰ

(1) **エ**が正解。『論語』は孔子と弟子の問答や孔子の言行，孔子の高弟の言葉などを伝える書物である。南宋の朱子が重んじて四書(『論語』『孟子』『大学』『中庸』)の1つに入れた。アについて，孔子は春秋時代の前551年頃～前479年の人だが，始皇帝が戦国諸国を滅ぼし最初の統一帝国を築いたのは前221年のことなので，時代的に孔子が始皇帝の時代の儒学の様子を記すことはできない。また，朱子学の成立は南宋の時代のことである。イについて，孔子は春秋時代の人であり，洪秀全は清代に太平天国の乱を起こした人物なので誤りである。ウについて，『論語』は中国の書物であり，李成桂は朝鮮王朝の創始者で百済の人ではない。

(2) **十七条の憲法**が正解。十七条の憲法は聖徳太子により604年に制定された。天皇の命令に従うべきことや役人の心得などが定められており，儒学や仏教の考え方が取り入れられているとされる。

(3) **ウ**が正解。律令体制下の農民は重い国家負担を課されていたため，逃亡する者も現れた。アについて，律は刑法，令は行政法や民法で，律令官制や班田収授の法は令の中に定められている。イについて，大宝律令の制定は701年で奈良時代より前のことである。エについて，アにあるように律令官制は令に規定されているが，摂政，関白，征夷大将軍などはいずれも令に規定がない官職で，これらは令《りょう》外《げ》の官と呼ばれる。

(4) **太政**(官)が正解。二官とは太政官と神祇官のことで，太政官の下に中務《なかつかさ》省・式部省・治《じ》部《ぶ》省・民部省・兵《ひょう》部《ぶ》省・刑《ぎょう》部《ぶ》省・大蔵省・宮内省の八省が置かれた。

(5) **イ**が正解。『古今和歌集』は平安時代に紀貫之らによって編纂《さん》された最初の勅撰和歌集である。アについて，『万葉集』は奈良時代の770年頃に成立した日本最古の歌集である。ウについて，『金槐和歌集』は鎌倉時代の第3代将軍源実朝の歌集である。エについて，『新古今和歌集』は鎌倉時代初期に撰修された勅撰和歌集である。

(6) **ア**が正解。1051年に起こった前九年の役で戦乱の平定にあたったのは源頼義・源義家親子である。源為義・源義朝親子は1156年に起こった保元の乱の際に親子で敵対陣営に属して争ったことで知られる。

(7) **ウ**が正解。菅原道真は遣唐使に任命されたが，遣唐使廃止の建議をして実際には唐に渡航しなかった。

(8) **イ**が正解。一定の財物を宮中の行事費や寺社造営費として官に納めて官職や位階を受けることを成功《じょうごう》といい，その一種として重任が行われた。アについて，地方の旧国造《くにのみやつこ》の家柄の者から選んで任命されたのは郡司であり，国司には中央から中下級貴族が任命されて赴任した。ウについて，桓武天皇が国司交替時の不正を防止することを目的として置いたのは，勘解由使《かげゆし》である。検非違使《けびいし》は京中の治安維持にあたる官職で，9 世紀初めに嵯峨天皇により置かれた。エについて，遙《よう》任国司が任国に派遣したのは目代などであり，受領《ずりょう》は自身が任国に赴任する国司のことである。

(9) **ウ**が正解。元寇の際に元軍に従って従軍したのは高麗《こうらい》(918 年～ 1392 年)である。新羅はモンゴル帝国の建国(1206 年)より前の 935 年に滅んでいる。

(10) **エ**が正解。X の文は，法然を栄西に直せば正しい文になる。法然は浄土宗を開いた人物である。栄西は鎌倉時代に中国の南宋から臨済宗を伝えた。臨済宗は当初，延暦寺の圧迫を受けたが，鎌倉・室町幕府の保護を受け，京都・鎌倉の五山が整備された。Y の文は誤っている。「南無妙法蓮華経」という題目を唱えたのは日蓮の開いた日蓮宗である。曹洞宗は 1227 年，道元が中国の南宋から伝えた禅宗の 1 つである。また，道元は室町時代ではなく鎌倉時代の人物である。

(11) **ウ**が正解。第 3 代将軍足利義満が勘合貿易を始めたのは 1404 年で将軍職(在職 1368 年～ 1394 年)を退任した後のことである。

(12) **足利義政の将軍継嗣の問題や管領の相続争いに守護大名**(が介入して起こった。)

応仁の乱は足利義政の継嗣問題をきっかけとして，管領の斯波《しば》氏・畠山氏の継嗣争いが絡み，それに介入した守護大名の細川氏を中心とする東軍と守護大名の山名氏を中心とする西軍に分かれて戦った戦乱であった。

(13) **ウ**が正解。フランシスコ = ザビエルが日本に来たのは 1549 年，カルヴァンがジュネーヴで宗教改革を進めたのは 1541 年以降のことである。フランシスコ = ザビエルは宗教改革に対抗してカトリック側が行った反(対抗)宗教改革で活躍したイエズス会の宣教師である。よって，同時代にあたるのは宗教改革者の一人であるカルヴァンであり，ウを選ぶのが正解となる。アについて，アレクサンドロス大王の東方遠征は，征服地の各地にアレクサンドリアという都市を建設した(前 334 年～前 324 年)。イについて，十字軍は第 1 回十字軍が 1096 年に派遣されて以来，13 世紀まで遠征が繰り返された。エについて，フランス革命が起こって人権宣言が発せられたのは 1789 年，第一共和政が成立したのは 1792 年のことで，フランス国王ルイ 16 世は 1793 年に処刑された。

【4】 古代～近世の総合問題Ⅱ

(1) **ア**が正解。朝鮮王朝は明の朝貢国であったため，豊臣秀吉の明への出兵の先導役の依頼を拒絶した。イについて，第 1 回の朝鮮出兵では日本軍は朝鮮北部まで攻め込んでいる。また，第 1 回の朝鮮出兵(文禄の役)は 1592 年～ 1593 年である。ウについて，李鴻章《りこうしょう》は清代後期の政治家で，日清戦争の講和条約である下関条約の清側の全権となった人物である。朝鮮出兵の際に亀甲船を用いて活躍した朝鮮水軍の将は李舜臣《りしゅんしん》である。エについて，白村江の戦いは663年に百済の残存勢力を支援した日本軍が唐・新羅連合軍に敗れた戦いである。

(2) **昌平坂学問所**が正解。昌平坂学問所は，湯島にあった聖堂学問所が，寛政の改革の時に幕府の直轄する学問所とされたものである。寛政の改革の際には，寛政異学の禁により朱子学以外の教授が禁止された。

(3) **ウ**が正解。第5代将軍徳川綱吉は儒学を尊び，上野不忍池《しのばずのいけ》にあった林家の家塾を湯島に移転させ，湯島に孔子廟《びょう》を建立させた。また，生類憐みの令により人々が慈悲の心を持つようにさせようとした。アについて，第5代将軍徳川綱吉の頃の文化は上方の町人を中心に栄えた元禄文化である。イについて，幕府の財政が赤字に転じたため，小判の金の含有量を減らして増発し打開を図ったが，経済の混乱を招いた。エについて，第5代将軍徳川綱吉の将軍職在任期間は1680年～1709年だが，アメリカ独立戦争は1775年に勃発し，1783年にイギリスがアメリカの独立を承認したので，時期が70年前後異なる。

(4) **イ**が正解。海舶《かいはく》互《ご》市《し》新例《しんれい》(長崎新令，正徳新令)は1715年に出された長崎貿易の制限令で，オランダ・清の貿易船・貿易額に制限を加えた。アについて，株仲間の結成を積極的に奨励し，営業税を課したのは田沼意次《おきつぐ》の政治の頃のことである。ウについて，棄捐令が出されたのは松平定信の行った寛政の改革の頃のことである。エについて，人返しの法(人返し令)が出されたのは水野忠邦が行った天保の改革の頃のことである。

(5) **ア**が正解。XとYともに正しい。Xについて，参勤交代は，第3代将軍徳川家光の代に武家諸法度(寛永令)で制度化された。Yについて，享保の改革の際に上げ米(1722年～1731年)で諸大名に米を供出させる代わりに，参勤交代時の江戸在府期間を半年に短縮した。

(6) **大塩平八郎**が正解。大塩平八郎は幕府の大阪町奉行所の役人で，陽明学を学び，引退後は家塾で陽明学を教授していた。1837年に大塩平八郎が中心となって大塩平八郎の乱を起こしたが鎮圧された。

(7) **ウ**が正解。長州藩は朝廷にはたらきかけて幕府に攘《じょう》夷《い》を約束させる一方，率先して攘夷を実行したが，イギリス・フランス・アメリカ・オランダの4国の報復攻撃を受け，下関砲台を占領された。アについて，ペリーの艦隊の再来航により1854年に結ばれたのは日米和親条約で，下田と函館の2港が開港された。日米修好通商条約が結ばれたのは1858年である。イについて，安政の大獄を行ったのは井伊直弼《すけ》である。井伊直政は井伊直弼の祖先で関ヶ原の戦いで活躍した武将である。エについて，薩摩藩は生麦事件の報復を図るイギリスとの間に薩英戦争が起こったが，攘夷の無謀さを悟った薩摩藩は講和後，アメリカではなくイギリスと接近した。

【5】 経済

(1) **家計**が正解。国家における経済活動は，政府・企業・家計の3つの経済主体から成り立っている。このうち家計は，主に消費活動を行う一方で労働力を提供する。図にあるように，企業に対しては，財やサービスの購入に伴う代金の支払いや労働力の提供を行うなどの見返りとして商品や賃金などを得ている。また政府に対しては，租税を納めたり公務員として労働力を提供するなどの見返りとして行政サービスや賃金などを得ている。

(2) 1. **ウ**が正解。ウの文は誤っている。一部の企業によって市場が占められている寡占市場では，競争相手が少ないため，需要と供給の関係だけでなく寡占している企業が利益を得やすい高めの価格を設定することが多い。

2. **ア**，**イ**，**エ**(完答)が正解。自己資本は企業自らが保有する資本で，他人資本は他からの融資などによって調達する資本である。アについて，他の企業の株式は，株式を購入した企業が所有するので，配当金も同様に株式を購入した企業に所有権がある。イについて，企業自らが保有する預貯金やその利子は，アと同様に預貯金を持つ企業に所有権がある。エについて，自社の株式を発行して得た資金は，ウのように融資によって得た資金ではないので，アやイと同様に自己資本に含まれる。

(3) ア. **均衡(市場)**(価格)が正解。理論上需要量と供給量が一致する価格を均衡価格，現実の市場において需要量と供給量の関係で決まる価格を市場価格という。この2つは異なる意味を持つので，出題によっては片方のみ正解となる場合もあるので注意したい。

イ. **$A_3 - A_1$**が正解。右下がりの直線が需要量，右上がりの直線が供給量を表す。問題を解く際に需要量と供給量の数値がわかりやすいように直線になっているが，一般にはそれぞれ曲線で表される。このグラフでは，価格がB_1の時，需要量はA_3であるのに対して，供給量はA_1しかない。問題文の会話の中に「すぐに売り切れてしまう」とあるのはこれが理由である。しかし，価格がB_3に上がると，需要量は減少してA_1となるが，供給量はA_3に増えるので，$A_3 - A_1$の量だけ売れ残る。

(4) **IMF**が正解。IMF は International Monetary Fund の略称で，国際通貨基金を表す。IMFは1945年に設立され，現在189か国が加盟している。通貨に関する国際協力の促進や為替の安定の促進などを目的として，問題文にあるような国際収支赤字国への短期融資などを行っている。

(5) 1. **ア**が正解。日本の高度経済成長期は1955年頃～1973年の石油ショックまでだが，経済白書に「もはや戦後ではない。」と記されたのは1956年であり，高度経済成長期の初期にあたる。イについて，GNPの規模でアメリカ合衆国に次ぐようになったのは1968年のことである。また，1970年代後半は高度経済成長期には含まれないため，ここだけでも誤りとわかるだろう。ウについて，1950年代後半～1960年代に家庭に普及した「三種の神器」と呼ばれたものは，電気冷蔵庫・電気洗濯機・白黒テレビであり，自動車は1960年代後半～1970年代に普及したカラーテレビ・クーラーと合わせてアルファベットの頭文字をとって「3C」と呼ばれた。エについて，いざなぎ景気は1966～70年の好景気であり，1958～61年の好景気である岩戸景気より後である。ちなみに岩戸景気といざなぎ景気の間には，東京オリンピック開催(1964年)に関連した1963～64年のオリンピック景気があった。また，岩戸景気やいざなぎ景気の時期はほとんどの年で実質経済成長率が10%を上回っていた。

2. **ア**が正解。1963年は上の1.の説明にあるようにオリンピック景気の時期なので，好景気であったと考えられる。イ，ウ，エにある賃金の上昇，雇用の増加，設備投資の増加はいずれも好景気の時期に見られるものであるが，アの在庫の増加は，商品が売れずに在庫が増えているという意味なので，不景気の時期のできごとである。

(6) **イ**が正解。不景気の際に行うこのような金融政策を買いオペレーションという。アについて，政策金利の引き上げや引き下げは政府が行う財政政策ではなく，日本銀行が行う金融政策である。また，不景気の際には日本銀行は政策金利を引き下げて，一般の金融機関が民間企業などに資金を貸し出しやすくする。ウについて，増税や減税は政府が行う財政政策に含まれるが，不景気の際に行うのは減税であり，これによって企業や個人が経済活動を行いやすくすることで景気回復を図る。

(7) **ウ**が正解。Xの文が誤っている。当時のアメリカ合衆国は，高金利政策を採用していたため，他国が自国の通貨を売ってドルを買うことを盛んに行ったため，ドルの需要が高まりドル高が進行した。ドル高になれば輸出に不利となり，Yにあるように輸入額に対して輸出額が下回る要因の1つにもなった。

(8) **デフレスパイラル**が正解。スパイラルとは「らせん」を意味する語句である。流通する通貨量が減少することによって物価が持続的に下落していくことをデフレーション(デフレ)というが，このデフレーションが不景気を招き，それがさらに物価を下落させるという悪循環をデフレスパイラルという。1986年～1991年のバブル経済(バブル景気)が崩壊した後，日本は「失われた10年」と呼ばれる不景気が継続する時期を迎えたが，この際にデフレスパイラルに陥り，多くの企業で業績が悪化し，従業員を解雇するリストラなども盛んに行われた。

(9) **エ**が正解。問題文にあるように，国債依存度とは一般会計総額に占める新規の国債発行額の割合を表したものなので，国債発行額を国債依存度で割れば一般会計総額がわかる。例えば，1978年の場合は，国債発行額が約10兆円，国債依存度が約30%なので，10÷0.3＝約33.3(兆円)と計算できる。国債発行額と国債依存度はほとんどの年度で連動しており，国債発行額が大きい年度は国債依存度も高いため，100兆円を超える年度はないことがわかる。アについて，公共施設の建設などを使途として発行するのは赤字国債ではなく建設国債である。赤字国債は一般会計予算の不足分を補う目的で発行される国債であり，特例国債とも呼ばれるが，これについては本来，財政法で発行が禁じられており，毎年財政特例法を制定して発行している。また，法律はどんな種類であっても国会以外が制定することはできない。イについて，バブル経済(バブル景気)は(8)にもあるように，1986年～1991年の好景気を指す。グラフを見ると，バブル経済の時期に赤字国債が発行されていた年度があることに加え，バブル経済の後にも赤字国債が発行されていなかった時期があることがわかる。ウについて，上にもあるように，国債発行額と国債依存度はほとんどの年度で連動しているが，1979年～1980年や2010年～2011年のように，国債発行額は前年を上回っているものの，国債依存度が前年より下回っている年度もある。

(10) **ア**が正解。アとウについて，金本位制度は通貨の発行量が金の保有量までに限られていたが，管理通貨制度に移行したことで，金の保有量に関係なく通貨の発行が可能になった。したがって政府による景気の調整がしやすくなったと言える。イについて，日本が管理通貨制度に移行したのは世界の主要国と同様に1931年のことであり，これは1929年の世界恐慌の影響が大きかった。エについて，兌《だ》換紙幣とは金と交換可能な紙幣(銀行券)のことであり，金本位制度のもとではこの兌換紙幣が発行された。一方，不換紙幣とは金との交換が不可能な紙幣(銀行券)のことであり，管理通貨制度のもとで発行された。ちなみに現在の紙幣も不換紙幣である。

(11) **ウ**が正解。Cさんだけが正しいことを述べている。Aさんについて，2018年度の国税における直接税と間接税の比率は，直接税が約58%，間接税が約42%である(『日本国勢図会』2019/20による)。Bさんについて，所得税に累進課税制度が導入されているのは正しいが，法人税には導入されていない。

(12) **665**(円)が正解。1989年に初めて3%の税率である消費税が導入された。その後1997年の5%，2014年の8%を経て，2019年に10%になった。問題では1990年と現在の差を尋ねているので，9500円の商品を購入した場合，1990年には9500 × 0.03 = 285(円)，現在は9500 × 0.1 = 950(円)の消費税をそれぞれ負担することになるため，差額である950 − 285 = 665(円)が答えとなる。

代のものであるかを特定する。ア『伊勢物語』は平安時代、イ『東海道四谷怪談』、ウ『おくのほそ道』、エ『古事記伝』はどれも江戸時代、オ『方丈記』は鎌倉時代に成立した作品である。設問は「夏目漱石が活躍した時代から最も離れた」ものを求めているので、アが正解となる。

【現代語訳】

春の雨が細かく降り注ぎ、軒先の梅の香りが心を引かれるように咲き乱れ、鶯の初音を待ちきれないところであるが、私も一人住まいの退屈に耐えられず、友を待っているような状態である時に、たちまち私の粗末な住み家の戸を叩く音がして、長く会っていない友が訪れた。雑草の茂みを押し分けて（私の）粗末な家を訪ねてくるものは春くらいだ、と思ったが、「よく来なさった」と言うと、「今回、断りにくい用事があって東京に来たついでに、昔を懐かしんで訪ねて参ったのだ」と言うのがとても嬉しく、「お茶（を飲め）、火（にあたれ）」と言って騒いだりしたのも良いものである。友が言うには「時が経つにつれて私の容姿が不思議に変わってしまったところに『君のおもかげもさぞかし変わりなさっただろう』と、道中、昔の懐かしさに耐えられませんでしたが、お会い申し上げますと、思っていたのと違わず、とても大人びなさっている。」と言うのも、「そうであろう。川辺の柳の枝を折って君を見送って差し上げてから、すでに六年あまり、七年近くになってしまった。変わったのは私だけだろうか、いやそうではない。目つきと顔つきなどがとても立派であった君が、長く見ない間に青いひげが濃く生え出しているなど、おどろいた」と言って笑った。

注意が必要である。実際の発言はそのあとの「大人びたまへり」まで続いている。

問二　古典単語の意味を問う問題である。A「ゆかしく」は形容詞「ゆかし」の連用形で、〈気がかりだ・知りたい〉、また、転じて〈心が引かれる〉などの意味がある。正解はウ。B「めでたかり」は形容詞「めでたし」の連用形で、意味は〈素晴らしい・立派だ〉などである。現代語に音が残りながら意味が異って用いられるもの、つまり古今異義語には特に注意が必要である。

問三　本文に登場する人物は筆者と友人の二人だけである。――線①「われ」は筆者が自分を指していったものであるから、答えは、a～eのうち筆者を指しているものを選べばよい。aは〈友をまっている様子〉を指す「友まち顔」という言葉の一部であり、特定の人物を示している語ではない。b・cは実際に訪れてきた友人を指している。dの「君」は、友人が筆者を指していったものであり、これが正解となる。eは筆者が以前に見送ったときの友人のことを指している。

問四　「つれづれ」とは、退屈な様子やすることのない様子を表す言葉である。『徒然草』の冒頭に出てくる単語でもあるため、覚えている人も多いだろう。注意が必要なのは「えたえず」の意味である。これは〈え＋(動作内容)＋打消語〉で〈(動作内容)できない〉という不可能を表す語法である。ここでは〈え(耐える)ず〉から、〈(耐える)ができない〉、つまり〈耐えることができない〉を意味している。したがって正解はイとなる。

問五　「ぬ」は注意が必要な単語である。現代語の感覚に頼ると「ぬ」を〈ない〉の意味のみで捉えてしまいがちだが、実際には現代語の〈た〉、〈～てしまう〉などを表す完了の意味を表す助動詞もある。直後に名詞が続いている「ぬ」が打消しの「ぬ」で、文が終わっているものが完了の「ぬ」である。――線③を訳すと「訪れた」となる。

問六　まず、本文の冒頭部分を確認すると、「春雨」の季節、「独居のつれづれにえたえず」という状況の中に、「久しくあはぬ友」が訪れたことが述べられている。続いて、この、「久しくあはぬ友」が訪ねてきたこと、そして「むかしを忍びて」訪ねてきたことを合わせると、解答例のようになる。設問の条件に注意し、形式上のミスがないようにしたい。

問七　――線⑤の直後に「大人びたまへり」とあることから、予想どおりだったのは「大人び」たことであることがわかる。さらに――線⑤の前には「君のおもかげもさぞかし変わりたまひけむ」とあることから、「君」の「おもかげ」が「変わり」、「大人び」たことが予想のとおりであったという意味が読み取れる。正解はエである。

問八　文学史に関する問題である。まずそれぞれの作品がどの時文にある話し言葉の「生きてる」を「生きている」に改め、さらに「誰が」にあたる部分を補うことが望ましい。

問八　問題文では**問四**で触れた箇所の他にもう一つ、――線⑤の後に回想場面が挟み込まれている。文章の叙述のうち、どこからどこまでが回想に当たるかを慎重に見極める必要がある。――線⑤の直後にある「それは水彩画の授業で」は、「先週の美術の授業」に関する追加の説明であり、あわせて、このあとから始まる実際の回想への導入部となっている。実際に過去の時間に当たるのは「みなさん、しばらくじいっと目を閉じて」からの部分であり、これ以降、実際に描かれた二人の絵の内容、そして、亜希子と記実子の会話が続く。過去の時間が終わり、今、つまり教室の場面に戻るのが、「あれはどういう意味だったんだろう」という、亜希子の心中描写の部分である。心中描写にもかぎかっこが付けられていないが、ここにある「あれ」が美術の時間に記実子が発した言葉、「あたしたちの夢の続きよ。ねえ、覚えてる?」を指していることが読み取れれば、過去の回想を終えた段階で、改めて内容を考え直しているということがわかるだろう。したがって、正解は「みなさん、」……「覚えてる?」である。

問九　ことわざ・慣用句などに関する知識は日ごろから気をつけていなければ身につかない。「継続は力なり」は、小さな成果しか上がらなくても地道に続けていれば大きな目標の達成につながる、という意味の格言である。前後の文脈から「継続」ならば推測して入れることが可能かもしれないが、答えとなっている「力」は知らなければ埋められないだろう。

【三】　古文の読解

《出典》夏目金之助「故人到」

「故人到」は、夏目漱石《そうせき》が明治二三(一八九〇)年、まだ在学中に書いた「作文」である。近代に成立した文章ではあるが、本文はおおむね古典文法と古語の用例に従っている。こうした文章を近代文語文と呼び、現在では古典として取り扱われることもある。

＊本文は岩波書店一九五七年版『漱石全集』によったが、問題作成の都合上、句読点やかぎかっこといった記号を補い、表記などを一部読みやすく改めた部分がある。

問一　長いこと会っていなかった友人が筆者の家を訪れた時の様子を描いた文章である。会話文がどこからどこまでかを見抜くには、会話のきっかけになる動作、「言ふ」・「問ふ」・「答ふ」などと併せて、会話や引用の終了を示す「と」(言った・答えた)を目印にするとわかりやすい。本文では「友の云ふやう」のあとから友人の発言が始まる。この会話文には心中描写として『君のおもかげもさぞかし変わりたまひけむ』と」が含まれているので母さんも美人で」とあることをふまえると、正解がウであることがわかるだろう。ア「趣味や趣向をもっている」とは断定できない。この会話文に「きっと」とあり、発言があくまでも想像であることが示されている。イ「ふつうの食生活」が誤り。ここでは自分たちと記実子の家の違いが話題である。エ「からかいたい」が誤り。先に挙げたように記実子はここでは「アイドル」であり「支持を得るタイプ」であるとされている。オ「同じような休日を過ごして」、「理想に近づきたい」という意思は一連の会話に含まれていない。あくまでも記実子とその家について話題にしているだけである。

問五　指示語の内容に関する問題である。「嵐の海」に見立てられているのが何であるかは直前の一文に示されている。「ガラス一枚隔てた殺風景な校庭は灰色の水溜まりと化し、吹き付ける風に漣が立っていた」とある。ここで注目すべきなのは、「嵐の海」が思い浮かんだのが、記実子から「雨が降ると庭に海ができてそこに船がやってきて」という話を聞かされたためであるという点である。「庭に海ができて」という言葉が「校庭」を「海」に感じさせたのである。またこの場合、「校庭」が「雨」によって「水溜まりと化し」ていることも重要である。これ以外の修飾を削り、語順を入れ替えると「灰色の水溜まりと化した校庭」となる。

問六　――線③の次の亜希子の発言に理由が述べられている。この発言の中で亜希子は「同じことの繰り返し」の内容をいくつもの例を挙げながら説明している。また、「つまんない」と「面白そうじゃない」もほぼ同じ内容であることに注意が必要である。詩などの説明に用いられる表現技法の「反復法」の効果が強調を意味していることを思い出そう。亜希子は「繰り返し」が「つまらない」ため、そうした毎日から逃れたいために「遠いところに行きたい」と言ったのである。

問七　直前にある亜希子の「あたしたちってなんのために生きていくのでしょーか」を受けた表現であることに注目する。この言葉を記実子は「笑わなかった」うえで、――線④のように「真剣な瞳」を亜希子に向けている。この直後にある「続きを知るためよ」という発言の真意は本文中では明確に示されない。しかし、その後の記実子の発言を読み進めると、彼女がどのような考えを持っているかは理解できる。[B]を含む会話文の後半に「みんなで長い長い時間の先を目指して、ずっと歩き続け」なくては「あたしがここにいる意味ないもの」とあり、さらに亜希子が「意味なんて必要なのかなあ」と返すと、それに対して「矛盾」を指摘したうえで「意味を考えないのなら、毎日時間に流されていればいいでしょう」と続けている。つまり、記実子は「続きを知る」ためにも「ここにいる意味」、「生きてる意味」を考えることを重要だと思っているのである。まとめの文を作成するにあたっては、本

「雨の音」が「川のせせらぎ」に変わる直前に来るのがウ「自分がその窓ガラスの上を歩いていて、ガラス板の下に流れる川を見下ろしているような気分になってくる」である。「川を見下ろしているような気分」から、「川のせせらぎに変わる」のである。ウにある「その窓ガラス」が何を指しているかを確認すると、ア「頬杖をついて四角い窓ガラスを見上げていると、だんだん頭の中の重力の法則がぐにゃりとひしゃげてきて、どこが天井でどこが床なのか分からなくなってくる」がその前に並ぶこともわかる。「重力の法則がぐにゃりとひしゃげ」た結果として「川を見下ろしているような気分」が生じるのである。続いて、エ「高い天井までのびるガラス窓のてっぺんから、めまぐるしい曲線を描きながら寄せる波のような雨がどんどん流れ落ちてくる」が「雨」に限定した具体的な描写であることを考えると、これが先頭にくることがわかる。問題となるのは、イ「その眺めは不思議と見飽きなかった」の「その眺め」が何を指しているかである。仮に「眺め」が「川」を指しているとするとウのあとにこの文が置かれることになるが、ウの末尾が「気分になってくる」であることから「眺め」には当たらないため、この位置は不可能である。同様にアに述べられている内容も「分からなくなってくる」感覚であって「眺め」には当たらないため、アのあとに並べることもできない。「その眺め」の「その」が指すのはエの〈ガラス窓を流れる雨〉である。

また、イにある「見飽きなかった」という表現に注目すると、何かを見続けているということが読み取れるだろう。この見続けている対象が〈流れる雨〉である。アにある「頭の中の重力の法則がぐにゃりとひしゃげ」たのはこのためである。エよりも前にイを置いてしまうと、「その」の中身が具体性を伴わないだけでなく、後に続く「川」への変化の原因が曖昧になってしまうため、エとアの間に置くことが適切であるとわかるだろう。

かなり入り組んだ関係ではあるが、正解の順序はエ→イ→ア→ウである。

問三　品詞の識別に関する問題である。自立語か付属語か、活用はあるか、また、その語がどこにかかるかなどから判断する必要がある。選択肢の語はすべて活用しない修飾語であるため、どの語にかかっているかを確認することで、連体詞または副詞のいずれであるかを知ることができる。エの「この」は名詞のみにかかる連体詞で、他はすべて主に用言などにかかる副詞である。

問四　「この春」に「うちの高校に編入してきた」記実子に関する回想場面の一部であり、――線①は「うちの高校」の「女の子」の発言である。――線①の一つ前の段落から読み直すと、「物静かで上品」、「同性のアイドル」、「強い支持を得るタイプ」とあり、さらに――線①の直前に「上品なおうちなんだろうね」、そして「おさらに「先に申しました」と述べられていることに注意が必要である。**問二**と**問四**で触れた箇所にほぼ同じ内容が挙げられ、その理由が示されている。列挙された特色のうち「四番目」の特色を読み直してみると「神と死者の霊とは本来はまったく区別された」とある。この部分を条件に合わせて書き換えれば解答となる。

問八　本文の部分要約を行う問題である。本文では古代における「日本の神と社」について考察が行われているが、設問ではその中でも特に「起源」に関する内容を求めている。三箇所の空欄が要約文の中でどのような役割を果たしているかを考えながら、本文から適切な表現を見つけ出せばよい。[Ⅰ]は本文で定義される「古代」がどの範囲かを示すものとして「古墳時代後期から平安時代まで」が入る。[Ⅱ]はその時代の「神」がどのようなものとして考えられていたかの説明であるが、[Ⅱ]の後に「平常は人里に住まず」とあるため、[Ⅱ]には神の居所に関する内容は入らず、同じく「この神は」という語句があるため、「多様な神格」に関する表現も入れることができない。入るのは「あらゆるものに宿る」という内容となる。[Ⅲ]は「特定の日にだけやって来る」神がどこにいるのか、という内容が入る。[Ⅲ]の直前に「人里に住まず」とあるため、その要素を除くと、神が平常住む場所である「遠方の清浄の地」・「山の奥や海の彼方」などが入る。これをまとめればよい。

【二】　小説文の読解

《出典》恩田陸『光の帝国　常野物語』（集英社　二〇〇〇年）

著者は作家。一九六四年生まれ。早稲田《わせだ》大学教育学部卒業後、一九九一年に『六番目の小夜子』でデビュー。二〇〇五年に『夜のピクニック』で第二三回吉川《よしかわ》英治文学新人賞、二〇〇六年に『ユージニア』で第五九回日本推理作家協会賞、二〇一七年には『蜜蜂と遠雷』で直木賞を受賞している。

＊問題作成の都合上、文章を一部改変したところがある。

問一　漢字の読み書きの問題。

a「たんせい」とは、姿や動作、特に顔立ちなどが整っている様子。b「直」の音読みは「チョク」・「ジキ」。c「覆」の音読みは「フク」。d「曇」の音読みは「ドン」。

問二　順序を乱された文を正しく並べ替えるには、それぞれの文がどのような関係になっているかを正確に理解する必要がある。はじめに[A]の前に「雨はまだ降りやまない」とあること、そして[A]の直後が「雨の音は、やがて川のせせらぎに変わる」となっていることを確認する。この「雨」から「川」へとイメージが移り変わっているという大きな流れをもとに候補となっている文を見ると、それぞれの文に含まれる話題と指示語の関係から順序が次のように決定される。

に述べたことと後に述べることが必然的につながっているため、ここでは「したがって」が入る。また、ここでは前後を同じ内容と考えれば「つまり」が入ることも考えられる。B も同様に確認すると、直前が「神は目に見えないものである」とあり、直後には「神の形（神像彫刻など）は本来けっして作らなかった」となっている。「見えない」から「作らない」という因果関係が読み取れるため、この空欄には「だから」が入る。A・B 両方を満たすイが正解である。

問四　――線②にある「右のような」は、「ここまでに述べたこと」を指し示す語句である。直前の段落に補足の話題が挟まれているため、注意しなければどこを指しているかを見極めにくい。なお、この直前の段落が補足であることは冒頭で「日本のカミといっても」、末尾で「社を建てている場合も」と、二度「も」を添えていることからわかる。では、「右のような特色」とは何であるか。B の前後に「第一に」から「四番目」まで、様々な特色が列挙されていることに注目しよう。ここに挙げられた内容をもとに、選択肢を検討すればその説明が適切か不適切かを判断することができる。ア「日本には山を神の住む場所として祭る神社がある」は「第二」の特徴と一致する。イ「神を憑り移らせる刀剣を祭った神社がある」も「第一」と一致するので、アとイは適切である。ウ「神聖な岩や樹木に神の姿を刻んだ神社がある」は、「第三」に示された「神の形（神像彫刻など）は本来けっして作らなかった」に反するため不適切、エ「稲作に関わる先祖を祈りの対象とする神社がある」も、「四番目」にある「死者の個人の霊が神として祭られることは、古くはまったくなかった」に反するため不適切である。オ「蛇などの動物を神として祭った神社がある」は「第一」の特徴と一致している。設問は不適切なものをすべて求めているため、正解はウ・エである。

問五　指示語の内容を簡潔にまとめる問題である。直前の段落が指示対象である。字数以内にまとめるためには、段落で示された内容から余分な要素を削り落とさなくてはならない。この段落で主張されていることは何か。それは「神社」では「ご神体は絶対見えない」構造がとられていることである。さらに、仮に〈お扉が開けられても、帳によって中は見えない〉という点も重要である。それほど「見えない」ことが徹底されているのである。以上をふまえて文の表現を整えると、解答例のようになる。

問六　語の意味を考えるのではなく、意味から語を推定する問題である。設問に添えられた説明を参照すると「表面には現れず、内部に隠れて存在している」とある。また、C の直後に「的」とあることが重要である。意味の説明に合致し、「的」につながる語は「潜在」である。

問七　――線④のあとに「いいかえれば死者は神にならぬ」とあり、

〈出題と領域〉

	領域名	設問	配点
01	論説文の読解	【一】	35点
02	小説文の読解	【二】	35点
03	古文の読解	【三】	30点

解説

【一】 論説文の読解

《出典》岡田精司『神社の古代史』（筑摩書房二〇一九年）

著者は民俗学者。一九二九年東京都生まれ。國學院《こくがくいん》大学卒業後、大阪市立大学で博士の学位を取得。立命館大学助教授、三重大学教授を務めた。著書に『古代王権の祭祀《さいし》と神話』・『祭祀と国家の歴史学』などがある。

＊問題作成の都合上、文章を一部改変したところがある。

問一 漢字の読み書きの問題。

a「変遷」とは移り変わること。b「たよう」とはいろいろと種類があること。c「包括」とは全体をまとめること。 d「絹」の音読みは「ケン」。

問二 日本の歴史において神や神社がどのように成立し、どのような特徴をもっているかを考察した文章である。——線①がその全体に関わる最初の問いかけとなっている。次の段落にあるように、「この章」では特に古墳時代後期から平安時代までの古い時代が扱われており、そこから見られる特徴が具体的に列挙される形式で論が進められる。この問いかけと同じ内容をまとめた文が〈中略〉の直前に示されている。「この考えが神祭りや神社の背景にあるのです」がそれである。ということは、ここにある「この考え」の内容が——線①の問いかけに対する回答となるはずである。ここに示された神の性質と、その神を「迎える村里の祭場」が「神社」の起源であると筆者は述べているのである。設問の条件に合わせて一文のはじめと終わりを抜き出すと「神の平常住」……「往復する。」となる。

問三 空欄を埋める場合にはその前後の関係と、入るべき語の正確な用法を確認する必要がある。まず、候補となる語の意味と用法を確認する。「つまり」は前後が同じ内容や言い換えになっている場合に、「なぜなら」は後に理由の説明が来る場合に、「ところが」は前後が必然的でない場合や予想に反する場合などに用いられる。「ところで」は前後の話が切り替わる場合、「または」は前後が選択になっている場合、「そして」は前後がそのままつながる場合に用いられる語である。[A]の直前は「日本人の神観念」が「時代と共にヘンセンして」いること、直後は「どの時代を取り上げるかによって」「違った様相を示す」となっている。前

国語 解答

【一】

- 問一　a 変遷　b たよう　c 包括　d きぬ
- 問二　はじめ 神の平常住　終わり 往復する。
  - ※問二ははじめと終わり両方正解で得点。
- 問三　イ
- 問四　ウ・エ
  - ※問四は完答。順不同可。
- 問五　(例)神社ではご神体を絶対に見せないような構造になっており、祭りの時に扉が開かれても内側が見えないようになっているということ。
- 問六　潜在
- 問七　(例)古くは神と死者の霊が区別されていたから。
- 問八
  - Ⅰ　(例)古墳時代後期から平安時代まで
  - Ⅱ　(例)あらゆるものに宿っている
  - Ⅲ　(例)山の奥や海といった清浄の地

【二】

- 問一　a たんせい　b 直感　c 覆う　d くもり
- 問二　エ→イ→ア→ウ
  - ※問二はすべて正解で得点。
- 問三　エ
- 問四　ウ
- 問五　(例)灰色の水溜まりと化した校庭
- 問六　(例)高校生である今も大人になってからも毎日同じことばかりを繰り返して生きていかなくてはならないことがつまらなく思えたから。
- 問七　(例)自分が生きている意味
- 問八　はじめ みなさん、　終わり 覚えてる?
  - ※問八ははじめと終わり両方正解で得点。
- 問九　カ

【三】

- 問一　はじめ 時ふる　終わり まへり
  - ※問一ははじめと終わり両方正解で得点。
- 問二　A ウ　B エ
- 問三　d
- 問四　イ
- 問五　(例)訪れた(。)
- 問六　(例)長く会わなかった友がむかしを忍んでたずねてきた(こと。)
- 問七　エ
- 問八　ア

〈配点〉

【一】
問一　各2点×4＝8点
問二～四　各3点×3＝9点
問五　6点
問六・七　各3点×2＝6点
問八　各2点×3＝6点

【二】
問一　各2点×4＝8点
問二～五　各3点×4＝12点
問六　6点
問七～九　各3点×3＝9点

【三】
問一～五　各3点×6＝18点
問六　6点
問七・八　各3点×2＝6点

合計100点

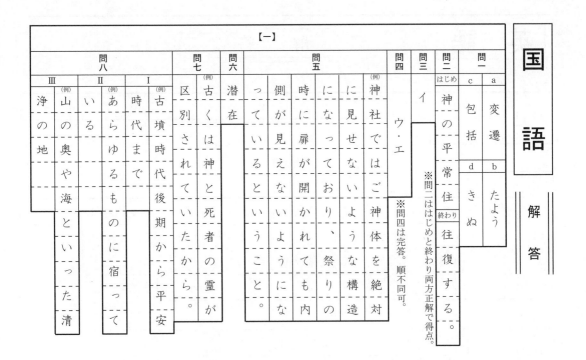

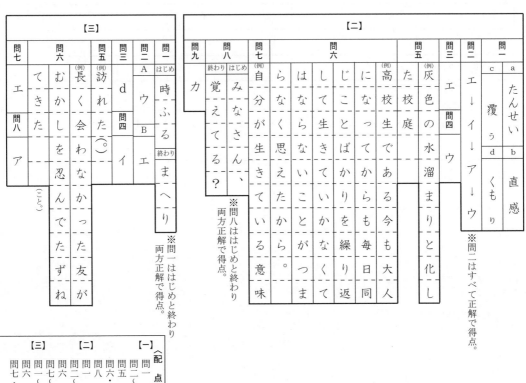

英語

解答

【1】																
問1	A	エ	B	ク	C	カ	D	キ	E	オ	F	ウ	G	ア	H	イ
問2	off															

【2】		
問1	ウ	
問2	(1)	場合によっては，借用された単語が返却されるが，その語の意味は少し変わる。
	(6)	これはすでに自分から借用されている単語を借用するという形で，自分自身の単語を最後には取り戻した言語の例である。
問3	(2) イ	(3) ウ
問4	(4) ア	(5) エ
問5	true	

【3】											
問1	エ	問2	cell	phones	問3	イ	問4	ウ	問5	ア	
問6	え	問7	helicopter [their]	parents	問8	ア	問9	エ	カ		

【4】															
1	イ	2	ア	3	エ	4	ウ	5	イ	6	ア	7	ウ	8	エ

【5】													
1	ウ	2	イ	3	ウ	4	ア	5	エ	6	エ	7	イ

【6】
The roads are so crowded today that it will take longer to drive to the station than to walk.

※ 上記の解答以外の答えにも点を与える場合がある。

＜配点＞

【１】　各２点×９＝18点
【２】　問１,問２(1)　各３点×２＝６点
　問２(6)　４点
　問３～問５　各２点×５＝10点
（小計20点）
【３】　各２点×10＝20点
【４】　各３点×８＝24点
【５】　各２点×７＝14点
【６】　４点
合計100点

＜領域と出題＞

	領　域　名	設問	配点
01	対話文完成問題	【１】	18 点
02	長文読解問題１	【２】	20 点
03	長文読解問題２	【３】	20 点
04	長文読解問題３	【４】	24 点
05	適語選択問題	【５】	14 点
06	和文英訳問題	【６】	４点
合　計			100 点

＜解説＞

【１】 対話文完成問題

［全訳］

エミ　：ねえ，この記事見て。平均的なアメリカ人は１日４時間テレビを見るんだって。
ジャック：１日に？ 冗談でしょ。
エミ　：冗談ではないわ，この新聞のちょうどここにそう書いてある。あなたは平均的なアメリカ人ということになるわね，ジャック。だって，いつもテレビをつけているから。
ジャック：僕がテレビ中毒だって言いたいわけ？
エミ　：そういうこと。それに私，本当に思うんだけど，テレビを見るのって時間の無駄よね。
ジャック：そんなことないよ。 確かに悪い番組も中にはある。でも，スポーツやニュースはどうだい？ 君だってときどき見るよね？
エミ　：そうねえ，でも実際のところ，ニュースに関しては新聞やインターネットの方がいいわ。
ジャック：なぜ？
エミ　：まず，情報量がずっと多いからよ。それにいつでも好きなときに読むことができるし。さらに言えば，私，コマーシャルってどれも大嫌いなの。
ジャック：君の言いたいことはわかる。だからこそ，僕はコマーシャルになると音量を下げるかチャンネルを変えるようにしているんだ。
エミ　：ええ，それには気づいていたわ。でも，チャンネル・サーフィンをされるとイライラしてくるの。
ジャック：オーケー，今度君が来たら，リモコンを君に預けるよ。
エミ　：まあ，それはご親切にどうも。でも，もっと良い考えがあるわ。今度私が来たときには，テレビの電源を切ってくれさえすればいいから。

問１　適文選択

正解：A エ　B ク　C カ　D キ
　E オ　F ウ　G ア　H イ

A.「平均的なアメリカ人は１日４時間テレビを見る［＝アメリカ人は平均して１日４時間テレビを見る］」というエミの言葉を

聞いて，ジャックは「1日に？」と聞き返しているが，これは今の言葉は信じがたいという気持ちを表明したものと判断することができるので，エ「冗談でしょ」を入れる。joke は「冗談を言う」という意味。「冗談でしょ」は You're joking. の他に，You're kidding. とも言う。

B. 直前のエミの「あなたは平均的なアメリカ人ということになるわね」という言葉は，「あなたも1日に4時間テレビを見る」という意味である。したがって，ク「あなたはいつもテレビをつけている」を入れる。have ... on は「（電気器具など）…のスイッチを入れたままにしている」という意味。

C. 直後のジョンの発言 Oh, come on. は，相手の発言に対する軽い抗議を表し，「そんなことはない；まさか」という意味。ジョンはこの後，「確かに悪い番組も中にはあるが…」とエミの意見に譲歩する発言をしている。したがって，エミの意見としては，カ「私，テレビを見るのは本当に時間の無駄だと思う」とするのが妥当。waste は「無駄」という意味。

D. この後，エミは「ニュースに関しては新聞やインターネットの方がいい」と言っている。したがって，ジャックの言葉としては，キ「君だってそういうものをときどき見るよね？」がふさわしい。those「そういうもの」は sports or the news「スポーツやニュース」を指す。

E. 新聞やインターネットの方がテレビよりも良い理由を列挙している場面。「まず，情報量がずっと多いから」の後は，2つ目の理由を表すように，And で始まるオ「それにいつでも好きなときに読むことができる」が適切。any time I want は「私が望むときはいつでも」という意味。直後の文の Plus は「そしてまた；そのうえ」の意で，この文は3つ目の理由を表している。

F. コマーシャルはどれも嫌いだというエミの言葉を受け，ジャックは［　F　］の後で「だからこそ，僕はコマーシャルになると音量を下げるかチャンネルを変える」と言っている。これは，エミと同意見であることを表しているので，ウ「君の言いたいことは僕にもわかるよ」を入れる。I know what you mean. は「君の言っている意味はわかる；同感だ」という意味。

G.「コマーシャルになると音量を下げるかチャンネルを変える」というジャックの発言を受けて，エミは「でも，チャンネル・サーフィンをされるとイライラしてくる」（この crazy は「イライラして」の意）と言っている。したがって，この直前のエミの言葉としては，ア「それには気づいていたわ」とするのが適切。that「それ」とは「コマーシャルになると音量を下げるかチャンネルを変えること」を指す。

H.「今度君が来たら，君にリモコンを渡すよ」というジャックの発言を受けたエミの言葉としては，感謝の意を表すように，イ「それはご親切にどうも」とするのが妥当。

問2　適語補充

正解は **off**。今度エミが来たときには，リモコン操作をエミに任せる，というジャックの提案に対し，エミは「もっと良い考えがある」と言っている。これまでの流れから，エミはテレビに対して否定的なイメージを持っていることがわかる。また，空所の前に turn という動詞があるので，これと組み合わせた熟語がふさわしい。以上から，「今度私が来たときには，テレビの電源を切ってくれるだけでいい」となるように，off を入れる。 turn ... off は「（電気器具など）…を消す」

の意。これと反対の意味を持つ熟語は turn ... on「(電気器具など)…をつける」である。

【２】 長文読解問題１(説明文)

［出典］

“*Vocabulary*” *Laurie Bauer*

問題作成上，やむを得ない事情から，一部改変，省略した箇所がある。

［全訳］

ある言語が別の言語から単語を取り入れるとき，それはその単語を「借りる」と言い，借りられた単語は「借用語」と呼ばれる。しかし,「借りる」や「借用語」という表現は，この文脈ではふさわしくないように思える。あなたがだれかからペンを借りる場合，そのペンは彼または彼女の所有物であるという状態から始まり，あなたがそれを使い終わったときに彼または彼女の所有物であるという状態に戻る。あなたが使っている間，あなたがそのペンを支配しているのである。一方で，フランス語が英語から「テニス」という単語を借りる場合，英語は依然としてその単語を保持したままであり，フランス語はおそらくそれを返却しないだろう。

場合によっては，借用された単語が返却されるが，その語の意味は少し変わることもある。例えば，英語の realize という語は，もともと 16 世紀にフランス語から借用されたもので,「実現する」という意味である。そして今日でも英語ではこの意味で使用することができる。この意味を使って，例えば,「計画や夢を実現する」という言い方が可能なのである。その後，realize という言葉はゆっくりと別の意味を持つようになり，それは,「私は彼女がそれほど体の具合が悪いということに気づかなかった」という文に見られるように,「何かを明確に知り，理解すること」という意味なのである。実際，英語を話すほとんどの人にとって，これが今や realize の標準的な意味となっている。

そして興味深いことに，この新しい意味が近年フランス語によって再借用されたため，フランス語の realiser という語の意味は今では両様に取れる。「明確に理解する」という新しい意味はフランスの一部の人々には好まれていないが，その意味は普及しつつある。これは，いったん自分から借り出されていった単語を再借用することによって，最後に自分の単語を取り戻した言語の例と言える。

問１　要旨把握

正解は**ウ**。ペンを借りる場合の状況については，第１段落第３文以降に「あなたがだれかからペンを借りる場合，そのペンは彼または彼女の所有物であるという状態から始まり，あなたがそれを使い終わったときに彼または彼女の所有物であるという状態に戻る。あなたが使っている間，あなたがそのペンを支配しているのである」とある。この内容に一致するのは，ウとエである。アは「借りた側はそれを使用している間，貸した側から返却の要求があればすみやかに返さなければならない」が，本文にその記述がないことから不可。イは「それが気に入れば譲り受けることもできる」が，やはり本文にその記述がないことから不可である。次に,「テニスという単語」を借りるときの状況については，第１段落最終文に「フランス語が英語から『テニス』という単語を借りる場合，英語は依然としてその単語を保持したままであり，フランス語はおそらくそれを返却しないだろう」とあり，この内容に一致するのは，イとウである。アは「貸した側から返却の要求があっても」が，本文にその記述がないことから不可。エは「貸した側はそれを使用することができなくなる」が誤りなので不可。以上から正解はウである。

問２　英文和訳

(1)　正解例：**場合によっては，借用された単語が返却されるが，その語の意味は少し変わる(こともある)。**

英文：In some cases, a word which has been borrowed is returned, but its meaning changes a little.

① In some cases は，case が「場合；事例；ケース」の意なので，「いくつかの場合[事例；ケース]では；場合[事例；ケース]によっては」などと訳す。

② a word which has been borrowed は，which が a word を先行詞とする主格の関係代名詞であり，has been borrowed が受け身の現在完了形なので，「借用された(単)語」とする。「借用した(単)語」と能動で訳してもよい。

③ is returned は受け身形であり，「返却される；返される」とする。

④ its meaning changes a little は「その(語の)意味は少し変わる」とする。

(6)　正解例：**これはすでに自分から借用されている単語を借用するという形で，自分自身の単語を最後には取り戻した言語の例である。**

英文：This is an example of a language that got its own word back in the end, by borrowing one that had already been borrowed from it.

① This is an example of a language は「これは…言語の例である」とする。

② that got its own word back は，that が a language を先行詞とする主格の関係代名詞であり，また，get ... back が「…を取り戻す」，own が「…自身の」という意味なので，自分自身の単語を最後には取り戻した＜言語＞」となる。

③ in the end は「最後に(は)；結局」という意味で，got ... back を修飾している。

④ by -ing は「－することによって」という意味。「－するという形で」などと意訳してもよい。

⑤ borrowing one の one は代名詞であり，word を指している。

⑥ that had already been borrowed from it の that は one を先行詞とする主格の関係代名詞。また，had ... been borrowed は受け身の過去完了形(「過去完了形」とは過去のある時点を基準としてそれより以前のことを表す時制。ここでは got ... back という時点を基準として，それより以前のことを述べている)。from it の it は language を指す。したがって，「すでに自分から借用されている」，「いったん自分から借り出されていった」とする。

問３　要旨把握

正解：(2) **イ**　(3) **ウ**

下線部(2)の「この意味」とは，その前文にあるように make real「実現する」という意味のことを言っている。直後の文で，この使い方の例として *realizing plans or dreams* を挙げていることもその手掛かりとなる。realize をこの意味で使っているのは，イ「彼女はオリンピックの金メダルを獲得するという彼女の野心を決して実現しなかった」である。

下線部(3)の「この新しい意味」とは，第２段落の最後から２番目の文にあるように，to know and understand something clearly「何かを明確に知り，理解する」，つまり「気づく」という意味である。realize をこの意味で使っているのは，ウ「私は彼女に会うや否《いな》や，何かがおかしいことに気づいた」である。他の選択肢のアは，realize を「(〜が)売れて…のお金になる」という意味で使っている例文であり，文意は「その絵はオークションで200万ドルの値で売れた」となる。エは，realize を「…を得る；儲《もう》ける」という意味で使っている例文であり，文意は「私たちは家の売却で少しの利益を得た」となる。

問４　文脈把握・語句解釈

正解は(4) **ア**　(5) **エ**

(4)　フランス語の realiser は，もともと「実現する」という意味であったが，英語がそれを借用した後，「何かを明確に知り，理解する[つまり，「気づく」]」という意味も生まれ，その意味が付与されたままフランス語が再借用したのである。つまり，今日のフランス語は realiser を「実現する」と「気づく」の両方の意味で使っていることになり，the meaning of the French word '*realiser*' is now ambiguous は「フランス語の realiser という語の意味は今では両様に取れる」と解するのが妥当。したがって，ambiguous の意味は「２つの意味に[両様に]取れる；多義の」の意であることがわかり，正解は，ア「２通り以上で理解され得る」である(more than one は「１つより多い」，すなわち「２つ以上」を表す)。他の選択肢の意味：イ「問題を引き起こさずに使うことができる」，ウ「理解するのに努力と技術を必要とする」，エ「特別で，人をワクワクさせるので，あなたの関心を引きつける」

(5)　下線部(5)が含まれる文の前半で，フランス語の realiser の「明確に理解する」という新しい意味は，フランスの一部の人々には好まれていない，と述べられている。この後，but とあるのだから，これとは対立する内容がこの後にくるはずである。したがって，下線部(5)は「それは普及しつつある」と解するのが妥当であり，同意語句としては，エ「広く使われ始めている」が適切。他の選択肢の意味：ア「それは人気を失った」，イ「それはほんのわずかな人にしか使われていない」，ウ「再びよく見られるようになってきた」(「再び」が誤り)

問５　内容一致・適語補充

正解は **true**。realize の一方の意味は「…を実現させる」なので，提示文の意味が「もしあなたが『私は自分の夢を realize した』と言えば，それは「私の夢は実現した」という意味である」となるようにする。「(夢・希望などが)実現する」は come true という熟語で表せるので，true を入れればよい。この熟語における come は「…になる」，true は「本当の」という意味。

【３】 長文読解問題２(説明文)

［出典］

https：*//educationinjapan.wordpress.com/parenting-potpourri/are-you-a-helicopter-parent/*

問題作成上，やむを得ない事情から，一部改変，省略した箇所がある。

［全訳］

ヘリコプター・ペアレントとは，子供たちの世話にあまりにも多くの時間を費やす親のことを言う。彼らがヘリコプター・ペアレントと呼ばれるのは，子供たちが家を出た後，まるでヘリコプターのように彼らの上でホバリングし，子供たちが歩を進めるたびに後をついていくからである。彼らは子供たちを監視し，子供たちに代わって全ての重要な決断を下す。こうした風潮は目新しいものではないが，現代の科学技術はそれを一層悪い方向へ向かわせている。

今日，携帯電話のおかげで親はいつも子供たちと連絡を取り合うことが可能だ。携帯電話は安全面では良いかもしれないが，一方で，大きな臍《へそ》の緒《お》のようにはたらき，子供たちを１日中いつでも親とつながった状態に保つ可能性がある。しかし，人生で成功するためには，子供たちは自分で決定を下す方法を学ぶ必要があり，その学習の過程はしばしば経験を通して学ぶことを伴うが，それは，たいていの場合，間違いから学ぶことを意味する。親が自分の子供たちに付きまとい，子供たちの生活を監督し，子供たちの代わりに物事を選択するならば，子供たちは重要な選択をする方法を学ばず，しばしば個人として成長できなくなる。

ヘリコプター・ペアレントは多くのアジア諸国ではかなりよく見られる。多くのアジアの親は，子供たちの教育および学業の進捗《しんちょく》状況を大いに心配する。その結果，親は子供たちが学業面で成功するのを助けるのにしばしば多大な時間を費やす。驚くべきことに，子供たちが学校で受講するコースを親が選択することは珍しくない。しかし，このような養育は子供たちが健全に成長するのを妨げる可能性がある。ヘリコプター・ペアレントの子供たちは，多くの基本的な社交的スキルや生き残りのスキルを欠いている。彼らはしばしば自分が必要としているものを得るために他人と交渉することができず，両親が介入しないと自分自身の問題を解決することができない。

さらに，害が及ぶのは子供たちに限られない。調査によると，ヘリコプター・ペアレントも心の病に悩まされているのである。ある研究でわかったことは，子供たちの学業成績によって自分の価値を判断する親は，悲しみ，否定的な自己イメージ，および生活全般に対する低い満足度を申告しているということだ。ある科学者は，生活に対する親の不満は子供たちの生活への過剰な干渉のため，過去20年間で著しく増加している，と言っている。

親が彼らの子供たちに対して持つ最大の責任は，子供たちが自分の力で成功するのに必要な技術を身につけるのを手伝ってあげることだ。これは子供たちに彼らの選択に対する責任を負わせることと彼らにときどき失敗させることを意味する。

問１　文脈把握・単語の意味

正解は**エ**。過保護な親がヘリコプター・ペアレントと呼ばれる理由として，子供たちが家を出た後，まるでヘリコプターのように彼らの上で“hover”し，子供たちが歩を進めるたびに後をついていくから，と述べられている。したがって，この“hover”の意味としては，エ「１つの所に留まる」が適切である。空中に静止することができ，対象を追尾しやすいというヘリコプターの特性からこの名前が付けられていることをつかむ。他の選択肢の意味：ア「ある場所に到達する」，イ「素早い動きをする」，ウ「地面から飛び立つ」

問２　文脈把握・語句解釈

正解は**cell [Cell] phones**。modern technologyは，modernが「現代の」，technologyが「科学技術」の意なので，「現代の科学技術」という意味になる。筆者はmodern technology is making it worse「現代の科学技術はそれ[＝子供たちを監視し，子供たちのために全ての重要な決断を下すという風潮]を一層悪い方向へ向かわせている」と主張している。この後の段落で，携帯電話のおかげで親はいつでも子供たちと連絡を取り合うことが可能になったと述べていることから，親が子供に付きまとうという風潮を助長させている「科学技術」の例として本文で挙げられているものは，cell phones「携帯電話」である。

問３　文脈把握・語句解釈

正解は**イ**。下線部(3)が含まれる文で，< allow ... to - >は「…に－することを可能にする」，keep in touch with ... は「…と連絡を取り合う」の意。「携帯電話は親が子供たちと連絡を取り合うことを可能にする」を修飾する語句としては，イ「１日に24時間，週に７日[いつも；しょっちゅう]」が適切である。この twenty-four seven は，twenty-four hours a day, seven days a week を短くしたもの。

問４　語形変化

正解は**ウ**。< keep ＋ A ＋ B >「AをBの状態に保つ」において，A － Bが「能動」の関係にあるとき，Aは現在分詞になる。

（例）　I have *kept you waiting* so long.
「長いことお待たせしました」
（「あなた」－「待つ」は能動の関係。）

一方，A － Bが「受動」の関係にあるとき，Bは過去分詞になる。

（例）　I *kept the door locked.*「私はドアにカギをかけたままにしておいた」（「ドア」－「カギをかけられる」は受動の関係。ただし，訳す際には「受動」であることを強く押しださずに，適宜自然な日本語になるように心掛ける。）

本問においては，直前の「大きな臍の緒のようにはたらく」という記述から，< keep ＋ A ＋ B >のA － Bが「子供たち」－「(親に)つながれる」という「受動」の関係になると判断し，過去分詞 connected を選ぶ。文意は「携帯電話は安全面では良いかもしれないが，一方で，大きな臍の緒のようにはたらき，子供たちを１日中いつでも親とつながった状態に保つ可能性がある」となる。

問５　適語選択

正解は**ア**。筆者は第２段落第３文以降で，ヘリコプター・ペアレントの過保護な養育を批判し，親は子供の自主性を重んじるべきだという論を展開している。第２段落第３文は，第１段落第３文の「ヘリコプター・ペアレントは子供たちを監視し，子供たちに代わって全ての重要な決断を下す」と対照的な意味になると判断し，「しかし，人生で成功するためには，子供たちは自分で決断を下す方法を学ぶ必要があり」となるように，空所5-aに decisions を入れる。また，「その学習の過程はしばしば経験を通して学ぶことを伴う」とあるが，「経験を通して学ぶ」ということは「間違いから学ぶ」と言い換えることができると判断し，空所5-bには mistakes を入れる。他の選択肢の意味：イ efforts「努力」，ウ promises「約束」；lessons「教訓」

問６　脱落文適所選択

正解は**え**。脱落文の意味は「しかし，このような養育は子供たちが健全に成長するのを妨げる可能性がある」である。まず，such parenting「このような養育」に着目する。such「このような」は前に述べられたものと同じ種類のものであることを示す形容詞。したがって，この文の直前には，過剰な養育を具体的に述べている部分が存在しなければならない。次に，prevent children from growing up well「子供たちがうまく成長するのを妨げる」(prevent ... from -ing「…が－するのを妨げる」)という表現に着目し，この後にその具体例がくると予想する。以上２点の条件を満足させるのは，〔え〕である。〔え〕の前には，親が子供の学業成績に大きな関心を払い，子供が受講するコースまで親が選択することもある，という過保護ぶりが描かれており，また，〔え〕の後には，子供たちは，多くの基本的な社交的スキルや生き残りのスキルを欠き，他人と交渉することができない，などの未熟ぶりが描かれているからである。

＜参考＞　本問における can は，「可能性」を表し，「…する可能性がある；…すること[場合]もある；…しかねない」という意味である。この can は好ましくない事態にも使える。

（例）　You *can* be injured if you are not careful.
「注意しないと怪我をすることがある」

なお，この can の否定形 cannot[can't] は「…の可能性がない；…のはずがない」という意味になる。

（例）　She *cannot* be hungry because she has just had lunch.「彼女は昼食を食べたばかりなのだから，空腹であるはずがない」

これと関連して，could や might にも，（形は過去形だが）「現在における確信度の低い可能性・推量」を表す用法があることも覚えておこう。

（例）　This could be his last chance.
「これは彼の最後のチャンスになる可能性がある[彼の最後のチャンスになるかもしれない]」
She might be in Nagano by now.
「彼女は今頃はもう長野に着いている可能性がある[着いているかもしれない]」（「可能性・推量」には may よりも might の方がよく使われる）

問７　文脈把握・適語句補充

正解は **helicopter[their] parents**。

空所(6)の後に，「心の病に悩まされている」とある（suffer from ...「…に悩まされる；苦しむ」，mental health problems「心の健康問題；心の病」）。また，直前に「さらに，害が及ぶのは子供たちに限られない」とあるが，これは，ヘリコプター・ペアレントの過剰養育は子供たち以外の者にも害が及ぶ，ということを意味している。空所６の直後の２つの文に「子供たちの学業成績によって自分の価値を判断する親は，悲しみ，否定的な自己イメージ，および生活全般に対する低い満足度を申告しているということだ（この文中の report は「…を申告する」という意味の動詞）。ある科学者は，生活に対する親の不満は子供たちの生活への過剰な干渉のため，過去20年間で著しく増加している，と言っている」とある。以上から，ヘリコプター・ペアレントの過剰養育により心の病という被害を受ける者とは，当の helicopter[their] parents「ヘリコプター・ペアレント」であることがわかる。

問８　語句整序

正解は**ア**。

正しく並べ替えた英文：The greatest responsibility that parents have to their children [is to help them develop the skills needed] to make it on their own.

①　主語の「親が彼らの子供たちに対して持つ最大の責任」は The greatest responsibility that parents have to their children で表されており，並べ替えは，この主語に対する述語動詞として is を置くことから始める。

②　「子供が…を身につけるのを手伝ってあげること」は，補語となる to 不定詞の名詞的用法で表す。to 以下は＜ help ＋目的語＋動詞の原形＞という形を使って，to help them develop とする。このように help は使役動詞 make・let・have と同様，＜動詞＋目的語＋動詞の原形＞という形をとることができる（＜ help ＋目的語＋ to 不定詞＞

という形もある)。

③　develop「…を身につける；…を伸ばす」の目的語に「…するのに必要な技術」を当てるが，これはthe skillsとした後，形容詞的用法の過去分詞neededを置く。このneededは後ろのto不定詞(「目的」を表すto不定詞の副詞的用法)とともにthe skillsを後ろから修飾する。なお，後ろのmake itは「成功する」(itは特に何かを指しているわけではない)，on one's ownは「独力で」という意味。

問9　内容真偽

正解は**エ**，**カ**。

ア.「親の中には，子供たちが家を出た後に彼らを追跡するためにヘリコプターをチャーターする人もいる」

ヘリコプター・ペアレントとは，子供たちが家を出た後，子供たちの後をついて行くことをヘリコプターに喩《たと》えて言っているに過ぎず，実際にヘリコプターをチャーターするわけではないので，不可。

イ.「子供たちは親のアドバイスに従いさえすれば，個人として成長する」

第２段落最終文参照。親が子供の養育を過剰に行えば，子供は個人として成長できなくなる，とあるので，不可。

ウ.「ヘリコプター・ペアレントはアジア諸国には数多く存在するが，世界の他の地域には存在しない」

第３段落第１文に「ヘリコプター・ペアレントは多くのアジア諸国ではかなりよく見られる」とあるが，世界の他の国々における状況に関する記述はないので不可。

エ.「ヘリコプター・ペアレントの子供たちは，自分自身の問題を解決するために，しばしば両親が介入することを必要とする」

第３段落最終文に「彼らはしばしば…両親が介入しないと自分自身の問題を解決することができない」とある(without O -ing「Oが－することなしに」，step in「介入する」)。したがって，正しい。

オ.「ある研究者によると，ヘリコプター・ペアレントの中には自分の子供の養育を放棄したことを後悔している者もいる」(regret -ing「－したことを後悔する」neglect「…を放棄する」)

このような記述はどこにも見られない。また，ヘリコプター・ペアレントは子供に対し過剰な養育をすることを特徴としており，養育を放棄するような親はそもそもヘリコプター・ペアレントにはなり得ない。したがって，不可。

カ.「子供たちが失敗することは時には重要であるが，ヘリコプター・ペアレントは子供たちに失敗する機会を与えようとしない」

第２段落の，人生で成功するためには自己決定能力が必要であり，それはしばしば間違いから学ぶことを意味する，という記述や，本文最終文の，子供に時には失敗させることも親の責務だ，という記述から，正しいと判断することができる。

【4】 長文読解問題３（エッセー）

［出典］

"*American Pie*" *Kay Hetherly*

問題作成上，やむを得ない事情から，一部改変，省略した箇所がある。

［全訳］

あなたが森の中を歩いていて，道が突然２つに分岐していたとき，通行者がほとんどいない草で覆われた道と，多くの人がすでに通行している切り開かれた道のどちらを選ぶだろうか？ 詩人ロバート・フロストを読んだことがある人なら，この状況は彼の最も有名な詩の１つである The Road Not Taken［踏み跡のない道］に出てくる場面だということがおそらくピンとくるはずだ。両方の道をじっくり検討した後，その詩の話し手は草の多い道，すなわち「通行が少ない方の道」を選ぶ。そうして彼は，この選択は "has made all the difference" と詠《よ》んでいる。

ほとんどのアメリカの学童はこの詩を教わるが，しばしば，その詩自体よりも簡単に理解できる教訓と一緒に教わる。その教訓とは次のようなものである。私たちは，他人と同じ選択をすることによって普通の生活を送ることができ，あるいは，リスクを取り，人と異なるものを選ぶことによって，より豊かでより楽しい人生を送ることができる。または，その詩が言うように，通行がさほど多くない道を選ぶことは "make all the difference" ということなのだ。

"make the difference" とは，話題の対象が大きなものであろうと小さなものであろうと，英語では常に前向きな意味を持つ表現である。例えば，ある男性が妻に対して，君と結婚したことは "has made all the difference" と言えば，それは，君と結婚したことによって僕はとても幸せになった，という意味なのである。あるいは，対象が小さなものの場合，ケーキのレシピに砂糖の代わりに蜂蜜《はちみつ》を使用すると "makes the difference" と言うようなことがあるかもしれない。これを言い換えると，蜂蜜はケーキをとてもおいしくするものだ，ということなのである。フロストの詩では，もちろん，通行がさほど多くない道を選んだことが，"has made all the difference" と言っているのは，詩の話し手が正しい選択をしたということを意味している。

この詩はアメリカンドリームの一部を表していると私は思う。これは人と違うことをし，自分自身の道を進む勇気を持てば，人生はもっとやりがいのあるものになる，という考え方である。教師または親が子供に対して「自分を信じれば，何でもできる。医師，成功した音楽家，さらには米国大統領になることさえできる。それは君次第だ」と言うのはかなり良く見られるシーンだ。しかし，これは本当だろうか？ 実際，私たちのうち何人が大統領になれるのか？ あるいは成功したミュージシャンでさえも何人がなれるのか？ アメリカには成功を一度も経験したことのない非常に才能のある俳優，ミュージシャン，そして作家が数多くいる。そして，良い職を見つけることができない弁護士や博士号取得者もたくさんいるのだ。

もちろん，アメリカンドリームと言えば，かっこよく聞こえるし，一部の人にとっては一種の前向きな思考としてはたらく。しかし，それが負担になる場合もある。ある友人が，大人になりかけていたころ，君は何だってすることができるのだ，と言われるのが大嫌いだと語っていたのを覚えている。彼は医者にも大統領にもなりたくなかったので，何か特別なことをするように強いられることによって，もっと普通の生活を送りたいと思うことに疾《やま》しさを感じてしまったのだ。やはり，人がよく通る道の方が快適だという人もいるのである。

私は，日本に来たことによって，普通であるということの価値を理解することができたと思っている。もちろん，この地で，普通でない人にもたくさん出会った。しかし，日本では普通であるということは特に問題視されず，いや，むしろ望ましいことでさえある。私は数年前，あるビールの広告に驚かされた。その広告は，基本的には「これは普通の人々が飲むビールです」と言っていたのである。そしてビールを売るにはその文句だけで十分だったのである。

もちろん，どちらの道が良いのかということに関して言えば，私には決して結論が出せないだろう。日本に来るというのは，いわば通行の少ない方の道を選んだことだと私は思っている。それは “has made all the difference” だったのであるが，私がこの日本にいる今，人がよく通る普通の道が私にはときどきとても良いものに見えるのだ。それにしても，人生というのはなんと皮肉に満ちたものであることか。

内容一致・英問英答

正解は1．**イ**　2．**ア**　3．**エ**　4．**ウ**　5．**イ**　6．**ア**　7．**ウ**　8．**エ**

1．「第1段落に次の4つの語句が見える。これらのうち，他の3つと異なるものはどれか」

ア．「草で覆われた道」

イ．「切り開かれた道」

ウ．「草の多い道」

エ．「通行が少ない方の道」

ア，ウ，エはいずれも人跡《じんせき》があまりない道を意味する（エは less が little の比較級で「より少なく」の意であり，traveled が形容詞的用法の過去分詞であることから，「より少なく通行される道」→「通行が少ない方の道」という意味になる）。これに対し，イは，人跡がある道を意味する。cleared は動詞 clear「（草木など邪魔なものを）取り除く；（森・土地などを）切り開く」の過去分詞（形容詞的用法）なので，「（草木などが）取り除かれた；切り開かれた」という意味になる。

2．「ほとんどのアメリカの学童は次のように教わっている。より豊かでより楽しい人生を送りたいなら…べきだ」

ア．「通行が少ない方の道を選ぶ」

イ．「他人と同じ選択をする」

ウ．「普通であるということの価値を理解する」

エ．「多くの人がすでに通行している切り開かれた道を選ぶ」

第2段落第2文に「リスクを取り，人と異なるものを選ぶことによって，より豊かでより楽しい人生を送ることができる」とある。「リスクを取り，人と異なるものを選ぶ」とは「通行が少ない方の道を選ぶ」ということなので，正解はア。

3．「もしあなたが『ケーキのレシピに砂糖の代わりに蜂蜜を使うのが “has made the difference” である』と言えば，それは…ということを意味する」

ア．「蜂蜜を使うことは砂糖を使うことと同じではない」

イ．「ケーキのレシピには蜂蜜ではなく，砂糖を使うべきだった」（＜ should have ＋過去分詞＞は「～すべきだった（のにしなかった）」という意味）

ウ．「ケーキを作るために蜂蜜の代わりに砂糖を使う方がよかった」（in place of ...「…

の代わりに」)

エ.「ケーキをおいしくさせるために砂糖ではなく,蜂蜜を使ったのは賢明だった」

第3段落に,“make the difference” は前向きな意味を持つ表現であり,ケーキのレシピに砂糖の代わりに蜂蜜を使用すると“makes the difference”だと言えば,蜂蜜はケーキをとてもおいしくさせることを意味する,とあるので,正解はエ。

4.「第4段落で,このエッセーの筆者は『私たちのうち何人が実際に大統領になることができるか?』と質問している。おそらく筆者は…のだろう」

ア.「実際に大統領になれる人の数を知りたい」

イ.「子供たちを大統領になるように元気づけたい」(encourage... to-「…を一するよう元気づける[励ます]」)

ウ.「大統領になるのがいかに難しいのかを私たちに伝えたい」

エ.「強い意志を持てば,大統領にさえなれるということを示したい」

このHow many ... は,普通の疑問文とは違って実際に質問をしているわけではなく,自分の主張を強調している言い方であり,これは修辞疑問文と呼ばれる。

(例) Who asked you?「だれが君に聞いたのか?」→「君なんかに聞いていないよ」

How many times have I told you not to slam the door?「ドアをバタンと閉めてはいけないと私はあなたに何度言ったのか?」→「ドアをバタンと閉めてはいけないとあれほど言ったのに」

したがって,この質問の真意は「大統領になることは難しい」ということであり,正解はウである。

5.「筆者は,アメリカンドリームとは,あなたが人と異なることをし,あなた自身の道を進む勇気を持てば,人生はもっとやりがいのあるものになる,という考え方だと言っている。筆者は…」

ア.「この考えが正しいと信じている」

イ.「この考えに疑問を抱いている」

(doubtful「疑いを抱いて」)

ウ.「この考えを広めている」

エ.「この考えにますます興味を持つようになっている」

第5段落の最後の2つの文から,筆者は,アメリカンドリームは必ずしも実現されるわけではないと考えていることがわかるので,正解はイ。

6.「アメリカンドリームはある人々にとっては重荷になり得る。そのような人々の1人が筆者の友人である。彼はおそらく…タイプの人だろう」

ア.「道が2つに分岐していたら,人がよく通る方の道を選ぶ」(well-worn は「使い古した」,つまり,ここでは「多くの人がすでに通行した」という意味。)

イ.「常にネガティブな思考よりもポジティブな思考をする」

ウ.「何か特別なことをするように強いられたとき,誇りに思う」

エ.「医者や大統領になりたいという欲求に溢《あふ》れている」(burn with the desire to -「一したいという欲求に溢れている;一することを熱望する」)

第5段落参照。この友人は,普通の生活を送りたいと思うタイプ,つまり,人がよく通る道の方が快適だと感じるタイプの人間である。よって,正解はア。

7.「アメリカのビール会社は,『これは普通の人々が飲むビールです』という広告を使用しないだろう。なぜなら…からだ」

ア.「アメリカ人であれば，そのようなビールは高過ぎると思うだろう」

イ.「アメリカ人は普通のビールの味がわからない」

ウ.「『普通の人々が飲む』というコンセプトは,アメリカ人の心に訴えないだろう」

エ.「『普通の』という言葉はアメリカのどの広告にも使ってはいけない」

第6段落に，外国人である筆者が「これは普通の人々が飲むビールです」という広告に驚いた，とあるが，彼が驚いた理由は，この広告が，消極的なイメージを与える語である ordinary「普通の」を前面に押し出し，「普通の人々が飲むビール」というコンセプトで売り出していたからである。したがって,アメリカのビール会社であれば,このような広告を使用しないだろうとする理由としては，ウが適切である。

8.「最後の文で，筆者は『人生は皮肉に満ちている』と言っている。彼はそれをどういう意味で言っているのか？」

ア.「今，日本にいて，彼は自分自身を普通の人だとみなしているが，彼の周りの人々はまだ彼を特別な人だと考えている」（regard[think of] A as B「A を B とみなす」）

イ.「日本は，普通であることに高い価値を置く国であるが，彼は普通であることに不安を感じている」

ウ.「日本に来る際，彼は通行が少ない方の道を選んだと思ったが，今の彼は，あのとき実は通行の多い方の道を選んだということに気づいている」

エ.「彼にとって，日本に来ることは普通ではない進路を選ぶことを意味したが，今の彼は，この日本で普通であることをときどき快適に感じている」

最終段落参照。筆者は，日本に来ることを通行の少ない方の道，つまり普通でない進路を選んだことだと認識しているが，現在日本に滞在している筆者は，「人がよく通る普通の道が私にはときどきとても良いものに見える」と言っており，そのことを筆者は「皮肉」と呼んでいるのである。よって，正解はエ。

【5】 適語選択問題

1．正解は**ウ**。「道路は狭くて見通しが悪いので，事故が起こるのは時間の問題だ」となるように，time「時間」を入れる。It is (only[just]) a matter of time before ... は，一種の決まった言い方で「…するのは時間の問題だ[遅かれ早かれ…するだろう]」という意味。この before 節のような,「時」や「条件」を表す副詞節(if, when, before などから始まる副詞のはたらきをする節)の中は，未来の内容でも現在形で表す。他の選択肢のア「予定」，イ「場所」，エ「技能」はいずれも意味が通らない。

2．正解は**イ**。「浜辺にはたくさんの貝殻があるので，それらを踏まずに歩くことは困難だ」となるように，without -ing「－せずに」の形をつくる。step on ... は「…を踏む」という意味。他の選択肢のア「－することによって」, ウ「－するように」, エ「－する前に」はいずれも文脈上ふさわしくない。

3．正解は**ウ**。「急ぎなさい。あの列車に乗り遅れると，ホテルで一晩過ごさなければならない。私たちにはそのようなことをする余裕がない」となるようにする。空所には「…を意味する；結果として…を引き起こす」という意味の mean を入れる。

（例）　Spending too much now will ***mean*** a shortage of cash next year.「今お金を使い過ぎると，来年現金が不足してしまうだろう」

なお，having to- は have to- を動名詞にした形で，「－しなければならないこと」という意味。

他の選択肢のア prevent は，＜ prevent O（from）-ing ＞「O に－させない」という形はあっても，＜ prevent -ing ＞という形はなく，意味も通らないので不可。イ finish「…を終える」，エ keep「…し続ける」はいずれも意味が通らない。

4．正解は**ア**。「申し訳ないことに，うちの犬は夜に吠《ほ》え，隣近所に迷惑を掛けている。これは目下《もっか》のところ，私の最大の頭痛の種だ」となるように，「頭痛の種；悩み」という意味の headache を入れる。他の選択肢のイ「欠点；短所」，ウ「謎」はいずれも文脈上ふさわしくない。エ heartbreak「悲嘆」は，「何かを喪失したことによって生じる，胸が張り裂けそうな思い」を表すので，この場面ではふさわしくない。

5．正解は**エ**。「もし何か困ったことがあれば言ってください――ただし，自分でその問題を解決しようと努力してからにしてください」となるように，until を入れる。＜ not ... until ～＞は「～までは…しない」→「～になって初めて…する」という意味になる。

（例）　He did ***not*** come ***until*** the meeting was half over.「彼は会議が半分終わるころまで来なかった[＝会議が半分終わったころになってようやく来た。]」

なお，本問の not は don't tell me を簡潔に表したものである。他の選択肢のア「なぜなら…」，イ「…であるが」，ウ「…した後に」はいずれも意味が通らない。

6．正解は**エ**。「私たちはお互いに問題を全て話し合い，助けと共感を求め合う。私たちの間には秘密がない」となるように，secrets「秘密」を入れる。他の選択肢のア「援助」，イ「コミュニケーション；意思疎通」，ウ「心配事」は文脈上ふさわしくない。

7．正解は**イ**。「私，あなたと共有するための[＝あなたに伝えたい]エキサイティングなニュースがあるの。私，留学するのよ！とてもうれしくて，心待ちにしているわ」となるように，share「…を共有する」を入れる。exciting news を修飾する形容詞的用法の to 不定詞として，exciting news を意味上の目的語とする share が適切だと判断する。なお，これは share exciting news with you「あなたとエキサイティングなニュースを共有する；あなたにエキサイティングなニュースを伝える」が元になった表現である（＜ share ... with ～＞「…を～と共有する；…を～に伝える」）。アの talk は本来，自動詞であり，目的語を取らないことから不可（× talk exciting news with you ／ ○ talk about exciting news with you　したがって，I have exciting news to talk about with you ならば正しい）　ウの give，エの tell は本来目的語を２つ取る動詞なので不可。（× give[tell] exciting news with you ／ ○ give[tell] you exciting news したがって，I have exciting news to give[tell] you ならば正しい）

＜参考＞　形容詞的用法の to 不定詞においては，直前の名詞と to 不定詞との間に次のような関係が成立する。

① I want something to drink.
　　　　　O　　　　　V
（something は drink の目的語）

② He had no friends to help him.
S　V
(friends は help の主語)

③ Give me a chance to try again.
×O ×S　V
(chance は try の目的語でも主語でもない)

①のタイプが最も多く，本問は①のタイプに属す。

I have exciting news to share with you
O　V

なお，Lend me something to write with. のような文は something が前置詞 with の目的語になっているので，①のタイプに含めることができる。また，③のタイプでは，直前の名詞[＝被修飾語]として代表的なものに time・chance・way などがある。

【6】 和文英訳問題

正解例１：**The roads are so crowded today that it will take longer to drive to the station than to walk.**

正解例２：**As the street is very busy today, it will take more time to go to the station by car than on foot.**

問題文:今日は道がとても混んでいるので，駅まで車で行く方が歩いて行くよりも時間がかかるだろう。

① 「(道が)混んでいる」は be crowded [busy; jammed] など。

② 「…ので～だ」は < so ... that ～ >で表すのがよい。ただし，「今日は道がとても混んでいる」を < as[because] + S + V >で表したり，「駅まで…時間がかかる」を < so + S + V >で表したりすることもできる。

③ 「時間がかかる」は < It takes ... to - >の構文で表すのがよい。

④ 「－する方が<時間が>かかるだろう」は比較級 longer または more time を用いて，it will take longer[more time] to - とする。

⑤ 「車で行く」,「歩いて行く」はそれぞれ to drive，to walk とするか，to go to ... by car, to go to ... on foot とする。

数　学　　解　答

【1】	(1)	$\frac{a+7b}{12}$	(2)	$\frac{4}{3}$
	(3) (i)	2	(ii)	$x=$ 5.1 ，$y=$ 1.9

【2】	(1)	25,　40,　145	(2)	$x:y=$ 2 : 3
	(3)	$\frac{40}{13}$	(4)	30

【3】	(1)	$\frac{23}{144}$	(2)	$\frac{5}{12}$

【4】	(1)	$y=x+24$	(2)	$p=\frac{7\pm\sqrt{7}}{7}$
	(3) (i)	7 : 1	(ii)	$p=$ 5

【5】	(1)	12	(2)	$12\sqrt{5}$
	(3)	$\frac{60\sqrt{5}}{7}$		

【6】	(1)	$72\sqrt{3}$ cm^3	(2)	15π cm^2
	(3)	$(7+\sqrt{13})$ cm		

【配点】　5 点× 20 = 100 点満点

<領域と出題>

領域名		設問	配点
01	計算問題	【1】	20点
02	小問集合	【2】	20点
03	確率	【3】	10点
04	関数 $(y = ax^2)$	【4】	20点
05	平面図形	【5】	15点
06	空間図形	【6】	15点
合計			100点

<解説>

【1】

(1) $(a^3 + a^2b) \div 3a^2 - (a^2b - ab^2) \div 4ab = \dfrac{a+b}{3} - \dfrac{a-b}{4}$

$= \dfrac{4(a+b) - 3(a-b)}{12}$

$= \dfrac{a+7b}{12}$

(2) $\dfrac{(\sqrt{6}+\sqrt{2})(\sqrt{6}-\sqrt{2})}{\sqrt{12}} + \dfrac{(\sqrt{3}-1)^2}{3} = \dfrac{6-2}{2\sqrt{3}} + \dfrac{3-2\sqrt{3}+1}{3}$

$= \dfrac{2\sqrt{3}}{3} + \dfrac{4-2\sqrt{3}}{3}$

$= \dfrac{4}{3}$

(3) (i) 解の公式により2次方程式 $x^2 + 6x - 19 = 0$ を解くと

$$x = \frac{-6 \pm \sqrt{6^2 - 4 \times 1 \times (-19)}}{2 \times 1} = \frac{-6 \pm \sqrt{112}}{2} = \frac{-6 \pm 4\sqrt{7}}{2} = -3 \pm 2\sqrt{7}$$

2次方程式の正の解が p であるから，$p = -3 + 2\sqrt{7}$

$2\sqrt{7} = \sqrt{28}$ であることに注意して，$5^2 < 28 < 6^2$

3数の正の平方根をとると，$5 < \sqrt{28} < 6$

3数に -3 を加えても大小関係は変わらないので，$2 < -3 + \sqrt{28} < 3$

よって，$[p] = \left[-3 + \sqrt{28}\right] = 2$

(ii) x，$2y$ の小数部分をそれぞれ a，b と表すと

$x = [x] + a$，$2y = [2y] + b$

となる。ただし，$0 \leqq a < 1$，$0 \leqq b < 1$ である。また，2.1の整数部分は2，8.8の整数部分は8であるから，問題の連立方程式は次のように表すことができる。

$$\begin{cases} [x] + a - [2y] = 2 + 0.1 & \cdots\cdots① \\ [x] + [2y] + b = 8 + 0.8 & \cdots\cdots② \end{cases}$$

両式の小数部分に着目すると，$a = 0.1$，$b = 0.8$ と分かるから，①，②を $[x]$，$[2y]$ だけを用いて表すと

$$\begin{cases} [x] - [2y] = 2 \\ [x] + [2y] = 8 \end{cases}$$

この $[x]$，$[2y]$ についての連立方程式を解くと，$[x]=5$，$[2y]=3$

$x=5+0.1=5.1$　　$2y=3+0.8=3.8$

よって，$\underline{x=5.1,\ y=1.9}$

【2】

(1) m，n を自然数とすると，自然数 A に対する条件は次のように表せる。

$A+24=m^2$ ……①

$A-24=n^2$ ……②

①－②を計算して A を消去すると

$m^2-n^2=48$

$(m-n)(m+n)=48$

等式を成立させる自然数 $(m,\ n)$ の組を 48 の約数から調べると，右の表のように 3 組ある。

$m-n$	$m+n$	$(m,\ n)$
1	48	不適
2	24	(13，11)
3	16	不適
4	12	(8，4)
6	8	(7，1)

m，n 1 組に対して自然数 A は 1 個に決まるから条件を満たす自然数 A は 3 個ある。

①，②より，$A=m^2-24=n^2+24$ だから，$(m,\ n)=(7,\ 1)$，$(8,\ 4)$，$(13,\ 11)$ に対して，A の値はそれぞれ $\underline{25,\ 40,\ 145}$ となる。

(2) 点 P と点 Q が頂点 A から頂点 C まで移動する時間は等しいから

$\dfrac{x}{4}+\dfrac{y}{9}=\dfrac{x}{6}+\dfrac{y}{6}$　　両辺に分母の数 4，9，6 の最小公倍数 36 をかけると

$9x+4y=6x+6y$

$3x=2y$　これより，$x:y=\underline{2:3}$

(3) EB // DC より，△BFE ∽ △DFC

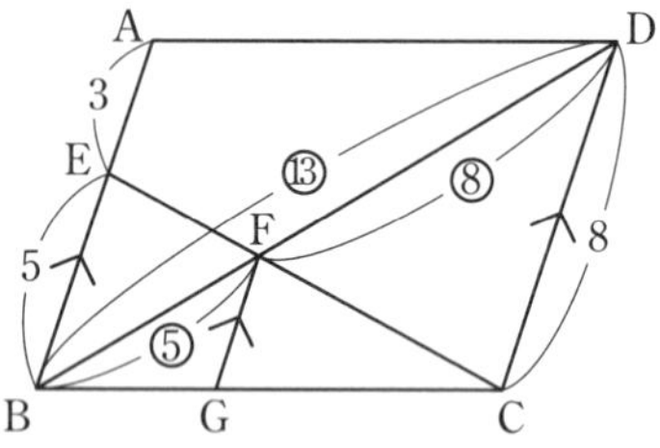

相似な図形の対応する辺の比は等しいから

BF : DF = BE : DC = (8 − 3) : 8 = 5 : 8

これより，BF : BD = 5 : (5 + 8) = 5 : 13

FG // DC より，△BGF ∽ △BCD だから

FG : DC = BF : BD

FG : 8 = 5 : 13

比例式の性質により，13FG = 40　　よって，FG $=\underline{\dfrac{40}{13}}$

(4) 点 A，E から辺 BC に垂線をひき，辺 BC との交点をそれぞれ点 H，I とする。

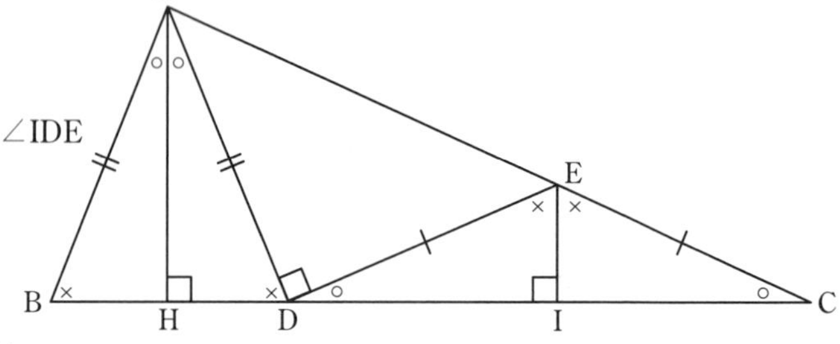

△AHD と△DIE において

∠AHD = ∠DIE = 90°（仮定）

∠HAD = 180° − 90° − ∠ADH = ∠IDE

2 組の角がそれぞれ等しいから

△AHD ∽ △DIE

また，△ABD，△EDC は二等辺三角形であるから点 H，I はそれぞれ線分 BD，DC の中点である。

よって，$\triangle AHD = \triangle ABD \times \frac{1}{2} = 32 \times \frac{1}{2} = 16$

$\triangle DIE = \triangle EDC \times \frac{1}{2} = 18 \times \frac{1}{2} = 9$

より，△AHD と△DIE の面積比は $16 : 9 = 4^2 : 3^2$ となるから，相似比は 4 : 3 である。

これより，$DA = 4x$，$ED = EC = 3x (x > 0)$ とおいて，△ADE に三平方の定理を用いると

$AE = \sqrt{(4x)^2 + (3x)^2} = \sqrt{25x^2} = 5x$

△ADE，△EDC の底辺をそれぞれ辺 AE，EC と見ると，高さは共通であるから，

2 つの三角形の面積比は

$\triangle ADE : \triangle EDC = AE : EC = 5x : 3x = 5 : 3$

よって，$\triangle ADE = \frac{5}{3} \times \triangle EDC = \frac{5}{3} \times 18 = \underline{30}$

【3】 正十二面体のさいころを続けて 2 回投げるとき，目の出方は $12 \times 12 = 144$(通り)ある。

(1) 11 は素数であるから，出た目の数の積 X が 11 の倍数になるのは，1 回目，または，2 回目に 11 の目が出る場合だけである。

1 回目に 11 の目が出る場合は，$1 \times 12 = 12$ (通り)

2 回目に 11 の目が出る場合は，$12 \times 1 = 12$ (通り)

X が 11 の倍数となる場合は，2 回とも 11 の目が出る場合を 2 度数えないように，これらの和から 1 を引いて $12 + 12 - 1 = 23$(通り)ある。よって，求める確率は，$\underline{\frac{23}{144}}$

(2) X が 6 の倍数にならない場合を考える。

6 か 12 のどちらかの目が 1 回でも出れば 6 の倍数となるので，それ以外の目の数が出る場合だけを考える。6 の倍数は 2 の倍数でも 3 の倍数でもあるから，目の数が 2 の倍数，3 の倍数であるかどうかで，次の A，B，C のタイプに分類する。

A : 2 の倍数でも 3 の倍数でもない目の数は，1，5，7，11 の 4 個である。

B : 2 の倍数であるが 3 の倍数でない目の数は，2，4，8，10 の 4 個である。

C : 3 の倍数であるが 2 の倍数でない目の数は，3，9 の 2 個である。

B と C のタイプが 1 回ずつ出ると，X が 6 の倍数になることに注意する。

{1 回目の目の数, 2 回目の目の数} と表すと, X が 6 の倍数にならないのは, 次の場合である。

{A，A}，{B，B}，{C，C}について，$4 \times 4 + 4 \times 4 + 2 \times 2 = 36$(通り)

{A，B}，{B，A}について，$4 \times 4 + 4 \times 4 = 32$(通り)

{A，C}，{C，A}について，$4 \times 2 + 2 \times 4 = 16$(通り)

よって，X が 6 の倍数にならない場合は，$36 + 32 + 16 = 84$(通り)あるから，求める確率は

$1 - \frac{84}{144} = 1 - \frac{7}{12} = \underline{\frac{5}{12}}$

【4】

(1) 点A，Bは放物線上の点なので，$y=\frac{1}{2}x^2$に$x=-6$，8をそれぞれ代入してy座標を求める。

点Aのy座標は，$y=\frac{1}{2}\times(-6)^2=18$　　よって，A$(-6,\ 18)$

点Bのy座標は，$y=\frac{1}{2}\times 8^2=32$　　よって，B$(8,\ 32)$

直線ABの式を$y=ax+b$とおいて，点Aと点Bの座標をそれぞれ代入すると

$18=-6a+b$　　$32=8a+b$

このa，bについての連立方程式を解くと，$a=1$，$b=24$

よって，直線ABの式は$y=x+24$

(2) 点P$\left(p,\ \frac{1}{2}p^2\right)$を通り$y$軸に平行な直線と直線ABの交点をQとする。

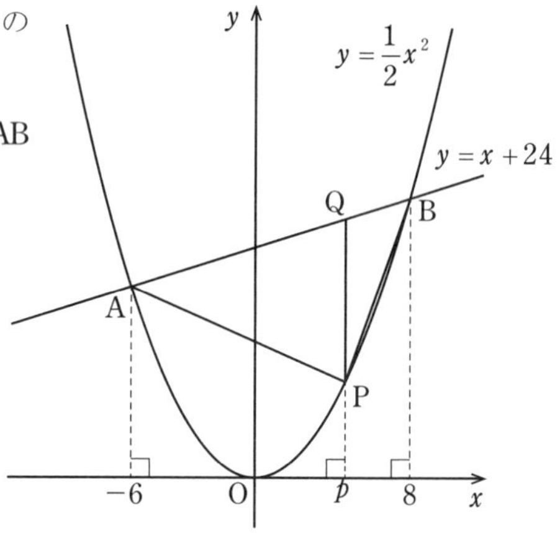

点Qのx座標は点Pのx座標に等しいので，直線ABの式$y=x+24$に$x=p$を代入して，$y=p+24$

よって，Q$(p,\ p+24)$

△APBの面積をpを用いて表すと

$$\triangle APB = QP\times(\text{点Bと点Aの}x\text{座標の差})\times\frac{1}{2}$$
$$=\left(p+24-\frac{1}{2}p^2\right)\times\{8-(-6)\}\times\frac{1}{2}$$
$$=-\frac{7}{2}p^2+7p+168$$

△APBの面積が171のとき

$-\frac{7}{2}p^2+7p+168=171$，$7p^2-14p+6=0$

解の公式により，この2次方程式を解くと

$$p=\frac{-(-14)\pm\sqrt{(-14)^2-4\times7\times6}}{2\times7}=\frac{14\pm\sqrt{28}}{14}=\frac{14\pm2\sqrt{7}}{14}=\frac{7\pm\sqrt{7}}{7}$$

どちらの解も$-6<p<8$の条件を満たすから，$p=\frac{7\pm\sqrt{7}}{7}$

(3) (i) $p=6$のとき，点Pの座標はP$(6,\ 18)$となり，点A$(-6,\ 18)$とy座標が等しく，直線APはx軸と平行となり，直線APの式は$y=18$と表される。

また，点Bの座標はB$(8,\ 32)$より，直線OBの式は，$y=4x$，直線OBと直線APの交点をCとすると，$18=4x$，$x=\frac{9}{2}$より，C$\left(\frac{9}{2},\ 18\right)$

△AOBと△BOPの底辺を2つの三角形が共有する辺OBと見ると，高さの比は，線分ACと線分PCの長さの比に等しいから

$$\triangle AOB:\triangle BOP=AC:PC=\left\{\frac{9}{2}-(-6)\right\}:\left(6-\frac{9}{2}\right)=\frac{21}{2}:\frac{3}{2}=7:1$$

(ii) △AOPと△BOPを共通の底辺OPをもつ三角形と見ると，高さは，それぞれ点A，Bから直線OPにひいた垂線の長さとなる。したがって，直線OPと直線ABが平行になるとき，△AOPと△BOPの面積は等しくなり，問題の条件を満たさない。よって，直線ABと直線OPは必ず交わる。その交点をRとすると，点A，Bから直線OPにひいた2つの垂線の長さの比は，AR : BRの比と等しいことから

AR : BR ＝△AOP : △BOP ＝ 11 : 4 ……①

この比の関係より，直線 OP は点 B より x 座標の大きい点 R で直線 AB と交わることがわかる。直線 AB の傾きが 1 より，直線 OP の傾きが 1 のとき直線 AB と平行になり，直線 OP の傾きが 1 より小さいとき直線 OP は点 A より x 座標の小さい点 R で直線 AB と交わるので条件を満たさない。

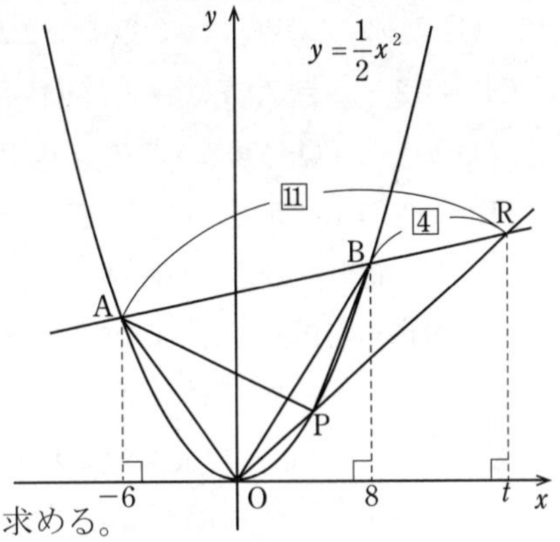

直線 OP の傾きが 1 のとき，直線の式は $y=x$ であり，放物線 $y=\frac{1}{2}x^2$ と直線 $y=x$ の交点 P を求める。

$$\frac{1}{2}x^2=x \qquad x(x-2)=0 \qquad x=0,\ 2$$

$x=0$ は原点 O の x 座標なので $x=2$

よって，問題の条件に適する p の値の範囲は $2<p<8$ である。

点 R の x 座標を t とする。座標平面上の線分の長さの比を，線分の両端の点の x 座標の差で表すと

$$\mathrm{AR}:\mathrm{BR}=\{t-(-6)\}:(t-8)=(t+6):(t-8) \quad \cdots\cdots②$$

①，②より，$11:4=(t+6):(t-8)$

$$11(t-8)=4(t+6) \qquad 11t-88=4t+24 \qquad t=16$$

さらに，この t の値を直線 AB の式 $y=x+24$ の x に代入すると，

$y=16+24=40$ より，R$(16,\ 40)$

よって，直線 OR の式は，$y=\frac{5}{2}x$ となる。

放物線 $y=\frac{1}{2}x^2$ と直線 $y=\frac{5}{2}x$ の交点が P だから，

$$\frac{1}{2}x^2=\frac{5}{2}x \qquad x(x-5)=0 \qquad x=0,\ 5$$

$2<p<8$ を満たす解が求める p の値であるから，$p=\underline{5}$

【5】

(1) 接する 2 つの円に関して，2 円の中心と接点の 3 点は同一直線上にある。本問においては，3 点{O，P，A}，3 点{O，Q，B}，3 点{P，C，Q}がそれぞれ一直線上にある。これより，半円 O の半径を r とおくと

$$\mathrm{OP}=r-5,\ \mathrm{PQ}=5+3=8,\ \mathrm{OQ}=r-3$$

と表され，△OPQ の周の長さが 24 であることから

$$\mathrm{OP}+\mathrm{PQ}+\mathrm{OQ}=24$$

$$(r-5)+8+(r-3)=24$$

これを解いて，$r=\underline{12}$

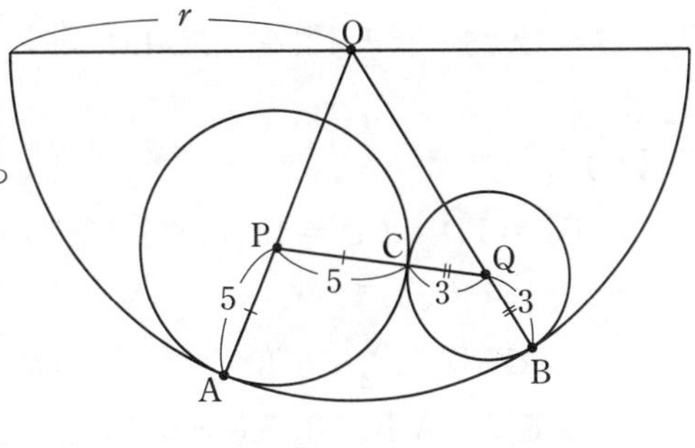

(2) (1)より，$\triangle$OPQ は，3 辺の長さが

OP $= 12 - 5 = 7$，PQ $= 8$，OQ $= 12 - 3 = 9$ の三角形である。

点 O から辺 PQ に垂線をひき，辺 PQ との交点を H とする。

PH $= x$，OH $= h$ とおいて，直角三角形 OPH，OQH に

三平方の定理を用いて OH^2 を 2 通りで表すと

$$\mathrm{OH}^2 = \mathrm{OP}^2 - \mathrm{PH}^2 = \mathrm{OQ}^2 - \mathrm{QH}^2$$

$$7^2 - x^2 = 9^2 - (8 - x)^2$$

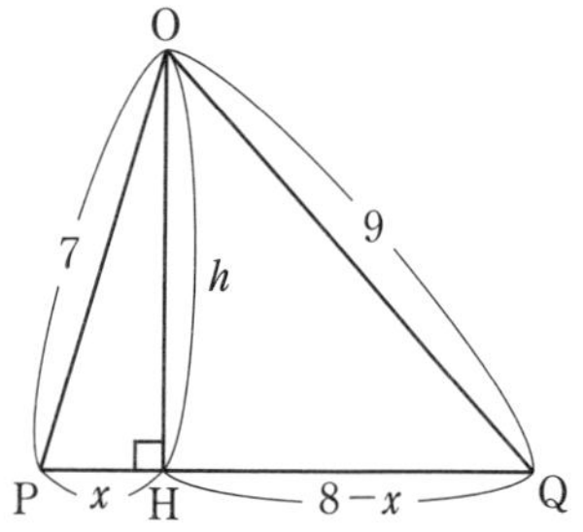

この x についての方程式を解くと

$$49 - x^2 = 81 - (64 - 16x + x^2) \qquad 16x = 32 \qquad x = 2$$

したがって，$\mathrm{OH}^2 = h^2 = 7^2 - 2^2 = 45 \qquad h = \sqrt{45} = 3\sqrt{5}$

よって，$\triangle \mathrm{OPQ} = \dfrac{1}{2} \times \mathrm{PQ} \times \mathrm{OH} = \dfrac{1}{2} \times 8 \times 3\sqrt{5} = \underline{12\sqrt{5}}$

(3) $\triangle$ABC の面積は，$\triangle$OAB の面積から$\triangle$OAC と$\triangle$OBC の面積を引いて求めればよい。まず，(2)で求めた$\triangle$OPQ の面積と$\triangle$OAB の面積の比を求める。

$\triangle$OAB は OA $=$ OB $= 12$ の二等辺三角形であるから

$$\mathrm{OP} : \mathrm{OA} = 7 : 12 \qquad \mathrm{OQ} : \mathrm{OB} = 9 : 12 = 3 : 4$$

$\triangle$OPQ と$\triangle$OAB の面積比は，(OP × OQ)と (OA × OB)の比に等しいから

$$\triangle \mathrm{OPQ} : \triangle \mathrm{OAB} = (\mathrm{OP} \times \mathrm{OQ}) : (\mathrm{OA} \times \mathrm{OB}) = (7 \times 3) : (12 \times 4) = 7 : 16$$

これより，$\triangle \mathrm{OPQ} = S(= 12\sqrt{5})$ とおくと

$$\triangle \mathrm{OAB} = \frac{16}{7} S \cdots\cdots ①$$

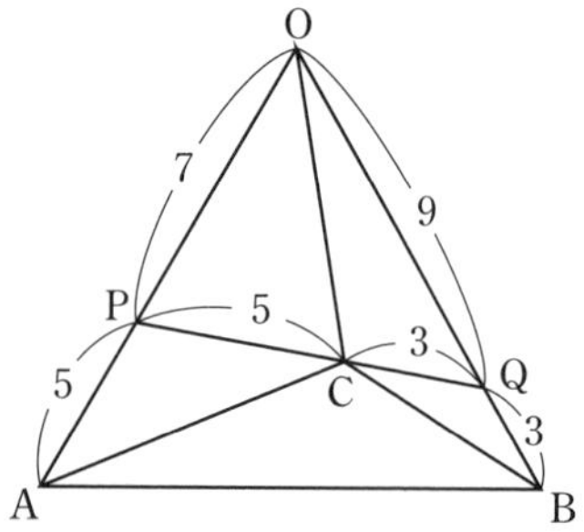

さらに，$\triangle \mathrm{OPC} : \triangle \mathrm{OQC} = \mathrm{PC} : \mathrm{QC} = 5 : 3$ より

$$\triangle \mathrm{OPC} = \frac{5}{8} S, \quad \triangle \mathrm{OQC} = \frac{3}{8} S$$

また，$\triangle \mathrm{OPC} : \triangle \mathrm{OAC} = \mathrm{OP} : \mathrm{OA} = 7 : 12$ だから

$$\triangle \mathrm{OAC} = \frac{12}{7} \times \triangle \mathrm{OPC} = \frac{12}{7} \times \frac{5}{8} S = \frac{15}{14} S \quad \cdots\cdots ②$$

同様に，$\triangle \mathrm{OQC} : \triangle \mathrm{OBC} = \mathrm{OQ} : \mathrm{OB} = 3 : 4$ だから

$$\triangle \mathrm{OBC} = \frac{4}{3} \times \triangle \mathrm{OQC} = \frac{4}{3} \times \frac{3}{8} S = \frac{1}{2} S \cdots\cdots ③$$

①，②，③式を用いると

$$\triangle \mathrm{ABC} = \triangle \mathrm{OAB} - \triangle \mathrm{OAC} - \triangle \mathrm{OBC} = \frac{16}{7} S - \frac{15}{14} S - \frac{1}{2} S = \frac{32 - 15 - 7}{14} S = \frac{5}{7} S$$

$S = 12\sqrt{5}$ を代入すると，$\triangle \mathrm{ABC} = \dfrac{5}{7} \times 12\sqrt{5} = \underline{\dfrac{60\sqrt{5}}{7}}$

【6】

(1) FC $=$ FD $=$ CD $= 12$ cm より，$\triangle$FCD は 1 辺の長さが 12 cm の正三角形である。よって

$$\triangle \mathrm{FCD} = \frac{\sqrt{3}}{4} \times 12^2 = 36\sqrt{3} \ (\mathrm{cm}^2)\ (※)$$

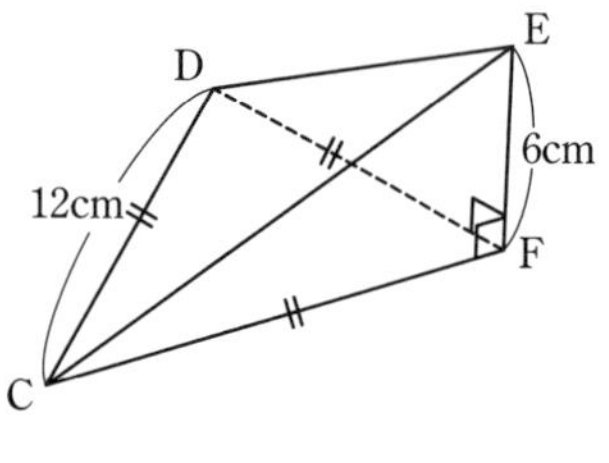

点 F は点 A と点 B が集まってできた点であり

$\angle \mathrm{CFE} = \angle \mathrm{DFE} = 90^\circ$　すなわち，EF ⊥ CF，EF ⊥ DF より，

EF ⊥平面 FCD

よって，三角錐 FECD の底面を△FCD と見ると，高さは $EF=\frac{1}{2}AB=\frac{1}{2}\times 12=6$ cm となるから，三角錐 FECD の体積は

$$\frac{1}{3}\times 36\sqrt{3}\times 6=\underline{72\sqrt{3}\ (\mathrm{cm}^3)}$$

※ 1 辺の長さが a の正三角形の面積は，$\frac{\sqrt{3}}{4}a^2$ である。

(2) 辺 CD の中点を M とする。

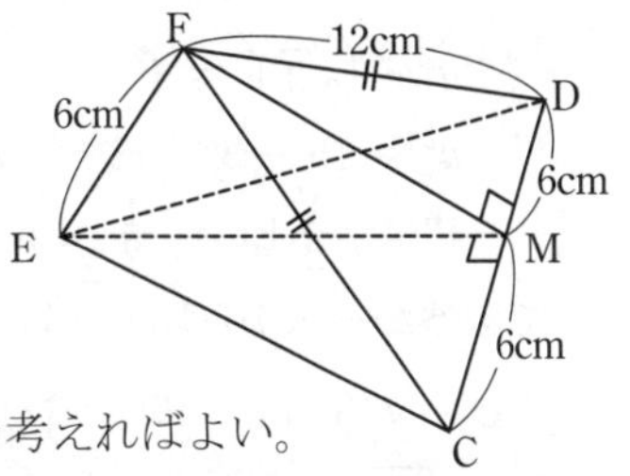

△ECD は二等辺三角形，△FCD は正三角形なので，

$\angle EMC=\angle FMC=90^\circ$

すなわち，$CD\perp EM$，$CD\perp FM$ より，$CD\perp$ 平面 EMF

回転の軸が辺 CD であるから，点 M を回転の中心とする△EMF の回転移動において，線分 EF が通過した部分の面積を考えればよい。

また，(1) より $EF=6$ cm，正方形 ABCD の 1 辺の長さと等しいので $EM=12$ cm，正三角形 FCD の高さなので $FM=12\times\frac{\sqrt{3}}{2}=6\sqrt{3}$ (cm) より，△EMF は 3 辺の比が $EF:EM:FM=6:12:6\sqrt{3}=1:2:\sqrt{3}$ となる。

よって，△EMF は，$\angle EMF=30^\circ$ の直角三角形である。

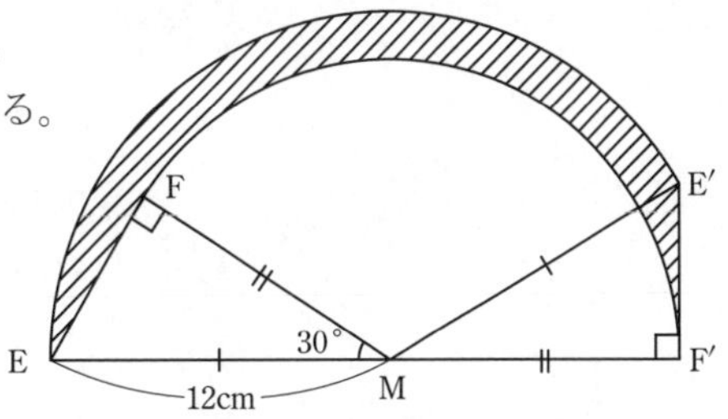

これより，点 E，F が回転した角度は，$180^\circ-30^\circ=150^\circ$ となり，点 E，F が移動した点をそれぞれ E′，F′とすると，線分 EF が通過した部分は右図の斜線部分になる。

おうぎ形 EME′＋△E′MF′－おうぎ形 FMF′－△EMF ＝おうぎ形 EME′－おうぎ形 FMF′から，斜線部分の面積は求められ，

$$\pi\times 12^2\times\frac{150}{360}-\pi\times\left(6\sqrt{3}\right)^2\times\frac{150}{360}=\underline{15\pi\ (\mathrm{cm}^2)}$$

(3) 立体にのせて静止した球を△PQR をふくむ平面で切断すると，切り口は円となる。

まず，この円の半径を求める。

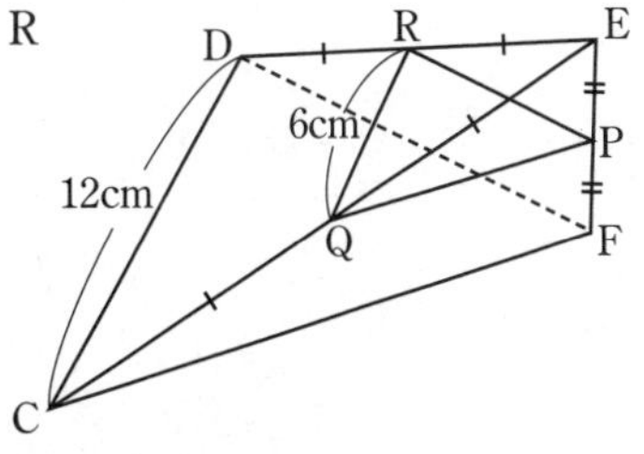

△PQR と△FCD が平行で点 P が辺 EF の中点なので点 Q，R は，それぞれ辺 EC，ED の中点である。

△ECF，△EDC，△EDF において，中点連結定理により

$PQ=\frac{1}{2}FC=6$ (cm)

$QR=\frac{1}{2}CD=6$ (cm)

$RP=\frac{1}{2}DF=6$ (cm)

3 辺の長さが等しいので，△PQR は 1 辺の長さが 6 cm の正三角形である。

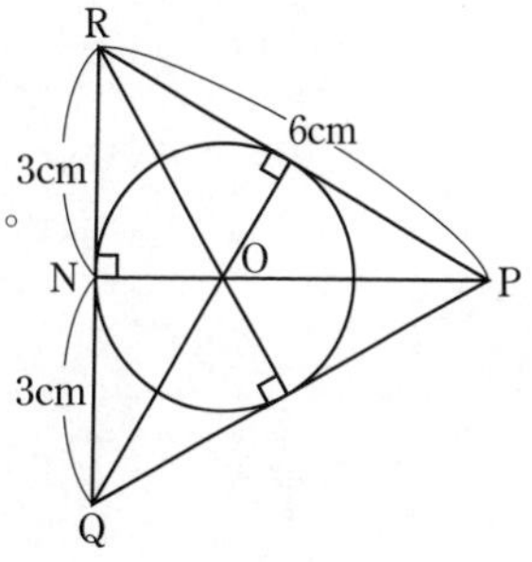

球を平面 PQR で切断してできる切断面の円は△PQR の内接円と一致する。正三角形の内接円は各辺の中点が接点となるから，球は△PQR の 3 辺それぞれの中点で立体に接した状態で静止している。

△PQR の内接円の中心を O，辺 QR の中点を N とすると，右図より，△PQR の内接円の半径 ON は，△QON が 30°，60°，90° の直角三角形なので 3 辺の比 $1:2:\sqrt{3}$ より

$$ON=QN\times\frac{1}{\sqrt{3}}=6\times\frac{1}{2}\times\frac{1}{\sqrt{3}}=3\times\frac{1}{\sqrt{3}}=\sqrt{3}\ (\mathrm{cm})$$

次に，球の中心を O′ とすると，中心 O′から面 PQR にひいた垂線と面 PQR の交点は△PQR の内接円の中心 O に一致する。

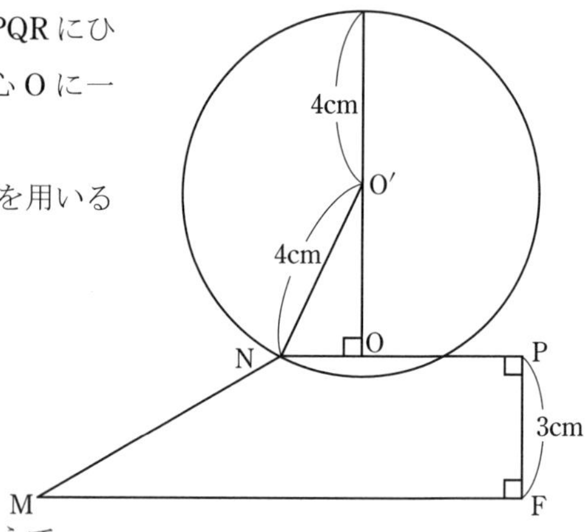

O′O = a cm とおいて，△O′NO に三平方の定理を用いると，ON =$\sqrt{3}$ cm，球の半径 O′N = 4 cm より

$$a^2 + \left(\sqrt{3}\right)^2 = 4^2$$

$$a^2 = 16 - 3 = 13 \qquad a > 0 \text{ より，} a = \sqrt{13}$$

$$\mathrm{PF} = \frac{1}{2}\mathrm{EF} = \frac{1}{2} \times 6 = 3\ (\mathrm{cm})$$

であるから床から球の一番高い点までの高さは，

O′O =$\sqrt{13}$ cm に PF = 3 cm と球の半径 4 cm を加えて

$$\sqrt{13} + 3 + 4 = \underline{7 + \sqrt{13}\ (\mathrm{cm})}$$

理科

解答

【1】	(1)(i)	20 N	(ii)	8 J	(2)(i)	15 N	(ii)	80 cm	(iii)	1.5 W
	(3)(i)	24 J	(ii)	24 J	(4)(i)	9 J	(ii)	ア	(iii)	8 : 5
	(5)(i)	40 N	(ii)	熱 エネルギー	(6)	33 J				

【2】	(1)	ア	(2)	オ	(3)①	イ	②	エ				
	(4)	カ	(5)	エ	(6)	ウ						
	(7)(i)	NaCl	(ii)	1579 mg	(8)	オ	(9)	3.1 mL	(10)	38 ℃		

【3】	(1)	エ	(2)	ア	(3)	節足動物						
	(4)(i)	10 種類	(ii)	5 種類	(iii)	ウ，オ	(5)	ウ	(6)	イ		
	(7)	37 kg	(8)(i)	530 g	(ii)	70 本	(9)(i)	330 m^2	(ii)	495 kg		

【4】	(1)①	黒点	②	自転	(2)	ウ	(3)	69 時間		
	(4) A	木星	F	火星	(5)	E	(6)	16 万km		
	(7)(i)	3 度	(ii)	9 度	(iii)	320 日	(8)	780 日		

＜配点＞

【1】　各2点×13 ＝ 26点

【2】　各2点×12 ＝ 24点

【3】　※(4)(iii)完答　各2点×13 ＝ 26点

【4】　各2点×12 ＝ 24点

＜領域と出題＞

領域名		設問	配点
01	エネルギー（仕事，力学的エネルギーの保存）	【1】	26点
02	中和とイオン（酸・アルカリ，中和）	【2】	24点
03	自然と人間（食物連鎖，自然環境）	【3】	26点
04	太陽系と恒星（太陽，月，惑星，恒星）	【4】	24点
合計			100点

＜解説＞

【1】 エネルギー

（仕事，力学的エネルギーの保存）

＜実験Ⅰ＞

(1) (i) **20[N]**が正解。ロープを引く力は物体Aにはたらく重力と等しい。質量が2 kg ＝ 2000 gなので，20 Nとなる。

(ii) **8[J]**が正解。ロープは20 Nの力で40 cm ＝ 0.4 m引いたので，物体Aにした仕事は20 N×0.4 m ＝ 8 Jとなる。

(2) (i) **15[N]**が正解。物体Bにはたらく重力は30 Nである。これを，動滑車から上向きに伸びる左右2本のロープで均等に支えるので，ロープを引く力は30 N×$\frac{1}{2}$ ＝ 15 Nとなる。

(ii) **80[cm]**が正解。動滑車が40 cm上がると，動滑車から上向きに伸びる左右2本のロープとも40 cmずつ短くなる。定滑車より右側のロープがその分だけ長くなるので，ロープを引く長さは40 cm×2＝80 cmとなる。

(iii) **1.5[W]**が正解。ロープを引く力がした仕事は15 N×0.8 m ＝ 12 Jである（動滑車が物体Bにした仕事と等しいと考えると30 N×0.4 m ＝ 12 Jである）。よって，求める仕事率は12 J÷8秒 ＝1.5 Wとなる。

＜実験Ⅱ＞

(3) (i) **24[J]**が正解。点Cから点Aまで，斜面に平行な向きの力が物体Xにした仕事は，仕事の原理より，物体Xを鉛直に80 cmもち上げるときにする仕事と同じである。よって，その値は30 N×0.8 m ＝ 24 Jとなる。

(ii) **24[J]**が正解。点Cから点Aまで移動した際に物体Xが得た位置エネルギーは，物体Xを点Cから点Aまでもち上げるのに必要な仕事と同じである。(i)より，その値は24 Jとなる。

(4) (i) **9[J]**が正解。物体Xが水平面CDにあるときの位置エネルギーを0 Jとする。水平面から点Bまでの高さは50 cmだから，点Bを通過するときの物体Xのもつ位置エネルギーは30 N×0.5 m＝ 15 Jである。力学的エネルギー（位置エネルギーと運動エネルギーの和）は一定であるから，物体Xが点Bにあるときの力学的エネルギーは，点Aにあるときの力学的エネルギー(位置エネルギー24 J＋運動エネルギー0 J)に等しく，24 Jである。したがって，物体Xが点Bにあるときの運動エネルギーは24 J－15 J ＝ 9 Jとなる。

(ii) **ア**が正解。物体Xが斜面ACを下っている間に物体Xにはたらく力は，鉛直下向きの重力と斜面に垂直な向きの垂直抗力の2つである。これらの合力は斜面に沿って平行な向きになり，つねに一定である。一定の力がはたらき続ける場合は，速度が一定の割合で増加する等加速度運動をする。よって，グラフは直線となる。

物体Xが水平面CDを移動している間に物体Xにはたらく力は，鉛直下向きの重力と鉛直上向きの垂直抗力の2つである。これらの合力は0になるから，物体Xは等速直線運動をし，速さは一定の値である。なお，点Cの前後で運動のようすが変化するのであり，イのグラフのように速度がなめらかに変化するわけではない。

(iii) **8 : 5** が正解。物体Xが点Dにあるとき，位置エネルギーは0 Jだから，力学的エネルギーの保存より，運動エネルギーは24 Jである。また，物体Xが点Fにあるとき，位置エネルギーは30 N × 0.3 m ＝ 9 Jだから，力学的エネルギーの保存より，運動エネルギーは24 J − 9 J ＝ 15 Jである。したがって，求める運動エネルギーの比は24 J : 15 J ＝ 8 : 5となる。なお，各点の位置エネルギーと運動エネルギーをまとめると下表のようになる。

	A	B	C	D	E	F
位置エネルギー	24 J	↘ 15 J	↘ 0 J	→ 0 J	↗ 9 J	→ 9 J
運動エネルギー	0 J	↗ 9 J	↗ 24 J	→ 24 J	↘ 15 J	→ 15 J
力学的エネルギー	24 J	→ 24 J	→ 24 J	→ 24 J	→ 24 J	→ 24 J

＜実験Ⅲ＞

(5) (i) **40[N]**が正解。(4)(ii)と同様に，点Cで物体Yがもつ運動エネルギーは24 Jである。物体Yが点Pで静止したのは，もっている運動エネルギーが0 Jになったためであり，摩擦力がした仕事が24 Jであることがわかる。CP間の60 cmで摩擦力が24 Jの仕事をしたから，摩擦力の大きさは24 J ÷ 0.6 m ＝ 40 Nとなる。

(ii) **熱(エネルギー)**が正解。物体に摩擦力がはたらくと，その摩擦力が物体にした仕事はおもに熱エネルギーに変わる。

(6) **33[J]** が正解。(5)(i)と同様に，物体Yは点Pから点Cまでで，摩擦力によって24 Jの運動エネルギーを失う。その後，物体Yを点Cから点Qまでもち上げるのに必要な仕事は30 N × 0.3 m ＝ 9 Jである。物体Yが点Qでもっている運動エネルギーが0 Jになるためには，点Cでの運動エネルギーは9 Jであればよい。以上から，物体Yの点Pでの運動エネルギーは，24 J ＋ 9 J ＝ 33 Jとなる。

【2】 中和とイオン(酸・アルカリ，中和)

［Ⅰ］

(1) **ア**が正解。硫酸バリウムは化学式$BaSO_4$で示される白色の固体で，水に溶けない。この実験の中和反応の化学反応式は$H_2SO_4 + Ba(OH)_2 \rightarrow BaSO_4 + 2\ H_2O$で表される。

(2) **オ**が正解。それぞれの中和反応で生成する塩は，アが硫酸ナトリウム，イが硫酸アンモニウム，ウが塩化バリウム，エが塩化アンモニウム，オが炭酸カルシウムである。このうち炭酸カルシウムのみ水に溶けない。なお，「～ナトリウム」「～アンモニウム」という塩はすべて水に溶ける。オ（炭酸水と水酸化カルシウム水溶液）の組み合わせは，炭酸水中の二酸化炭素が反応し，その化学反応式は$CO_2 + Ca(OH)_2 \rightarrow CaCO_3 + H_2O$で表される。これは，石灰水に二酸化炭素を吹き込むと白く濁る反応と同じ化学反応式である。

(3) ①**イ**，②**エ**が正解。硫酸は，水溶液中で水素イオンと硫酸イオンに電離している（$H_2SO_4 \rightarrow 2\ H^+ + SO_4^{2-}$）。水酸化バリウムは，水溶液中で水酸化物イオンとバリウムイオンに電離している（$Ba(OH)_2 \rightarrow Ba^{2+} + 2\ OH^-$）。表1より，加えた水酸化バリウム水溶液Yの体積が小さいときはその体積に比例した質量の硫酸バリウムが沈殿するが，硫酸バリウムは480 mgまでしか沈殿しない。これは，(1)の中和反応をする硫酸中の水素イオンがなくなったためである。ちょうど中和するのは，Xを16.0 mL加えたときである。

①Yを加えていくと，はじめは加えた水酸化物イオンが水素イオンと結合し水となるので，溶液中に水酸化物イオンは存在しない。水酸化物イオンを水素イオンと同じ数だけ加えたとき（Yを16.0 mL加えたとき），ちょうど中和される。中和した後は，水溶液中に水酸化物イオンが増加していく。そのようなグラフはイとウである。ただし，水溶液中の水酸化物イオンがはじめの水素イオンと同量になるためには，中和後からさらに16.0 mL，つまり32.0 mLのYを加える必要がある。のYを加える必要がある。よって，20.0 mLのYを加えた段落でまだ「はじめのH^+」に達していないイが適している。

②硫酸と水酸化バリウム水溶液の中和反応では，塩が沈殿するので，完全に中和すると溶液中のイオンがなくなる。中和した後は，バリウムイオンと水酸化物イオンが増加していく。そのようすを表したものが次の図である。

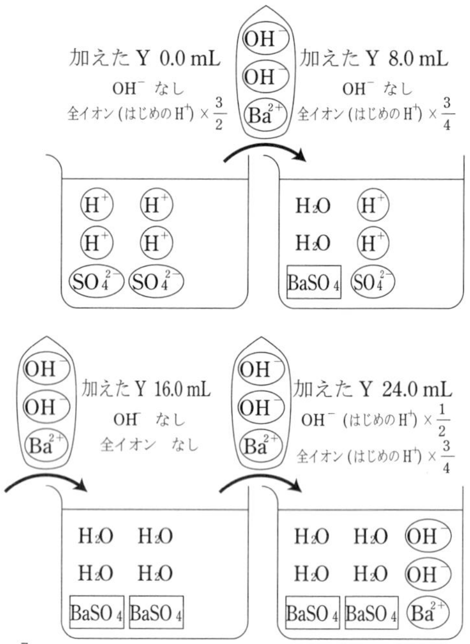

［Ⅱ］

(4) **カ**が正解。食酢は酸性でpHは約3，炭酸水は酸性でpHは約5，セッケン水はアルカリ性でpHは約10である。

(5) **エ**が正解。水溶液に電圧を加えると，水溶液中の陽イオン（NH_4^+）は－側に，陰イオン（OH^-）は＋側に移動する。フェノールフタレイン溶液が赤く変色するのは水酸化物イオンの影響なので，OH^-が移動した先が赤くなる。

(6) **ウ**が正解。塩化水素分子はすべて電離するので，塩酸P中に塩化水素分子は存在しない。よって，エとオは誤りである。また，アンモニア水Q中にはアンモニア分子（NH_3）とアンモニウムイオン（NH_4^+）と水酸化物イオン（OH^-）が存在するが，溶かしたアンモニアは大部分は分子のまま存在し，残りが電離する。以上から，（P中に存在するH^+の数）＝（Pに溶かしたHClの数）＝（Qに溶かしたNH_3の数）＝（Q中に存在するNH_3の数）＋（Q中に存在するNH_4^+の数（＝OH^-の数））となる。

一般に，pHの大きさが小さいほど酸

性が強く，酸性が強いほど同体積中の水素イオンの個数は多い。したがって，pH 3よりpH 1の方が水素イオンの個数は多い。(pH 1のP中の水素イオンの数）＞（pH 3の水溶液中の水素イオンの数）＝（pH 11のQ中の水酸化物イオンの数）となり，問題文中では，ふくまれる水素イオンや水酸化物イオンの個数が異なる同体積の水溶液が中和している。中和された混合溶液は，水素イオンが残っていて酸性を示す。このように，溶質が一部しか電離していない水溶液に関しては，中和された混合溶液が必ずしも中性とは限らない。

［Ⅲ］

(7) (i) **NaCl**が正解。塩酸と水酸化ナトリウム水溶液の中和では，塩として塩化ナトリウムが生成する。この反応の化学反応式は下のとおり。

$HCl + NaOH \rightarrow NaCl + H_2O$

(ii) **1579[mg]**が正解。体積がa mLの溶液とb mLの溶液を混合すると，質量保存の法則より質量はa g＋b g＝$(a+b)$ gとなり，体積$(a+b)$ mLの溶液になる。塩酸Aも塩酸Bも，同じ水酸化ナトリウム水溶液Cとちょうど中和する条件である。塩酸Bの濃度は塩酸Aの濃度の$\left(\frac{10.0\%}{5.0\%}=\right)$ 2倍で，体積は等しいので，塩酸Bの中和後に生成する塩化ナトリウムの質量は塩酸Aの中和後に生成する塩化ナトリウムの質量の2倍になる。また，塩酸Aの中和後の溶液の体積は16.8 mLなので，はかりとる前に生成した塩化ナトリウムの質量ははかりとってから得られた塩化ナトリウムの質量を$\frac{16.8\text{ mL}}{5.0\text{ mL}}$倍する必要がある。よって，求める質量は，$\left(235\text{ mg}\times\frac{16.8\text{ mL}}{5.0\text{ mL}}\right)\times 2 = 1579.2\text{ mg} \fallingdotseq 1579\text{ mg}$となる。

(8) **オ**が正解。10.0 mLの混合溶液とちょうど中和する水酸化ナトリウム水溶液Cの量は，$6.8\text{ mL}\times\frac{2.0\text{ mL}}{10.0\text{ mL}} + 13.6\text{ mL}\times\frac{8.0\text{ mL}}{10.0\text{ mL}} = 12.24\text{ mL}$となる。よって，12.24 mL加えるまでは酸性，それ以上加えるとアルカリ性に変化する。BTB溶液は酸性では黄色，中性では緑色，アルカリ性では青色になる。

(9) **3.1[mL]**が正解。この混合溶液を8.0％の水酸化ナトリウム水溶液Cで中和したとすると，$\frac{18.4\text{ mL}\times 5.0\%}{8.0\%} = 11.5\text{ mL}$必要となる。混合溶液中の塩酸Aの体積を$x$ mLとすると，(8)と同様に，10.0 mLの混合溶液とちょうど中和する水酸化ナトリウム水溶液Cの量について，$6.8\text{ mL}\times\frac{x\text{ mL}}{10.0\text{ mL}} + 13.6\text{ mL}\times\frac{(10.0-x)\text{ mL}}{10.0\text{ mL}} = 11.5\text{ mL}$が成り立つ。これを解いて，$x = 10.0\times\frac{13.6-11.5}{13.6-6.8} = 3.08\cdots\cdots \fallingdotseq 3.1$となる。

(10) **38[℃]**が正解。中和熱によって上昇する温度は，中和によって生成された水の質量に比例するので，(7)(i)の化学反応式より，中和反応をした塩化水素の質量や水酸化ナトリウムの質量にも比例する。また，混合溶液の質量は，設問文中で与えられた条件では50.0 g＋50.0 g＝100.0 g，求める条件でも8.0 g＋92.0 g＝100.0 gとなるから，考えなくてかまわない。設問文中で与えられた条件について，水酸化ナトリウム水溶液と塩酸の混合で酸性になったので，塩酸が過剰にあったことになり，水酸化ナトリウムの方を考えればよい。50.0 gの水酸化ナトリウム水溶液Cには$50.0\text{ g}\times\frac{8.0}{100} = 4.0\text{ g}$の水酸化ナトリウムが溶けているので，4.0 g の水酸化ナトリウムをふくむ水溶液が完全に中和すると，100 g の水溶液を 13.3 ℃上昇させる熱が発生する。一方，求める条件について，水酸化ナトリウムを塩酸に溶かしてアルカリ性になったので，水酸化ナトリウムが過剰にあったことになり，塩化水素の方を考えればよい。固体を溶かした水溶液の濃度は $\frac{8.0\ \mathrm{g}}{100.0\ \mathrm{g}}$ より 8%であるから，C と同じ水酸化ナトリウム水溶液とみなせる。リード文より，6.8 g の水酸化ナトリウム水溶液 C を中和するのに必要な塩酸 A は 10.0 g なので，本問の 92 g の塩酸 A で中和できる水酸化ナトリウム水溶液 C は，$6.8\ \mathrm{g} \times \frac{92\ \mathrm{g}}{10.0\ \mathrm{g}} = 62.56\ \mathrm{g}$ 分である。よって，中和される水酸化ナトリウムは 8.0 g のうち $\frac{62.56\ \mathrm{g}}{100\ \mathrm{g}}$ にあたるので，中和によって発生する熱は $13.3\ ℃ \times \frac{8.0\ \mathrm{g}}{4.0\ \mathrm{g}} \times \frac{62.56\ \mathrm{g}}{100\ \mathrm{g}} =$ 16.6……℃となる。

また，8.0 g の固体の水酸化ナトリウムを水に溶かすと，100 g の水溶液を 21.4 ℃上昇させる溶解熱が発生する。塩酸に溶かした場合も同じで，溶解熱による上昇温度は 21.4 ℃である。したがって，両者の熱によって上昇する温度は，21.4 ℃＋16.6……℃ ＝ 38.0……℃ ≒ 38 ℃となる。

【3】 自然と人間(食物連鎖，自然環境)

＜文1＞

(1) **エ**が正解。エの各生物の体長は，ダンゴムシは約 1.5 cm，ムカデは数 cm，ヤスデは 2 ～ 3 cm であり，大型土壌動物とよばれる。これらは土の中にまじっていても容易に発見することができる。それ以外のカニムシ，ダニ，トビムシは小型土壌生物とよばれ，土の中にまじっていると肉眼で発見するのは難しい。

(2) **ア**が正解。図 1 のツルグレン装置ではアルコールを用いているが，生きたままの生物を捕獲したい場合には水を用いることもある。生物たちはアルコールのにおいに引き寄せられているわけではない。

(3) **節足(動物)**が正解。8 種類の生物のうち，あてはまらない 1 種類とはミミズである。それ以外の生物は，節のある足をもつ無セキツイ動物である，節足動物のなかまである。カニムシ，ダニはクモ類，トビムシは昆虫類のなかまである。

(4) (i) **10(種類)**が正解。生物のうち，無機物から有機物をつくることができずに，食物にふくまれる有機物を体にとりこむものを消費者という。動物はすべて消費者であり，菌類や細菌類などの微生物も消費者にふくまれる。観察および採取された 10 種類の生物はすべて消費者にあてはまる。

(ii) **5(種類)**が正解。消費者のうち，生物の死がいや排せつ物から有機物を体にとりこむものを分解者という。ここでは，生産者である植物を体にとりこむ生物を考えればよく，食物連鎖を表した図 2 において落ち葉を分解している 4 種類の生物があてはまる。また，菌類であるキノコも分解者である。

(iii) **ウ**，**オ**(順不同)が正解。細菌類（バクテリア）はおもに分裂によってふえる単細胞生物である。乳酸菌，納豆菌の他，大腸菌，根粒菌《こんりゅうきん》などがある。シイタケやクロカビ，アオカビは菌類である。

(5) **ウ**が正解。まず，③がここの食物連鎖での頂点にあたり，もっとも大型な生物であるモグラがあてはまるとわかる。①は，落ち葉を食べた後，モグラ以外の他の生物に食べられていないので，大型土壌動物のヤスデとなる。トビムシを食べ，クモに食べられる②は残りのカニムシがあてはまる。

(6) **イ**が正解。ペトリ皿Bの土の周辺にはデンプンがあったのに対し，ペトリ皿Aの土の周辺にはデンプンがなかったことになる。ペトリ皿Bにのせた土はよく加熱したものだったことに注目すると，加熱したときに土の中の細菌類などの微生物が死んでしまったためにデンプンが消費されすそのまま残っていたと考えられる。一方ペトリ皿Aでは，微生物によってデンプンが消費されたことになる。

＜文２＞

(7) **37[kg]**が正解。1年間で処理する生ゴミは，0.5 kg/日 × 365 日 ＝ 182.5 kgである。この20%の重量の堆肥ができるのだから，1年間につくることができる堆肥の重量は182.5 kg × 0.2 ＝ 36.5 kg ≒ 37 kgとなる。

(8) (i) **530[g]**が正解。直径30 cm，深さ30 cmの円柱の容積のうちの5%に，密度が0.5 g/cm^3の堆肥をまぜるのだから，その重量は{(15 cm)^2 × 3.14 × 30 cm} × 0.05 × 0.5 g/cm^3 = 529.875 g ≒ 530 gとなる。

(ii) **70(本)**が正解。植林する木1本あたり530 gの堆肥が必要なところ，37 kgの堆肥があれば何本分まかなえるかを計算する。37 kg ÷ 0.53 kg/本 ＝ 69.8……本 ≒ 70本となる。

(9) (i) **330[m^2]**が正解。この木の直径は，282.6 cm ÷ 3.14 ＝ 90 cmである。表1から，葉の表面の合計は330 m^2であると読みとれる。

(ii) **495[kg]**が正解。樹木の葉1 m^2あたりが1年に吸収する二酸化炭素が約1.5 kgなので，葉の面積の合計が330 m^2の樹木の場合，1.5 kg/m^2 × 330 m^2 ＝ 495 kgの二酸化炭素を吸収できる。

【4】 太陽系と恒星(太陽，月，惑星，恒星)

［Ⅰ］

(1) ①**黒点**，②**自転**が正解。　①地球から観測することのできる太陽の表面を光球という。光球には黒い斑点が見えることがあり，これを黒点という。黒点は周囲よりも温度が2000 ℃ほど低い部分である。　②太陽の表面を太陽投影板などを用いて観測していくと，時間が経つにつれて黒点の位置が変わっていくことがわかる。これは太陽が自転しているためにおこる現象である。

(2) **ウ**が正解。太陽の黒点の数を長い期間で観測していくと，その数が周期的に増減する。黒点の数は，太陽の活動が活発になるほど多く発生し，穏やかになると減少する。なお，黒点が特に多いときを太陽活動の極大期，少ないときを極小期という。

(3) **69[時間]**が正解。1天文単位とは太陽と地球との距離である。この距離を秒速600 kmの太陽風が何時間かかって移動するかを求めればよい。1時間は60 × 60秒＝3600秒であるから，この太陽風は1時間あたり600km/秒× 3600秒＝216万km移動する。よって，太陽フレアがおこってからこの太陽風が地球に到達するまでにかかる時間は，1億5000万km ÷ 216万km/時 ＝ 69.4……時間 ≒ 69時間となる。

［Ⅱ］

(4) A：**木星**，F：**火星**が正解。表1より，Aは太陽系の中で直径が最大の惑星であるので，木星があてはまる。一方，地球よりも直径が小さい惑星は水星，金星，火星なので，これらがE，F，Gのいずれかにあてはまる。太陽系の惑星の中で最も小さい水星がG，地球と大きさが近い金星がEにあてはまり，残ったFは火星となる。なお、これらの惑星を太陽に近い順に並べたものが下の表である。

惑星	直径
G　水星	0.38
E　金星	0.95
地球	1
F　火星	0.53
A　木星	11.21
B　土星	9.45
C　天王星	4.01
D　海王星	3.88

(5) **E**が正解。二酸化炭素を主成分とする厚い大気に覆われている金星は，二酸化炭素の温室効果により，太陽系の惑星の中でもっとも表面の平均温度が高くなっている。(4)より，金星はEである。なお，水星は太陽に一番近い惑星であるが，大気が極めて薄いこともあり，その表面の平均温度は約170 ℃と，金星の表面の平均温度（約460 ℃）と比べるとかなり低い。

(6) **16(万)[km]**が正解。表1より，Cの直径は地球の直径の4.01倍だから，Cの半径も地球の半径の4.01倍であり，Cの半径は4.01 × 6400 km ＝ 25664 kmとなる。よって，Cの赤道の長さは，2 × 3.1 × 25664 km ＝ 159116.8 km ≒ 16万kmとなる。なお，この長さは，地球の一周（赤道の長さ）約4万kmの約4倍になっている。

［Ⅲ］

(7) (i) **3[度]**が正解。惑星Aが恒星の周りを一周するのにかかるのが120日であるから，1日の間に惑星Aは恒星を中心に360度÷ 120 ＝ 3度回転する。

(ii) **9[度]**が正解。(1)より，惑星Aは8日間で，恒星を中心に3度× 8 ＝ 24度回転する。同様に，惑星Bが恒星の周りを一周するのにかかるのが192日であるから，1日の間に惑星Bは恒星を中心に360度÷ 192 ＝ $\frac{15}{8}$度回転する。よって，惑星Bは8日間で，恒星を中心に$\frac{15}{8}$度× 8 ＝ 15度回転する。よって，a ＝ 24度 － 15度 ＝ 9度となる。

(iii) **320[日]**が正解。恒星を中心に回転する速さ（1日に何度回転するか）は，惑星Aの方が惑星Bよりも速い。図2の角aの大きさは，1日あたり3度 － $\frac{15}{8}$度 ＝ $\frac{9}{8}$度ずつ大きくなり，aが360度になると再び衝の位置となる。惑星Aからみて惑星Bが衝の位置にあるときから再び衝の位置となるのにかかる日数をd日とすると，$\frac{9}{8}$度 × d ＝ 360度より，d ＝ 360 × $\frac{8}{9}$ ＝ 320となる。

(8) **780[日]**が正解。(7)での恒星を太陽，惑星Aを地球，惑星Bを火星として考えることで，求めることができる。1日の間に，太陽を中心に地球は$\frac{360}{365}$度，火星は$\frac{360}{686}$度回転する。これより，図2の角aにあたる角の大きさは，1日あたり$\left(\frac{360}{365} - \frac{360}{686}\right)$度ずつ大きくなる。火星が衝の位置にあるときから再び火星が衝の位置になる日数をdとすると，$\left(\frac{360}{365} - \frac{360}{686}\right)$度× d ＝ 360度が成り立つ。両辺を360で割ると$\left(\frac{1}{365} - \frac{1}{686}\right)d$ ＝ 1となる。これより，$d = \frac{365 \times 686}{686 - 365} = \frac{250390}{321} = 780.0\cdots\cdots$ ≒ 780となる。

社 会

解 答

【1】	(1)	ウ	(2)	オ	(3)	イ	(4)	ア	エ	(5)	ア

【2】	(1)	オ	(2)	加工	貿易	(3)	エ	(4)	ア	イ	
	(5)	FTA	(6)	1	ウ	2	オ	(7)	イ	エ	

【3】	(1)	戊辰戦争	(2)	ア	(3)	エ	(4)	征韓論	(5)	ウ
	(6)	ウ	(7)	義和団事件	(8)	サラエボ	(9)	エ	(10)	ウ
	(11)	1945年にポツダム宣言を受諾して無条件降伏した。								
	(12)	イ	(13)	イラク						

【4】	(1)	ナイル	(2)	イ	(3)	ローマ帝国		
	(4)	エ	(5)	ウ	(6)	ワシントン	(7)	イ

【5】	(1)	1	ウ	2	ウ	(2)	1	ユネスコ	2	イ	(3)	ア	オ	
	(4)	1	イ	2	ユダヤ	人	(5)	拒否	権	(6)	1	エ	2	エ
	(7)	イ	(8)	1	カ	2	ウ	(9)	SDGs					

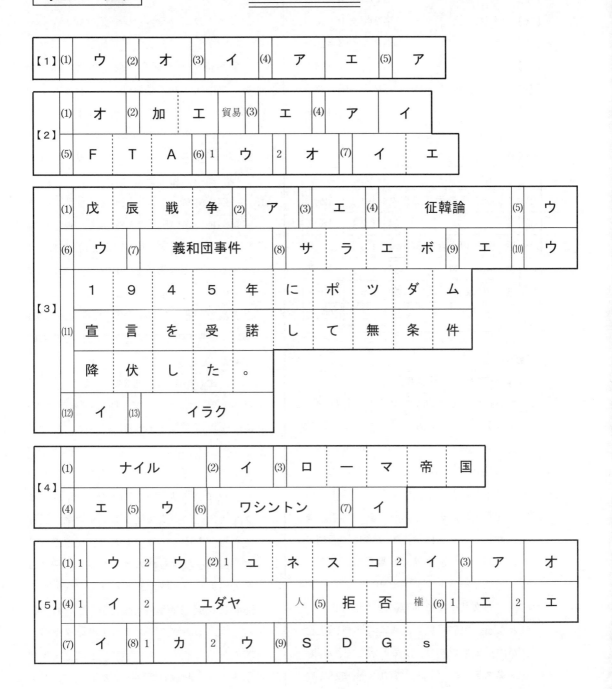

＜配点＞

【1】		各2点× 6＝12点
【2】	(7)は完答	各2点× 9＝18点
【3】		各2点×13＝26点
【4】		各2点× 7＝14点
【5】		各2点×15＝30点
		合計100点

＜領域と出題＞

領域名		設問	配点
01	ロシアとその周辺の国々	【1】	12点
02	貿易	【2】	18点
03	近・現代(明治～現代)	【3】	26点
04	世界史	【4】	14点
05	国際社会	【5】	30点
合計			100点

＜解説＞

【1】ロシアとその周辺の国々

(1) **ウ**が正解。Aはカザフスタン，Bはウズベキスタン，Cはトルクメニスタン，Dはキルギスである。アについて，カザフスタンは国民の多くがイスラム教徒の国である。ソ連から独立した中央アジアの国々はいずれも主な宗教がイスラム教である。また，カザフスタンは世界で9番目に面積の大きい国であり，世界で6番目に面積が大きい国はオーストラリアである。イについて，この文は小麦を綿花に改めれば正しい文となる。エについて，キルギスは国土全体が山岳地帯であり，牧畜が盛んで，水銀，タングステンなどの地下資源に恵まれていることは正しいが，ウランの生産量が世界一の国はカザフスタンである。

(2) **オ**が正解。クリミア半島は黒海に突き出た半島で，18世紀にロシア領となり，19世紀にはクリミア戦争の舞台となった。ソ連時代にウクライナの帰属となっていた。アのスカンジナビア半島は，ヨーロッパ北部のノルウェーやスウェーデンなどがある半島である。イのシナイ半島は，エジプトの北東部にある紅海に突き出た半島である。ウのイベリア半島は，ヨーロッパ南西部のスペインとポルトガルがある半島である。エのバルカン半島は，ヨーロッパ南東部のセルビア・ブルガリア・ギリシャなどの国がある半島である。

(3) **イ**が正解。ロシアは原油と天然ガスの生産量が特に多い国の1つであり，原油は第1位(2018年)，天然ガスは第2位(2017年)である(『世界国勢図会2019/20』による)。日本のロシアからの輸入品にも，このことが表れている。アはメキシコ，ウはカナダ，エはマレーシアからの輸入品を示したものである。

(4) **ア**，**エ**(順不同)が正解。Aはロシア，Bはトルコ，Cはシリア，Dはイスラエル，Eはサウジアラビア，Fはイラク，Gはイランである。イについて，この文はウイグル人をクルド人に改めれば正しい文となる。ウイグル人は中国北西部の新疆《シンチャン》ウイグル自治区に多く居住するトルコ系の民族である。トルコがクルド人の支配するシリア北西部を攻撃したのは，クルド人勢力の拡大がトルコ国内におけるクルド人の独立運動に与える影響を危険視したためである。ウについて，イスラエルはユダヤ教の国である。イスラエルはアサド政権を支援するイランと敵対関係にある国で，シリア内戦ではアサド政権を支援していない。エについて，サウジアラビアなどペルシャ湾岸の産油国やトルコなどのイスラム教スンナ派の国々は，反政府派を支援した。オについて，イスラミック・ステート(IS，イスラム国)が台頭したのはリード文にあるようにシリア北東部からイラク北西部にかけてである。カについて，イランはリード文にあるようにアサド政権を支援したイスラム教シーア派の国である。シーア派はイスラム教の少数派で，スンナ派はイスラム教の多数派である。キについて，この文はバグダッドをアレッポ(ハラブ)に改めれば正しい文となる。バグダッドはイラクの首都である。

(5) **ア**が正解。なつめやしは砂漠のオアシス周辺など，乾燥地域で栽培されてきた農産物である。イについて，ジュートはインドとバングラデシュが主な生産国である。ウについて，サイザル麻はブラジルが主な生産国である。エについて，さとうきびはブラジルとインドが主な生産国である。

【2】 貿易

(1) **オ**が正解。千葉港は石油化学工業が盛んな京葉工業地域の貿易港であるから，石油の輸入金額と割合が非常に大きく，石油製品などの化学製品が輸出に占める割合が大きくなっているYが千葉港である。XとZは輸出入の品目は似通っているが，Xのほうが輸出入の金額(とくに輸出額)が大きくなっており，工業生産額が日本最大で自動車の生産が盛んな中京工業地帯の貿易港である名古屋港がXであると判断できる。Zの横浜港は京浜工業地帯の貿易港である。

(2) **加工**(貿易)が正解。日本やアジアNIEsの国・地域は加工貿易によって経済を成長させてきた。工業製品の輸入が近年増加してきた理由としては，海外に製造拠点を移した日本企業の製品の日本への逆輸入の増加などがあげられる。

(3) **エ**が正解。アについて，繊維製品は1960年代に，カラーテレビは1970年代において，日米貿易摩擦で問題とされた日本からの輸出品である。1980年代には日本からの自動車や半導体の輸出をアメリカ合衆国が問題視した。イについて，1991年にアメリカ産オレンジの輸入自由化が実施された後，日本産のかんきつ類の生産量は減少した。ウについて，アメリカ合衆国が対日貿易で大きな赤字になっているのは正しいが，カナダやドイツはいずれも日本への輸出額が日本からの輸入額を上回り，対日黒字になっている。

(4) **ア**，**イ**(順不同)が正解。日本の輸入相手国の上位10カ国(地域)は輸入金額が大きい順に中国，アメリカ合衆国，オーストラリア，サウジアラビア，韓国，アラブ首長国連邦，台湾，ドイツ，タイ，インドネシアとなっている(2018年。『日本国勢図会2019/20』による)。このうち，空欄(　④　)と(　⑤　)にあてはめることができるのは，日本が資源を多く輸入している国で，東アジアではない地域にある国であるが，それに該当するのはオーストラリア，サウジアラビア，アラブ首長国連邦，インドネシアである。APEC(アジア太平洋経済協力機構)の結成を提唱した国はオーストラリアであり，オイルマネーによって建設された超高層ビルが数多く立ち並ぶことで知られるドバイはアラブ首長国連邦の最大都市である(首都はアブダビ)。ウについて，アパルトヘイトは南アフリカ共和国でとられていた政策である。エについて，BRICSに数えられる国はブラジル・ロシア・インド・中国・南アフリカ共和国である。オについて，マオリはニュージーランドの先住民である。カについて，オーストラリアとアラブ首長国連邦はイギリスから独立した国であり，インドネシアはオランダから独立した国である。サウジアラビアには植民地支配を受けた歴史はない。

(5) **ＦＴＡ**が正解。FTA は Free Trade Agreement (自由貿易協定)の略称である。これに対し，貿易の自由化に加え，投資・労働力の移動・知的財産など幅広い経済関係の強化を目指す協定を EPA(経済連携協定。Economic Partnership Agreement)という。

(6) 1. **ウ**が正解。フードマイレージとは，食料の輸送量に輸送距離を掛けた値で，輸送に伴う二酸化炭素の排出量を推計できることから，地球環境への負荷を表す指標として利用されている。ウの文にもあるように，日本は島国であることから食料の輸入相手国からの輸送距離が長く，さらに輸入量(輸送量)も多いため，フードマイレージの数値が大きくなっている。アについて，セーフガードとは，ある特定の商品の輸入量が極端に増加して国内産業に影響をおよぼすおそれがある場合に，一時的に輸入数量制限や関税引き上げを行うことができる緊急輸入制限のことをいう。これは WTO でも認められているもので，日本では 2001 年に中国からのしいたけ・いぐさ・ねぎの輸入量の増加に対して発動されたのが，農産物に対する初めての発動例となった。最近では 2017 年にアメリカから輸入する冷凍牛肉に対して発動されている。イについて，フェアトレードとは，発展途上国の手工業品や農産物を公正な価格で取引し，不当な搾《さく》取を受けがちな生産者の自立を支援する考え方のことをいう。日本におけるフェアトレード製品の売上高は，欧米諸国に比べて非常に低い水準に留まっている。

2. **オ**が正解。とうもろこしの輸入量がアメリカ合衆国に次いで多いことから，Z はブラジルであると判断できる。次に，豚肉の輸入量が多い Y がカナダを表しており，残った X がオーストラリアである。オーストラリアは牧牛・牧羊が盛んな国で，日本はオーストラリアから牛肉を多く輸入しているが，豚肉の輸入は多くない。

(7) **イ**，**エ**(完答)が正解。X には野菜，Y には果実，Z には大豆があてはまる。野菜の輸入先 1 位は中国，2 位はアメリカ合衆国である。また，果実の輸入先 1 位はアメリカ合衆国，2 位はフィリピンである。大豆の輸入先 1 位はアメリカ合衆国，2 位はブラジルである。

【3】 近・現代(明治～現代)

(1) **戊辰戦争**が正解。戊辰とは中国風の暦の年数の数え方で，戦争が始まった 1868 年が戊辰の年に当たったことから，一連の戦い(内戦)の総称としてこの呼称がつけられた。戦争は 1868 年 1 月の鳥羽・伏見の戦いに始まり，1869 年 5 月の函館の五稜郭の降伏で終結した。

(2) **ア**が正解。新政府軍は西から東へと兵を進めたので，より西寄りの地域から戦場になっていったと考えればよい。京都で起こった鳥羽・伏見の戦いが 1868 年 1 月，江戸城の無血開城が 1868 年 4 月，函館の五稜郭の開城は1869年5月である。よって，C → B → A の順となる。

(3) **エ**が正解。徴兵令が出される前年の 1872 年に，政府はエの文にあるような『徴兵告諭』を国民に対して布告したのは正しいが，『徴兵告諭』にあった「血税」の文字が誤解を招いたことなどによって徴兵令に対する動きが強まり，血税一揆とも呼ばれる徴兵令反対の一揆が各地で起こった。

(4) **征韓論**が正解。征韓論は武力で鎖国中の朝鮮王朝を開国させるという考えで，新政府の要人のうち，岩倉使節団に加わらなかった西郷隆盛・板垣退助・江藤新平らが征韓論を支持した。岩倉使節団の帰国後，征韓論支持派はこの政争に敗れ，下野《げや》した。下野した要人たちのうち，板垣退助は自由民権運動を始め，西郷隆盛は西南戦争を起こしている。

(5) **ウ**が正解。ウについて，板垣退助が結成したのが自由党，大隈重信が結成したのが立憲改進党であることは基本事項であるので，誤りと分かるだろう。

(6) **ウ**が正解。清から割譲された領土のうち，遼東半島は後にロシア・フランス・ドイツによる三国干渉によって清に返還された。清に返還された後に遼東半島南部の旅順・大連はロシアにより租借されたが，日露戦争によって日本に租借権が譲られた。アについて，この文はポーツマス条約の説明である。イについて，東清鉄道の長春以南の利権を日本が獲得したのはポーツマス条約である。また，赤道以北の南洋諸島は旧ドイツ領で，第一次世界大戦の後，日本の委任統治領とされた。エについて，この文は韓国併合条約の説明で，併合後に朝鮮総督府が置かれた。

(7) **義和団事件**が正解。義和団は義和拳という武術を修練した宗教結社で，「扶清滅洋」を掲げて，北京に入り列国の公使館を包囲した。清は義和団を支持して列国に宣戦したが敗れた。義和団事件後，清と列国との間に北京議定書が調印されて中国の半植民地化が進んだ。

(8) **サラエボ**が正解。サラエボは事件当時，ボスニア州の州都でオーストリア領であった。ボスニアを含むボスニア・ヘルツェゴヴィナは1908年にオーストリアに併合されたが，これをセルビアが不満としていたことが，サラエボ事件の背景にあった。

(9) **エ**が正解。ロシアでは第一次世界大戦中の1917年に革命が起こり，帝政が倒れた。その後に成立した臨時政府は戦争を継続したが，レーニンを指導者とする更なる革命が起こり（ロシア10月革命〔11月革命〕），社会主義政権が成立すると，大戦から離脱した。アについて，英仏露は協商国，ドイツ・オーストリア・ブルガリア王国・オスマン帝国は同盟国である。イについて，新兵器のうち，原子爆弾は第二次世界大戦中に初めて使用された。ウについて，二十一か条の要求当時の中国は中華民国である。中華人民共和国は第二次世界大戦後の1949年に成立した。

(10) **ウ**が正解。第二次護憲運動では，政党は護憲三派（憲政会・立憲政友会・革新倶楽部《くらぶ》）を結成し，加藤高明連立内閣を成立させた。加藤高明内閣は1925年に普通選挙を実現したが，同年に治安維持法も成立している。アについて，これは第一次護憲運動の説明である。イについて，原敬内閣は第一次・第二次護憲運動とは関係なく，米騒動で寺内正毅《まさたけ》内閣が退陣した後に成立した。エについて，隈板《わいはん》内閣は日本で最初の政党内閣であったが，短期間で退陣した。成立したのは明治時代のことであり，第一次・第二次護憲運動と関係はない。

(11) **1945年にポツダム宣言を受諾して無条件降伏した。**

太平洋戦争は1941年12月に日本がアメ

リカに対するハワイの真珠湾攻撃とイギリスに対する英領マレー半島上陸により開戦し，緒戦は日本の優位に進められた。しかし，1942 年 6 月のミッドウェー海戦に敗北すると，その年の後半からアメリカを中心とする連合軍は本格的な攻勢に転じ，1945 年 7 月に米英中が発表したポツダム宣言を 8 月に日本が受諾することを決定し，無条件降伏した。

⑿ **イ**が正解。朝鮮戦争は 1950 年～ 1953 年の戦争であるが，サンフランシスコ平和条約の調印は 1951 年のことなので，ちょうど戦争の時期と重なっている。よって，イが正解となる。なお，アについて，日本で婦人参政権が実現したのは 1945 年 12 月のことで，1946 年 4 月の選挙で 39 名の女性代議士が生まれた。ウについて，日ソ共同宣言の調印と国際連合への加盟は 1956 年のことである。エについて，自由民主党が結成され，左右に分裂していた日本社会党が再統一されて「55 年体制」と呼ばれる政治体制が成立したのは 1955 年のことである。

⒀ **イラク**が正解。イラク戦争とは 2003 年イラクが大量破壊兵器を保有しているとしてアメリカ・イギリス軍がイラクを攻撃した戦争である。米英軍によりイラクのサダム＝フセイン政権が打倒され，暫定自治政府が成立した。日本では 2003 年にイラク復興支援特別措置法が成立し，自衛隊がイラクに派遣された。

【4】 世界史

⑴ **ナイル**が正解。ナイル川はアフリカ東北部を流れる世界最長の河川であり，エジプトで地中海に注いでいる。ギリシアの歴史家ヘロドトスは「エジプトはナイルのたまもの」という言葉を残している。

⑵ **イ**が正解。インダス文明の都市遺跡には，モヘンジョ＝ダロの他にハラッパーやドーラヴィーラーなどがある。アについて，太陰暦はメソポタミア文明で用いられた。エジプト文明では太陽暦が用いられた。ウについて，中国では黄河の中・下流域で粟《あわ》など，長江の下流域で稲を栽培する農耕文明が生まれた。エについて，メソポタミアでは太陰暦が用いられた。また甲骨文字は中国の殷《いん》王朝の文字で，メソポタミア文明では楔《くさび》形文字が用いられた。

⑶ **ローマ帝国**が正解。ローマはイタリアの都市国家から始まり，紀元前 3 世紀にはイタリア半島を支配し，紀元前 1 世紀には地中海周辺を支配するまでに発展し，共和政から帝政に移行した。4 世紀末の 395 年に東西に分裂するが，西ローマ帝国のヨーロッパ部分から，イングランドやフランス，イタリアなどが生まれた。

⑷ **エ**が正解。クロムウェルは皇帝ではなくイギリス革命(ピューリタン革命)の際の指導者であり，護国卿《きょう》として共和政を指導した人物である。インド大反乱の鎮圧後，イギリスはインドの直接統治に乗り出し，1877 年にイギリスのヴィクトリア女王を皇帝とするインド帝国を成立させた。

⑸ **ウ**が正解。X の文が誤っている。問題文にある「この戦争」とは 1840 年に起こったアヘン戦争のことであるが，講和条約として結ばれたのは北京条約ではなく南京条約である。北京条約は 1856 年に起こったアロー戦争(英仏による清への侵略)後の英仏との講和条約，アロー戦争の講和を斡旋《あっせん》したロシアとの北京条約(同じ名の条約が結ばれた)を指す。Y の文は正しい。この文にあるように，アヘン戦争後の南京条約

では X の文にある 5 港の開港の他に，香港が清からイギリスに割譲され(1997 年に中国に返還)，多額の賠償金が課せられることなどが規定された。

(6) **ワシントン**が正解。ワシントン会議は 1921 年～ 1922 年にアメリカの提唱で開催された国際会議である。米英仏日 4 カ国による四カ国条約の結果，日英同盟は解消され，中国をめぐり結ばれた九カ国条約を受けて，日本は山東省に得ていた旧ドイツ権益を中国に返還した。

(7) **イ**が正解。ブロック経済とは自国・植民地・勢力圏などで経済ブロックを形成し，域内では特恵関税などにより貿易を盛んにし，域外に対しては高率の関税を課して輸入を抑えるという排他的な経済政策であった。アについて，ニューディール政策を行ったアメリカの大統領はフランクリン＝ルーズベルトである。レーガンは 1981 年～ 1989 年の大統領である。ウについて，社会主義国のソビエト連邦で 1928 年から五カ年計画を実施した指導者はスターリンである。ゴルバチョフは冷戦を終結させたソ連の指導者である。エについて，ドイツのナチスの指導者はヒトラーである。ムッソリーニはイタリアでファシスト党による一党独裁体制を築いた人物である。

【5】 国際社会

(1) 1. **ウ**が正解。1972 年にストックホルムで，「かけがえのない地球」をスローガンに開かれた国際連合人間環境会議である。アとイは 1992 年にリオデジャネイロで開かれた国連環境開発会議(地球サミット)である。「持続可能な開発」を維持しながら環境保全を図る方法が話し合われ，次世紀への行動指針としてのリオ宣言が採択された他，気候変動枠組条約や生物多様性保存条約が採択され，その場で締結が行われた。エは 2002 年に南アフリカ共和国のヨハネスブルグで開かれた持続可能な開発に関する世界首脳会議(環境・開発サミット)である。地球サミットから 10 年後の地球環境の状況を点検し，その後の具体的な取り組みを決定することを目的とした。

2. **ウ**が正解。アジア・アフリカの新興国や発展途上国では，暖房や調理のために室内で木材や石炭を燃焼させることによって生じる室内汚染が，深刻な健康被害の原因になっている。

(2) 1. **ユネスコ**が正解。United Nations Educational, Scientific and Cultural Organization(国際連合教育科学文化機関)の略称である。

2. **イ**が正解。ジェンダー・ギャップとは男女格差のことである。社会的・文化的な意味における性別をジェンダーという。表の 4 カ国のうち，識字率が最も高いカンボジアでも男女の識字率の差が 11.5%あることから，男女格差はまだ完全には解消されていないと言える。アについて，デジタル・ネイティブとは，学生時代からパソコンやインターネットを利用できる生活環境の中で育った世代のことである。インターネットの利用率が約 10%のニジェールでも 15 ～ 24 歳の識字率と 15 歳以上の識字率に約 9%も差があることから，インターネット利用が識字率を高めているとは必ずしも言えない。むしろ，不就学率の項目を見ればわかる通り，一般には読み書きが習得できる初等教育を受けられたか否かが識字率に大きく関わっている可能性が高い。特に発展途上国では経済的な理由などから初等教育を十分に受けられなかった成人が年代が高くなるほど多いと考えられる。ウについて,インターネット・リテラシーとは，インターネットを正しく使いこなすための知識や能力のことであり，不就学率との関連はこの統計からは読み取れない。エについて，グローバリゼーションとは，経済活動や文化が国の枠組みをこえて地球規模に拡散し拡大していくことである。経済活動の面では，一般に，海外に事業を展開したり貿易を拡大している国は国民総所得の数値が高いのは，多くの先進国を見れば明らかである。この点で，1人あたりの国民総所得がモロッコの半分以下の数値であるカンボジアは，モロッコよりグローバル化が進展しているとは言えない。また，表のパキスタンとカンボジアを見ると，識字率が低いパキスタンの方がカンボジアより1人あたりの国民総所得の数値が大きいことがわかる。このことからもグローバリゼーションの進展と識字率の高さが必ずしも結びつかないと判断できる。

(3) **ア・オ**(順不同)が正解。アについて，安全保障理事会による加盟承認の勧告がない限り，総会での採決は行われない。オについて，国際司法裁判所は，ハーグにあるオランダの王宮(平和宮)内に1922年に設置された常設国際司法裁判所を継承している。国際連盟から継承した機関は国際労働機関(ILO)と国際司法裁判所の2つのみである。イについて，PKOの実施を決定するのは安全保障理事会だが，指揮を執るのは事務総長である。ウについて，事務総長が安全保障理事会の常任理事国からは選出されないのは慣例であり，明文化された規定は存在しない。また，これまでにウの文にある中国も含めた常任理事国から事務総長が選出されたことはない。エについて，国連憲章が規定する国連の公用語は中国語，英語，フランス語，ロシア語，スペイン語の5カ国語である。1973年，アラビア語が公用語に追加された。

(4) 1. **イ**が正解。イスラエルはヨルダン川西岸地区やガザ地区にユダヤ人の入植を進め，テロ防止を目的にパレスチナ人居住区との間に分離壁を築いてパレスチナ人の生活を圧迫したため，国際的な非難を浴びた。

2. **ユダヤ**(人)が正解。第二次世界大戦中にアウシュビッツ強制収容所で多くの人々が殺害されるなど，ユダヤ人は迫害されてきたが，戦後にユダヤ教の聖地であるエルサレムがある地にユダヤ人が帰還し，1948年にはイスラエルを建国した。しかしエルサレムがあるパレスチナと呼ばれた地はキリスト教やイスラム教の聖地でもあり，この地に住むイスラム教徒との対立が激化して，4度にわたる中東戦争に発展した。

(5) **拒否**(権)が正解。国際連合の議決は，手続き事項については，常任理事国5カ国と非常任理事国10カ国の合わせて15カ国のうち，9カ国以上の賛成で可決される。また，特に重要な事項である実質事項については，15カ国のうち9カ国以上の賛成が必要なのは手続き事項と同様であるが，実質事項に関しては常任理事国5カ国を含めた9カ国以上の賛成が必要である。常任理事国の5カ国には1国でも反対すると議決が行えない拒否権が与えられているため，冷戦期にはソ連(現在はロシア)とアメリカ合衆国が相次いで拒否権を発動し，大きな支障が生じた。

(6) 1. **エ**が正解。2007年のサブプライムローン問題からリーマンショック，そして世界金融危機を迎えた時期に，アメリカはドル安によって国内産業を防衛する政策をとった。アについて，1970年代の円高は，固定相場制から変動相場制への切り替えによってそれまでの円安状態が維持できなくなり，日本円の実際の価値が相場に反映されるようになったことによる。イについて，1985年のプラザ合意により，ドル安を世界的に容認することになったことが原因である。また，アメリカが金とドルの交換停止を発表したのは1971年の「ニクソン・ショック」と呼ばれた時期である。ウについて，文中の「空前の好景気」とはバブル景気(バブル経済)をさすが，これは1986年～1991年頃までであり，1990年代半ばにはすでにバブル景気は終わっている。1991年頃のバブル崩壊による損失を補うために，国内企業は保有していた多くの海外資産を売却し，その代金を円に交換した。これにより円の需要が増して円高となった。

2. **エ**が正解。近年，経済・金融分野における南アフリカ共和国以外のBRICS諸国の存在感がさらに増しており，BRICS内のGDP上位4カ国がIMF融資の出資額上位10位以内に入っている。南アフリカ共和国の2018年におけるGDPの規模はブラジルの5分の1に満たず，ナイジェリア・アイルランド・イスラエルに次ぐ世界34位となっている。

(7) **イ**が正解。スーダンは19世紀末からイギリスとエジプトの統治下にあり，戦後の1956年に独立した。また，フツ族とツチ族の部族間の対立が内戦に発展していったのはルワンダである。スーダンは，アラブ系イスラム教徒の多い北部とアフリカ系キリスト教徒の多い南部の対立が2011年の南スーダン独立に発展し，さらに南スーダン分離後のスーダンでは2018年に軍事クーデターが発生して政権が倒され，現在も動揺が続いている。アについて，クルド人はトルコ・イラク・イラン・シリアの国境付近に住む山岳民族である。「国家を持たない世界最大の民族」といわれている。ウについて，ロシアが支援するユーゴスラビア政府軍に対し，コソボ解放軍を支援するEU・アメリカはNATO軍による空爆を行った。エについて，ティモール島全土がポルトガルの植民地であったが，第二次世界大戦後に西ティモールがインドネシアの領土となり，ポルトガルが植民地経営に注力しなくなった1970年代から2002年の独立まで，東ティモールはインドネシアの占領下に置かれた。

(8) 1. **カ**が正解。2018年の援助実績は，1位アメリカ，2位ドイツ，3位イギリス，4位フランス，5位日本となっている。Xはアメリカで，冷戦終了後は拠出を抑えていたが，2001年の同時多発テロをきっかけに増額した。2001年以来続くアフガニスタンのタリバーンとの戦いは事実上終わっておらず，アメリカは現在も軍の駐留と復興援助を継続している。Yはイギリスで，2001年以降国内のテロ発生を防止するために，移民の母国である旧植民地を中心に援助額を増加してきた。Zは日本で，2000年には拠出額が世界一であったが，その後の財政事情により大幅な増額は行っていない。一時はアフリカや中東への援助の割合が増えていたが，近年は再びアジア中心の援助となっている。

2. **ウ**が正解。G20の正式メンバーは，中国・韓国・インド・インドネシア・サウジアラビア・トルコ・南アフリカ共和国・メキシコ・ブラジル・アルゼンチン・オーストラリア・日本・アメリカ・カナダ・ドイツ・イギリス・フランス・イタリア・EU・ロシアである。正式メンバーとなる資格要件は示されていないが，経済規模の大きさと地域性が考慮されていることは明らかである。イランは中東においてサウジアラビアに次ぐ経済規模を持っているが，核開発問題やテロ行為疑惑により世界各国から経済制裁を受けており，国際社会の中では，ほぼ孤立状態にある。G20大阪サミットには，シンガポール・ベトナム・オランダ・スペイン・ASEAN（東南アジア諸国連合）議長国のタイ・AU（アフリカ連合）議長国のエジプト・APEC（アジア太平洋経済協力）議長国のチリ・NEPAD（アフリカ開発のための新パートナーシップ）議長国のセネガルが招待された。

(9) **ＳＤＧｓ**が正解。Sustainable Development Goals（持続可能な開発目標）は，2001年に採択されたミレニアム開発目標の後に続く2030年までの国際目標である。

とあったので、(天皇は)不思議にお思いになって、「その家は誰の家か」と探らせなさいましたところ、紀貫之の娘が住む家だった。(天皇は)「残念なことをしたものだなあ」と、恥ずかしく思っていらっしゃった。繁樹の一生の恥辱は、このことでございましたでしょうか。それなのに、「思うとおりの(梅の)木を持って参上した」と、(ご褒美の)衣類をいただいたのも、(かえって)つらく感じたことでした。

意味は、「天皇の命令ですから本当におそれ多いことです」(だから謹んでこの梅の木を差し上げます)ということになる。しかし下の句では、「(でも、今までこの梅の木に来慣れていた)うぐいすが(またやってきて自分の)宿は(どうなったか)と聞いたらどう答えましょう」という意味になっている。この流れから考えて、――線⑥の「の」は、主語であることを示す意味・用法で使われていることがわかる。これと同じ使われ方のものはaとdで、それ以外はすべて連体修飾語であることを示す意味・用法である。個々の箇所の訳がよくわからない場合は、【現代語訳】を参照して確認しておこう。

問七 天皇が受け取った「梅の木」には、**問四**で確認した「これ」が結びつけられており、そこには天皇に梅の木を献上するにあたっての抗議の思いが風流な形で記されていた。この文脈から考えて正解はイ。天皇は、〈いったいこんな内容の和歌をよこす詠み手は誰だろう〉と考えたはずだ。「あやし」には〈不思議だ・神秘的だ〉という意味がある。

問八 係り結びの法則に関する設問。――線⑧の直前に「や」があるので、この「けむ」は連体形である。係助詞「ぞ」・「なむ」・「や」・「か」を受けた文末は連体形、「こそ」を受けた文末は已然《いぜん》形になる。これは基本中の基本の知識なので、しっかり確認しておこう。

問九 《出典》参照。有名な作品についての文学史的事項は、確実に押さえておきたい。

【現代語訳】

村上天皇の御代に、清涼殿の御前の(庭の)梅の木が枯れてしまったので、(天皇が代わりの木を)探させなさったところ、だれそれ殿が蔵人でいらっしゃった時、承って、(その人が私に)「若い者どもは(どんな梅の木がよいか)見分けることができないだろう。そなたが探しなさい」とおっしゃったので、(私は)京中を歩き回りましたが、(良い梅の木が)ございませんでしたが、西の京のどこそこにある家に、(花が)色濃く咲いた(梅の)木で、姿の本当に見事なのがございましたのを、掘り取ったところ、(その)家の主人が、「木にこれを結び付けて(宮中へ)持って参上しなさい」と(その家の召使に)言わせなさったので、何かわけがあるのだろうと思って、(宮中に)持って参りましたのを、(天皇が)「(これは)何か」とご覧になると、女の筆跡で書いてございました(和歌は)、

天皇の命令ですから本当におそれ多いことです。(だから謹んでこの梅の木を差し上げます。でも、今までこの梅の木に来慣れていた)うぐいすが(またやってきて自分の)宿は(どうなったか)と聞いたらどう答えましょう。

以上の流れを整理して答えをまとめてあれば正解となる。

【三】 古文の読解

《出典》『大鏡』

『大鏡』は、藤原道長の権勢を中心に叙述した歴史物語。文徳天皇から後一条天皇まで十四代百七十六年間の出来事を大宅世継《おおやけのよつぎ》と夏山繁樹《なつやまのしげき》という二人の老人が対談し、若侍が傍らで批評するという構想がとられている。四鏡（大鏡・今鏡・水鏡・増鏡《ますかがみ》）の一つで、平安時代の後期に成立。作者は未詳。

＊問題作成の都合上、表記や表現を一部改変したところがある。

問一 古文中にある和歌の意味も含めた、全文のあらすじをしっかり捉えることができているかどうかを確認するための難問だ。「きむぢ求めよ」と梅の木探しを命じられた語り手繁樹が、やっと見つけて掘り取った梅の木に、その家の主人が「木にこれ結ひつけて持てまゐれ」と渡した紙に書かれていた、和歌の内容に着目しよう。歌の第三・四句で〈うぐいすが（自分の）宿は（どうなったか）と聞いたら〉という場面が設定されていることから、ここでの「宿」とは、掘り取った「梅の木」を指しているということがわかる。（**問四・五・六**等をふまえて考えるとわかりやすい。）この設問のように、全文の内容に関わる難問がはじめの方で出題されている場合は、とりあえず他の問題を先に解いたあとでもう一度戻って考える、というのも解法の一手段である。

問二 〈え……（打消し）〉の形は、〈……することができない〉という不可能の意味を表す。ここでの「じ」は、〈……ないだろう〉という意味をもつ〈打消しの推量〉の助動詞である。

問三 ――線③前後の「様体うつくしきが侍りしを」という箇所全体に着目しよう。この中に使われている「侍り」は、〔注9〕によれば動詞「あり」の丁寧語だということがわかるので、前述の箇所は〈姿の見事な何がありました〉と言っているのかを考えればよいという見当がつく。語り手が探していたのは「梅の木」だということはすでに確認済みなので、これを一語で表す答えは「木」である。

問四 「家あるじ」が梅の木に結び付けたものが何かを説明する問題。――線④のすぐあとに続く「『なにぞ』とて御覧じければ、女の手にて書きて侍りける」という箇所と、そのあとの和歌に着目して、簡潔にまとめよう。

問五 「かしこし」とはもともと、〈人間業とは思えない霊力に対し、おそれ敬う感じ〉を表す語である。ここでは、〔注12〕に着目しよう。「天皇の命令」なので、「おそれ多い」と歌に詠み込んだということがわかる。「いとも」は「本当に」という意味である。

問六 **問五**の解説もふまえると、――線⑥を含む和歌の上の句のなヒントになる。

問四　まず二つ目の［A］の直後に着目することで、ここでの答えは、筆者に黒田さんの「過剰なほどの好意」を感じさせ、また〈自分が高名なイラストレーターから認められた〉かのような錯覚を抱かせる表現でなければならないということがわかる。加えて、『作りましょうか』でもなく」という箇所からも、答えの中に〈作る〉という語を使うことで前とスムーズにつながりそうだというヒントを得ることができる。なお実際に答えを書くにあたっては、黒田さんの人となりを伝える第一段落中の、「私のような若僧に示してくれた真摯な対応」・「他人に対する過剰なほどのサービス精神」等の表現にも着目することで、明らかに自分の方が立場が上であることをひけらかすような、高飛車な言い方やぶっきらぼうな言い方を避けた表現になるよう工夫したい。

問五　――線②を含む一文中の「そのような対応の仕方」が指している内容に着目してまとめればよい。まずは同文中から、その対応の仕方が〈私にかぎってのものではない〉ことを押さえる。そのうえで、「過剰なほどの好意」に満ちたこの対応について説明していた第一段落にも着目したい。筆者は黒田さんの対応について、「私のような若僧に示してくれた真摯な対応」と表現し、それが凄まじいエネルギーを使って「持続」されていたと説明している。これらの要素を網羅した説明が正解となる。

問六　まず、［B］直前の「たかが名刺に」という表現に着目したい。「たかが」というのは、〈たかだか・せいぜい〉といった意味で、相手や対象を見くびった気持ちで用いる語だ。これを二文前・三文前の「私はなかば……名刺に似せようとしていた」や「いつかそれを身にまとおうとしていたらしい」という表現と合わせ考えてみよう。筆者は、〈自分（＝人間）と比べればたかが一枚の紙である〉という意味で軽んじ侮っていたはずの名刺に、なかば無意識のうちに動かされていたということが読み取れる。この状況を何と表現するかを考えればよい。

問七　文脈から考えて、――線③が指しているものは「身にまとえる」ものであることがわかる。また次の一文では、同じものを〈窮屈すぎる衣裳〉とたとえている点にも注目したい。この「窮屈」という言葉を受けてさらに次の一文中で、「窮屈でも、私がその……雰囲気に……」と内容が展開されているわけだ。したがって設問部が指すものは、この「名刺の持っている雰囲気」にあたるものだとわかる。

問八　この設問ではまず、ここでの〈「名刺」は「作品」である〉という点を押さえることが大切だ。筆者は「Ｋ２」が製作した「名刺の持っている雰囲気に自らを同一化しようとした」と書かれているので、そのようにして同一化された「私」が出来上がれば、その「私」もまた〈Ｋ２の作品の一部〉であるということになるわけだ。

が盛り込まれていることによって成り立つと説明されている。この「だれもが共通に同意できるスローガン」、これが「公認されたプラス価値」の二つ目である。以上の分析をふまえ、設問の指定字数を満たす方を答えとすればよい。

問七　まず――線⑤中の「含羞」の意味を〔注〕でしっかりと確認する。そのうえで、「俳句」と「含羞」がなぜつながるのかを読み取りたい。――線⑤と同段落の内容に着目し、俳句が遠慮がちに語る「こんなもの」が「含羞」とつながるものであり、それは〈標語やスローガンがいつも背負っている公認の正義〉とは異なるものだということに気付くことが大切だ。文脈をさかのぼっていくと、俳句が遠慮がちに語る「こんなもの」と関係する内容は二つ前の段落にある「人間の弱さ」であり、筆者によれば俳句は「むしろそれを積極的なテーマにします」と書かれている。「人間の弱さ」とは〈標語が考慮しないマイナスの要素〉なので、そんなマイナスの要素を取り上げて「積極的なテーマ」にする俳句は、「含羞の詩」だというわけだ。文章の流れをしっかりと追いかけて読もう。

【二】　随筆文の読解

《出典》沢木耕太郎「名刺一枚」（作品社『日本の名随筆集　別巻４０　青春』所収）

筆者はノンフィクション作家・エッセイスト・小説家。一九四七年生まれ。

＊問題作成の都合上、文章を一部改変したところがある。

問一　aは「しんし」と読み、〈真面目でひたむきな様子〉を表す言葉。bは「浅薄」と書き、〈学問や思慮が足りず浅はかなこと〉。cは「艶」と書き、ここでは「光沢」とほぼ同義で使われている。dは「映(った)」と書き、ここでは〈目に見えた〉という意味で使われている。

問二　基礎的な文法の確認問題である。自立語に比べて付属語は理解できていないケースが多いので、しっかりと復習しておきたい。「だけ」は活用しない付属語である助詞だが、この設問では答えを「漢字三字」で書くよう求められているので、「副助詞」が正解となる。ここでは〈限定・強調〉の意味で使われている。

問三　――線①の「あの頃」とは、本文冒頭部の二文から「私が二十二歳」で黒田さんは「三十になったばかりの頃」だとわかる。二人の出会いの場面が描かれている「ある日、偶然」以降の箇所に着目しよう。答えを確定するにあたっては、指定字数が大きいたるまでのプレイを楽しむ」という点にあることにも言及されている。したがってこれに関しても、〈「プレイヤーの技術が高度になり、観客の目も肥えて」きたことで、人々が「あまり簡単に点が入ることに満足できなくなった」〉という記述に着目できれば、答えのもう一つのポイントがつかめる。つまり、〈簡単に点が入らないようにする〉というのがそれである。以上の二点を網羅してまとめた答えが正解となる。

問四 (1)文学史の基本問題。江戸時代の元禄《げんろく》期に活躍した松尾芭蕉は、従来の俳諧に高い芸術性を与えて蕉風を創始。また天明期の与謝蕪村は、俳諧師としてだけでなく画家としても活動していたため、写実的で絵画的な句を得意としていた。文化文政期に活躍した小林一茶の作品は、その主観的・個性的な句風に特徴があるとされている。

(2)いずれも有名な作品ばかり。知らないものがあるという場合は、しっかり確認しておく必要がある。アとエが与謝蕪村の、またウは小林一茶の作品である。なお、それぞれの句の意味は以下のとおり。ア〈のどかな春の海。一日中、のたりのたりと波打っているばかりだよ〉、イ〈旅の途中で病床に臥《ふ》していながら、夢の中ではなお枯野を駆け巡っている〉、ウ〈雪国の長い冬がようやく終わり、雪が解け出した。家の中にこもっていた子どもたちが一斉に外へ出て遊んでいて、村中が子どもたちでいっぱいだ〉、エ〈夕方近い頃の一面の菜の花畑。月が東の空にのぼり、振り返ると日は西の空に沈もうとしている〉、オ〈長い夏の旅を歩き続けてきて、今赤々と照りつける残暑の太陽はまだ暑いが、さすがにもう秋だけに、風は爽《さわ》やかだ〉。

問五 ――線③が含まれる段落の冒頭部に着目すると、これは俳句が陥る危険性のある状況をサッカーにたとえたもので、その状況とは直前の「しかし同時に」で始まる段落内で説明されているはずだという文脈を確認することができる。具体的には、〈反則になる〉=〈俳句の表現がつねに通俗のほうへ入り込む〉という流れをつかむことが大切だ。あとはこれを設問指示に合う形で表現している箇所をさがせばよいということになる。本文後ろから二つ目の段落に着目しよう。その冒頭文中の「五七五」は俳句の表現形式を指しており、続く一文中にはそれがどうなると「通俗性につかまってしま」うかが書かれているので、答えは、この一文中からさがし出すことができる。

問六 「標語」について説明されている箇所を丁寧に読んでいこう。「いま五七五という定型自体は」で始まる段落によれば、まず〈標語の形式は五七五という定型で通俗だ〉と書かれている。これが「公認されたプラス価値」の一つ目である。さらに「標語はいうまでもなく」で始まる段落には〈標語は内容もまた通俗だ〉と書かれている。そしてそれは、「だれもが共通に同意できるスローガン」

〈出題と領域〉

	領域名	設問	配点
01	論説文の読解	【一】	35点
02	随筆文の読解	【二】	35点
03	古文の読解	【三】	30点

解説

【一】 論説文の読解

《出典》《出典》 仁平勝「通俗ということ」（講談社『俳句をつくろう』所収）

筆者は俳人・文芸評論家。一九四九年生まれ。

＊問題作成の都合上、文章を一部改変したところがある。

問一 aは「かみひとえ」と読み、〈紙一枚の厚さ程の僅かな隔たり〉のこと。bは「こ(えて)」と読み、本来は〈ふとる〉という意味だが、ここでは「目が肥える」(＝いいものを見馴れてその価値を見抜く力ができる)という慣用句の一部として用いられている。cは「変哲」と書き、「なんの変哲もない」で〈何ら取り立てて言うべきこともない〉という意味になる。dは「寡黙」と書き、〈言葉数が少ない〉ことである。

問二 [A]を含む段落の内容だけでなく、その前後に続く段落の内容にも着目し、文脈をしっかりつかむことが大切だ。筆者によれば「通俗とは……普遍性がある」ことで、それは〈俳句も含めた広く芸術の必須条件〉である。そして「俳句の醍醐味」は、〈この「通俗とまさに紙一重」である形式を使っていながら「読む者の心にふれる詩の言葉を生み出すこと」にある〉と述べられている。したがって[A]には、本文四文目「……をうまく切りぬけて……生み出す」という内容にあたる語を入れればよいということがわかる。答えは「過程」。芸術でいう「普遍性という目標」は単に「通俗」とイコールなものではなく、〈すぐ隣にある通俗性をうまく切りぬけて生み出されるもの〉だという筆者の主張を的確に読み取ることが大切だ。なお設問部の後ろでは「サッカー」の「オフサイドという反則」の例が述べられているが、ここでも、これは〈「得点にいたるまでのプレイを楽しむ」という「スポーツとしての価値観」を重視して登場してきたもの〉だという記述があり、やはり「過程」が重要だという流れを論証するものとなっている。

問三 まず――線①直後にはこのルールについての説明が書かれており、その後ろに続く「ここが肝心なのですが」以降の内容に着目したい。「それではゲームがおもしろくないから」とあり、ここから「オフサイドという反則」は〈ゲームをおもしろくするため〉に作ったものだということがまずわかる。さらに続く本文中では、サッカーにおける「スポーツとしての価値観」が、「得点に

国語

解答

【一】

- 問一　a かみひとえ　b こえて　c 変哲　d 寡黙
- 問二　過程
- 問三　(例)簡単に点が入らないようにして、ゲームをおもしろくする目的。
- 問四　(1) ウ→ア→イ　(2) イ・オ
  - ※(1)はすべて正解で得点。
  - ※(2)は完答。順不同可。
- 問五　標語のようなスローガン
- 問六　だれもが共通に同意できるスローガン
- 問七　Ⅰ 人間の弱さ　Ⅱ 積極的なテーマ
  - ※問七はⅠ・Ⅱ両方正解で得点。

【二】

- 問一　a しんし　b 浅薄　c 艶やかな　d 映った
- 問二　副助詞
- 問三　すでに高名だったイラストレーター
- 問四　(例)作らせてもらえますか
- 問五　(例)相手が誰でも真摯な対応を持続させるというルール。
- 問六　支配
- 問七　簡潔で清々しい雰囲気
- 問八　(例)筆者はK2製作の名刺という作品の雰囲気に自らを同一化しようとしたから。

【三】

- 問一　宿
- 問二　オ
- 問三　木
- 問四　(例)和歌を書いた紙
- 問五　ウ
- 問六　a・d
  - ※問六は完答。順不同可。
- 問七　イ
- 問八　連体形
- 問九　歴史物語

〈配点〉

【一】	問一	各2点×4＝8点
	問二	3点
	問三	6点
	問四～六	各3点×4＝12点
	問七	6点
【二】	問一	各2点×4＝8点
	問二～四	各3点×3＝9点
	問五	6点
	問六・七	各3点×2＝6点
	問八	6点
【三】	問一～三	各3点×3＝9点
	問四	6点
	問五～九	各3点×5＝15点
合計		100点

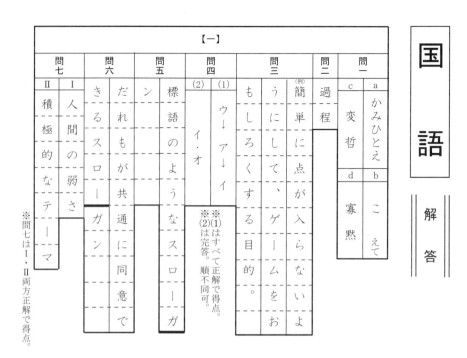

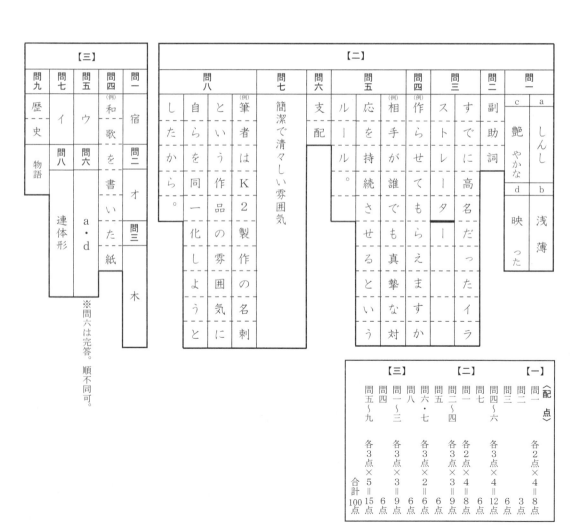

（メ　モ）

第3回（9月23日実施）〈教科別〉得点・偏差値・席次表

得点	英語		数学		国語	
	偏差値	席次	偏差値	席次	偏差値	席次
100	77.5	1	95.0	1	87.1	
99	77.0	2	94.3		86.4	
98	76.5	3	93.6		85.6	
97	75.9	9	92.9		84.9	
96	75.4	14	92.2		84.1	
95	74.9	31	91.5	3	83.4	
94	74.3	49	90.8		82.7	
93	73.8	64	90.1		81.9	
92	73.3	83	89.4		81.2	
91	72.7	106	88.8		80.4	1
90	72.2	125	88.1	11	79.7	
89	71.7	151	87.4		79.0	
88	71.1	176	86.7		78.2	2
87	70.6	198	86.0		77.5	3
86	70.1	218	85.3		76.7	6
85	69.5	239	84.6	18	76.0	7
84	69.0	273	83.9		75.3	12
83	68.4	309	83.2		74.5	13
82	67.9	342	82.5		73.8	17
81	67.4	371	81.8		73.0	22
80	66.8	405	81.1	34	72.3	32
79	66.3	441	80.4		71.6	52
78	65.8	475	79.7		70.8	75
77	65.2	509	79.0		70.1	92
76	64.7	561	78.3		69.3	117
75	64.2	604	77.6	71	68.6	147
74	63.6	651	76.9		67.9	182
73	63.1	694	76.3		67.1	216
72	62.6	748	75.6		66.4	268
71	62.0	795	74.9		65.6	328
70	61.5	844	74.2	108	64.9	379
69	61.0	894	73.5		64.1	449
68	60.4	966	72.8		63.4	522
67	59.9	1034	72.1		62.7	586
66	59.4	1102	71.4		61.9	659
65	58.8	1166	70.7	192	61.2	746
64	58.3	1220	70.0		60.4	861
63	57.8	1297	69.3		59.7	973
62	57.2	1377	68.6		59.0	1094
61	56.7	1457	67.9		58.2	1223
60	56.1	1552	67.2	288	57.5	1349
59	55.6	1647	66.5		56.7	1496
58	55.1	1750	65.8		56.0	1636
57	54.5	1835	65.1		55.3	1784
56	54.0	1923	64.4		54.5	1949
55	53.5	2041	63.8	429	53.8	2124
54	52.9	2124	63.1		53.0	2284
53	52.4	2237	62.4		52.3	2459
52	51.9	2337	61.7		51.6	2644
51	51.3	2448	61.0		50.8	2827

得点	英語		数学		国語	
	偏差値	席次	偏差値	席次	偏差値	席次
50	50.8	2554	60.3	662	50.1	2987
49	50.3	2655	59.6		49.3	3171
48	49.7	2778	58.9		48.6	3329
47	49.2	2912	58.2		47.9	3507
46	48.7	3038	57.5		47.1	3687
45	48.1	3165	56.8	1054	46.4	3858
44	47.6	3288	56.1		45.6	4018
43	47.1	3420	55.4		44.9	4171
42	46.5	3543	54.7		44.2	4329
41	46.0	3671	54.0		43.4	4458
40	45.5	3793	53.3	1587	42.7	4596
39	44.9	3906	52.6		41.9	4745
38	44.4	4034	51.9		41.2	4872
37	43.9	4162	51.3		40.5	4989
36	43.3	4285	50.6		39.7	5087
35	42.8	4399	49.9	2343	39.0	5212
34	42.3	4537	49.2		38.2	5292
33	41.7	4650	48.5		37.5	5372
32	41.2	4778	47.8		36.8	5458
31	40.7	4902	47.1		36.0	5518
30	40.1	5003	46.4	3238	35.3	5591
29	39.6	5104	45.7		34.5	5659
28	39.0	5202	45.0		33.8	5716
27	38.5	5307	44.3		33.0	5767
26	38.0	5396	43.6		32.3	5818
25	37.4	5497	42.9	4212	31.6	5853
24	36.9	5582	42.2		30.8	5888
23	36.4	5661	41.5		30.1	5917
22	35.8	5733	40.8		29.3	5951
21	35.3	5794	40.1		28.6	5975
20	34.8	5837	39.5	5027	27.9	5994
19	34.2	5881	38.8		27.1	6012
18	33.7	5936	38.1		26.4	6029
17	33.2	5969	37.4		25.6	6040
16	32.6	5999	36.7		24.9	6044
15	32.1	6031	36.0	5584	24.2	6054
14	31.6	6051	35.3		23.4	6065
13	31.0	6066	34.6		22.7	6071
12	30.5	6073	33.9		21.9	6072
11	30.0	6077	33.2		21.2	6078
10	29.4	6086	32.5	5918	20.5	6079
9	28.9	6088	31.8		19.7	
8	28.4		31.1		19.0	6080
7	27.8		30.4		18.2	6081
6	27.3		29.7		17.5	
5	26.7	6090	29.0	6040	16.8	
4	26.2		28.3		16.0	
3	25.7		27.6		15.3	
2	25.1		27.0		14.5	
1	24.6		26.3		13.8	
0	24.1		25.6	6081	13.0	

	英語	数学	国語
平均点	48.5	35.2	49.9
標準偏差	18.7	14.4	13.5
受験人数	6090	6089	6082

得点	理科		社会		得点	理科		社会	
	偏差値	席次	偏差値	席次		偏差値	席次	偏差値	席次
１００	88.6		90.3		５０	48.3	1565	49.4	1376
９９	87.8		89.5		４９	47.5		48.5	
９８	87.0		88.7		４８	46.7	1751	47.7	1578
９７	86.2		87.9		４７	45.9		46.9	
９６	85.4		87.0		４６	45.1	1903	46.1	1763
９５	84.6		86.2		４５	44.3		45.3	
９４	83.8		85.4		４４	43.5	2065	44.4	1960
９３	83.0		84.6		４３	42.7		43.6	
９２	82.2	1	83.8		４２	41.9	2220	42.8	2119
９１	81.4		83.0		４１	41.1		42.0	
９０	80.6	4	82.1	1	４０	40.3	2334	41.2	2264
８９	79.8		81.3		３９	39.4		40.3	
８８	79.0	5	80.5	2	３８	38.6	2438	39.5	2403
８７	78.1		79.7		３７	37.8		38.7	
８６	77.3	6	78.9	3	３６	37.0	2548	37.9	2510
８５	76.5		78.0		３５	36.2		37.1	
８４	75.7	10	77.2	4	３４	35.4	2635	36.2	2610
８３	74.9		76.4		３３	34.6		35.4	
８２	74.1	19	75.6	7	３２	33.8	2697	34.6	2696
８１	73.3		74.8		３１	33.0		33.8	
８０	72.5	28	73.9	12	３０	32.2	2747	33.0	2755
７９	71.7		73.1		２９	31.4		32.1	
７８	70.9	45	72.3	26	２８	30.6	2783	31.3	2803
７７	70.1		71.5		２７	29.8		30.5	
７６	69.3	64	70.7	49	２６	29.0	2814	29.7	2833
７５	68.5		69.8		２５	28.2		28.9	
７４	67.7	90	69.0	67	２４	27.3	2837	28.0	2855
７３	66.9		68.2		２３	26.5		27.2	
７２	66.0	117	67.4	102	２２	25.7	2855	26.4	2866
７１	65.2		66.6		２１	24.9		25.6	
７０	64.4	165	65.7	151	２０	24.1	2866	24.8	2873
６９	63.6		64.9		１９	23.3		23.9	
６８	62.8	237	64.1	211	１８	22.5	2872	23.1	2880
６７	62.0		63.3		１７	21.7		22.3	
６６	61.2	329	62.5	277	１６	20.9	2875	21.5	2882
６５	60.4		61.6		１５	20.1		20.7	
６４	59.6	436	60.8	373	１４	19.3	2879	19.8	
６３	58.8		60.0		１３	18.5		19.0	
６２	58.0	552	59.2	477	１２	17.7	2881	18.2	
６１	57.2		58.4		１１	16.9		17.4	
６０	56.4	670	57.5	587	１０	16.1	2883	16.6	
５９	55.6		56.7		９	15.3		15.7	
５８	54.8	871	55.9	729	８	14.4		14.9	
５７	54.0		55.1		７	13.6		14.1	
５６	53.1	1032	54.3	887	６	12.8	2884	13.3	
５５	52.3		53.4		５	12.0		12.5	
５４	51.5	1207	52.6	1044	４	11.2		11.6	
５３	50.7		51.8		３	10.4		10.8	
５２	49.9	1382	51.0	1225	２	9.6		10.0	
５１	49.1		50.2		１	8.8		9.2	
					０	8.0		8.4	

	理科	社会
平均点	52.1	50.8
標準偏差	12.4	12.2
受験人数	2884	2883

第4回（10月27日実施）〈教科別〉得点・偏差値・席次表

得点	英語		数学		国語	
	偏差値	席次	偏差値	席次	偏差値	席次
100	80.5		85.4	1	84.9	
99	79.9		84.8		84.0	
98	79.2	1	84.1		83.1	
97	78.6		83.5		82.2	
96	78.0		82.9		81.3	
95	77.4	2	82.2	5	80.4	1
94	76.7	8	81.6		79.5	2
93	76.1	13	81.0		78.5	3
92	75.5	23	80.3		77.6	
91	74.8	28	79.7		76.7	5
90	74.2	43	79.0	11	75.8	
89	73.6	52	78.4		74.9	6
88	73.0	65	77.8		74.0	10
87	72.3	78	77.1		73.1	12
86	71.7	92	76.5		72.2	17
85	71.1	106	75.9	21	71.3	24
84	70.4	118	75.2		70.4	37
83	69.8	146	74.6		69.5	54
82	69.2	165	73.9		68.5	70
81	68.6	184	73.3		67.6	106
80	67.9	208	72.7	50	66.7	142
79	67.3	234	72.0		65.8	183
78	66.7	262	71.4		64.9	227
77	66.0	288	70.8		64.0	289
76	65.4	335	70.1		63.1	351
75	64.8	385	69.5	93	62.2	432
74	64.2	415	68.9		61.3	507
73	63.5	450	68.2		60.4	605
72	62.9	491	67.6		59.5	716
71	62.3	533	66.9		58.5	837
70	61.6	590	66.3	178	57.6	981
69	61.0	659	65.7		56.7	1122
68	60.4	717	65.0		55.8	1273
67	59.7	770	64.4		54.9	1423
66	59.1	842	63.8		54.0	1582
65	58.5	921	63.1	347	53.1	1792
64	57.9	999	62.5		52.2	1956
63	57.2	1065	61.8		51.3	2125
62	56.6	1162	61.2		50.4	2314
61	56.0	1256	60.6		49.5	2494
60	55.3	1352	59.9	577	48.6	2664
59	54.7	1431	59.3		47.6	2816
58	54.1	1529	58.7		46.7	2986
57	53.5	1604	58.0		45.8	3142
56	52.8	1702	57.4		44.9	3306
55	52.2	1813	56.8	921	44.0	3446
54	51.6	1934	56.1		43.1	3565
53	50.9	2059	55.5		42.2	3676
52	50.3	2155	54.8		41.3	3766
51	49.7	2253	54.2		40.4	3874

得点	英語		数学		国語	
	偏差値	席次	偏差値	席次	偏差値	席次
50	49.1	2372	53.6	1393	39.5	3966
49	48.4	2483	52.9		38.6	4043
48	47.8	2578	52.3		37.6	4129
47	47.2	2683	51.7		36.7	4192
46	46.6	2821	51.0		35.8	4249
45	45.9	2916	50.4	1929	34.9	4306
44	45.3	3016	49.8		34.0	4352
43	44.7	3129	49.1		33.1	4404
42	44.0	3243	48.5		32.2	4449
41	43.4	3349	47.8		31.3	4473
40	42.8	3436	47.2	2530	30.4	4497
39	42.1	3529	46.6		29.5	4518
38	41.5	3633	45.9		28.6	4534
37	40.9	3717	45.3		27.6	4550
36	40.3	3807	44.7		26.7	4568
35	39.6	3889	44.0	3139	25.8	4580
34	39.0	3973	43.4		24.9	4596
33	38.4	4048	42.7		24.0	4611
32	37.7	4105	42.1		23.1	4618
31	37.1	4173	41.5		22.2	4625
30	36.5	4230	40.8	3630	21.3	4631
29	35.9	4287	40.2		20.4	4638
28	35.2	4349	39.6		19.5	4646
27	34.6	4392	38.9		18.6	4654
26	34.0	4434	38.3		17.6	4658
25	33.3	4461	37.7	4044	16.7	4661
24	32.7	4501	37.0		15.8	4662
23	32.1	4536	36.4		14.9	
22	31.5	4559	35.7		14.0	
21	30.8	4581	35.1		13.1	4665
20	30.2	4601	34.5	4299	12.2	4666
19	29.6	4614	33.8		11.3	
18	28.9	4625	33.2		10.4	
17	28.3	4636	32.6		9.5	
16	27.7	4644	31.9		8.6	4668
15	27.1	4655	31.3	4486	7.6	4669
14	26.4	4657	30.6		6.7	4670
13	25.8	4661	30.0		5.8	
12	25.2	4667	29.4		4.9	
11	24.5	4669	28.7		4.0	
10	23.9	4671	28.1	4586	3.1	
9	23.3	4672	27.5		2.2	
8	22.7		26.8		1.3	
7	22.0		26.2		0.4	
6	21.4		25.6		-0.5	
5	20.8	4673	24.9	4646	-1.5	
4	20.1		24.3		-2.4	
3	19.5	4674	23.6		-3.3	
2	18.9		23.0		-4.2	
1	18.2		22.4		-5.1	
0	17.6		21.7	4666	-6.0	

	英語	数学	国語
平均点	51.5	44.4	61.6
標準偏差	15.9	15.7	11.0
受験人数	4674	4675	4672

得点	理科		社会		得点	理科		社会	
	偏差値	席次	偏差値	席次		偏差値	席次	偏差値	席次
100	83.2		98.0		50	44.4	1195	54.5	514
99	82.4		97.1		49	43.7		53.7	
98	81.6	1	96.3		48	42.9	1285	52.8	623
97	80.9		95.4		47	42.1		51.9	
96	80.1	2	94.5		46	41.3	1370	51.0	734
95	79.3		93.7		45	40.6		50.2	
94	78.5	5	92.8		44	39.8	1462	49.3	850
93	77.8		91.9		43	39.0		48.4	
92	77.0	7	91.0		42	38.2	1530	47.6	963
91	76.2		90.2		41	37.5		46.7	
90	75.4	9	89.3		40	36.7	1582	45.8	1088
89	74.7		88.4		39	35.9		45.0	
88	73.9	13	87.6	1	38	35.1	1634	44.1	1205
87	73.1		86.7		37	34.4		43.2	
86	72.3	19	85.8		36	33.6	1676	42.4	1320
85	71.6		85.0		35	32.8		41.5	
84	70.8	35	84.1		34	32.0	1699	40.6	1430
83	70.0		83.2		33	31.3		39.7	
82	69.2	53	82.3		32	30.5	1723	38.9	1512
81	68.4		81.5		31	29.7		38.0	
80	67.7	66	80.6	2	30	28.9	1738	37.1	1578
79	66.9		79.7		29	28.1		36.3	
78	66.1	92	78.9	4	28	27.4	1746	35.4	1631
77	65.3		78.0		27	26.6		34.5	
76	64.6	118	77.1	7	26	25.8	1751	33.7	1679
75	63.8		76.3		25	25.0		32.8	
74	63.0	147	75.4	13	24	24.3	1758	31.9	1712
73	62.2		74.5		23	23.5		31.1	
72	61.5	206	73.7	19	22	22.7	1761	30.2	1731
71	60.7		72.8		21	21.9		29.3	
70	59.9	255	71.9	29	20	21.2	1764	28.4	1751
69	59.1		71.0		19	20.4		27.6	
68	58.4	324	70.2	44	18	19.6	1766	26.7	1757
67	57.6		69.3		17	18.8		25.8	
66	56.8	398	68.4	56	16	18.1	1767	25.0	1761
65	56.0		67.6		15	17.3		24.1	
64	55.3	471	66.7	71	14	16.5	1768	23.2	1764
63	54.5		65.8		13	15.7		22.4	
62	53.7	576	65.0	106	12	15.0	1770	21.5	
61	52.9		64.1		11	14.2		20.6	
60	52.2	673	63.2	141	10	13.4		19.7	
59	51.4		62.3		9	12.6		18.9	
58	50.6	796	61.5	186	8	11.9		18.0	
57	49.9		60.6		7	11.1		17.1	
56	49.1	902	59.7	262	6	10.3		16.3	
55	48.3		58.9		5	9.5		15.4	
54	47.5	1006	58.0	337	4	8.8		14.5	
53	46.8		57.1		3	8.0		13.7	
52	46.0	1103	56.3	411	2	7.2		12.8	
51	45.2		55.4		1	6.4		11.9	
					0	5.7		11.1	

	理科	社会
平均点	57.2	44.8
標準偏差	12.9	11.5
受験人数	1770	1769

第5回（11月23日実施）〈教科別〉得点・偏差値・席次表

得点	英語		数学		国語		得点	英語		数学		国語	
	偏差値	席次	偏差値	席次	偏差値	席次		偏差値	席次	偏差値	席次	偏差値	席次
100	77.4	1	86.5	1	98.1		50	49.0	2951	54.4	1613	54.6	1826
99	76.8		85.8		97.2		49	48.4	3070	53.8		53.7	2020
98	76.3	3	85.2		96.3		48	47.9	3188	53.1		52.9	2220
97	75.7	7	84.6		95.5		47	47.3	3323	52.5		52.0	2426
96	75.1	10	83.9		94.6		46	46.7	3457	51.9		51.1	2647
95	74.5	15	83.3	5	93.7		45	46.1	3597	51.2	2302	50.3	2849
94	74.0	27	82.6		92.9		44	45.6	3734	50.6		49.4	3059
93	73.4	39	82.0		92.0		43	45.0	3855	49.9		48.5	3253
92	72.8	52	81.3		91.1		42	44.4	3997	49.3		47.7	3440
91	72.3	73	80.7		90.3		41	43.9	4108	48.7		46.8	3635
90	71.7	89	80.1	8	89.4		40	43.3	4216	48.0	2991	45.9	3832
89	71.1	113	79.4		88.5		39	42.7	4343	47.4		45.1	4028
88	70.6	144	78.8		87.7		38	42.2	4452	46.7		44.2	4193
87	70.0	165	78.1		86.8		37	41.6	4569	46.1		43.3	4370
86	69.4	197	77.5		85.9		36	41.0	4679	45.5		42.4	4536
85	68.9	236	76.9	17	85.0		35	40.5	4776	44.8	3755	41.6	4677
84	68.3	270	76.2		84.2		34	39.9	4867	44.2		40.7	4818
83	67.7	303	75.6		83.3		33	39.3	4972	43.5		39.8	4929
82	67.2	334	74.9		82.4		32	38.8	5062	42.9		39.0	5053
81	66.6	372	74.3		81.6		31	38.2	5150	42.3		38.1	5161
80	66.0	418	73.7	37	80.7	1	30	37.6	5230	41.6	4407	37.2	5253
79	65.5	461	73.0		79.8	2	29	37.1	5294	41.0		36.4	5332
78	64.9	512	72.4		79.0	3	28	36.5	5353	40.3		35.5	5406
77	64.3	555	71.7		78.1	4	27	35.9	5426	39.7		34.6	5472
76	63.8	607	71.1		77.2	8	26	35.4	5487	39.0		33.7	5527
75	63.2	654	70.4	88	76.3	13	25	34.8	5552	38.4	4991	32.9	5585
74	62.6	708	69.8		75.5	19	24	34.2	5604	37.8		32.0	5630
73	62.0	767	69.2		74.6	26	23	33.6	5644	37.1		31.1	5667
72	61.5	832	68.5		73.7	35	22	33.1	5685	36.5		30.3	5702
71	60.9	898	67.9		72.9	45	21	32.5	5724	35.8		29.4	5736
70	60.3	971	67.2	178	72.0	61	20	31.9	5762	35.2	5398	28.5	5762
69	59.8	1029	66.6		71.1	78	19	31.4	5785	34.6		27.7	5783
68	59.2	1100	66.0		70.3	102	18	30.8	5808	33.9		26.8	5800
67	58.6	1186	65.3		69.4	128	17	30.2	5828	33.3		25.9	5815
66	58.1	1262	64.7		68.5	159	16	29.7	5841	32.6		25.1	5829
65	57.5	1343	64.0	331	67.7	198	15	29.1	5851	32.0	5641	24.2	5844
64	56.9	1449	63.4		66.8	255	14	28.5	5864	31.4		23.3	5852
63	56.4	1525	62.8		65.9	295	13	28.0	5873	30.7		22.4	5860
62	55.8	1614	62.1		65.0	350	12	27.4	5882	30.1		21.6	5868
61	55.2	1700	61.5		64.2	408	11	26.8	5887	29.4		20.7	5873
60	54.7	1790	60.8	611	63.3	482	10	26.3	5890	28.8	5775	19.8	5876
59	54.1	1881	60.2		62.4	559	9	25.7	5892	28.2		19.0	5882
58	53.5	1987	59.6		61.6	661	8	25.1	5896	27.5		18.1	5884
57	53.0	2105	58.9		60.7	782	7	24.6	5899	26.9		17.2	5887
56	52.4	2224	58.3		59.8	877	6	24.0	5900	26.2		16.4	5890
55	51.8	2338	57.6	1051	59.0	1015	5	23.4		25.6	5841	15.5	
54	51.3	2443	57.0		58.1	1155	4	22.9		24.9		14.6	5891
53	50.7	2547	56.3		57.2	1291	3	22.3		24.3		13.7	
52	50.1	2677	55.7		56.3	1452	2	21.7	5901	23.7		12.9	
51	49.6	2820	55.1		55.5	1610	1	21.1		23.0		12.0	
							0	20.6		22.4	5884	11.1	

	英語	数学	国語
平均点	51.8	43.1	44.7
標準偏差	17.6	15.6	11.5
受験人数	5901	5900	5892

得点	理科		社会		得点	理科		社会	
	偏差値	席次	偏差値	席次		偏差値	席次	偏差値	席次
１００	90.0		90.1		５０	49.0	1207	47.7	1338
９９	89.2		89.2		４９	48.2		46.9	
９８	88.4		88.4		４８	47.4	1362	46.0	1482
９７	87.5		87.5		４７	46.6		45.2	
９６	86.7		86.7	1	４６	45.7	1496	44.3	1616
９５	85.9		85.8		４５	44.9		43.5	
９４	85.1		85.0		４４	44.1	1624	42.6	1728
９３	84.3		84.2		４３	43.3		41.8	
９２	83.4		83.3		４２	42.5	1744	40.9	1850
９１	82.6		82.5		４１	41.6		40.1	
９０	81.8		81.6		４０	40.8	1856	39.2	1949
８９	81.0		80.8		３９	40.0		38.4	
８８	80.2	1	79.9		３８	39.2	1931	37.6	2030
８７	79.3		79.1		３７	38.4		36.7	
８６	78.5	2	78.2	2	３６	37.6	2020	35.9	2089
８５	77.7		77.4		３５	36.7		35.0	
８４	76.9	3	76.5	6	３４	35.9	2079	34.2	2141
８３	76.1		75.7		３３	35.1		33.3	
８２	75.2	8	74.8	14	３２	34.3	2128	32.5	2189
８１	74.4		74.0		３１	33.5		31.6	
８０	73.6	14	73.1	19	３０	32.6	2169	30.8	2225
７９	72.8		72.3		２９	31.8		29.9	
７８	72.0	22	71.4	20	２８	31.0	2211	29.1	2247
７７	71.1		70.6		２７	30.2		28.2	
７６	70.3	37	69.7	32	２６	29.4	2235	27.4	2266
７５	69.5		68.9		２５	28.5		26.5	
７４	68.7	52	68.1	52	２４	27.7	2251	25.7	2284
７３	67.9		67.2		２３	26.9		24.8	
７２	67.0	76	66.4	85	２２	26.1	2270	24.0	2294
７１	66.2		65.5		２１	25.3		23.1	
７０	65.4	100	64.7	122	２０	24.4	2283	22.3	2300
６９	64.6		63.8		１９	23.6		21.5	
６８	63.8	136	63.0	176	１８	22.8	2291	20.6	2303
６７	63.0		62.1		１７	22.0		19.8	
６６	62.1	200	61.3	249	１６	21.2	2298	18.9	2307
６５	61.3		60.4		１５	20.3		18.1	
６４	60.5	288	59.6	333	１４	19.5	2305	17.2	
６３	59.7		58.7		１３	18.7		16.4	
６２	58.9	387	57.9	441	１２	17.9	2307	15.5	
６１	58.0		57.0		１１	17.1		14.7	
６０	57.2	511	56.2	571	１０	16.2		13.8	2309
５９	56.4		55.3		９	15.4		13.0	
５８	55.6	612	54.5	697	８	14.6		12.1	
５７	54.8		53.6		７	13.8		11.3	
５６	53.9	767	52.8	840	６	13.0		10.4	
５５	53.1		51.9		５	12.1		9.6	
５４	52.3	920	51.1	990	４	11.3	2310	8.7	
５３	51.5		50.3		３	10.5		7.9	
５２	50.7	1065	49.4	1164	２	9.7		7.0	2310
５１	49.8		48.6		１	8.9		6.2	
					０	8.0		5.3	

	理科	社会
平均点	51.2	52.7
標準偏差	12.2	11.8
受験人数	2310	2310

主要国・私立高校 偏差値一覧表（男子）

偏差値	関東	近畿	その他
71	筑波大駒場	灘	
70			
69	開成		
68			
67	渋谷幕張	東大寺学園	
66	慶應志木（一般） 筑波大附 早稲田実業		
65	慶應志木（帰国） 早大本庄学院（一般） 早大学院（一般）		久留米大附設
64	東京学芸大附（一般） 慶應義塾（一般）	大阪星光学院	ラ・サール
63	早大学院（帰国） 慶應義塾（帰国）	西大和学園	
62	栄東（東・医） 市川（千葉） 慶應湘南藤沢（帰国）		広島大附 広島大福山 愛光
61	早大本庄学院（帰国） 国際基督教大学（帰学）		
60	国際基督教大学（一般）	洛南（空）	
59	西武学園文理（選抜） 青山学院（帰国） 慶應湘南藤沢（全国）	大阪教育大池田	金沢大附 東海（愛知） 青雲（長崎）
58	江戸川学園取手（医科） 栄東（アルファ） 立教新座 東京学芸大附（内部） 明大明治	洛南（海）	岡山白陵
57	川越東（特待生） 昭和学院秀英 桐朋	大阪教育大天王寺 清風南海 白陵 智辯学園和歌山	
56	江戸川学園取手（東大） 城北（東京） 桐蔭学園（プログレス）	同志社 清風（理Ⅲ編入） 明星（大阪）（選抜）	
55	開智（埼玉）（Ｔ・Ｓ） 青山学院（一般） 巣鴨	同志社国際（帰国Ｂ） 立命館 須磨学園（Ⅲ類） 帝塚山（男子英数）	滝 徳島文理 真和
54	江戸川学園取手（普通） 土浦日大（特進） 川越東（理数） 國學院久我山 広尾学園 山手学院	立命館守山 清教学園（Ｓ特進理系）	
53	西武学園文理（理数） 青稜 創価 中央大学（文京区） 中大杉並 中大附（小金井市） 東京工大科学技術 本郷 中大横浜 桐光学園（男子ＳＡ）	比叡山 大阪教育大平野 桃山学院（英数） 関西学院（帰国） 奈良学園 近畿大和歌山（ＡＤ）	西南学院 福岡大大濠 弘学館 早稲田佐賀 志學館
52	茨城 西武学園文理（普通） 芝浦工大柏 専修大松戸 学習院 帝京大学（八王子） 鎌倉学園	京都教育大附 大阪桐蔭（Ⅰ類） 関西大倉 近畿大附（Ｓ文理） 開智（和歌山）（ＳⅠ） 近畿大和歌山（ＳＡＤ）	札幌光星 立命館慶祥 明誠学院（特進Ⅲ類） 修道 樟南（文理・英数）
51	茗溪学園 春日部共栄（選抜） 城北埼玉 西武学園文理（英語） 八千代松陰（ＩＧＳ） 八王子（特進選抜） 桐蔭学園（アドバンス） 法政大国際 法政大第二	同志社国際（一般） 開明 清風（理数） 初芝富田林（Ⅲ類） 関西学院（一般） 雲雀丘学園	函館ラ・サール 土佐
50	常総学院 宇都宮短大附（普通） 作新学院（英進部） 佐野日大（特進） 日大習志野 錦城（小平市） 淑徳（板橋区） 成蹊（一般） 成蹊（帰国） 拓大第一 宝仙学園（理数） 明大中野	大谷（京都）（バタビア） 東山（除ＴＡ） 立命館宇治（ＩＧ） 明星（大阪）（文理）	駿台甲府 名古屋（文理選抜）
49	開智（埼玉）（Ｄ） 市原中央（Ⅰ類） 麗澤（Ｓ特進） 淑徳巣鴨 法政大学 明大中野八王子	関西創価 関西大第一 開智（和歌山）（Ⅰ類）	札幌第一 愛知 岡山 就実（特進） 近畿大広島東広島 如水館 熊本学園大付 鹿児島実業（文理普通）
48	川越東（普通） 本庄東 東京都市大等々力	京都共栄学園（特進） 花園（京都）（特進） 清教学園（Ｓ特進文系） 初芝立命館（普通）	新潟明訓 大分東明（特進） 池田学園池田
47	狭山ヶ丘 志学館 東京農大第一 東洋（特選・特進） 日大第三 日大第二 日大鶴ヶ丘 八王子（進学・総合） 日本大学	滝川（兵庫）	長野日大 名城大附 高知学芸 九州国際大付 筑陽学園（普通） 鹿児島（英数）
46	國學院栃木 東京農大第二 大宮開成 獨協埼玉 星野（共学部） 成田 桜美林 成城学園 明治学院 明治学院東村山	光泉 京都橘 追手門学院 大阪桐蔭（Ⅱ類） 関西大学 近畿大附（特進文理Ⅰ） 初芝富田林（Ⅱ類）	静岡学園 浜松日体 名古屋（文理） 大手前高松
45	水城 清真学園 樹徳 開智未来 春日部共栄（特進Ｅ） 城西大川越（特選特進） 聖望学園（Ｓ特・特選） 本庄第一 日出学園 流通経済大柏（Ⅲ類） 國學院 日大藤沢	京都成章 近畿大附（文Ⅱ・進学） 清風（文理） 帝塚山学院泉ヶ丘 東海大大阪仰星（英数特進） 桃山学院（国際） 早稲田摂陵（普通） 智辯学園	尚絅学院 聖ウルスラ英智（特志） 佐久長聖 美濃加茂 加藤学園暁秀 中京大中京 名古屋大附 鈴鹿 高田（三重） 米子北斗 岡山学芸館（医進） 広島新庄 広島なぎさ 新田（普通） 龍谷 尚志館（特進・普通）

※本表は、全国の主要国立・私立高校の合格確実圏（合格可能性80%）を一覧にしたものです
※ 枠の中は都道府県順・五十音順に表示しています

主要国・私立高校 偏差値一覧表（女子）

偏差値	関東	近畿	その他
70	慶應女子（一般）		
69			
68	渋谷幕張 筑波大附		
67	慶應女子（帰国）		
66	東京学芸大附（一般） 早稲田実業		久留米大附設
65		西大和学園	
64	早大本庄学院（一般） 市川（千葉） 豊島岡女子学園		
63	栄東（東・医）		
62	青山学院（一般） 国際基督教大学（帰学） 慶應湘南藤沢（帰国）		広島大附 広島大福山 愛光
61	早大本庄学院（帰国） 青山学院（帰国） お茶の水女子大附 明大明治	洛南（空）	
60	国際基督教大学（一般） 東京学芸大附（内部）	大阪教育大池田	青雲（長崎）
59	西武学園文理（選抜） 慶應湘南藤沢（全国）	洛南（海）	金沢大附
58	江戸川学園取手（医科） 栄東（アルファ） 昭和学院秀英		岡山白陵
57	桐蔭学園（プログレス）	大阪教育大天王寺 清風南海 須磨学園（Ⅲ類） 白陵 帝塚山（女子英数） 智辯学園和歌山	
56	江戸川学園取手（東大） 開智（埼玉）（Ｔ・Ｓ） 中央大学（文京区） 広尾学園	同志社 四天王寺	
55	淑徳与野（選抜Ａ・Ｂ） 桐光学園（女子ＳＡ）	同志社国際（帰国Ｂ） 立命館	滝 徳島文理 真和
54	江戸川学園取手（普通） 土浦日大（特進） 國學院久我山 東京工大科学技術 中大横浜 山手学院	立命館守山 京都女子（Ⅱ類） 清教学園（Ｓ特進理系）	弘学館 早稲田佐賀
53	西武学園文理（理数） 専修大松戸 青稜 創価 中大杉並 中大附（小金井市） 法政大第二	比叡山 大阪教育大平野 大阪女学院（理系） 桃山学院（英数） 関西学院（帰国） 奈良学園 近畿大和歌山（ＡＤ）	西南学院 福岡大大濠 志學館
52	茨城 西武学園文理（普通） 星野（Ⅲ類） 芝浦工大柏 成蹊（一般） 帝京大学（八王子）	京都教育大附 大阪女学院（英語） 大阪桐蔭（Ⅰ類） 関西大倉 近畿大附（Ｓ文理） 開智（和歌山）（ＳⅠ） 近畿大和歌山（ＳＡＤ）	札幌光星 立命館慶祥 明誠学院（特進Ⅲ類） 樟南（文理・英数）
51	茗溪学園 春日部共栄（選抜） 西武学園文理（英語） 日大習志野 八王子（特進選抜） 桐蔭学園（アドバンス） 法政大国際	同志社国際（一般） 立命館宇治（ＩＧ） 開明 初芝富田林（Ⅲ類） 関西学院（一般） 雲雀丘学園	土佐
50	常総学院 宇都宮短大附（普通） 作新学院（英進部） 佐野日大（特進） 淑徳与野（選Ｃ／Ｓ類） 八千代松陰（ＩＧＳ） 江戸川女子（Ⅱ・Ⅲ類） 錦城（小平市） 淑徳（板橋区） 成蹊（帰国） 拓大第一 法政大学 宝仙学園（理数） 明大中野八王子	大谷（京都）（バタビア）	駿台甲府
49	開智（埼玉）（Ｄ） 市原中央（Ⅰ類） 麗澤（Ｓ特進） 桐朋女子（普通） 日大第二	花園（京都）（特進） 関西創価 関西大第一 開智（和歌山）（Ⅰ類）	札幌第一 愛知 岡山 就実（特進） 近畿大広島東広島 如水館 筑紫女学園 熊本学園大付 鹿児島実業（文理普通）
48	狭山ヶ丘 国府台女子 淑徳巣鴨 東京都市大等々力 東京農大第一 明治学院	京都共栄学園（特進） 清教学園（Ｓ特進文系） 初芝立命館（普通）	新潟明訓 大分東明（特進） 池田学園池田
47	本庄東 志学館 成田 桜美林 國學院 十文字 東洋（特選・特進） 日大第三 日大鶴ヶ丘 八王子（進学・総合） 日本大学	帝塚山（女子特進）	長野日大 名城大附 高知学芸 九州国際大付 筑陽学園（普通） 鹿児島（英数）
46	國學院栃木 東京農大第二 大宮開成 獨協埼玉 星野（Ⅱ類） 星野（共学部） 成城学園 明治学院東村山 日本女子大附	光泉 京都成章 京都聖母学院（Ⅲ類） 京都橘 追手門学院 大阪女学院（文系） 大阪桐蔭（Ⅱ類） 関西大学 近畿大附（特進文理Ⅰ） 初芝富田林（Ⅱ類）	静岡学園 浜松日体 大手前高松 鹿児島純心女子（特選）
45	水城 清真学園 樹徳 開智未来 春日部共栄（特進Ｅ） 聖望学園（Ｓ特・特選） 本庄第一 流通経済大柏（Ⅲ類） 駒込 順天 日大藤沢	近畿大附（文Ⅱ・進学） 帝塚山学院泉ヶ丘 東海大大阪仰星（英数特進） 桃山学院（国際） 早稲田摂陵（普通） 育英西 智辯学園	尚絅学院 聖ウルスラ英智（特志） 佐久長聖 美濃加茂 加藤学園暁秀 中京大中京 名古屋大附 鈴鹿 高田（三重） 米子北斗 岡山学芸館（医進） 広島新庄 広島なぎさ 新田（普通） 龍谷 尚志館（特進・普通）

※本表は、全国の主要国立・私立高校の合格確実圏（合格可能性80%）を一覧にしたものです
※ 枠の中は都道府県順・五十音順に表示しています

（メ　モ）

（メ　モ）

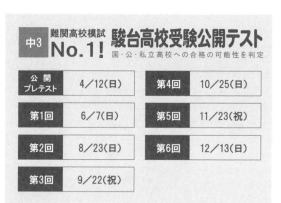

① 20200530

第２問	勘定記入、その他個別問題や連結会計、理論問題が出題されます。	勘定記入や個別問題は仕訳ができれば解けるので、仕訳ができるようにしておきましょう。連結会計は主要な連結修正仕訳をマスターしておきましょう。
第３問	決算関係（精算表や財務諸表の作成など）や本支店会計が出題されます。また、製造業会計も出題範囲となっています。	第３問に共通するのは決算整理仕訳なので、まずは決算整理仕訳をしっかりおさえましょう。損益計算書、貸借対照表の作成は出題頻度が高いので、それぞれについて、金額の集計が素早くできるようにしておきましょう。
第４問	工業簿記の仕訳問題と、費目別計算や本社工場会計、個別原価計算、総合原価計算、標準原価計算（勘定記入、財務諸表）が出題されます。	仕訳問題では使用できる勘定科目が指定されますので、これをしっかり見て答えを選択しましょう。また、工業簿記の勘定の流れをしっかり確認しておいてください。総合原価計算ではボックス図を作って解答しましょう。仕損や追加材料の処理も確認しておいてください。
第５問	主に標準原価計算（差異分析）、直接原価計算が出題されます。	標準原価計算の差異分析図、ＣＶＰ分析（直接原価計算）の簡略化した直接原価計算の損益計算書は下書き用紙にすらすら書けるように練習しておきましょう。

新試験への対応レジュメ

以下の項目については、収益認識会計基準の適用により、出題が見送られます。

P36～38	「13.仕入割引・売上割引」のうち、 売上割引部分、P38 フィードバック問題
P39～41	「14.消費税の処理」のうち、税込方式部分
P66～68	24.返品調整引当金
P94、P97	第１問対策　実践問題　問題２－５、問題５－１、２
P168～169 P175～177	売上割引部分

以下の項目については、新試験形式の導入により、出題の内訳が変更されます。

P87～89 P98 P194～231 P254～256	32.連結会計 第１問対策　実践問題　問題６－５ 5.連結財務諸表の作成 第３問対策　実践問題　問題８、問題９	第２問対策へ
P310～343 P378～384	１.単純総合原価計算～５.等級別総合原価計算まで 第５問対策　実践問題　問題１～問題７	第４問対策へ

2021年3月12日

新試験対応 レジュメ	日商簿記2級　みんなが欲しかった！ やさしすぎる解き方の本　第3版

8604

2021年度より、日商簿記検定は、統一試験（ペーパー試験）とネット試験のハイブリッド方式へと生まれ変わりました。これにより、出題区分表に変更はありませんが、出題形式等に変更があります。『やさしすぎる解き方の本』をお持ちの方は以下のレジュメをあわせてご利用くださいますよう、よろしくお願いいたします。

TAC出版

日商簿記2級　出題傾向と対策

配点

日商簿記2級は、第1問から第5問の5問で構成され、通常、次のような配点で出題されます（試験によって多少異なります）。なお、合格基準は100点満点中70点以上です。

第1問	第2問	第3問	第4問		第5問	合計
			（1）	（2）		
20点	20点	20点	12点	16点	12点	100点

試験時間、標準解答時間

日商簿記2級の試験時間は90分です。また、第1問から第5問の標準解答時間は次のとおりです。

試験時間	標準解答時間					
	第1問	第2問	第3問	第4問		第5問
				（1）	（2）	
90分	10～15分	15～20分	15～20分	5～8分	10～15分	10～15分

出題傾向と対策

第1問から第5問の出題傾向と対策は次のとおりです。

試験では第1問から順番に解く必要はありませんので、試験開始後、全体の問題を見渡し、解きやすそうな問題から解くようにしましょう。

	出題傾向	対策
第1問	第1問は仕訳問題が5題出題（1題4点）されます。	仕訳はわかるところからうめるようにしましょう。また、試験では、使用できる勘定科目が指定されますので、これをしっかり見て答えを選択しましょう。

001-0979-1031-14